民法典侵权责任编的
创新发展与规则适用

陈龙业 ◎ 著

人民法院出版社

图书在版编目（CIP）数据

民法典侵权责任编的创新发展与规则适用 / 陈龙业著. -- 北京：人民法院出版社，2023.12
ISBN 978-7-5109-4048-4

Ⅰ．①民… Ⅱ．①陈… Ⅲ．①侵权法－法律适用－中国 Ⅳ．①D923.75

中国国家版本馆CIP数据核字(2023)第257524号

民法典侵权责任编的创新发展与规则适用

陈龙业　著

责任编辑	陈　思　罗羽净　李　瑞　马海莹
执行编辑	高　晖　叶　白
封面设计	尹苗苗
出版发行	人民法院出版社
地　　址	北京市东城区东交民巷27号（100745）
电　　话	（010）67550596（责任编辑）　67550558（发行部查询）
	65223677（读者服务部）
客 服 QQ	2092078039
网　　址	http://www.courtbook.com.cn
E - mail	courtpress@sohu.com
印　　刷	三河市国英印务有限公司
经　　销	新华书店
开　　本	710毫米×1000毫米　1/16
字　　数	506千字
印　　张	29.25
版　　次	2023年12月第1版　2023年12月第1次印刷
书　　号	ISBN 978-7-5109-4048-4
定　　价	98.00元

版权所有　侵权必究

序言一

侵权法是保护民事权益的基本法，与人民群众合法权益的保护与救济息息相关。《民法典》侵权责任编在总结侵权责任立法和实践经验的基础上，回应互联网、高科技和大数据时代的新类型侵权，针对民事侵权实践中出现的新情况、新问题，对侵权责任制度作出了重要的完善，切实守护着老百姓"舌尖上的安全""车轮上的安全""头顶上的安全""人脸上的安全"等人身和财产各方面的安全，使人民群众有更多、更直接、更实在的获得感、幸福感和安全感，鲜明地彰显了"人民的福祉就是最好的法律"的导向。

贯彻实施好《民法典》侵权责任编，是贯彻实施《民法典》的重要内容。本书的作者陈龙业博士一直致力于《侵权责任法》的研究，注重理论和实践的结合，不断探索侵权责任法中的前沿问题。多年来勤于研究、笔耕不辍，工作之余几乎每年坚持发表文章，逐渐成长为理论和实务兼修的学者型法官。2017年，他参与执笔起草的《最高人民法院关于审理医疗损害责任纠纷案件适用法律若干问题的解释》很好地体现了人民群众生命身体健康的保护与医疗卫生事业科学发展的有机平衡，得到了社会各界的普遍认可。《民法典》编纂的五六年时间里，陈龙业博士主要从事侵权责任编的编纂研究工作，在相关会议中提出了有价值的意见建议，并为《民法典》所采纳。例如，他对高空抛物法律规则提出的意见，最终也被《民法典》第1254条所吸收。在《民法典》颁布之后，他又投身于对《民法典》的宣传、研究和阐释工作，参与《民法典》相关司法解释的制定工作，提出的许多重要见解，为司法解释所采纳。就《民法典》的时间效力问题，尤其是对于侵权责任编中的亮点新增制度，比如自甘风险、自助行为、好意同乘等规则，陈龙业博士提出了溯及适用的思路，这一成果也最终反映到了《最高人民法院关于适用〈中华人民共和国民法典〉时间效力的若干规定》当中。《最高人民法院关于适用〈中华人民共和国民法典〉总则编若干问题的解释》当中对老年人、未成年人权益的重点保护，对正当防卫、见义勇为法律适用规则的细化，鲜明地践行了社会主义核心价值观的理念和要求，得到了来自各个方面的高度肯定。陈龙业博士是这两个司法解释的重要起草人。在做好这些工作的同时，对于自己的专业领域，他也一直潜心研究，注重积累。《民法典侵权责任编的创新发展与规则适用》正是他这些年认真研究、潜心治学、挥洒汗水的结晶。

本书围绕《民法典》侵权责任编的创新发展这一命题展开研究，具有四大特色：

第一，结构的体系性。本书以侵权责任整体的创新发展为主干，以一般规定（归责原则、损害赔偿、免责事由等）与主要侵权行为类型为分支，对相应规则进行了系统的梳理，提出了自己独到的看法。

第二，内容的实用性。本书通篇贯穿着强烈问题意识，在法理论证中有机融入了典型案例的分析，特别注重法律适用规则的体系化运用、普遍性疑难问题的场景化解决、传统侵权责任理论的现代化发展，对于广大读者理解和适用《民法典》侵权责任编的新制度、新规则及其整体上的体系化适用必将发挥积极作用。

第三，观点的延展性。在合理解释《民法典》新规则的基础上，用发展的眼光看待这些新规则也是必要的，而这就需要理论的回填与实务的检验。本书在提出有关规则的具体适用时，还就新规则带来的潜在疑难问题提出了应对思路。

第四，文字的平实性。本书用最简明扼要的文字表达观点，易懂、易读。总的来说，通过本书可以一览《民法典》侵权责任规则的创新点分布，掌握相关规则在理论研究中的重点以及司法实务中运用的要点。本书的出版对贯彻实施好《民法典》侵权责任编，深入理解侵权责任编相关的司法解释，具有重要的参考价值。

是为序。

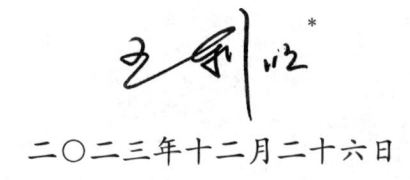

二〇二三年十二月二十六日

---

* 王利明：中国人民大学一级教授、中国法学会民法学研究会会长。

序言二

陈龙业的新书《民法典侵权责任编的创新发展与规则适用》就要出版，嘱我为他写序。我欣然应允。

2006年至2009年，陈龙业跟着我攻读博士学位。求学期间，他勤奋纯朴、治学严谨、上进心强，有种锲而不舍的"钻劲"，对每个问题都会考据义理、实证分析，见解独到。这种严谨的治学态度和科学的研究方法，为他在侵权法领域的研究立下了扎实的根基。2009年，他所撰写的博士论文《产品缺陷论》，对当时产品责任的理论和实践都有很好的总结，加上自己的见解，有很好的价值。随后，他以优异的成绩考入最高人民法院，主要从事民事综合审判研究和司法解释的起草工作。做好这些工作，既要有深厚的法学理论功底，又要有很高的政策水平，因而走上了理论与实践紧密结合的研究道路。扎实的理论功底加上十余载的实务历练，他的法学积淀日益深厚。2017年他参与执笔起草的《最高人民法院关于审理医疗损害责任纠纷案件适用法律若干问题的解释》，我给予高度评价，对于推动构建和谐医患关系、维护广大人民群众健康权益发挥了重要作用。特别重要的是，他全程参与《民法典》的编纂研究工作，进一步提升了他的法典化思维和体系化适用水平。2020年

《民法典》颁布后，为做好《民法典》贯彻实施工作，他执笔或者牵头起草了《最高人民法院关于适用〈中华人民共和国民法典〉时间效力的若干规定》《最高人民法院关于适用〈中华人民共和国民法典〉总则编若干问题的解释》《最高人民法院关于适用〈中华人民共和国民法典〉合同编通则若干问题的解释》等多部重要《民法典》司法解释，得到了理论界和实务界的认可和好评。可以说，在最高人民法院研究室这个平台上，陈龙业已逐渐成长为民事审判领域的专家型法官。

我一直致力于侵权法理论和实务结合方面的研究，也期待我的学生们在这个方向上能有所助力和奉献。陈龙业入职后，我一直叮嘱他在工作中勤加积累实务经验，不能忘记理论的学习与融合，在工作之余也要坚持理论研究。我很欣慰地看到，这些年来，他一直都在坚持和践行。2019年夏天，他跟我说，打算用五六年的时间写一本理论与实践相结合的侵权责任法专著，不枉自己在侵权法方面的研究兴趣，更不枉老师的悉心栽培。当他把这本书的书稿发来后，看到他努力研究侵权法的成果，我真的为他高兴，也感到欣慰，"十年磨一剑，一朝试锋芒"，真的是对他工作和研究的写照。

以我之见，这本书主要有如下特点：

一是突出发展性。本书并未对《民法典》侵权责任编规范进行全部解读，而是"择其精要"，对其中的侵权责任新规则进行理论阐释和司法实务概括。以重点规则的新发展为切入点，通过"以点带面"的方式，实现对侵权责任要义的全面解读。

二是注重体系化。本书对每项制度的解读并不局限于《民法典》侵权责任编，而是以大视角作体系化解读，深入阐释《民法典》侵权责任编与总则编、合同编之间的内在逻辑和适用关系。

三是理论与实践并重。本书不仅从理论层面对侵权责任规则作了深入分析，还围绕审判实务开展了大量实证研究，是侵权法理论和司法实践相结合的佳作，既有理论的深度，又有方法论的指引，能为一线法官准确适用法律提供指引，对一些尚存争议的重点难点问题提出见解，进行争鸣。

陈龙业为本书写作倾注了大量心血，对《民法典》侵权责任编的理解很深刻，对侵权责任规则的体系化适用很熟练，以平实的写法，简明的思路，勾勒出侵权责任编的创新规则和具体适用方法，足见其努力研究的深度。

我一直认为，侵权责任新规则的具体适用及未来发展还有赖于理论和实务界同仁，特别是中青年学者的努力。"长江后浪推前浪"，我寄希望于此。

是为序。

杨立新[*]

二〇二三年十二月二十四日

---

[*] 杨立新：中国人民大学民商事法律科学研究中心学术委员会副主席、研究员。

凡例

文件名称	简　称
《中华人民共和国立法法》	《立法法》
《中华人民共和国民法典》	《民法典》
《中华人民共和国刑法》	《刑法》
《中华人民共和国侵权责任法》	《侵权责任法》
《中华人民共和国民事诉讼法》	《民事诉讼法》
《中华人民共和国环境保护法》	《环境保护法》
《中华人民共和国未成年人保护法》	《未成年人保护法》
《中华人民共和国道路交通安全法》	《道路交通安全法》
《中华人民共和国保险法》	《保险法》
《中华人民共和国商标法》	《商标法》
《中华人民共和国专利法》	《专利法》
《中华人民共和国著作权法》	《著作权法》
《中华人民共和国食品安全法》	《食品安全法》
《中华人民共和国消费者权益保护法》	《消费者权益保护法》
《中华人民共和国药品管理法》	《药品管理法》
《中华人民共和国建筑法》	《建筑法》
《中华人民共和国产品质量法》	《产品质量法》
《中华人民共和国水污染防治法》	《水污染防治法》

续表

文件名称	简　称
《中华人民共和国民用航空法》	《民用航空法》
《中华人民共和国邮政法》	《邮政法》
《中华人民共和国医师法》	《医师法》
《中华人民共和国核安全法》	《核安全法》
《中华人民共和国铁路法》	《铁路法》
《中华人民共和国电力法》	《电力法》
《最高人民法院关于适用〈中华人民共和国民法典〉总则编若干问题的解释》	《民法典总则编解释》
《最高人民法院关于适用〈中华人民共和国民事诉讼法〉的解释》	《民事诉讼法解释》
《最高人民法院关于民事诉讼证据的若干规定》	《民事诉讼证据规定》
《最高人民法院关于确定民事侵权精神损害赔偿责任若干问题的解释》	《精神损害解释》
《最高人民法院关于审理人身损害赔偿案件适用法律若干问题的解释》	《人身损害解释》
《最高人民法院关于审理道路交通事故损害赔偿案件适用法律若干问题的解释》	《交通事故解释》
《最高人民法院关于审理医疗损害责任纠纷案件适用法律若干问题的解释》	《医疗损害解释》
《最高人民法院关于审理环境民事公益诉讼案件适用法律若干问题的解释》	《环境民事公益诉讼解释》
《最高人民法院关于依法妥善审理高空抛物、坠物案件的意见》	《高空抛物意见》
《最高人民法院关于审理旅游纠纷案件适用法律若干问题的规定》	《旅游纠纷规定》
《最高人民法院关于审理利用信息网络侵害人身权益民事纠纷案件适用法律若干问题的规定》	《信息网络规定》
《最高人民法院关于审理侵害知识产权民事案件适用惩罚性赔偿的解释》	《知产民事案件惩罚性赔偿解释》

总目录

第一章　《民法典》侵权责任编的创新发展与规则适用 / 1

第二章　《民法典》侵权责任编一般规则的修改完善与规则适用 / 31

第三章　多数人侵权规则的守正完善与规则适用 / 54

第四章　自甘风险规则的确立与适用 / 66

第五章　自助行为的确立与规则适用 / 79

第六章　免责事由适用规则的发展与体系化适用 / 93

第七章　损害赔偿规则的发展完善与规则适用 / 110

第八章　监护人责任的创新发展与规则适用 / 160

第九章　用人者责任的创新发展与规则适用 / 177

第十章　网络侵权责任的创新发展与规则适用 / 199

第十一章　违反安全保障义务侵权责任的创新发展与规则适用 / 218

第十二章　教育机构侵权责任的创新发展与规则适用 / 242

第十三章　产品责任的创新发展与规则适用 / 257

第十四章　机动车交通事故责任的创新发展与规则适用 / 297

第十五章　医疗损害责任的创新发展与规则适用 / 323

第十六章　环境污染和生态破坏责任的创新发展与规则适用 / 340

1

第十七章　高度危险责任的发展完善与规则适用 / 351

第十八章　饲养动物损害责任的创新发展与规则适用 / 394

第十九章　建筑物和物件损害责任的创新发展和规则适用 / 415

第二十章　高空抛物侵权责任规则的发展完善与规则适用 / 432

后　记 / 445

目录

第一章 《民法典》侵权责任编的创新发展与规则适用
 一、《民法典》侵权责任编的由来 / 2
 二、关于侵权责任的一般规定 / 4
 三、关于损害赔偿的基本规则 / 15
 四、关于责任主体的特殊规定 / 17
 五、关于侵权责任的具体类型/形态 / 20

第二章 《民法典》侵权责任编一般规则的修改完善与规则适用
 一、《民法典》侵权责任编对于民事权益的保护及相关法律适用规则 / 31
 二、侵权责任归责原则的体系化适用 / 37
 三、过错侵权责任的构成要件 / 41
 四、关于过错推定责任与无过错责任的适用 / 47
 五、预防型侵权责任的承担 / 51

第三章 多数人侵权规则的守正完善与规则适用
 一、共同侵权行为 / 55
 二、分别侵权行为 / 62

第四章 自甘风险规则的确立与适用

一、自甘风险规则在《民法典》中的正式确立 / 66

二、自甘风险规则的适用条件 / 70

三、活动组织者的安全保障义务及违反安全保障义务的责任认定 / 74

第五章 自助行为的确立与规则适用

一、自助行为概述 / 79

二、自助行为的认定 / 84

三、自助行为与正当防卫的区别 / 89

四、不当实施自助行为的侵权责任 / 91

第六章 免责事由适用规则的发展与体系化适用

一、过失相抵 / 93

二、受害人故意 / 98

三、第三人过错 / 99

四、免责事由的一般规定与特别规定的适用关系 / 100

第七章 损害赔偿规则的发展完善与规则适用

一、人身损害赔偿规则延续发展与具体适用 / 111

二、侵害人身权益的财产损害赔偿的适用 / 122

三、精神损害赔偿规则的发展完善与规则适用 / 124

四、财产损失计算的基本沿用与规则适用 / 133

五、知识产权侵权惩罚性赔偿的确立与适用 / 141

六、公平分担损失的修改完善与规则适用 / 149

七、赔偿费用支付方式的延续修改与规则适用 / 155

第八章　监护人责任的创新发展与规则适用

一、监护人责任 / 160

二、委托监护侵权责任 / 165

三、审判实务中需要注意的其他问题 / 173

第九章　用人者责任的创新发展与规则适用

一、用人单位责任 / 177

二、劳务派遣中的侵权责任承担 / 185

三、提供劳务致损责任的承担 / 189

四、承揽关系中的侵权责任承担 / 193

第十章　网络侵权责任的创新发展与规则适用

一、网络侵权行为概述 / 200

二、网络侵权责任的承担 / 202

三、"通知与取下"规则的适用 / 203

四、"反通知"规则的适用 / 209

五、"红旗规则"的适用 / 211

六、审判实践中需要注意的其他问题 / 215

第十一章　违反安全保障义务侵权责任的创新发展与规则适用

一、安全保障义务概述 / 218

二、违反安全保障义务的侵权责任的归责原则和构成要件 / 224

三、侵权责任的承担 / 232

第十二章　教育机构侵权责任的创新发展与规则适用

一、教育机构侵权责任规则概述 / 243

3

二、教育机构承担直接责任的情形 / 248

三、第三人行为造成损害的情形 / 250

四、审判实践中应注意的其他问题 / 255

第十三章　产品责任的创新发展与规则适用

一、关于产品责任中的销售者责任承担问题 / 259

二、预防型民事责任的承担 / 265

三、关于生产者、销售者采取召回等补救措施的规定 / 268

四、产品责任中的惩罚性赔偿 / 273

五、产品责任审判实务中的其他重点、难点问题 / 282

第十四章　机动车交通事故责任的创新发展与规则适用

一、机动车挂靠经营时的连带责任 / 297

二、车辆所有人、管理人与使用人不一致时的责任承担规则 / 302

三、交强险与商业险衔接时的责任承担规则 / 311

四、好意同乘时的减责规则 / 315

五、其他责任承担规则 / 317

第十五章　医疗损害责任的创新发展与规则适用

一、关于医务人员说明义务的修改 / 323

二、关于药品上市许可持有人责任的承担 / 328

三、关于病历资料规定的修改 / 331

四、关于"诊疗活动中"的界定 / 333

五、其他需要注意的问题 / 336

第十六章 环境污染和生态破坏责任的创新发展与规则适用

一、环境污染责任的拓展 / 341

二、数人环境侵权如何确定责任份额 / 342

三、环境侵权的惩罚性赔偿 / 344

四、生态环境损害修复责任的确立 / 346

五、生态环境损害赔偿范围 / 348

第十七章 高度危险责任的发展完善与规则适用

一、关于民用核设施、核材料致害责任 / 355

二、高度危险作业致人损害责任 / 358

三、关于未经许可进入高度危险活动区域或者高度危险物存放区域致害责任的免责或者减责问题 / 366

四、关于高度危险责任的赔偿限额 / 368

五、高度危险责任中其他需要注意的重点难点问题 / 372

第十八章 饲养动物损害责任的创新发展与规则适用

一、关于未对动物采取安全措施造成他人损害的责任承担规则 / 396

二、饲养动物损害责任的其他重要法律适用问题 / 398

三、其他情形的动物损害责任主要法律适用问题 / 406

第十九章 建筑物和物件损害责任的创新发展和规则适用

一、建筑物倒塌致人损害责任的承担 / 417

二、公共场所或者道路上施工致人损害责任的承担 / 423

三、障碍通行物损害责任 / 425

四、其他需要注意的问题 / 428

5

第二十章　高空抛物侵权责任规则的发展完善与规则适用

一、高空抛物侵权责任规则在《民法典》中的完善发展 / 432

二、高空抛物侵权责任的一般规则 / 434

三、可能加害的建筑物使用人补偿责任 / 436

四、物业服务企业等建筑物管理人的补充责任 / 439

五、高空抛物侵权责任中的追偿权规则 / 442

后　记 / 445

第一章
《民法典》侵权责任编的创新发展与规则适用*

侵权责任法与人们的生活息息相关，对于保护民事主体的合法权益、明确侵权责任、预防和制裁侵权行为、促进社会和谐稳定具有重要作用。此次《中华人民共和国民法典》（以下简称《民法典》）编纂，在《中华人民共和国侵权责任法》（以下简称《侵权责任法》）和相关司法解释等规定的基础上对《民法典》侵权责任编作出了修改完善和创新发展，更好地完善了侵权法规则体系，回应了社会需求。下面主要针对《民法典》侵权责任编的由来、侵权责任编中的一般规定、损害赔偿的基本规则、责任主体的特殊规定和各种具体侵权责任中的重要修改内容进行介绍。

概括来说，《民法典》侵权责任编共95个条文，所解决的内容既包括不特定的人与人之间的关系，还包括特定人之间的关系，作为《民法典》的最后一编，作为权利保护和救济的法律规范，《民法典》侵权责任编的适用可以说是包罗万象。《民法典》侵权责任编第1章为一般规定，第2章为损害赔偿，从责任构成的角度上讲，这两章的内容具有极大的包容性。比较典型的

---

* 本章系作者由"全国法院民法典学习贯彻专题培训（第2期）"的讲稿整理而成，原载马世忠主编：《人民法院大讲堂民法典重点问题解读》，人民法院出版社2021年版，第764~793页（略有改动）。

是,《民法典》第 1165 条第 1 款关于过错责任的适用规则,也就是在法律没有作出特殊规定的情况下,要回归到过错责任的一般条款,它的本质应该被称为一般适用的效力。因为有了这样一个一般条款,它才能够调整纷繁复杂的社会关系,形成一个对于权利保护的有效闭环。

《民法典》侵权责任编第 3 章关于责任主体的特殊规定的内容与《侵权责任法》规定没有太大区别,但它实际上仍然是对侵权行为或者侵权责任的具体类型作出的规定。这些具体的侵权行为不具备形成一章的条件,所以将其统一放在一处,将能够法定化的侵权类型都予以纳入。比如,我们曾经在《民法典》编纂中一直提出要把网络侵权作为独立的一章予以规定,因为这是适应大数据时代的一个重要体现,但最终网络侵权在《侵权责任法》第 36 条的基础上,扩成现在的《民法典》第 1194 条~第 1197 条共四个条文,没有专门成章,仍然规定在第 3 章。另外,包括监护人的责任、定作人的责任、安全保障义务、学校幼儿园的责任、用人单位责任等内容都被纳入本章。

一、《民法典》侵权责任编的由来

侵权责任是民事主体侵害他人权益应当承担的法律后果,是民事责任的典型形式。《民法典》侵权责任编以侵权责任归责原则为统领,以构成要件、责任承担规则为基本制度构架,通过合理确定责任的构成和承担规则,在权利保护和行为自由方面设置合理的界限,推动实现受害人权益的救济、人民权益的保护和经济社会发展的有机平衡和统一。

大陆法系各国通常是将侵权行为作为债的发生原因予以规定。比如,《日本民法典》将侵权行为与契约之债、不当得利之债和无因管理之债并列规定。但在 20 世纪以后,侵权法得到快速发展,具体侵权行为类型不断丰富,已成为现代社会调整利益关系、保护民事权利的重要部门法。我国自《中华人民共和国民法通则》(以下简称《民法通则》)出台以来,就已经把侵权行为从

第一章　《民法典》侵权责任编的创新发展与规则适用

债权中独立出来，专章规定民事责任，取得了积极效果，这在立法技术上也是有积极意义的创举。在理论和实践不断丰富发展的基础上，2009年《侵权责任法》的出台，更加明确了侵权责任法律制度的独立地位。在《民法典》编纂过程中，也是采用了侵权责任独立成编的做法，这对于侵权责任法律制度功能作用的充分发挥，权利保护的彰显具有十分重要的意义，也为审判实践更加准确地适用侵权责任条文提供了清晰的法律遵循。

总体而言，《民法典》侵权责任编大部分沿用了《侵权责任法》的基本内容，这与《侵权责任法》出台时间相对较近、立法技术比较成熟密切相关。比如，关于侵权责任归责原则的规定，《民法典》侵权责任编第1章保留了《侵权责任法》第6条、第7条关于过错责任、过错推定责任和无过错责任的基本框架和思路；关于共同侵权行为、共同危险行为、损害赔偿的一般规则、精神损害赔偿、产品责任、诊疗过错责任、医疗产品责任、动物致人损害责任等都沿用了《侵权责任法》的有关规定。同时，立法机关在总结实践经验的基础上，针对侵权领域出现的新情况，吸收借鉴司法解释的有关规定，对侵权责任制度作了必要的补充完善。在适用时，要注意如下两方面问题：

第一，要注意《民法典》侵权责任编与总则编有关内容的衔接适用问题。《民法典》侵权责任编中有些免责事由，甚至是责任承担方式的规定要与《民法典》总则编结合起来，在处理侵权案件当中，《民法典》总则编中的一些内容很多情况都具有直接适用的效力。这其实是法典化的效果，立法机关编纂《民法典》的其中一个重要目的就是要改变民事立法中的单行法相对零散、逻辑性不强的情形，对现有民事法律予以整合，既精简了条文，也使得民事法律形成一个体系化的结构。在法律适用当中就要注意这个体系化的过程，要把立法中节约的条文在法律适用中予以体现或者予以"回复"。其中最典型的表现就是《民法典》总则编中的有关内容是对各分编具体规则的抽象，在适用侵权责任编的时候，要想到也要用到《民法典》总则编的内容。比如，前面说到的免责事由，其实还包括主体制度、时效制度等。简言之，要注意

《民法典》总则编与侵权责任编有关内容的衔接适用问题。

第二,要注意《民法典》侵权责任编与合同编通则部分内容的衔接适用问题。在没有规定"债编总则"的情况下,《民法典》合同编的第一分编通则的内容,实际上就起到了"债编总则"的作用。从请求权的角度看,侵权责任的另一面就是侵权行为之债,其与合同、无因管理、不当得利等并列为债的发生原因。在法律适用上,在与侵权责任的法律性质不冲突的情况下,对于《民法典》侵权责任编没有具体规定的内容,就可以依据《民法典》合同编通则中关于债权债务的一般规定。举例来说,《民法典》合同编中关于金钱债务履行的规定,选择之债、按份之债与连带之债的规定,属于一般规定,具有统领作用。在《民法典》侵权责任编没有相应规定的情况下,可以直接适用《民法典》合同编通则部分的规定。这里的"适用"是"直接适用"而非"参照适用"。

二、关于侵权责任的一般规定

(一)关于归责原则

1. 过错责任归责原则。过错责任原则是普遍适用于各种侵权行为的一般原则。凡是法律、法规没有规定适用过错推定责任、严格责任的情况,原则上都应当适用过错责任。[①]《民法典》第1165条规定:"行为人因过错侵害他人民事权益造成损害的,应当承担侵权责任。依照法律规定推定行为人有过错,其不能证明自己没有过错的,应当承担侵权责任。"这是基于《侵权责任法》第6条"行为人因过错侵害他人民事权益,应当承担侵权责任。根据法律规定推定行为人有过错,行为人不能证明自己没有过错的,应当承担侵权责任"进行的修改。这条的修改是非常成功的,或者说是非常准确的。尤为

---

① 王利明:《侵权责任法(第二版)》,中国人民大学出版社2021年版,第41~42页。

重要的是，与《侵权责任法》第 6 条第 1 款相比增加了"造成损害"的表述，明确将损害作为适用过错责任的一个基本构成要件，进一步说明侵权行为的落脚点就在于损害赔偿。从这个角度出发，可以说，其他的侵权责任承担方式，比如停止侵害、消除危险、排除妨碍等不适用过错责任原则，即将过错责任原则针对的对象或者适用的范围更加予以科学化、明确化，而且完全符合当前理论和实务的发展经验。从另一个角度讲，侵权之债的本质属性是损害赔偿之债。《民法典》第 1165 条第 1 款是侵权责任归责的一般性条款，在法律未对某一类型侵权行为作出特殊规定时，均应适用该条款。实务中，对过错的认定通常采用客观化的标准，依日常生活经验结合行为样态，按照理性人的标准对行为人的过错有无及大小进行判断。

此外，侵害人格权的责任承担方式，如消除影响、赔礼道歉、恢复名誉是不适用诉讼时效的，这些责任方式原则上也不宜以过错责任原则作为其归责基础。从某种意义上讲，这也是进一步把绝对权请求权和侵权请求权做了一个非常好的划分。值得注意的是，恢复原状是否适用过错责任原则？笔者认为，恢复原状应该是以造成损害为基础的，造成了损害就应当适用过错责任原则。概言之，《民法典》关于过错责任原则有关内容表述的修改，更加明确了过错责任原则的本质属性，也进一步明确了绝对权请求权和侵权请求权在构成要件和归责基础上的界分。

2. 过错推定责任和无过错责任归责原则。通常而言，无过错责任主要包括：环境污染和生态破坏责任、饲养动物损害责任、产品责任、机动车交通事故责任、监护人责任、用人单位责任。适用过错推定责任主要是物件致人损害责任。此二者的共同点在于减轻受害人一方的举证责任，不同点在于无过错责任强调的是不以责任主体是否有过错为要件，即受害人一方无须证明其过错；过错推定责任则强调首先推定责任主体有过错，而由其证明自己没有过错，即证明自己的行为已尽到相应的注意义务。相对来说，这两个归责原则基本上沿用了《侵权责任法》第 6 条第 2 款和第 7 条的规定。在适用上，二者的基本要求是必须由法律作出明确的规定。法律有规定才能适用无过错责任原则或者过错推定责任原则。在此需要注意的是，在过错推定责任当中，实际上有一个特殊性的内容（《民法典》第1243条），未经许可进入高度危险区域的侵权类型，这次《民法典》侵权责任编对其进行了明确，增加了"管理人能够证明已经采取足够安全措施并尽到充分警示义务的"规定，只有履行了这样的注意义务，才能证明没有过错。这是一个特定意义上的过错推定责任原则的适用，有关"足够安全措施并尽到充分警示义务"的要求，是关于尽到此注意义务方可认定没有过错的表述。

其实，在无过错责任原则的适用当中，《民法典》侵权责任编对于过错的考量作了规定，例如，《民法典》第1244条对高度危险责任适用限额责任作出了具体规定，但是依据该条规定，如果被侵权人一方能够证明侵权人具有故意、重大过失的，可以突破责任限额。某种意义上，高度危险责任适用限额责任的规则，这是一般的规则，即限额责任。限额责任如果要考虑可非难性或者可责难性，能够证明过错存在，就可以适用过错责任，从而要求侵权人承担更高的赔偿数额。目前关于限额责任的问题主要有以下几种：一是《中华人民共和国民用航空法》（以下简称《民用航空法》）上的限额责任，它的侧重点在于类似于航空合同当中的一些限额责任。二是2007年《国务院关于核事故损害赔偿责任问题的批复》规定的限额责任，这一规定能否在司法实践中适用，笔者认为是可以的；但核事故问题所涉及的大多不是一般意义上的大规模侵权问题，通常是由政府或有关部门先行解纷。

（二）具体的侵权责任类型下的归责原则

通常来说，环境污染责任、高度危险责任、动物致害责任、产品责任、机动车交通事故责任、用人单位责任等都属于无过错责任原则的范畴。对于监护人责任的类型，则有不同意见，笔者认为，依据《民法典》第1188条的文义，该责任不以过错为要件，在法律规定中也没有违反过错标准认定的注意义务这样的表述，所以，它也应当属于无过错责任的范畴。

要注意的是，有关侵权责任的各章中，特别是有关具体侵权行为的章节，并不是完全某一章就适用一个归责原则。有时候本章的一般规范可能适用的是无过错责任，但是涉及具体某个条款所针对的侵权责任类型时，就未必还是无过错责任了。比如，机动车交通事故责任，从《中华人民共和国道路交通安全法》（以下简称《道路交通安全法》）第76条来看，机动车与机动车之间相撞，就是过错责任，而非无过错责任；之前所述的高度危险责任原则上是无过错责任，但实际上《民法典》第1243条规定的进入特定危险领域的情形，本质上属于过错推定责任。过错推定责任原则所针对的就是过错认定的问题，和作为免责事由的问题是两码事。这是侵权责任所面对的社会生活的复杂性所导致的，侵权行为的类型化与物权、合同的类型化在逻辑体系上未必一致，甚至未必那么周延——一个小小的事实情节变化就可能改变某个侵权案件的基本定性。再如，医疗损害责任，从具体侵权行为来说，严格地讲，在医疗损害责任当中，实际上按一般条款《民法典》第1218条有关诊疗过错责任的规定，强调的是过错责任；但是在第1223条当中的医疗产品责任，实际上是一个无过错责任。从这种角度上讲，就是侵权行为的类型化下涉及的不同的归责原则。

对于过错责任原则在适用举证责任上，通常采取的是"谁主张，谁举证"的一般规则。它的基本法律和司法解释的依据是《中华人民共和国民事诉讼法》（以下简称《民事诉讼法》）第65条，以及《最高人民法院关于适用〈中华人民共和国民事诉讼法〉的解释》（以下简称《民事诉讼法解释》）第91条。但是从诉讼证据的角度上讲，也要注重对弱势一方利益的保护。《最高人民法院关于审理医疗损害责任纠纷案件适用法律若干问题的解释》（以下简称《医疗损害解释》）第4条采取了举证责任缓和，即双方都要承担行为意义上的举证责任。该条提到的不仅是行为意义上的责任，对于医疗机构举证主张自己不承担责任的，应当对不承担责任的事由承担举证责任。患者一方如果无法证明诊疗存在过错，以及就诊疗行为与造成的损害之间的因果关系向人民法院申请鉴定的，人民法院应予准许。从这样一个表述可以看出，没有把证明过错和因果关系的责任完全加诸患者一方，此处所采取的就是举证责任的缓和。

为什么医疗损害责任是过错责任？其实医疗损害责任是从过错推定责任改为了过错责任，2002年施行的《最高人民法院关于民事诉讼证据的若干规定》（以下简称《民事诉讼证据规定》）第4条第8项规定："（八）因医疗行为引起的侵权诉讼，由医疗机构就医疗行为与损害结果之间不存在因果关系及不存在医疗过错承担举证责任。"当中过错和因果关系是双推定的，即不仅推定过错，还推定因果关系。这对于保护患者合法权益具有积极意义，在当时也发挥了积极作用。后来，立法上越来越充分地考虑医疗本身的公益性，特别是从价值导向上看，医疗卫生事业的发展与广大人民群众的生命身体健康的维护是一致的。要鼓励医疗事业发展，在责任承担方面，就有必要给医疗机构以及医务人员减负，或者说适当地减轻其责任的承担。在这样的前提下，《侵权责任法》第54条将诊疗过错责任明确规定为过错责任，或者说修改为过错责任。这考虑的是医疗的公益性，尤其是与国家、民族发展的密切联系，从司法政策的连续性上，医疗损害责任在立法上适用了过错责任，但是确实没有相关法律规定，患者一方要对医疗机构过错和因果关系承担举证责任，而且实务中确实存在着诊疗行为本身专业性、信息不对称，以及患者一方经济实力较弱及因病致贫或者返贫的问题，强调医患双方对于有关案件事实都承担一定的举证责任，由此推定双方积极申请鉴定来认定案件事实的思路，就是将法律政策、法律秩序或者法律适用基本的稳定性纳入考虑的结果。

至于网络侵权责任，即《民法典》第1194条至第1197条的规定。其中，第1197条规定："网络服务提供者知道或者应当知道网络用户利用其网络服务侵害他人民事权益，未采取必要措施的，与该网络用户承担连带责任。"这一规定实际上改变了《侵权责任法》第36条第3款的规定。第1197条在"网络服务提供者知道"后增加了"应当知道"的内容。"应当知道"是网络服务提供者承担连带责任的基础，或者说是其承担责任的基础。"知道或者应当知道"是一个典型的关于过错责任的表述。此外，还有第1195条和第1196条的内容，规定非常之细，更像一个行为规范，更多地体现为一种利益的平衡。第1196条的规定中用了"权利人""网络用户""网络服务提供者"的表述，不存在倾斜保护某一主体的特殊考虑。

对于网络侵权的举证责任规则，至少三方主体（网络用户、网络服务提供者、权利人）对于自己掌握的证据都有提交的义务，这其实也有运用举证责任缓和的思路。当然，这也是有相应法律依据的，《民事诉讼法解释》第112条①、第113条②关于责令提供书证、妨碍证明的规则都是基本依据。

此外，关于过错认定标准的客观化问题。行为人的过错是通过行为反映出来的，但是这样的行为反映出来的过错如何和客观标准对接？这就要依靠日常生活经验法则。笔者认为，行为人是否应当预见及避免损害发生以及其能否预见、能否避免损害发生，应当作为认定过错的重要考虑因素。

还要注意关于民事权益的规定。《民法典》侵权责任编第1164条也用到了"民事权益"这一词语，即"本编调整因侵害民事权益产生的民事关系"。在归责原则当中，也继续使用民事权益一词，这里还包括了一些民事利益、相对权的问题，如第三人侵害债权、纯粹经济损失甚至纯粹精神损失的赔偿问题。这些都是《民法典》侵权责任编的包容性及前瞻性所在。

（三）自甘风险规则

从《民法典》侵权责任编的角度看，自甘风险规则是一个新增的内容，也是《民法典》侵权责任编的亮点。在《民法典》侵权责任编还没有形成正

---

① 该条规定："书证在对方当事人控制之下的，承担举证证明责任的当事人可以在举证期限届满前书面申请人民法院责令对方当事人提交。申请理由成立的，人民法院应当责令对方当事人提交，因提交书证所产生的费用，由申请人负担。对方当事人无正当理由拒不提交的，人民法院可以认定申请人所主张的书证内容为真实。"

② 该条规定："持有书证的当事人以妨碍对方当事人使用为目的，毁灭有关书证或者实施其他致使书证不能使用行为的，人民法院可以依照民事诉讼法第一百一十四条规定，对其处以罚款、拘留。"

式条文之前，我们就向立法机关提出建议明确自甘风险规则。笔者认为，设立该规则一个很重要的目的在于提高广大人民群众的身体素质，尤其是中小学生的身体素质，结合《民法典》人格权编当中对健康权的规定，保障中小学生的身心健康。

在《民法典》起草过程中，是否规定自甘风险规则是《民法典》侵权责任编的一个重要问题，最高人民法院作为重要参与单位，就这一问题积极展开论证，在总结审判经验的基础上提出了规定自甘风险规则的主张，立法机关在综合各方意见的基础上，在《民法典》二次审议稿中第954条之一明确规定了自甘风险规则，此后，又将此内容作了进一步完善，最终在《民法典》第1176条规定："自愿参加具有一定风险的文体活动，因其他参加者的行为受到损害的，受害人不得请求其他参加者承担侵权责任；但是，其他参加者对损害的发生有故意或者重大过失的除外。活动组织者的责任适用本法第一千一百九十八条至第一千二百零一条的规定。"审判实践中，适用自甘风险的情形多有出现，从而为审判积累了较为丰富的经验，最为典型的是体育比赛中发生人身伤害，通常都适用自甘风险规则，减轻或者免除加害人的责任。

1. 从立法目的出发看活动组织者承担责任的规则。《民法典》第1176条第2款系指引性规定，明确了有关活动组织者的责任适用《民法典》第1198条至第1201条的规定。这些规定不是免责事由，而是关于安全保障义务人和学校、幼儿园等承担具体责任的规定，这里既有活动组织者承担直接责任的内容，也有依法承担补充责任的内容。对此，要注意与《民法典》第1176条第1款明确的自甘风险作为免责事由的衔接适用问题。笔者认为，如果过于强调活动组织者依照有关安全保障义务、学校责任的条款来承担相应责任，会与自甘风险作为免责事由的出发点不符，也不利于活动组织者积极开展体育运动。从条文规范上看，安全保障义务人以及有关学校、幼儿园及其他教育机构这类主体承担责任都与他们是否尽到安全保障义务或者教育、管理职责直接相关，而这实际上是关于客观过错的表述形式。换言之，在活动组织者没有这些客观过错的情况下就不承担责任。在具体判断时，要结合上述主体的管理、保护措施是否符合相应的法律、法规规定或者行业自律要求等，如果符合相应要求，即使出现受害人遭受损害的情形，活动组织者也不应承担责任。对此，有必要采取适当从严认定的态度，不宜加重活动组织者的责任，在法律适用上要切忌"和稀泥"，以有利于推动有关主体积极组织相应活动，这也符合自甘风险制度的立法初衷。比如，在此前发生的马拉松替跑猝死案中，甲替乙参加马拉松比赛，但是跑到半途，甲突发心脏病死亡。在这个案件中，一方面组织者组织活动时存在瑕疵，没有检查出替跑行为的存在，但没有检查出替跑行为与甲最终的死亡是没有因果关系的；另一方面，组织者在医疗急救设施方面的配备以及事后的抢救措施行为方面都是完备的，甲的猝死与组织者即赛事主办方没有因果关系。通常而言，组织马拉松赛事涉及的安全保障义务主要围绕两个方面，一是安保措施；二是警示说明。一要建立完备的安保措施，比如供水点的设置、医务人员的配备及数量等，有关的赛事组织也都有相应的标准要求；二要充分地向参加者告知风险。符合这一标准要求，则不应认定为有过错。从某种角度来看，组织者完善安全保障设施等也有利于赛事的规范。但从鼓励人们参与具有一定危险性活动的角度出发，认定组织者的过错，应当采用适当从严的标准。当然，标准从严也要回归到侵权责任构成的认定上。一是关于过错的认定，包括安保措施是否符合相应的标准和是否尽到具体细致的告知说明义务；二是判断因果关系能不能阻断侵权责任构成。

2. 关于一定风险的文体活动

（1）文体活动：对于文体活动概念的界定，要作出适当从宽的考虑，与《民法典》第1176条第2款中的责任承担适当从严，两者的目的其实一样，也是鼓励、提倡开展文体活动。比如游泳、跑步、散步都是文体活动。这里要提一下此前发生的"冰上遛狗溺亡案"①，该案属于受害人自己进入一个特定危险区域的情形：案涉消力池属于禁止公众进入的水利工程设施，不属于《侵权责任法》第37条第1款②规定的"公共场所"，不属于百姓散步能正常到达的区域。消力池的管理人和所有人采取了合理的安全提示和防护措施，完全民事行为能力人擅自进入造成自身损害，请求管理人和所有人承担赔偿责任的，人民法院不予支持。

从自甘风险的角度，该案与"私摘杨梅坠亡案"（老人上树摘取杨梅，不小心从树上摔下死亡）不同。"私摘杨梅坠亡案"③更接近于意外事件，一般人对于爬树后坠亡危险的认识和进入结冰河道的危险认识是不同的。诸如此类的案件还有很多，此处不再一一列举。

虽然该条表述上是文体活动，但实际在司法实践的适用中，不仅是文体活动的界定要适当从宽，同时该条的适用面也要适当从宽，户外探险、群众活动等，都可以予以包括。在此要提一下，其实《侵权责任法》也在一定程度上承认了自甘风险规则，《侵权责任法》第76条④确立的就是一个高度危险区域的自甘风险规则。《民法典》第1243条也是如此。对此，有关自甘风险的规则，也要考虑到《民法典》第1176条的规定。

（2）其他参加者。其他参加者当然是指参加文体活动的人，参加者既可以是单纯的活动参与者，也同时可以是参与活动的活动组织者。有的组织者不一定是参加者。对于一些体育项目，比如足球运动，如果有裁判，裁判也是参加这个活动的人。但是参加活动的人不宜包括观众。一般观看职业竞技比赛，会有专门的赛事主办方，对于购票观看比赛的观众来说，该赛事的组织者对这些观众负有相应的安全保障义务。进一步说，赛事主办方是营利还是公益性质，在责任承担方面，或者是对注意义务的要求方面是不一样的。

---

① 最高人民法院指导案例141号。
② 对应《民法典》第1198条第1款。
③ 最高人民法院指导案例140号。
④ 对应《民法典》第1176条。

营利性的赛事组织方因其可以获得相应收益，应该负有更高的注意义务，其获得的收益应该转化成安保措施的完善工作。

(四)自助行为

1. 自助行为的立法目的。《民法典》第1177条关于自助行为的内容，是《民法典》的一个亮点内容，这和自甘风险是一样的。但从规范目的上讲，自助行为和自甘风险在本质上是不一样的。自甘风险是为了鼓励提倡推动进行某些活动，而自助行为恰恰是出于规范甚至是限制某些行为的目的。《民法典》第1177条规定并不是要达到鼓励自助行为的目的，在法制健全的情况下，公力救济一定是一般原则，自力救济应当是例外存在；但由于社会生活的复杂性，自助行为确实又有其存在的必要，如甲的自行车刚刚被别人偷走，他发现偷车人在不远处，此时如果选择报警，可能车就不容易找到了，所以甲就有必要自己去追这辆车。审判实践中，基于审理案件的需要，对于自助行为的情形则多有涉及，对有关自助行为的法律适用规则也作了有益探索。比如，在邓某诉曹某房屋损害赔偿纠纷案中，邓某与曹某系邻居，邓某将其房屋南墙、西墙加高，与其新建东墙及北侧房屋墙体四面相连，并在南墙、西墙上方预留窗口。这就造成所建东墙距曹某家房屋西墙仅九厘米，将曹某房屋门窗堵死的局面，此后曹某将邓某所建东墙上半部分和南墙东端一角墙体推倒。法院裁判认为，被告推倒原告未经批准所建造的墙体的行为符合民事自助行为的构成要件，且不超过必要限度，可以不承担责任或者减轻责任。此外，用好自助行为，可以起到诉前纠纷化解的作用。但无论如何，相较于公力救济，自力救济始终是例外和补充。因此，在适用该条款时，必须严格遵循法定构成要件。

2. 自助行为的适用条件。自助行为必须符合一定前提条件，要符合比例原则的要求。从《民法典》第1177条中可以提炼出20个字来概括：情况紧迫、难以弥补、必要范围、合理措施、立即请求。从对发生的条件、事后的处理措施等内容的规定来看，都体现了运用自助行为的条件要求是非常严格的。情况紧迫、不能及时获得保护，不立即采取措施，损害就难以弥补，通常认为这是比例原则的体现；必要范围与合理措施，其实体现的也是比例原则的适用。依据《民法典》第1177条的规定，构成自助行为须具备：

（1）须有不法侵害状态的存在。不法侵害是指侵害行为是为法律禁止的行为，包括刑事法律、民事法律和其他法律规范所禁止的一切行为，如刑法上盗窃、诈骗等行为，民法上侵犯财产所有权、债权的行为等。

（2）须为保护自己的合法权益。自助行为旨在保护自己的权利，而非他人权益，这也是自助行为与正当防卫、紧急避险的一个显著区别。这里的权利首先必须合法；其次原则上限于请求权的范畴；最后可以实施自助行为的权利主体原则上限于权利人本人，但其他可以类似于权利人本人行使权利的人，如法定代理人、失踪人的财产管理人、遗产管理人、破产管理人、遗嘱执行人等，也可以依法实施自助行为。此外，为了用人单位的利益，采取的符合《民法典》第1177条相应条件的这种情况，也应该纳入自助行为的范畴，如餐厅服务员追吃饭不付钱的顾客。

（3）须情势紧迫而来不及请求有关国家机关的公力救济。即权利人在客观上来不及请求有关国家机关的保护，如果不实施自助行为，请求权就无法实现，或者实现的难度显著增加。

（4）不得超过必要限度。所谓必要的自助行为，是为了保全其请求权而需要的行为。笔者认为，这里的必要限度，也要包括受害人采取的措施必须合理，且原则上应当限定在对侵权人财物予以扣留等范畴内，在解释上应当严格依据《民法典》第1177条规定进行，不可随意扩大。最基本的是，对于非法拘禁、搜身侮辱以及暴力殴打等都应该排除在外。按照比例原则的要求，对于能够通过扣留财物措施解决的，就不能采取针对人身的措施；但因客观形势所必需，针对侵权人进行合理的劝阻，再结合立即请求有关机关处理的措施，应当认为属于合理的自助行为的措施，这也是对《民法典》第1177条中"等"的合理解释。进一步说，如果能够通过扣留侵权人的一般财物解决的，就不能通过扣留侵权人生产生活所必需的财物解决。

（5）自助行为的方式须为法律或公序良俗所许可。比如，雇佣他人以暴力方法讨债，将债务人囚禁等方式皆为法律或者公序良俗所禁止。此外，即使自助行为符合上述条件，权利人也必须立即请求有关国家机关处理，否则，也要依法承担相应的侵权责任。

三、关于损害赔偿的基本规则

《民法典》侵权责任编第2章规定了侵害人身权益和财产权益的赔偿规则、精神损害赔偿规则等。同时，在《侵权责任法》的基础上，对有关规定作了进一步完善。

（一）完善精神损害赔偿制度

《民法典》第1183条规定，因故意或者重大过失侵害自然人具有人身意义的特定物造成严重精神损害的，被侵权人有权请求精神损害赔偿。

第一，该条明确了精神损害赔偿限于自然人，排除了法人和非法人组织。如侵害法人的名称权、商誉权等，不属于精神损害赔偿的范围。

第二，该条吸收了《最高人民法院关于确定民事侵权精神损害赔偿责任若干问题的解释》（以下简称《精神损害解释》）中"具有人格象征意义的特定物品"，《民法典》将之称为具有"人身意义"的特定物，如破坏墓碑、骨灰盒甚至遗体、遗物，当然也不限于此，比如珍贵的照片等。至于是否为《民法典》第1183条规定的特定物以及有关侵权人"故意或者重大过失"的事实认定，需要受害人一方承担举证责任。需要注意的是，此和拒绝其他亲属悼念、不让其他亲属在墓碑上加名以及送错他人骨灰盒的案例不同，后者通常理解为侵害他人"悼念权"的范畴，但"悼念权"并非法定的权利类型，应当属于人格尊严的范畴，适用一般人格权的规定予以保护。

（二）关于惩罚性赔偿

《民法典》中有三个条文规定了惩罚性赔偿，它们的目的是一样的，即在特定领域内加重对侵权行为的制裁来保障相应的权利，分别是侵害知识产权的惩罚性赔偿（第1185条），产品责任惩罚性赔偿（第1207条），污染环境、破坏生态的惩罚性赔偿（第1232条）。适用惩罚性赔偿，需要注意以下问题。

（1）作为一种加重责任的情况，惩罚性赔偿的具体标准应当以法律所规定的具体标准为依据，法官在审理相关案件时不可随意裁判不同标准的惩罚性赔偿。如《中华人民共和国商标法》（以下简称《商标法》）第63条，对于故意侵害注册商标权的，规定了惩罚性赔偿，可以直接适用。但是目前的《中华人民共和国著作权法》（以下简称《著作权法》）还没有规定惩罚性赔偿的相关内容，对标《民法典》的规定，应该还会进行相应的修改。2020年修正的《中华人民共和国专利法》（以下简称《专利法》）也对惩罚性赔偿作了相应规定。在这种情况下，在商标侵权和专利侵权的案件中，《民法典》第1185条有了落地条款，就可以得到具体的适用。再如，产品责任的相关规定，《民法典》第1207条也有相应的落地条款，即《中华人民共和国消费者权益保护法》（以下简称《消费者权益保护法》）第55条和《中华人民共和国食品安全法》（以下简称《食品安全法》）第148条，这两条有关于适用惩罚性赔偿具体构成要件和相应标准的规定。

（2）关于惩罚性赔偿的构成要件的举证责任问题。这一问题在产品责任、环境污染当中更需要注意。而在知识产权方面比较明确，故意侵害知识产权的惩罚性赔偿，这是过错责任中更加典型的状态，要按照被侵权人对故意侵权承担举证责任的规则进行处理。再以产品责任为例，目前在《医疗损害解释》中明确了医疗产品责任当中，由被告方证明产品无缺陷，这符合前文提到的，采取无过错责任原则下应该对原告方进行倾斜性保护。在法理上，产品责任应该也是这样的做法。这是因为无过错责任的基本原理——当事人双方经济实力不平衡、专业技术信息不对称。为了充分救济受害人，就要减轻受害人一方的举证负担，其出发点是救济，也就是填平损害。按照这样一个理念，惩罚性赔偿是为了让受害人在填平损害之上获得更多利益，此已超出救济损害本身。

在这种情况下，关于产品责任的一般构成要件，应该贯彻无过错责任的基本要求，由被告方对于自己产品没有缺陷承担举证责任。但是，如果受害人一方主张惩罚性赔偿，就应当对于《民法典》第1207条规定的明知而生产销售以及未及时采取有效措施，承担举证责任。从司法实践中的判决看，有关惩罚性赔偿的适用，往往是由原告来承担举证责任。概言之，惩罚性赔偿本质上是为了制裁某种行为，从受害人角度看是获益的，已经不仅仅是填平损害，"谁主张，谁举证"的规则也就不能适用了。

四、关于责任主体的特殊规定

（一）完善网络侵权

1. "避风港规则"，也被称作"通知与取下"规则。即网络服务提供者采取了相应的通知、删除等必要措施，就不再承担相应责任，同时化解了权利人和网络用户之间的纠纷，从而起到了"避风港"的作用。笔者认为，我国的"避风港规则"与美国法上的"避风港原则"有所不同，美国法上对此更多地侧重于从免责事由的角度界定，但是《民法典》第1195条第2款则明显是从责任构成的角度来规定的，未及时采取必要措施，对损害的扩大部分与该网络用户承担连带责任，从行为导向上讲，这样会推动网络服务提供者更加积极采取相应的措施。这也是该条的行为规范意义，当然，该条的适用无疑对于快速便捷化解纠纷具有积极意义。

在此需要注意的是，网络服务提供者要有一定的审查职责，不是网络用户提供任何资料说明都必须对网络用户的有关内容予以删除。但是从导向上，网络服务提供者为了免于承担责任可能就会进行删除。当然，在诉讼当中，这只能是网络服务提供者的一个抗辩事由。而且从法理基础上看，网络服务提供者的侵权责任，本质上应该是一个间接侵权责任，其实际上是以网络用户承担侵权责任为前提的。也就是说，如果网络用户的行为不构成侵权，网络服务提供者也就根本不具备承担侵权责任的前提条件。

2."红旗规则"，也被称作"反通知"规则。通常而言，"红旗规则"指网络用户的侵权行为非常明显，就像红旗在网络服务提供者面前飘扬一样，网络服务提供者就不能装作看不见或以不知道侵权的理由来推脱责任。有人认为，"红旗规则"实际上是"避风港规则"的一个例外。一方面，从侵权责任构成的角度讲，"红旗规则"强调的是侵权行为本身的显著性，这与"网络服务提供者知道或者应当知道"有关，实际上应当知道的范围可能比上述显著性范围还要广。《民法典》第1197条规定网络服务提供者知道或者应当知道；而美国法上的"红旗规则"强调侵权行为的显著性，更多的是从客观表征来界定的。另一方面，从损害赔偿的角度讲，《民法典》第1197条更具备网络侵权的一般条款的特点，只要权利人一方证明网络服务提供者知道或者应当知道侵权行为而没有采取措施，就可以要求网络服务提供者承担侵权责任。这时无须再采用《民法典》第1195条的"通知与取下"规则。但是在网络侵权当中，考虑到网络传播的速度和广度，权利人一方往往不强调损害赔偿，而是更多地考虑消除侵权行为造成的影响，因此，《民法典》第1195条的规定仍然具有十分重要的适用价值。

（二）关于用人单位责任——完善追偿权规则

追偿权规则在《民法典》侵权责任编中得到了体系化的完善，将所有可主张的追偿权均作了明确规定（比如，第1191条、第1192条、第1198条、第1201条等）。在此着重介绍一下用人单位责任。

其一，有些追偿权在以前的司法实践当中也都存在，从历史背景看，《侵权责任法》对于用人单位并没有规定追偿权，但是不排除可以通过约定的方式在实践中探索适用，也不排除依照当时的法律、司法解释予以适用。《民法典》将追偿权规则明确化了，在主张追偿权时要对用人单位存在故意和重大过失承担举证责任。当然，从实质正义的角度出发，在裁判中对此要从严把握，这也符合保护相对弱势一方（对工作人员利益保护）的趋势。

其二，要注意与《民法典》总则编第62条第2款适用的衔接，在法人承担责任之后，可以依照法律规定或者公司章程的规定，向有过错的法定代表人追偿。所谓法律规定，目前来看，可能要根据《公司法》《慈善法》等法律；但是，如果没有具体法律规定，《民法典》侵权责任编第1191条第1款能否适用？笔者认为，一般工作人员对用人单位的影响，要远远小于法定代表人对用人单位的影响，如果连一般工作人员存在故意或者重大过失都要追偿，那么对于法定代表人的故意或者重大过失行为更应当追偿。举轻以明重，从适用的角度上讲，应该参照适用。此外，要注意衔接的还有《民法典》第1218条规定的医疗损害责任的一般条款。从体系上讲，医疗机构的责任承担属于用人单位承担责任的特殊情形，即《民法典》第1218条与第1191条构成了特别规定与一般规定的关系。《民法典》在这里把过去的"医疗机构及其医务人员"修改为"医疗机构或者其医务人员"，从而明确了医疗机构自己的责任和医疗机构对医务人员的替代责任。在《民法典》规定了追偿权之后，自然涉及医疗机构对医务人员是否具有追偿权的问题。一种观点认为，《民法典》条文是体系化的，为了节约条文，没有必要每条都去重复追偿权的规定。追偿权和用人单位承担外部责任是不冲突的，因此自然可以适用。另一种观点认为，立法在特别规定中没有明确规定追偿权，因为追偿权意味着给医务人员增加负担，既然没有明确规定，就意味着是排除追偿权的适用。而且，从政策制定目的上看，医疗本身具有公益性，医疗损害赔偿责任规定的过错责任归责原则即是出于给医疗机构及医务人员适当减轻负担的考虑，同理来看，追偿权也是这样的。从权利角度来讲，追偿权是一种权利，但是从对方的角度看就是义务。从义务角度来看，如果法律没有明确规定追偿权，则不宜创造适用追偿权规则。笔者个人倾向于第二种观点。

（三）关于安保义务的规定

第一，《民法典》对安保义务的重大修改在于增加了经营场所，也就是把安保义务适用的基础性场所，从公共场所扩展到了经营场所，极大地扩大了安保义务适用的范围。

第二，关于补充责任的适用，这主要是一个诉讼主体资格确定的问题。在补充责任的问题当中，原则上讲，依当事人的申请，补充责任人和直接侵权人应当被列为共同被告，这有利于纠纷的一次性解决，也有利于彻底查明案情。另外，也是一种诉讼便民高效的体现。什么时候承担补充责任？必须是直接侵权人没有财产或者下落不明的时候，才可以承担补充责任。如果到执行阶段发现被执行人没有财产，反过来再让原告向补充责任人提起诉讼，这显然是对司法资源的浪费。

五、关于侵权责任的具体类型／形态

（一）机动车交通事故责任

1.明确了控制与所有相分离的责任规则。机动车交通事故责任归责原则应考虑机动车本身的危险性以及何种主体能够控制该种危险、能够通过使用该机动车获得便利和收益，基于此，只有在机动车所有人、管理人对损害的发生有过错时，才承担相应的赔偿责任。

具体来说，对机动车交通事故责任的归责基础进行分层次理解：一是机动车本身的危险性；二是谁控制着机动车并可能会造成危险，谁享受机动车的便利，以及谁更有能力通过保险来分散风险。其实就是机动车的所有人包括机动车的管理人，所以其理所应当承担责任。当占有与所有分离之后，谁占有机动车，谁确实地控制机动车，这就是机动车责任中的危险责任的基础。因此，在所有与占有分离之后，由占有者承担责任为原则，若所有人、管理人有过错，则所有人、管理人承担责任。对于经机动车所有人、管理人许可的情形，通常发生在借用或者租赁的场合，这时所有人、管理人对于车辆本身的性能以及车辆使用人的资质状态应当有所预见，并应当对有关损害发生采取必要的防范措施，否则就应当认定为有过错。对此，《最高人民法院关于审理道路交通事故损害赔偿案件适用法律若干问题的解释》（以下简称《交通事故解释》）第1条规定："机动车发生交通事故造成损害，机动车所有人或者管理人有下列情形之一，人民法院应当认定其对损害的发生有过错，并适用民法典第一千二百零九条的规定确定其相应的赔偿责任：（一）知道或者应当知道机动车存在缺陷，且该缺陷是交通事故发生原因之一的；（二）知道或者应当知道驾驶人无驾驶资格或者未取得相应驾驶资格的；（三）知道或者应当知道驾驶人因饮酒、服用国家管制的精神药品或者麻醉药品，或者患有妨碍安全驾驶机动车的疾病等依法不能驾驶机动车的；（四）其他应当认定机动车所有人或者管理人有过错的。"

对于未经所有人、管理人许可和经过所有人、管理人许可，所有人和管理人的过错认定应该与上述有所不同。因为所有人和管理人对经过许可的机动车驾驶人是有预判的，就应当对其行为承担责任。如果未经许可擅自驾驶所有人或者管理人的机动车，所有人和管理人无法对驾驶人的驾驶资格（醉驾、毒驾）等行为提前预知，也就不应该对此承担责任。因此，在未经许可驾驶他人车辆的情况下，所有人、管理人的过错原则上不以针对开车人本身的资质状态作为认定过错的标准。实务中此类纠纷往往发生在熟人之间驾驶机动车的情形，驾驶人没有经过所有人、管理人的同意，但他们之间的关系对于认定过错有重大的影响。此时如果驾驶人与所有人、管理人具有亲属关系，不仅需要尽到告知义务（如明确告知家庭成员不得喝酒开车），还需要注意机动车钥匙的妥善保管，否则就应该认定为有过错。

结合《民法典》第1191条的规定，擅自驾驶用人单位的车辆发生损害，在这种情况下，目前对此的解读，一方面是对因执行用人单位工作任务作适当从宽的解读，司法实务中，一般对该问题是强调与执行工作任务有关联，包括利用单位的工作条件、工作便利来进行一些事务。通常采取类似于外观主义的做法来认定是执行工作单位任务，因此具有执行工作任务而驾驶车辆的外观，虽然实际上没有经过授权，但在这种情况下，应该适用《民法典》第1191条第1款的规定；而完全没有经过单位许可，擅自驾驶单位车辆，即与执行工作任务没有任何关联，在《民法典》第1212条已经有明确规定的前提下，应该适用该条规定，而不宜再根据第1191条按照执行单位工作任务来认定。

此外，在并非所有与占有分离的情况下，《民法典》物权编第225条规定："船舶、航空器和机动车等的物权的设立、变更、转让和消灭，未经登记，不得对抗善意第三人。"这是动产未经登记不产生对抗效力的规则，也就是说，未登记并不影响所有权的转移。比如，出卖人将机动车出卖给买受人并完成交付，这时并没有进行所有权变更登记，但买受人此时已经成为受让人，其既是机动车的所有人也是占有人，这其实是所有与占有一致的情况。在现实交付以及简易交付的情况下，适用《民法典》第1210条的规定没有任何问题。但在占有改定的情况下，就不能再适用《民法典》第1210条，因为此时占有与所有处于分离状态。这种占有改定的情况，最典型的就是"卖出租回"（或者是"卖出借回"），这时候买方是所有人，而卖方是占有人，在法律适用中，应当适用《民法典》第1209条的规定。对于指示交付的情况，机动车正在由第三人驾驶时，出卖人与买受人达成合意转移所有权，并通知第三人，对第三人来说此时其仍然现实占有这辆车，第三人就应当承担车辆使用人的责任，即还是要适用《民法典》第1209条的规定。至于买受人与出卖人之间的关系，合同的问题适用《民法典》合同编的规则；而一旦涉及交通事故赔偿责任的承担问题，则按照《民法典》第1209条的规定，此时出卖人有必要对买受人的购车资格进行审查，否则就具有过错。

2. 明确了交通事故损害赔偿顺序。《民法典》第1213条是一般性规则，除了《机动车交通事故责任强制保险条例》以及合法有效的保险合同明确约定外，均应由保险先行赔付，不足部分再由侵权人赔偿；在符合商业保险合同约定的前提下，当事人可以选择《民法典》第1213条的其中一项进行赔付。具体来说：

（1）"交强险先赔、商业险后赔、侵权人最后赔"是机动车交通事故责任案件中的一般规则，除了法律所规定的合法有效的免赔事由之外，这一规则在机动车交通事故责任一章里所有侵权类型中都可以适用。

（2）商业险能否由当事人选择先予以适用。笔者认为，一方面，这是意思自治的问题；另一方面，依据是《民法典》总则编第11条的规定，即一般法与特别法的关系问题。无论如何，作为《民法典》一部分，侵权责任编关于保险赔付适用的规定属于一般法。而商业险作为一种责任险，应该遵循《中华人民共和国保险法》(以下简称《保险法》)，《保险法》是保险领域的商事特别法的规定，要优先适用。即按照《保险法》所规定的保险合同的规定，也可以允许当事人选择商业险先赔。这也符合《民法典》第1213条规定的立法本意，其就是沿用了《交通事故解释》第16条第1款的规定，这一款规定即是允许了当事人先选择商业险赔付的权利。而《民法典》第1213条只是将上述司法解释的语言表达方式修改为立法语言，其并非是对上述司法解释内容及目的的否定。

除此以外，关于机动车交通事故责任的一般规则，绕不开的规定是《民法典》第1208条以及《道路交通安全法》第76条。其中，《民法典》第1208条将"依照道路交通安全法律"写在了第5章开头，表明了这是一个基本的法律适用规则，也就是特别法优先适用的内容。

《道路交通安全法》第76条第1款规定："机动车发生交通事故造成人身伤亡、财产损失的，由保险公司在机动车第三者责任强制保险责任限额范围内予以赔偿；不足的部分，按照下列规定承担赔偿责任：(一)机动车之间发生交通事故的，由有过错的一方承担赔偿责任；双方都有过错的，按照各自过错的比例分担责任。(二)机动车与非机动车驾驶人、行人之间发生交通事故，非机动车驾驶人、行人没有过错的，由机动车一方承担赔偿责任；有证据证明非机动车驾驶人、行人有过错的，根据过错程度适当减轻机动车一方的赔偿责任；机动车一方没有过错的，承担不超过百分之十的赔偿责任。"其中，对于第2项中规定的"机动车一方没有过错的，承担不超过百分之十的赔偿责任"，有人认为这是交强险范围之内的10%，也被称为"无责也赔"。这一规定在《道路交通安全法》刚颁布实施时曾经引起过一定的争议，但是后来《道路交通安全法》进行修正时对这一条也没有作出修改。笔者认为，这条规定的社会效果和法律效果以及其正面导向是良好的。尤其是通过保险对受害人进行救济以及明确斑马线规则、机动车驾驶人的前方注意义务等都是有积极意义的。

对于《道路交通安全法》第76条第2款的适用，即交通事故的损失是由非机动车驾驶人、行人故意碰撞机动车造成的，机动车一方不承担赔偿责任。其中，"故意"的理解需要作严格的界定，对此可以参考《中华人民共和国刑法》（以下简称《刑法》）的规则，分为直接故意和间接故意两种情况，通常包括自杀和"碰瓷"两种情况。同时，应当排除单纯的闯红灯即其他仅是行为上故意违反交通规则情形，即不能将故意闯红灯等故意违反交通规则的行为认定为该条规定的"故意"。

3. 好意同乘时的减责规则。好意同乘，通常是指机动车驾驶人基于友情帮助而允许他人无偿搭乘的行为，比如顺路搭载朋友等。对于好意同乘的性质，学界有不同认识，但多数意见认为，好意同乘是一种具有利他性质的情谊行为。所谓情谊行为，是指行为人以建立、维持或者增进与他人相互关切、爱护的感情为目的而从事的，不具有受法律约束意思，后果直接无偿利他的行为。情谊行为虽然不会产生合同上的义务，却不能完全排除侵权责任。[1]

设立好意同乘法律规则的立法目的在于鼓励助人为乐、互相帮助。那么，

---

[1] 程啸：《中国民法典侵权责任编的创新与发展》，载《中国法律评论》2020年第3期。

为什么《民法典》第 1217 条规定的是"减轻其赔偿责任"而非免除其责任？这其实是因为机动车交通事故责任承担的一个重要的归责基础，即机动车本身的危险性。同时，还因为存在保险先赔付来救济填平损害的导向问题。

《民法典》第 1217 条的适用条件，最为重要的有二：一是好意同乘的车辆必须是非营运机动车；二是必须为免费搭乘。这里的免费搭乘应当理解为没有金钱对价关系。在符合这两个条件的情况下，就可以减轻机动车使用人的赔偿责任，但是如果机动车使用人存在故意或者重大过失的则不能适用该减责条款。当然，机动车使用人是否完全不能减责，也不可一概而论。比如，明知他人醉酒，仍然搭乘其驾驶的车辆，发生交通事故时，受害人的行为即属自甘风险行为，应当减轻或者免除加害人的赔偿责任。这时双方当事人都存在明显过错，有关损害完全交给其中任何一方都有失公平，适用减责规则较为妥当，符合公平原则和法治思想。同样的情形可以适用于有关案件事实符合《民法典》第 1217 条规定和第 1173 条[①]关于与有过失的规定或者《民法典》第 1174 条[②]关于受害人故意的规定。

此外，应当注意的是，营运车辆在非营运期间无偿搭乘他人，这也符合好意同乘的基本规则，同样可以适用《民法典》第 1217 条的规定。但营运车辆的免票行为（或半票行为），应该适用客运合同的一般规则，它的权利义务和全票是一样的。

（二）关于医疗侵权规则的主要修改

《民法典》第 6 章对医疗损害责任作出了必要的修改和完善。下面笔者主要介绍两处重点修改：

1.《民法典》第 1219 条对医疗机构的说明义务和相应法律后果作出了具体规定。该条规定："医务人员在诊疗活动中应当向患者说明病情和医疗措

[①] 该条规定："被侵权人对同一损害的发生或者扩大有过错的，可以减轻侵权人的责任。"
[②] 该条规定："损害是因受害人故意造成的，行为人不承担责任。"

施。需要实施手术、特殊检查、特殊治疗的,医务人员应当及时向患者说明医疗风险、替代医疗方案等情况,并取得其明确同意;不能或者不宜向患者说明的,应当向患者的近亲属说明,并取得其明确同意。医务人员未尽到前款义务,造成患者损害的,医疗机构应当承担赔偿责任。"对比《侵权责任法》第55条,[①]《民法典》第1219条的修改主要有:一是有关说明义务的履行,必须是"具体说明",这是新增的要求,即相关说明内容要针对病情,事项要具体,不宜采取笼统含糊的说明,这对说明义务的规范化具有积极作用。二是取得患者一方同意不再硬性要求是书面形式,但应当取得其"明确"同意,也就是此"同意"的意思表示应该是清楚明确的,有关证据的证明也要达到此要求。三是将"不宜向患者说明的"修改为"不能或者不宜向患者说明的"。这一修改进一步保障了患者的知情同意权,明确了医务人员的相关说明义务。

通常而言,医务人员违反说明义务的情形包括两种:一是违反说明义务造成自我决定权损害但未造成人身实质性损害的责任;二是违反说明义务造成患者人身实质性损害责任。现分述如下:

(1)违反说明义务造成自我决定权损害但未造成人身实质性损害时的责任。这是指医疗机构未对病患充分说明或者说明其病情,未对病患提供及时有用的医疗建议的医疗损害责任,造成了受害患者的自我决定权的损害。这种损害包括在《民法典》第1219条第2款的"损害"之中。这种医疗损害责任违反的是医疗良知和医疗伦理,没有善尽对患者所负的说明义务、建议义务等积极提供医疗资讯的义务,构成侵害患者知情权的侵权行为。在我国理论和实务中,对于医疗机构或者其医务人员违反说明义务并未造成患者实质性人身损害的情况下,是否确定医疗机构应当承担赔偿责任的问题,具有较

[①] 该条规定:"医务人员在诊疗活动中应当向患者说明病情和医疗措施。需要实施手术、特殊检查、特殊治疗的,医务人员应当及时向患者说明医疗风险、替代医疗方案等情况,并取得其书面同意;不宜向患者说明的,应当向患者近亲属说明,并取得其书面同意。医务人员未尽到前款义务,造成患者损害的,医疗机构应当承担赔偿责任。"

大争议。这涉及医患利益平衡保护乃至维护医学进步、保护全体患者利益的问题，在理论上也涉及对精神损害赔偿的认识问题，需要进一步研究探讨。

（2）违反说明义务造成患者人身实质性损害时的责任。医疗机构未尽说明义务，擅自进行医疗行为，侵害了病患的自我决定权，同时积极采取某种医疗措施或者消极停止继续治疗，造成患者的人身实质性损害。此种医疗损害责任类型违反的也是医疗良知和医疗伦理，未经患者同意，采取积极行为或者消极行为，造成了患者的人身损害，应当承担人身损害赔偿责任。此类纠纷中医疗机构应当承担责任，这在国外的判例中有明确体现。比如在一个案件中，医疗机构未经患者同意擅自切除患者乳房，法院判决医疗机构承担相应赔偿责任。该案中，原告的右乳房发现恶性肿瘤，在得到其同意的情况下实施了乳房切除手术。但在切除了右乳房后又对其左乳房作了病理切片检查，发现左乳房属于乳腺癌，医师在没有得到本人同意的情况下，将其左乳房也切除了。判决认为，全部切除女性乳房内部组织对于患者来说从生理机能到外观上都属产生非常重大后果的手术，为此，被告在进行切除原告左乳房手术时，必须重新取得患者的同意。在获得患者同意前，医师有必要就症状、手术的必要性作出说明，像本案件这样手术有无必要存在不同见解的场合，患者是否接受手术的意思更应尊重。因此认为，医师应当把上述情况向患者作出充分说明并在取得同意后才能进行手术。医师在没有取得患者同意的情况下切除左乳房手术的行为属于违法行为，故法院判决其支付损害赔偿金。这种侵权行为是典型的未经同意而采取的积极医疗行为，所侵害的是患者的自我决定权。

2.《民法典》第1223条对医疗产品责任增加了"药品上市许可持有人"这一责任主体，在加强权利保护的同时，也有力规范了药品质量。通常来讲，药品上市许可持有人制度，是指拥有药品技术的药品研发机构、科研人员、药品生产企业等主体，通过提出药品上市许可申请并获得药品上市许可批件，并对药品质量在其整个生命周期内承担主要责任的制度。在该制度下，上市许可持有人和生产许可持有人可以是同一主体，也可以是两个相互独立的主体。上市许可持有人可以自行生产，也可以为其他生产企业生产。如果采取委托生产的形式，上市许可持有人要对要求的安全性、有效性以及质量可控性承担责任。

我国之前对"药品上市许可持有人"制度作出规定的法律文件主要有：2015年发布的《全国人民代表大会常务委员会关于授权国务院在部分地方开展药品上市许可持有人制度试点和有关问题的决定》[1]、2016年发布的《国务院办公厅关于印发药品上市许可持有人制度试点方案的通知》[2]。2019年修订的《中华人民共和国药品管理法》（以下简称《药品管理法》）在吸收上述通知的基础上专门对药品上市许可持有人作出了规定。该法第30条规定："药品上市许可持有人是指取得药品注册证书的企业或者药品研制机构等。药品上市许可持有人应当按照本法规定，对药品的非临床研究、临床试验、生产经营、上市后研究、不良反应监测及报告与处理等承担责任。其他从事药品研制、生产、经营、储存、运输、使用等活动的单位和个人依法承担相应责

---

[1] 该决定明确："授权国务院在北京、天津、河北、上海、江苏、浙江、福建、山东、广东、四川十个省、直辖市开展药品上市许可持有人制度试点，允许药品研发机构和科研人员取得药品批准文号，对药品质量承担相应责任。"

[2] 该通知明确："试点行政区域内的药品研发机构或者科研人员可以作为药品注册申请人（以下简称申请人），提交药物临床试验申请、药品上市申请，申请人取得药品上市许可及药品批准文号的，可以成为药品上市许可持有人（以下简称持有人）。法律法规规定的药物临床试验和药品生产上市相关法律责任，由申请人和持有人相应承担。持有人不具备相应生产资质的，须委托试点行政区域内具备资质的药品生产企业（以下称受托生产企业）生产批准上市的药品。持有人具备相应生产资质的，可以自行生产，也可以委托受托生产企业生产。"药品研发机构或者科研人员成为申请人和持有人的条件必须是"属于在试点行政区域内依法设立且能够独立承担责任的药品研发机构，或者在试点行政区域内工作且具有中华人民共和国国籍的科研人员。"有关义务责任承担的要求，《国务院办公厅关于印发药品上市许可持有人制度试点方案的通知》明确："履行《中华人民共和国药品管理法》（以下简称《药品管理法》）以及其他法律法规规定的有关药品注册申请人、药品生产企业在药物研发注册、生产、流通、监测与评价等方面的相应义务，并且承担相应的法律责任。"关于责任承担，"批准上市药品造成人身损害的，受害人可以向持有人请求赔偿，也可以向受托生产企业、销售者等请求赔偿。属于受托生产企业、销售者责任，持有人赔偿的，持有人有权向受托生产企业、销售者追偿；属于持有人责任，受托生产企业、销售者赔偿的，受托生产企业、销售者有权向持有人追偿。具体按照《中华人民共和国侵权责任法》等的规定执行"。但是，按照该通知内容，试点时间截至2018年11月4日。故在此日之后，该通知已失效。

任。药品上市许可持有人的法定代表人、主要负责人对药品质量全面负责。"该法第 3 章针对药品上市许可持有人制度作出了细化规定。在《民法典》对于药品上市许可持有人相关制度有明确规定的情况下，应当适用《民法典》第 1223 条规定。《药品管理法》对药品上市许可持有人制度的细化规定在不与《民法典》相冲突的情况下，可以继续适用。

（三）高空抛物治理规则

为保障好人民群众的生命财产安全，《民法典》对高空抛物坠物治理规则作了进一步的完善。相较于《侵权责任法》第 87 条[①]规定，《民法典》第 1254 条[②]的重大修改主要有：

一是开宗明义新增规定"禁止从建筑物中抛掷物品"，旗帜鲜明地表明态度。针对高空抛物造成人身伤亡等问题，明确提出高空抛物为法律所禁止，价值导向明确。从法律适用上讲，这也为认定高空抛物行为的违法性提供了明确的法律依据。

二是明确了从建筑物中抛掷物品或者从建筑物上坠落的物品造成他人损害的情形。由侵权人依法承担侵权责任为一般规则，由可能加害的建筑物使用人给予补偿为例外规则，而非《侵权责任法》第 87 条规定的由可能加害的建筑物使用人给予补偿为一般规则的做法。

三是新增了物业服务企业等建筑物管理人的责任。《民法典》第 1254 条第 2 款规定的"物业服务企业等建筑物管理人应当采取必要的安全保障措施防止前款规定情形的发生；未采取必要的安全保障措施的，应当依法承担未

[①] 该条规定："从建筑物中抛掷物品或者从建筑物上坠落的物品造成他人损害，难以确定具体侵权人的，除能够证明自己不是侵权人的外，由可能加害的建筑物使用人给予补偿。"

[②] 该条规定："禁止从建筑物中抛掷物品。从建筑物中抛掷物品或者从建筑物上坠落的物品造成他人损害的，由侵权人依法承担侵权责任；经调查难以确定具体侵权人的，除能够证明自己不是侵权人的外，由可能加害的建筑物使用人给予补偿。可能加害的建筑物使用人补偿后，有权向侵权人追偿。物业服务企业等建筑物管理人应当采取必要的安全保障措施防止前款规定情形的发生；未采取必要的安全保障措施的，应当依法承担未履行安全保障义务的侵权责任。发生本条第一款规定的情形的，公安等机关应当依法及时调查，查清责任人。"

履行安全保障义务的侵权责任",这对于加强物业管理服务,预防高空抛物行为具有重大意义,也有利于快速有效地救济受害人损害。

四是新增了有关部门查找职责的规定。《民法典》第1254条第3款规定:"发生本条第一款规定的情形的,公安等机关应当依法及时调查,查清责任人。"这对于解决实践中高空抛物侵权人查找难问题具有积极作用。

对于抛物侵权人查找难的问题,人民法院应当加强依法依职权调查取证的力度,要通过向居委会、村委会、社区、物业、群众、现场勘验等多种渠道调查取证。物业服务企业一方面要承担实体法上的安保义务(安保义务的来源:法律规定、管理规约、物业服务合同);另一方面,有证据证明物业服务企业、建筑物使用人等掌握着相关证据,但在人民法院指定的期间内,不提交相关证据,则应当承担相应的不利后果。

对于避免出现打击面过宽的情况,目前的法律规定还很难处理。为尽可能解决此问题,人民法院除了要加大依职权调查取证,还要发挥一些科学证据的作用,如发挥鉴定意见的作用,通过鉴定抛物大小、风力大小、楼层多少,来尽可能地限缩可能的加害人的范围,由可能的加害人来承担补偿责任,如果之后找到直接侵权人,可以再向直接侵权人追偿。

第二章
《民法典》侵权责任编一般规则的修改完善与规则适用

一、《民法典》侵权责任编对于民事权益的保护及相关法律适用规则

《侵权责任法》第2条规定："侵害民事权益，应当依照本法承担侵权责任。本法所称民事权益，包括生命权、健康权、姓名权、名誉权、荣誉权、肖像权、隐私权、婚姻自主权、监护权、所有权、用益物权、担保物权、著作权、专利权、商标专用权、发现权、股权、继承权等人身、财产权益。"《民法典》第1164条根据民法典编纂体系考虑删除了《侵权责任法》关于民事权利的列举规定，仅规定"本编调整因侵害民事权益产生的民事关系"。有关民事权利部分在总则编中已有专章规定，在此并未列举。同时，有关"人身、财产权益"的表述也为该条中的"民事权益"所涵盖。该条规定涉及《民法典》侵权责任编的调整范围问题，具有统领性，同时在具体法律适用中又具有指导性、包容性、前瞻性，具有一般规定的功能作用。对此，在具体法律适用中需要注意以下问题：

(一)《民法典》侵权责任编保护的民事权益类型

基于法理上对民事权益的分类，可以将《民法典》侵权责任编保护的民事权益类型作如下分类：

1. 绝对权的保护属于《民法典》侵权责任编调整的典型范围

依据权利效力范围之不同，民事权利可分为绝对权和相对权。绝对权具有对世效力，即权利人之外的不特定人都负有不得妨碍该权利的义务。相对权则为对人权，仅对特定人发生效力。简言之，《民法典》总则编第5章列举的绝对权类型，比如第110条规定的自然人享有的生命权、身体权、健康权、姓名权、肖像权、名誉权、荣誉权、隐私权、婚姻自主权等权利，法人、非法人组织享有的名称权、名誉权、荣誉权等权利都属于《民法典》侵权责任编所保护权利的范围。有关财产性权利，所有权、用益物权、担保物权、知识产权（包括但不限于著作权、专利权、商标专用权）、股权等也属于上述绝对权的范畴。此前《侵权责任法》第2条所列举的有关监护权、发现权、继承权等在《民法典》总则编、继承编及有关特别法中都有规定，从上述规定的立法本意出发，上述权利也属于《民法典》侵权责任编的保护对象。在如何保护的问题上，要依法适用相应的构成要件，明确相应的举证责任。尤其是准确认定行为人有无过错的问题，而这必然又与行为人是否知晓该权利的存在以及对其行为后果有无预期有直接关系，即该权利有无适当的公示方法将是判断该侵权责任是否成立的重要因素。

2. 关于相对权的保护

债权属于典型的相对权。在侵权责任法上对债权如何保护以及保护到什么程度一直都有争议。债权不具有社会典型公开性，由于缺乏相应的公示方法，债权人与债务人之外的人无法得知债权的存在。如果对于债权这一相对权也给予同绝对权的保护，就会对行为人的合理的行为自由构成不当干预。[①]

[①] 程啸：《侵权责任法》，法律出版社2019年版，第117~118页。

《侵权责任法》保护债权,是通过对第三人故意侵害债权的行为科以侵权责任的方式来救济债权人,以达到保护债权的目的。债务人作为债权关系中的特定人,其侵害债权是通过债务不履行制度来实现对债务保护的目的,不适用侵权责任条款,否则就会严重混淆违约责任和侵权责任的界限。

通常认为,第三人侵害债权的构成要件为:(1)该债权合法有效存在。债权不存在或者债权违反法律、行政法规的强制性规定而无效,自然不会发生第三人侵害债权的问题。(2)行为人明知该债权存在。因为债权不具有公开性,从维护行为自由以及交易便捷和安全的角度考虑,不可就社会不特定人对其并不能知晓的权利科以过重负担。(3)行为人实施了相应的侵害债权的行为。这一行为通常为妨碍债权实现的情形,至于其为个人单独行为还是与他人包括与债务人合谋,在所不问。(4)该行为造成了债权部分或者全部不能实现的后果。该要件既包括了损害后果的要求,也有因果关系成立的要求。

第三人侵害债权的问题较为复杂,在实务中应适当将此作为例外规则,对于能够通过债务不履行规则解决的问题,应在准确界定相应法律关系的前提下,首先适用债务不履行的规则,避免将第三人侵害债权的规则泛化,冲击正常的交易秩序乃至社会秩序。至于实践中可能存在的其他侵害债权的情形,可以在具体案件中进一步探索。需要把握的原则是,确定《民法典》侵权责任编保护权利的范围涉及权利保护与行为自由维护的协调问题,需要做好自由和安全的协调,确保法律适用的可预见性。

3.关于民事利益的保护

关于民事利益的保护,在《侵权责任法》起草过程中,曾有不同看法,考虑到民事权益多种多样,立法中难以穷尽,而且随着社会、经济的发展,还不断地会有新的民事权益纳入《侵权责任法》的保护范围,因此,《侵权责任法》没有将所有的民事权益都明确列举,但并不代表这些民事权益就不属于《侵权责任法》的保护范围。[1] 有学者认为，《侵权责任法》保护的利益应当是私法上的、具有绝对性的合法利益，其特点是，这种利益必须是私法上的利益，必须具有绝对性，具有合法性，必须具有《侵权责任法》上的可救济性。具体的范围是：一是一般人格利益，二是死者人格利益，三是财产利益，四是其他合法利益。[2] 也有学者认为，民事法益具有类似民事权利的某些属性，但又有不同于民事权利的特征，部分民事法益可能上升为民事权利，而另一部分则只能以受到法律保护的利益形态存在。死者的人格利益如姓名、肖像、名誉、隐私、遗体、遗骨等，属于受到保护的法益。债权在一定程度上也属于受到保护的财产利益，但侵权责任之构成往往以侵权人的故意为主观要件。[3] 上述观点皆有一定道理。民事利益是指民事主体享有，能够给自己带来一定便利，尚未被法律认可为民事权利的私法上的利益。除了成为民事权利客体、明确受法律保护的民事利益外，民事利益可分为：其一，法律规定应当予以保护但未上升为民事权利的民事利益，即通常所说的法益；其二，不受法律保护的民事利益。法益就是侵权责任法所保护的利益。笔者认为，《民法典》侵权责任编以民事权益通领民事权利与民事利益，对二者并未明确区分，而是均列入保护范围，但由于民事利益的特殊性，并不能不加区分地一概予以保护。首先，凡是法律已经明文规定应当保护的合法利益，都是侵权法保护的范围，如死者的人格利益；其次，故意违背善良风俗致人利益损害的行为，是《侵权责任法》调整的范围；再次，利益应当达到重大程度，轻微的民事利益不应当作为侵权法保护的范围，以更好地对民事主体的行为自由予以保障。[4] 最后，在界定受保护的利益时，要考虑与行为人的行为自由的平衡问题，不可过分强调受害人利益的保护，而对行为人以不测妨害。

---

[1] 王胜明主编：《中华人民共和国侵权责任法释义》，法律出版社2010年版，第25~26页。
[2] 王利明：《侵权责任法研究（上卷）》，中国人民大学出版社2010年版，第92~98页。
[3] 张新宝：《侵权责任法》，中国人民大学出版社2010年版，第4~5页。
[4] 杨立新：《侵权法论》，人民法院出版社2013年版，第40页。

(二)《民法典》侵权责任编的体系化适用的一般问题

鉴于《民法典》第1164条的规定在整个《民法典》侵权责任编具有统领性质,有必要在此分析一下《民法典》侵权责任编与总则编、合同编通则部分有关规定的体系化适用,以及该条规定在《民法典》侵权责任编的适用意义问题。

1. 与总则编民事责任一章的适用关系。从《民法典》总分逻辑体系的角度出发,应遵循分则各编优先适用,总则编补充适用的一般规则。一方面,由于《民法典》侵权责任编属于专门对侵权责任的规定,就侵权责任构成、承担等问题应当遵循优先适用侵权责任编的规则。这既包括《民法典》总则编民事责任一章没有规定而侵权责任编作出规定的内容,也包括侵权责任编和总则编民事责任一章存在一定重合交叉的规定,比如《民法典》第179条关于民事责任的承担方式的规定。其中,有关预防型民事责任的承担即在《民法典》第1167条有明确规定,涉及此类情形的,应当优先适用后者。但是有关其他民事责任承担方式,因《民法典》侵权责任编并没有规定,则仍要适用《民法典》第179条的规定。另一方面,要特别注意《民法典》总则编的补充适用规则,即在侵权责任编没有规定,而总则编中有规定的,要适用总则编的内容,这时的"补充适用"实际上已经变成了"直接适用"。特别是《民法典》从体系理顺的角度考虑,将违约责任和侵权责任等有关责任条款的共通性规则抽象出来后,《民法典》总则编关于民事责任的规定对于侵权责任而言大都具有直接适用的效力。比如,《民法典》第177条和《民法典》第178条关于按份责任和连带责任的规定,《民法典》第180条至第184条关于免责事由包括不可抗力、正当防卫、紧急避险、见义勇为、紧急救助等的规定,《民法典》第186条关于违约责任和侵权责任竞合的规定,《民法典》第187条关于民事责任优先承担的规定等,均对侵权责任纠纷具有直接适用的效力。当然,这些条文大都需要与侵权责任编有关法律条文结合在一起共同适用,才能构成完备的裁判规范。比如关于共同侵权的问题,要一并适用

《民法典》侵权责任编中的第 1168 条关于共同侵权的规定和《民法典》总则编中的第 178 条关于连带责任的规定。之所以出现这一法律适用的情形，是因为一方面这是法典化本身强调逻辑性、体系性而避免法条重复的必然要求，另一方面，在《民法典》编纂过程中，将《侵权责任法》中与上述条文对应的相关条文多作了删除。换言之，上述条文基本上都是从《侵权责任法》中移过去又作出适当调整的。[①]

2. 与《民法典》合同编通则部分的适用关系。在《民法典》没有规定"债法总则"的情况下，合同编通则部分关于债权债务的规定就要发挥债法总则的作用，对于侵权责任编涉及有关情形具有一般适用的作用，由此也体现了《民法典》适用上的包容性和前瞻性，对于侵权责任的新类型、新问题在侵权责任编没有具体规定的情况下，就要考虑对合同编通则部分有关规定的适用，比如有关连带债务、选择之债以及有关债务履行等的规定。在此需要注意的是，从适用规范的角度讲，上述债权债务的规定须是《民法典》合同编通则具体规定中文义表述为"债权""债务"的规定，至于表述为有关"合同权利""合同义务"的内容能否对《民法典》侵权责任编具有参照适用的作用，则需要根据实践情形进一步研究积累经验，但是依照侵权责任性质以及公序良俗原则等规范不可参照适用的，当然不能参照适用。而此侵权责任性质以及公序良俗原则的要求也应同样适用于上述债权债务规定对《民法典》侵权责任编所涉问题一般适用的情形。由此，在《民法典》体系下，侵权责任编与合同编之间就有了密切联系，可以形象地说，如果《合同法》与《侵权责任法》是比翼齐飞的话，那么《民法典》侵权责任编与合同编就是鸟之两翼的关系。

3.《民法典》第 1164 条的规范作用。确定了《民法典》侵权责任编的调整对象范围，在法律适用上该条应具有一般规定功能，为有关权利保护，特

[①] 参见最高人民法院民法典贯彻实施工作领导小组主编：《中华人民共和国民法典侵权责任编理解与适用》，人民法院出版社 2020 年版，第 21 页。

别是民事利益的保护提供了基本法律依据。只是该条并未明确有关法律适用规则，属于不完全的一般规定，在处理相关民事纠纷时，特别是有关新类型的民事权益保护的问题时，应当结合《民法典》侵权责任编其他有关侵权责任的规定一并适用。比如，由此涉及过错责任适用的，就要与《民法典》第1165条第1款的规定相结合。是故，《民法典》第1164条的规定，在相关案件的处理中，特别是对于一些民事权益侵权案件，在《民法典》侵权责任编及其他法律法规没有明确规定的情况下，是要作为裁判依据予以援引的。

二、侵权责任归责原则的体系化适用

归责原则，是确定侵权人承担侵权损害赔偿责任的一般准则，它是在损害事实已经发生的情况下，为确定侵权人对自己的行为所造成的损害是否需要承担赔偿责任的原则。[1]换言之，归责原则是追究侵权责任的基本依据。如果没有归责的过程，侵权行为所造成的损害后果就没有人来承担。受害人的损害就没有办法得到救济，侵权行为人的民事违法行为就不能得到民法的制裁。[2]《侵权责任法》的归责原则是具体的侵权法律规范的统帅和灵魂，是侵权法律规范适用的一般准则，所有的侵权法律规范都必须接受《侵权责任法》归责原则的调整。[3]理论上对于侵权责任的归责原则体系存有不同认识，但一般都认为，包括过错责任原则、过错推定责任原则和无过错责任原则。其中，《民法典》第1165条第1款规定了过错责任原则，其内容在一般规则上基本沿用了《侵权责任法》第6条第1款"行为人因过错侵害他人民事权益，应当承担侵权责任"的规定，但是增加了"造成损害"这一实质性要件，在适

---

[1] 杨立新：《侵权法论（第五版）》，人民法院出版社2013年版，第163页。
[2] 最高人民法院侵权责任法研究小组主编：《〈中华人民共和国侵权责任法〉条文理解与适用》，人民法院出版社2010年版，第46页。
[3] 参见最高人民法院民法典贯彻实施工作领导小组主编：《中华人民共和国民法典侵权责任编理解与适用》，人民法院出版社2020年版，第24页。

用上要予以注意。

　　过错责任原则是否为侵权责任一般条款在理论上素有争议。有意见认为，《民法典》第 1165 条第 1 款的规定仅是过错责任的一般条款，指在《侵权责任法》中概括规定过错侵权责任所有构成要件的规定。[①] 通常而言，一般条件要具有一般适用的作用，即在没有特别规定的时候就要适用该一般规定，而此一般规定在体系化适用中能够涵盖其所调整的社会关系。而且，此一般适用的作用就意味着其既要具有行为规范的作用又要具备裁判规范的作用，而不能单纯仅仅是指引性规范，不可单独作为裁判规范即作为裁判依据而适用。《民法典》侵权责任编中的一般条款的认定除了要符合上述条件外，还直接涉及侵权责任编在《民法典》体系中的定位、功能作用乃至《民法典》体系化特征的认识问题。概言之，在《民法典》中，《民法典》侵权责任编的规定是从权利保护的角度对民事责任承担作出的规定，相较于有关权利的类型、内容、行使等其他分编的规定，在权利的保护抑或救济方面对这些民事权利具有全保护、全覆盖的特点，或者《民法典》侵权责任编在权利保护方面具有托底的作用，这一托底也符合侵权责任对复杂多样社会关系的回应，此托底不仅包括对民事权利的救济，还包括对民事利益的依法保护。而《民法典》侵权责任编之所以能够发挥这一作用，就在于其一般条款所具有的包罗万象的保护民事权益的功能，而此功能的实现当然需要该条款既要有统领性、包容性，还要具有行为规范和裁判规范的作用。《民法典》第 1165 条第 2 款关于过错推定责任的规定、第 1166 条关于无过错责任的规定，都属于指引性规定，不能单独作为裁判规范而适用，在具体适用时指向的特定的法律规定情形，相较于第 1165 条第 1 款规定的过错责任，正好具备特别规定的属性，由此也就反向推知第 1165 条第 1 款关于过错责任的规定属于侵权责任的一般条款。明确这一问题在方法论上的意义有以下几点：

[①] 参见王利明主编：《中国民法典评注——侵权责任编》，人民法院出版社 2021 年版，第 51 页。

1. 一般适用规则及其意义。该过错责任的规定在没有法律具体规定适用过错推定责任或者无过错责任的情形下要直接予以适用，由此体现侵权责任编在权利救济上的包容性，也就真正确保了《民法典》以权利为中心的理念在体系上的完整性。

2. 过错责任原则适用的包容性。结合对《民法典》第1164条的体系化适用，对于没有为《民法典》及其他法律所明确规定的民事权益受到损害的救济问题，就要适用过错责任原则，这对于一些新类型案件特别是随着时代发展进步而产生的新类型权益的损失，比如商事领域的一些权益的救济，乃至纯粹经济损失甚至纯粹精神损失等都要在适用过错责任的前提下确定其责任的构成问题；又如《民法典》第1198条关于安全保障义务的规定对公共场所、经营场所经营者、管理者责任予以了规范，但是除了这些场所之外的私人场所的情形没有规定，由此涉及的侵权问题，比如邀请来家做客的人、其他合法进入私人场所甚至闯入者受到损害的情形，就要直接适用《民法典》第1165条第1款的规定，当然，这要根据案件具体情况的不同来认定该场所的所有权人、使用权人的过错有无及大小。由此，这不仅体现了《民法典》在体系上的包容性，还体现了其解决问题的开放性和前瞻性。实务中遇到涉及权利救济抑或损害赔偿问题的，在没有其他法律明确规定的情况下，就要考虑《民法典》第1165条第1款关于过错责任规定的适用。

3. 归责原则的适用效果。归责原则直接决定着侵权责任的构成要件，而非其他侵权责任体系内的其他内容，比如责任大小、责任形态等。换言之，过错责任原则在适用上所体现的包容性以及发挥的托底作用也仅是在侵权责任构成方面。而如上所述，《民法典》第1165条第1款在侵权责任构成要件中明确了"造成损害"的要求，而造成损害所对应的责任承担方式就是损害赔偿，除了损害赔偿之外的其他责任形式能否适用过错责任原则就有探讨的必要。有意见认为，对于赔礼道歉、消除影响、恢复名誉等责任方式等也要以过错为要件。[①] 笔者认为，这一意见较有道理，但对于作为绝对权请求权内容的责任承担方式比如返还原物、排除妨害、消除危险以及恢复名誉、赔礼道歉、消除影响等似不必强调以过错为要件，这与行为人实施相应侵权行为通常都有过错是两回事，当然，这可留作今后继续研究探索。但是，对于与造成损害具有同质性的恢复原状在侵权责任的框架内则是适用过错责任。

4. 明确与《民法典》基本原则的关系。作为一般条款的过错责任原则，在适用时要注意其本身在权益救济的问题上，在责任构成方面能够具有托底作用，能够包罗万象。换言之，从法律规范适用的角度讲，就某一侵权行为是否需要承担侵权责任的问题，在没有法律具体规定时，适用该一般条款即可解决问题，而无须再适用更加兜底的基本原则的规定。当然，这并不影响将基本原则所蕴含的法律价值、法律精神用于相应的裁判说理当中。

5. 注意归责原则适用的多样性。《民法典》侵权责任编第3章及以后各章所规定的具体侵权行为类型所对应适用的侵权责任各章规定的归责原则并非是一以贯之的，其具体适用的归责原则需要根据条文规范来具体分析，这也符合侵权责任所针对的经济社会生活复杂多样性特点。比如在医疗损害责任一章，在归责原则层面至少存在诊疗过错责任、适用严格责任的医疗产品责任、特定情形下的过错推定责任等；又如，机动车交通事故责任通常理解是适用无过错责任，但是按照《民法典》第1208条的规定，此责任的确定又要适用《道路交通安全法》，而依据该法第76条第1款的规定，对于两个以上机动车相撞这一普遍情形又要比较双方过错，此就具有浓厚的过错责任元素；再如，通常理解高度危险责任适用无过错责任，而《民法典》第1243条所规定的进入特定危险区域的侵权责任又是举证特定事由方可免责的过错推定责任。综上，在遵循主观过错要件但同时就过错认定采客观标准的背景下，对于《民法典》侵权责任编所规定的侵权责任类型中，在确定责任构成时以具

---

① 张新宝：《中国民法典释评·侵权责任编》，中国人民大学出版社2020年版，第8页。

有主观过错之文义抑或具有特定注意义务违反之表述、又无推定过错之用语的情形下，就有必要认定适用过错责任原则。

6. 厘清公平责任并非侵权责任的归责原则。公平责任是否属于侵权责任的归责原则问题，在《侵权责任法》时期就有争议。但在《民法典》施行后，这一争议已不复存在。一方面，从归责原则规定的体系看，公平责任规定在《民法典》侵权责任编的第2章"损害赔偿"当中，意在仅是解决损害赔偿问题；而过错责任、过错推定责任、无过错责任等都是规定在《民法典》侵权责任编第1章一般规定中，而且属于开宗明义式的规定，具有统领全局的作用。另一方面，相较于《侵权责任法》第24条的规定，《民法典》第1186条就公平责任的问题已经明确限定为"法律规定由双方分担损失"的情形，使得其适用范围得到了明文限缩，已属于"法定才可适用的公平分担损失"的规定，也解决了《侵权责任法》第24条可能被不当扩大适用的问题。

三、过错侵权责任的构成要件

（一）过错责任原则的内涵及其意义

一般认为，过错责任原则，是以过错作为价值判断标准，判断行为人对其造成的损害应否承担侵权责任的归责原则。在一般侵权行为引起的损害赔偿案件中，应当由主观上有过错的一方承担赔偿责任。主观上的过错是损害赔偿责任构成的必备要件之一，缺少这一要件，即使侵权人的行为造成了损害事实，并且侵权人的行为与损害结果之间有因果关系，也不承担赔偿责任。[①]

过错责任原则是侵权责任中最基本的归责原则。过错责任常常具有道德层面、社会层面和逻辑层面上的正当性，过错在整个侵权法体系的构建中都

[①] 参见最高人民法院民法典贯彻实施工作领导小组主编：《中华人民共和国民法典侵权责任编理解与适用》，人民法院出版社2020年版，第24页。

具有核心的意义。①德国学者耶林指出："使人负损害赔偿的，不是因为有损害，而是因为有过失，其道理就如同化学上之原则，使蜡烛燃烧的，不是光，而是氧，一般的浅显明白。"这一关于过错要件在一般侵权责任构成中决定性地位的经典表述，广为流传。过错责任的重要意义在于：第一，在道德观念上，确认个人就自己的过错行为所导致的损害，应负赔偿责任，乃正义的要求；反之，如果行为非出于过失，行为人已尽注意之能事，在道德上无可非难，不应负侵权责任。第二，在社会价值上，任何法律必须调和"个人自由"与"社会安全"两个基本价值，过错责任被认为最能达成此项任务，因为个人如果已尽其注意，即得免负侵权责任，则自由不受束缚，聪明才智可得发挥。人人尽其注意，一般损害亦可避免，社会安全亦足以维护。第三，过错责任体现对人的尊严的尊重，行为人基于自由意思决定从事某种行为而造成损害的，因其具有过失，法律予以制裁，使其负赔偿责任，最足以表现对个人尊严的尊重。②

（二）过错侵权责任的构成要件

归责原则决定侵权行为的构成要件。依据《民法典》第1165条第1款的规定，过错侵权责任的构成要件包括违法行为、损害事实、因果关系和主观过错四个要件，四者缺一不能成立侵权责任。

1. 关于过错认定的一般规则

理论上对于过错系主观过错还是客观过错存在不同认识。主观过错说认为，过错是违法行为人对自己的行为及其后果所具有的主观心理状态。③客观过错说认为，我国对过错的判断标准应当客观化，即应采用客观过错，摒弃现行的主观过错说，认为这种客观过错指行为人未尽到一般人所能尽到的注意义务，也即违背了社会秩序要求的注意。④"过错是指判断过错不再以行为

---

① 王利明：《侵权责任法（第二版）》，中国人民大学出版社2021年版，第43页。
② 王泽鉴：《侵权行为法（第一册）》，我国台湾地区三民书局1999年版，第14页。
③ ［前苏联］B. 格里巴诺夫等主编：《苏联民法（下册）》，法律出版社1986年版，第398页。
④ 杨丽等：《侵权责任要件研究》，载《政法论坛》1993年第2期。

人个人的主观状态为根据,而是以一般注意义务的违反为标准。这种过错就是指对一般注意的违反。"①综合过错说认为,过错首先是行为人进行某种行为时的心理状态,即使是法人,也具有这种法律上的心理状态。但是过错虽然是一种心理状态,但它必然是通过行为人的具体行为体现出来,判定一个人有无故意或者过失,总是和一定的行为联系起来的,并以行为为其前提和条件。没有行为,不管人们具备什么样的心理状态,也谈不上过错。这种过错,实际上是对行为人在进行这种行为时所具有的心理状态以及行为的本身的社会评价和价值评价。②应该说,主观与客观在具体行为中既有联系又有区别。对于一个具体行为,既包括行为人主观的状态,即观念上的形态,也包括客观上的外在样态,即身体上的动静。这两种形态,既有主观与客观的表现形式不同,又是相互联系,统一在一起的。③应当看到,从判断侵权责任构成上,由于过错体现在行为之中,就应当从行为中检验、判断行为人是否有过错,即对于过错的认定,往往都需要采取客观标准,这是现代民法理论和实务发展的趋势。④无论是采主观过错说的学者还是采客观过错说的学者都赞成检验过错标准的客观化。检验过错用客观标准,是指判断过错时,采用客观的标准来衡量,违反客观标准,则应当认定为有过错。特别是,过失的归责基础就在于行为人对于损害的发生原有预见的可能,只是由于自身原因导致违反了该注意义务,而没有预见,所以判断过失的重心在于行为人对于损害的发生是否能够预见,学说上称为"预见可能性说"。判断此种预见可能性是否存在,应当考虑特定行为人的年龄、性别、健康、能力等主观因素以及其当时所处的环境、时间以及行为的类型等因素。⑤但还应注意的是,现代侵

---

① 杨丽等:《侵权责任要件研究》,载《政法论坛》1993 年第 2 期。
② 王利明主编:《人格权法新论》,吉林人民出版社 1994 年版,第 96~97 页。
③ 杨立新:《侵权法论(第五版)》,人民法院出版社 2013 年版,第 207 页。
④ 参见最高人民法院民法典贯彻实施工作领导小组主编:《中华人民共和国民法典侵权责任编理解与适用》,人民法院出版社 2020 年版,第 26 页。
⑤ 最高人民法院侵权责任法研究小组编著:《〈中华人民共和国侵权责任法〉条文理解与适用》,人民法院出版社 2010 年版,第 50 页。

权法并非完全以客观标准衡量过错的有无，主观标准仍有适用的必要。在行为人故意侵权时，当其行为完全表现出其故意的心理状态时，则仍用主观标准而非客观标准判断。一般注意义务的违反并不是衡量一切过错的标准，而是衡量行为人主观上是否有过失的标准，因而，过失才是对一般注意义务的违反。如果确定故意能用主观标准判断而偏采用客观的违反注意义务的标准判断之，显然是舍本求末。① 换言之，用客观标准衡量过错，并不是绝对的标准，用客观标准衡量的只是过失，以及无法用主观标准衡量的某些故意。对于故意的衡量标准，还是要用主观标准来衡量。② 是故，按照过错责任构成的四要件论，过错是指侵权人在实施侵权行为时对于损害后果的主观心理状态，包括故意和过失。

故意，是侵权人预见自己行为的损害结果，但仍然希望这一损害后果发生或者放任这一后果发生的主观心理状态。根据侵权人心理状态的不同，故意又可分为直接故意和间接故意两种形式。

过失，包括疏忽和懈怠。侵权人对自己行为的损害结果，应当预见或者能够预见，由于疏忽大意而没有预见，为疏忽；侵权人对自己行为的损害结果虽然预见到但由于过于自信而认为可以避免，最终没有避免损害后果的发生为懈怠。一般而言，民法上的过失，就是侵权人对被侵权人应负注意义务的疏忽或懈怠。"过失者，行为人对于自己的行为，所生一定之结果，如为相当之注意，即可避免，而欠缺此注意之心理状态也。"③ 关于过失的认定，通常采客观标准，即通过侵权人的行为是否违反相应的注意义务来认定其是否有过失。

2. 关于行为违法性的认定

行为违法就是指行为人实施的行为在客观上违反法律规定，主要表现为违反法律规定的义务、违反保护他人的法律和故意实施违背善良风俗而造成

---

① 杨立新：《侵权法论（第五版）》，人民法院出版社 2013 年版，第 207~208 页。
② 杨立新：《侵权法论（第五版）》，人民法院出版社 2013 年版，第 261 页。
③ 刘清波：《民法概论》，我国台湾地区开明书店 1979 年版，第 267 页。

他人损害的行为。

行为依其方式分为作为和不作为。这两种行为方式均可构成侵权行为的客观表现方式。作为是违反法律规定的不作为法定义务的行为。作为的违法行为是侵权行为的主要方式，即以积极行为侵害他人民事权益的行为，比如伤人身体、毁人财物等行为。不作为是违反法律规定的积极作为的法定义务的行为。行为样态上通常是消极地、未实施相应行为或是实施相应行为达不到积极履行法定义务的后果。确定不作为违法行为的前提是行为人负有法定的作为义务。通常而言，法定作为义务的来源有三种：一是来自法律的直接规定。法律规定的扶养义务、安全保障义务等都属此类。二是来自当事人之间的约定。如当事人通过意思自治的形式约定的各种作为义务。违反这一义务不仅会产生违约责任，也会产生侵权责任，属于二者竞合的情形。三是来自行为人的先前行为。行为人先前的行为使他人进入某种危险状态，这时行为人应当承担危险防免的作为义务。审判实践中，对于共同饮酒后其中一人发生人身伤亡的案件，根据案件具体情况判决共同饮酒者或者其中的组织者承担相应的赔偿责任，其法理依据基本上都是作为义务的违反。[1]

3. 关于损害的认定

损害作为一种事实状态，是指因一定的行为或事件使某人受侵权法保护的权利和利益遭受某种不利益的影响，[2] 包括人身伤害和财产损害以及精神痛苦。损害通常可分为直接损害和间接损害，"着眼于损害之引发，谓损害事故直接引发之损害为直接损害，非直接引发而系因其他媒介因素之介入所引发之损害则为间接损害。"[3] 而就经济利益的损失而言，大致包括直接损失、间接损失和纯粹经济损失。直接损失是已得利益之丧失，间接损失是虽受害时尚

---

[1] 参见最高人民法院民法典贯彻实施工作领导小组主编：《中华人民共和国民法典侵权责任编理解与适用》，人民法院出版社2020年版，第28页。
[2] 王利明、杨立新：《侵权行为法》，法律出版社1996年版，第55页。
[3] 曾世雄：《损害赔偿法原理》，中国政法大学出版社2001年版，第137页。

不存在，但受害人在通常情况下如果不受侵害，必然会得到的利益的丧失，[①]是可得利益的减少，即"该得而未得"。间接损失是一种未来的可得利益损失，在侵害行为实施时，它只具有一种财产取得的可能性，还不是一种现实的利益。[②]纯粹经济损失是受害人因他人的侵权行为单纯遭受了经济上的损害。这种损害不是因受害人所遭受的有形的人身损害或有形的财产损害而产生的经济损失，而仅是直接遭受的财产上的不利益，比如由于停电不能营业而受到的损失等。其与间接损失的根本区别在于，间接损失是对受害人自身的权利造成直接损失的基础上造成的损失，而纯粹经济损失非以造成受害人的权利损害为前提，仅为单纯的经济损失。

4. 关于因果关系的认定

因果关系是侵权责任法乃至整个民法领域最复杂的问题之一。一般而言，作为过错责任的构成要件，因果关系的判定多遵循的规则为直接原因的规则和相当因果关系的规则。对于前者，是指违法行为与损害结果之间具有直接因果关系，无须再适用其他因果关系理论判断，即可直接确认其具有因果关系。此多表现为一因一果的因果关系类型。对于后者，也称为适当条件说。这种学说认为，某一事实仅于现实情形发生某种结果，尚不能就此认为有因果关系，必须在一般情形下，依社会的一般观察，亦认为能发生同一结果的时候，才能认为有因果关系。适用相当因果关系规则，关键在于掌握违法行为是发生损害事实的适当条件。适当条件是发生该种损害结果的不可或缺条件，它不仅是在特定情形下偶然引起的损害，而且是一般发生同种结果的有利条件。确定行为与结果之间有无因果关系，要以行为时的一般社会经验和知识水平为判断标准，认为该行为有引起该损害结果的可能性，而实际上该行为又确实引起了该损害结果，则该行为与该损害结果之间有因果关系。[③]

[①] 张新宝：《中国侵权行为法》，中国社会科学出版社1995年版，第36页。
[②] 杨立新：《侵权法论（第三版）》，人民法院出版社2005年版，第764页。
[③] 杨立新：《侵权法论（第五版）》，人民法院出版社2013年版，第236页。

目前对于侵权责任纠纷，往往需要运用相当因果关系的规则来判断，因为这一规则采取的是较为客观的判断模式，仅要求法官依法查明违法行为与损害事实之间在通常情况下存在因果关系即可。[①]

四、关于过错推定责任与无过错责任的适用

（一）过错推定责任

过错推定原则，是指在法律有特别规定的场合，从损害事实的本身推定加害人有过错，并据此确定造成他人损害的行为人赔偿责任的归责原则。推定，是指根据已知的事实，对未知的事实进行推断和确定。过错推定，就是要从已知的基础事实出发，依据法律的规定，对行为人有无过错进行推定。[②] 过错推定是工业革命时代，当受害人特别是大量工人遭受侵害的事故频繁出现后，由于证明行为人主观过错难度很大，在受害人往往无法得到救济的情况下，在程序法上产生的一项补救措施，即在法律有特别规定的场合，从损害事实的本身推定加害人有过错，行为人要对其没有过错承担举证责任，如不能完成举证责任，则行为人要承担侵权责任。举证责任倒置是过错推定的重要特征。在适用过错推定责任原则的侵权责任纠纷中，受害人在诉讼中，能够举证证明损害事实、违法行为和因果关系三个要件的情况下，如果加害人不能证明对于损害的发生自己没有过错，那么，就从损害事实的本身推定加害人在致人损害的行为中有过错，并就此承担赔偿责任。过错推定原则从本质上说也是过错责任原则的一种，其价值判断标准和责任构成要件也都与一般的过错责任原则的要求是一致的。但作为一项独立的归责原则，过错推定责任与过错责任还是存在很大区别，具体如下：

[①] 参见最高人民法院民法典贯彻实施工作领导小组主编：《中华人民共和国民法典侵权责任编理解与适用》，人民法院出版社2020年版，第30页。

[②] 王利明：《侵权责任法（第二版）》，中国人民大学出版社2021年版，第49页。

第一,过错责任原则和过错推定责任原则的调整范围是完全不同的。一般的过错责任原则调整的侵权行为范围是一般侵权行为,而过错推定责任原则调整的范围不是一般侵权行为,而是一部分特殊侵权行为。

第二,过错责任原则和过错推定责任原则的举证责任不同。适用过错责任原则,举证责任由原告承担,而过错推定责任原则在证明主观过错要件上实行举证责任倒置,原告不承担举证责任,而是由被告承担举证责任。

第三,适用过错责任原则和适用过错推定原则的侵权责任形态不同。适用过错责任原则的侵权行为是一般侵权行为,其侵权责任形态是直接责任。而适用过错推定原则的侵权行为是特殊侵权行为,其责任形态是替代责任。

从历史的角度观察这两个侵权归责原则也是不同的。过错责任原则自诞生之时,就分为两种不同形式,并由不同规定调整不同的侵权案件。《民法典》第1165条第2款规定了过错推定责任原则。通过过错推定原则,从损害事实中推定行为人有过错,受害人免除了举证责任而处于有利的地位,行为人则应承担更重的举证责任,因而更有利于保护受害者的合法权益。同时,行为人可以举证证明自己没有过错而免责,仍符合公平正义的民法要求。举证责任倒置是过错推定在证明责任承担上适用的特殊规则,但作为过错责任原则的一种特殊形式,在适用过错推定原则确定侵权损害赔偿时,其侵权损害赔偿的构成与适用过错责任原则没有根本的变化,仍然要具备过错、违法行为、因果关系、损害事实这四个要件,只是在过错的认定上采取推定行为人有过错而由其证明自己没有过错以免责的做法。

审判实践中有必要准确把握过错责任原则和过错推定原则的举证证明责任分配规则。《民事诉讼法解释》对举证证明责任问题作出了规定。其中第90条第1款规定:"当事人对自己提出的诉讼请求所依据的事实或者反驳对方诉讼请求所依据的事实,应当提供证据加以证明,但法律另有规定的除外。"第2款规定:"在作出判决前,当事人未能提供证据或者证据不足以证明其事实主张的,由负有举证证明责任的当事人承担不利的后果。"这一规定是建立在法律要件分类说的基础上的。民事案件举证责任的分配，原则上应当以当事人主张的权利构成要件为标准，将权利构成要件事实的举证责任分配给权利主张方，对于妨碍权利成立或者消灭权利要件事实的举证责任分配给对方当事人。无论是物权纠纷、合同纠纷还是侵权纠纷案件，在举证责任分配上，除非法律另有规定，都应当遵循举证责任分配的一般规则。具体分配上，应当首先确定案件中当事人主张的法律关系之要件事实，按照该条规定区分权利成立要件和权利消灭或者妨碍要件，在当事人之间进行分配。确定系争法律关系的要件事实，应当依据民事实体法关于民事法律关系构成的要件予以判断。在侵权责任案件中，就是要确定特定侵权责任的具体构成要件和抗辩事由。在过错侵权责任情形中，责任构成要件有四个：一是侵权人实施了侵权行为；二是侵权人实施侵权行为有过错；三是受害人受有损害；四是侵权行为与损害之间有因果关系。这四个方面的构成要件事实均须原告方承担举证责任，在过错推定侵权责任下，责任构成要件与过错侵权责任相同，但侵权行为人无过错是责任抗辩事由，如其不能证明自己没有过错，则直接认定过错存在，责任可以成立。在此应当注意的是，过错推定责任仅是对过错的推定，并不包括对因果关系的推定。也就是说，有关因果关系的举证责任实际上并未转移。但基于此类案件原、被告双方举证能力的差异，基于分担风险以及维护公平正义促进经济社会发展进步的考虑，在因果关系认定上采用事实自证法则或者举证责任缓和的规则，适当降低对因果关系认定的标准。当然，这与双方当事人对自己掌握的证据予以提交的义务并不相同，在此情形下实际上是衔接了《民事诉讼法解释》第112条[①]关于文书提供命令和第

[①]《民事诉讼法解释》第112条规定："书证在对方当事人控制之下的，承担举证证明责任的当事人可以在举证期限届满前书面申请人民法院责令对方当事人提交。申请理由成立的，人民法院应当责令对方当事人提交，因提交书证所产生的费用，由申请人负担。对方当事人无正当理由拒不提交的，人民法院可以认定申请人所主张的书证内容为真实。"

113条①关于证明妨害的规则。

(二)无过错责任

无过错责任又称严格责任,是指行为人因自身的行为或者物件、他人的行为损害了他人的民事权益,具备了法律规定的要件,不论行为人是否有过错,都要承担侵权责任的归责原则。所谓"不论行为人有无过错",是指严格责任归责的基础不是过错。因此,不能以行为人的过错作为确定责任的依据。②《侵权责任法》确立无过错责任原则是基于风险控制和风险分担理论,促使从事高度危险活动者、危险物的生产者和销售者、环境污染中的污染者以及动物的饲养人、管理人等行为人,对自己的工作予以高度负责,谨慎小心从事,不断改进安全措施,提高工作质量,尽力保障他人人身财产合法权益。③

我国1986年颁布的《民法通则》即确立了无过错责任原则。《民法典》第1166条基本承袭了《侵权责任法》第7条的规定,仅将"行为人损害他人民事权益"修改为"行为人造成他人民事权益损害",以在行文上与第1165条第1款保持一致。目前,《民法典》侵权责任编规定的适用无过错责任的主要类型主要包括:其一,产品责任。《民法典》侵权责任编第4章规定,缺陷产品致人损害的侵权责任适用无过错责任原则。这里仅包括产品生产者、销售者对被侵权人承担责任的情形,不包括生产者、销售者及产品运输者、仓储者等第三人承担内部责任;《民法典》第1207条所规定的惩罚性赔偿责任也不是典型意义上的无过错责任。此外,第6章中的医疗产品责任也要适用无过错责任。其二,机动车交通事故责任。这主要是指机动车造成非机动车一方损害的情形。其三,污染环境和生态破坏责任。《民法典》第1232条所

---

① 《民事诉讼法解释》第113条规定:"持有书证的当事人以妨碍对方当事人使用为目的,毁灭有关书证或者实施其他致使书证不能使用行为的,人民法院可以依照民事诉讼法第一百一十四条规定,对其处以罚款、拘留。"

② 王利明:《侵权责任法(第二版)》,中国人民大学出版社2021年版,第54页。

③ 参见最高人民法院民法典贯彻实施工作领导小组主编:《中华人民共和国民法典侵权责任编理解与适用》,人民法院出版社2020年版,第34页。

规定的惩罚性赔偿责任也不是典型意义上的无过错责任。其四，高度危险责任。《民法典》侵权责任编第8章规定的从事高度危险作业包括高度危险活动和高度危险物，造成他人损害的侵权责任，适用无过错责任原则。但这并不包括《民法典》第1243条规定的进入特定危险区域的侵权责任，此在实质上是过错推定责任。其五，饲养动物损害责任。《民法典》侵权责任编第9章规定的饲养动物损害责任，实行无过错责任原则。值得注意的是，这里既包括一般的饲养动物致害的情形，也包括禁止饲养的烈性犬等危险动物致害的情形，但是不包括动物园动物致害的情形，依据《民法典》第1250条的规定，此实行过错推定原则。

对于适用无过错责任原则的侵权行为，其构成要件有三：一是违法行为；二是损害事实；三是违法行为与损害事实具有因果关系。即适用无过错责任原则时，只要具备以上三个要件，就应当承担侵权责任。值得注意的是，一方面，无过错责任原则强调的是不以行为人的过错为构成要件，绝非说行为人实施该行为没有过错，也绝非强调行为人无过错也要承担侵权责任。从诉讼角度看，适用无过错责任原则是为了减轻受害人一方的举证责任，免除受害人证明行为人过错的举证责任。另一方面，无过错责任也不是绝对责任，在适用无过错责任原则的案件中，行为人可以主张法定的不承担责任或者减轻责任的事由。比如，在产品责任案件中，产品制造者可以证明产品投入流通时，引起损害的缺陷尚不存在以免除自己的侵权责任；在高度危险物致损案件中，高度危险作业人可以证明受害人故意造成损害而免除自己的责任；等等。

五、预防型侵权责任的承担

侵权责任的承担方式，是落实侵权责任的具体形式，没有侵权责任的承担方式，侵权责任的规定将没有任何威慑力。[1] 随着经济社会的发展进步，侵权责任承担方式也不断丰富发展，其中尤为重要的就是向更加注重预防型侵权责任发生的方向发展。王泽鉴教授指出："损害的预防胜于损害补偿。"[2] 冯·巴尔教授则认为"如果一个国家不授予其法院在'损害尚未发生的期间内'基于当事人的申请提供法律保护措施的职权，这个国家就未尽到法律保护的义务"。[3] 因此，现代侵权法不仅要注重损害的填补和救济，更应该在具体的侵权责任制度设计时注重损害预防功能的实现。而损害预防功能的实现，不仅要依靠侵权责任的惩戒性措施的警示威慑作用来实现，更要依赖诸如消除危险、停止侵害等积极的或具有事先性的救济措施来实现。正因如此，《侵权责任法》第21条规定："侵权行为危及他人人身、财产安全的，被侵权人可以请求侵权人承担停止侵害、排除妨碍、消除危险等侵权责任。"《民法典》第1167条沿用了这一规定内容，仅在文字上将"被侵权人可以请求"修改为"被侵权人有权请求"。侵权责任承担方式可以分为救济性的责任承担方式与预防性的责任承担方式。《民法典》第1167条将预防性的责任承担方式规定在《民法典》侵权责任编一般规定之中，而且将其放在归责原则之后规定，这实际上是突出了这些预防性责任承担方式的地位和作用。[4]

停止侵害，是指行为人实施的违法行为仍在继续，应当承担的立即停止侵害行为的侵权责任方式。[5] 排除妨碍是指行为人实施的行为使他人无法行使或者不能正常行使人身、财产权益的，受害人可以要求行为人排除妨碍权益实施的障碍。[6] 消除危险，是指行为人的行为或者其管领下的物件对他人的人

---

[1] 参见最高人民法院民法典贯彻实施工作领导小组主编：《中华人民共和国民法典侵权责任编理解与适用》，人民法院出版社2020年版，第42页。
[2] 王泽鉴：《侵权行为法》（一），作者自版1998年版，第10页。
[3] ［德］克雷斯蒂安·冯·巴尔：《欧洲比较侵权行为法（下卷）》，焦美华译，张新宝审校，法律出版社2001年版，第158页。
[4] 王利明主编：《中国民法典评注——侵权责任编》，人民法院出版社2021年版，第37页。
[5] 杨立新：《侵权法论（第五版）》，人民法院出版社2013年版，第280~281页。
[6] 王胜明：《中华人民共和国侵权责任法释义》，法律出版社2010年版，第79页。

身或财产安全造成威胁，或存在侵害他人人身或财产的可能，应当采取有效措施，将具有的危险因素予以消除的侵权责任承担方式。[①] 被侵权人主张侵权人承担上述侵权责任承担方式的，并不以侵权人有过错为要件，被侵权人对于侵权人的过错无须证明。

依据《民法典》第196条的规定，请求停止侵害、排除妨碍、消除危险的请求权不适用诉讼时效的规定。之所以有此规定，是因为从权利属性上讲，上述责任承担方式又可以构成物权或者人身权这些绝对权请求权的内容。比如，就财产侵害而言，有关停止侵害、排除妨碍、消除危险的内容，《民法典》总则编和侵权责任编系从责任承担方式的角度予以规定，而《民法典》物权编则从物权保护角度，其实是从物权请求权的角度作了规定。物权请求权的实质在于保障物权恢复其圆满状态，只要物权存在，物权请求权就应该存在，也就不能适用诉讼时效期间的规定。[②] 同理，对于其他绝对权请求权比如人身权、知识产权保护中涉及停止侵害、排除妨碍、消除危险的，都不受诉讼时效的限制。

[①] 最高人民法院侵权责任法研究小组编著：《〈中华人民共和国侵权责任法〉条文理解与适用》，人民法院出版社2010年版，第162页.

[②] 参见最高人民法院民法典贯彻实施工作领导小组主编：《中华人民共和国民法典侵权责任编理解与适用》，人民法院出版社2020年版，第49页。

第三章
多数人侵权规则的守正完善与规则适用

▼

多数人侵权行为是由数个行为人实施，造成同一个损害后果，各侵权人对同一损害后果承担不同形态责任的侵权行为。多数人侵权是与单独侵权相对应的，它是指行为人是两个或两个以上的人。[①]审判实务中对多数人侵权并不过分强调主观有无意思联络，而更着重于对受害人的损害赔偿救济，同时也考虑连带责任承担方式的均衡扩张，因此将多数人侵权划分为共同侵权、准共同侵权和多因一果几种类型。[②]依照《民法典》第1168条至第1172条的规定，共同侵权行为是多数人侵权行为中最为典型的类型，也是最为重要的类型，教唆和帮助侵权行为、共同危险行为和分别侵权行为也是多数人侵权的重要类型。就多数人侵权问题，《民法典》基本沿用了《侵权责任法》的相关规定，但是由于这一问题在审判实务中极具普遍性，而且实务适用中对此在守正的基础上也作了完善发展，因此，对其中的重点法律适用问题作一阐述十分必要。

[①] 王利明：《侵权责任法（第二版）》，中国人民大学出版社2021年版，第98页。
[②] 最高人民法院侵权责任法研究小组编著：《〈中华人民共和国侵权责任法〉条文理解与适用》，人民法院出版社2010年版，第91页。

一、共同侵权行为

对于共同侵权行为,《民法通则》第 130 条规定:"二人以上共同侵权造成他人损害的,应当承担连带责任。"《侵权责任法》第 8 条的规定即是对《民法通则》上述规定的传承。《民法典》侵权责任编则又沿用了《侵权责任法》第 8 条的规定,在第 1168 条规定:"二人以上共同实施侵权行为,造成他人损害的,应当承担连带责任。"但对于共同侵权行为的界定,并没有明确规定。理论和实务上对此有不同观点,主要有:一是意思联络说,认为共同加害人之间必须有意思联络始能构成。意思联络即共同故意,它使主体的意志统一为共同意志,使主体的行为统一为共同的行为。反之,如无主体间的意思联络,则各人的行为就无法在实质上统一起来,因而也不构成共同侵权行为。[①] 二是共同过错说,认为共同侵权行为的本质特征在于数个行为人对损害结果具有共同过错,既包括共同故意,也包括共同过失。[②] 三是关联共同说,认为共同侵权行为以各个侵权行为所引起的结果有客观的关联共同为已足,各行为人间不必有意思的联络。数人为侵权行为的时间或地点,虽无须统一,但损害则必须不可分离,始成立关联共同。如果共同侵权制度的适用范围过于宽泛,则会使行为人动辄与他人承担连带责任,哪怕其本身只需要承担一小部分的份额,也必须首先对外承担全部责任,然后再向其他行为人追偿,不仅增加了诉讼成本,而且可能使得具有清偿能力的人承担了本不应承担的份额,反而使本应承担更多份额的行为人得以逃脱。但如果共同侵权制度的适用范围过于狭窄,将不利于充分发挥该制度迅捷救济受害人的设计初衷,受害人需要证明数个行为人的侵权行为在损害后果中所占的份额,增加了诉讼难度。也正因如此,在构建共同侵权制度时,需要在行为人与受害人之间

---

① 伍再阳:《意思联络是共同侵权行为人的必备要件》,载《法学季刊》1984 年第 2 期。
② 王利明、杨立新等:《民法·侵权行为法》,中国人民大学出版社 1993 年版,第 354 页。

寻找到一个合适的平衡点。①对此,审判实践做了有益探索,《人身损害解释》第3条第1款规定:"二人以上共同故意或者共同过失致人损害,或者虽无共同故意、共同过失,但其侵害行为直接结合发生同一损害后果的,构成共同侵权,应当依照民法通则第一百三十条规定承担连带责任。"这一规定在坚持共同侵权行为的共同过错的同时,还部分承认共同侵权行为的客观标准,认为数人虽无共同故意、共同过失,但其侵害行为直接结合发生同一损害后果的,构成共同侵权,应当承担连带责任。这一规定在实务中一般认为是坚持"时空统一性"作为认定直接结合的依据。虽然"时空统一性"在实践中确实存在不好把握的问题,但不可否认的是,这一规则对于进一步完善共同侵权的法律适用规则、统一案件裁判尺度作出了积极贡献,而且这一规则也已为审判实务所普遍接受和遵循,取得良好效果。杨立新教授认为,共同侵权行为的本质特征应当从主观标准向客观标准适当过渡,以更好地保护受害人。②虽然《人身损害解释》的上述规定在2020年司法解释全面清理中被删除,但是考虑到这一规则既符合侵权法理论的发展方向,在审判实践中已普遍适用,有必要在实务中在法理论证方面继续参考适用。

构成共同侵权行为需要满足以下几个要件:

一是侵权主体的复数性。共同侵权行为的主体必须是两个以上的主体。行为主体既可以是自然人,也可以是法人。这是共同侵权行为所应具备的基本特征。

二是共同实施侵权行为。这一要件中的"共同"主要包括三层含义:其一,共同故意实施的行为。基于共同故意侵害他人合法权益的,属于典型的共同侵权行为。其二,共同过失实施的行为。"共同过失"主要是数个行为人共同从事某种行为,基于共同的疏忽大意或者过于自信的过失,而造成他人

---

① 王胜明主编:《〈中华人民共和国侵权责任法〉条文解释与立法背景》,人民法院出版社2010年版,第47~48页。

② 杨立新:《侵权法论(第五版)》,人民法院出版社2013年版,第915页。

的损害。其三，数个行为关联共同，相互结合而实施的行为造成他人的损害。换言之，在数个行为人之间尽管没有意思联络，但他们的行为结合在一起，造成了同一个损害结果，形成了客观的关联共同，也构成共同侵权行为。[①]

三是侵权行为与损害后果之间具有因果关系。在共同侵权行为中，有时各个侵权行为对造成损害后果的比例有所不同，但必须存在法律上的因果关系，如果某个行为人的行为与损害后果之间没有因果关系，则不应与其他行为人构成共同侵权。[②]

四是受害人具有损害，且损害具有不可分割性。这是受害人请求共同侵权人承担连带责任的一个基本要件。无损害，则无救济；没有共同的损害结果，则没有共同侵权责任承担的基础。

对于涉及共同侵权行为纠纷的被告主体资格问题，依据《人身损害解释》第2条的规定，赔偿权利人起诉部分共同侵权人的，人民法院应当追加其他共同侵权人作为共同被告。赔偿权利人在诉讼中放弃对部分共同侵权人的诉讼请求的，其他共同侵权人对被放弃诉讼请求的被告应当承担的赔偿份额不承担连带责任。责任范围难以确定的，推定各共同侵权人承担同等责任。人民法院应当将放弃诉讼请求的法律后果告知赔偿权利人，并将放弃诉讼请求的情况在法律文书中叙明。此外，依据《民事诉讼法解释》第74条的规定，人民法院追加共同诉讼的当事人时，应当通知其他当事人。应当追加的原告，已明确表示放弃实体权利的，可不予追加；既不愿意参加诉讼，又不放弃实体权利的，仍应追加为共同原告，其不参加诉讼，不影响人民法院对案件的审理和依法作出判决。

（一）教唆和帮助侵权行为

《民法通则》仅规定了共同侵权制度，并未对教唆、帮助侵权作出具体规

[①] 杨立新：《侵权法论（第五版）》，人民法院出版社2013年版，第908页。
[②] 王胜明主编：《〈中华人民共和国侵权责任法〉条文解释与立法背景》，人民法院出版社2010年版，第47页。

定。《最高人民法院关于贯彻执行〈中华人民共和国民法通则〉若干问题的意见（试行）》（以下简称《民法通则意见》）对此作了很好的补充，其第148条规定："教唆、帮助他人实施侵权行为的人，为共同侵权人，应当承担连带民事责任。教唆、帮助无民事行为能力人实施侵权行为的人，为侵权人，应当承担民事责任。教唆、帮助限制民事行为能力人实施侵权行为的人，为共同侵权人，应当承担主要民事责任。"《侵权责任法》在此基础上，对教唆、帮助侵权行为的责任承担规则作了进一步完善，其第9条规定："教唆、帮助他人实施侵权行为的，应当与行为人承担连带责任。教唆、帮助无民事行为能力人、限制民事行为能力人实施侵权行为的，应当承担侵权责任；该无民事行为能力人、限制民事行为能力人的监护人未尽到监护责任的，应当承担相应的责任。"《民法典》第1169条沿用了这一规定。

教唆侵权行为，是指利用言语对他人进行开导、说服或通过刺激、利诱、怂恿等行为，最终促使被教唆人接受教唆人的意图，进而实施某种加害行为。①在此应当注意的是，教唆人的故意是针对加害行为的发生，而不必针对损害结果，如甲引诱乙往窗外扔酒瓶，致从下面走过的丙被砸伤，甲虽不追求丙被砸伤的后果，但其对乙往外扔酒瓶的行为存在故意，所以成立"教唆他人实施侵权行为"。②帮助侵权行为是指通过提供工具、指示目标或以言语激励等方式从物质上或精神上帮助实施加害行为的人。③在帮助行为中，被帮助人本来已有加害他人的意图，帮助人的行为致使加害行为得以实现并导致最终损害结果的出现。与教唆行为相比，帮助行为通常不会对加害行为起决定性作用，而主要是对加害行为起到推动或者促进作用。《民法典》第1169条以教唆、帮助的对象系完全民事行为能力人还是无民事行为能力人、限制民事行为能力人而承担责任的不同，分设两款规定，即以教唆、帮助对象不

---

① 张铁薇：《共同侵权制度研究》，法律出版社2007年版，第193页。
② 最高人民法院侵权责任法研究小组编著：《〈中华人民共和国侵权责任法〉条文理解与适用》，人民法院出版社2010年版，第76页。
③ 王利明：《民商法研究》，法律出版社1999年版，第168页。

同而适用不同的责任形态。

1. 教唆、帮助完全民事行为能力人情形下的侵权责任承担规则

依据《民法典》第1169条第1款的规定，教唆人、帮助人与侵权行为人承担连带责任，被侵权人可以请求教唆人、帮助人承担部分或者全部连带责任，这时被侵权人有选择权。就其内部责任的承担，应适用按份责任的一般规则，适用《民法典》第178条第2款的规定，"连带责任人的责任份额根据各自责任大小确定；难以确定责任大小的，平均承担责任。实际承担责任超过自己责任份额的连带责任人，有权向其他连带责任人追偿。"确定"各自责任大小"要从过错程度、行为的原因力以及经济状况等方面予以考量。在教唆、帮助他人实施侵权行为的情形下，一般认为，在内部责任的分担上，由于帮助人的过错程度低于加害人以及教唆人的过错程度，因此，帮助人承担的应是较轻的责任。[1]

2. 教唆、帮助无民事行为能力人、限制民事行为能力人情形下的侵权责任承担规则

《民法典》第1169条第2款中规定："教唆、帮助无民事行为能力人、限制民事行为能力人实施侵权行为的，应当承担侵权责任；该无民事行为能力人、限制民事行为能力人的监护人未尽到监护责任的，应当承担相应的责任。"一般而言，这时被教唆、帮助的无民事行为能力人或者限制民事行为能力人由于欠缺相应的认知、判断能力，对该侵权行为的实施并无过错可言，其不能成为该侵权行为的责任主体，教唆人、帮助人应就该侵权行为承担单独的侵权责任。上述第2款紧接着规定："该无民事行为能力人、限制民事行为能力人的监护人未尽到监护责任的，应当承担相应的责任"。

所谓相应的责任，就是指监护人有多少过错，就应在其过错范围内承担多大的责任。过错的范围要结合监护人未尽到监护责任的程度，加害人的行

---

[1] 最高人民法院侵权责任法研究小组编著：《中华人民共和国侵权责任法条文理解与适用》，人民法院出版社2010年版，第79页。

为能力，教唆人、帮助人在加害行为中所起的作用等综合认定。[①] 存在监护人过错时，监护人承担相应的责任，有利于促使监护人履行监护职责，保护无民事行为能力人、限制民事行为能力人的合法权益。至于"相应的责任"的性质，有观点认为，这就是在连带责任中，有的责任人承担连带责任，有的承担按份责任，构成单向连带责任。[②] 这一见解较有道理，一方面，"相应的责任"作为一个集合概念，需要体系化适用《民法典》侵权责任编有关责任形态的规定，比如在符合连带责任规定时，就要承担连带责任；另一方面，从监护人的角度讲，这里的"相应的责任"属于监护人自己责任的一种形态；从多数人责任的角度讲，应为一种按份责任，但这不能影响教唆、帮助侵权人的整体责任。

实务中，有必要根据案件具体情况，在侧重保护无民事行为能力人和限制民事行为能力人的基础上，做好与监护人承担相应责任的对接。具体而言，与无民事行为能力人相比，限制行为能力人应对自己的行为有一定程度的判断力和理解力，其监护人进行监护的难度相对小一些，故在限制民事行为能力人实施了加害行为的情形下，认定其监护人"未尽到监护责任"的可能性更大，认定"未尽到"的程度更重；与教唆行为相比，帮助行为在加害行为实施中起辅助作用，对损害的发生未起到决定性的作用，而被帮助的无民事行为能力人和限制民事行为能力人的加害行为起主要作用，故在帮助无民事行为能力人和限制民事行为能力人实施侵权行为的情形下，与被教唆人的监护人

---

① 最高人民法院侵权责任法研究小组编著：《〈中华人民共和国侵权责任法〉条文理解与适用》，人民法院出版社2010年版，第80页。

② 单向连带责任形态，在大陆法系侵权法中没有提及。美国侵权法连带责任中的单独责任（也叫作混合责任）就是单向连带责任。《美国侵权法重述（第三次）·责任分担编》第11节（单独责任的效力）规定："当依据适用法律，某人对 受害人的不可分伤害承担单独责任时，该受害人仅可以获得该负单独责任者在该受害人应得赔偿中所占的比较责任份额。"并且把这种责任形态叫作混合责任。这就是在数人侵权的连带责任中，有的责任人承担连带责任，有的责任人承担单独责任（按份责任），承担单独责任的单独责任人只承担受害人应得赔偿中的自己的份额，就是按份责任，但应承担连带责任的人仍应就全部赔偿责任负责。这就是单向连带责任。参见杨立新：《侵权责任法》，法律出版社2012年版，第121页。

相比，认定被帮助人的监护人"未尽到监护责任"的可能性更大。①

（二）共同危险行为

"共同危险行为"在理论上被称为"准共同侵权"，属于广义的共同侵权类型之一，是指数人的危险行为对他人的合法权益造成了某种危险，但对于实际造成的损害又无法查明是危险行为中的何人所为，法律为保护被侵权人的利益，数个行为人视为侵权行为人。在狭义的共同侵权中，行为人是基于共同过错而实施的行为，尽管他们的分工不同，但各个行为人都参与了侵权行为的实施。而在共同危险行为中，各个行为人都从事了危及他人财产或人身的危险活动，但还不能认为其都实施了侵权行为，因为部分人没有造成实际损害，损害只是其中的一人或数人所致。②《侵权责任法》在总结以往理论和实践经验的基础上，在第10条首次以立法形式专设条文对共同危险行为作出规定。经过十余年的实践，整体效果较好，《民法典》沿用了这一规定，其第1170条规定："二人以上实施危及他人人身、财产安全的行为，其中一人或者数人的行为造成他人损害，能够确定具体侵权人的，由侵权人承担责任；不能确定具体侵权人的，行为人承担连带责任。"根据该条规定，共同危险行为的构成要件包括：

一是二人以上实施危及他人人身、财产安全的行为。二是行为主体之间没有意思联络。三是数人实施危险行为。对此应当结合日常生活经验法则来认定，行为人的行为都应具有导致他人人身损害或者财产损害的高度可能性。四是其中一人或者部分人的行为造成他人损害。五是无法确定具体侵权行为人。即共同危险行为人中一人或数人的行为已实际造成损害后果，但究竟是数人中谁的行为实际造成损害结果的，该事实难以认定。各危险行为人的行为都涉及可能的因果关系，都有可能造成现实的损害结果，但不能确切、具

---

① 参见最高人民法院侵权责任法研究小组编著：《〈中华人民共和国侵权责任法〉条文理解与适用》，人民法院出版社2010年版，第82页。

② 王利明：《侵权责任法（第二版）》，中国人民大学出版社2021年版，第108页。

体地证明。鉴于存在具体加害人不明这一因果关系证明上的困境，为了缓和受害人的举证困难，给受害人以充分的救济，法律要求共同危险行为人承担连带责任，从而构成所谓"法定的因果关系推定"。[①]此外，基于该条规定加强对受害人保护的初衷，"确定具体侵权人"的举证责任也不能分配给受害人一方，而只能分配给主张自己免责的实施危险行为的人。

二、分别侵权行为

（一）一般意义上的分别侵权行为

一般意义上的分别侵权行为，即为无意思联络的数人侵权的典型形态，是指数个行为人事先没有共同故意，也没有共同过失，只是由于他们各自的行为与损害后果之间客观上的联系，造成了同一个损害结果，但并非每一个侵权行为都足以造成这一损害结果的侵权行为类型。《侵权责任法》第12条规定："二人以上分别实施侵权行为造成同一损害，能够确定责任大小的，各自承担相应的责任；难以确定责任大小的，平均承担赔偿责任。"《民法典》第1172条基本沿用了《侵权责任法》的这一规定内容，只是将"平均承担赔偿责任"修改为了"平均承担责任"，即删除了"赔偿"二字。由于损害赔偿虽然是侵权责任承担的主要方式，但也只是其中一种方式，删除"赔偿"二字，实际上就是用侵权责任取代了赔偿责任，这样一来所涵盖的侵权责任类型更加广泛，当然，依照其性质不能按份的侵权责任方式自然不能适用这一规定。这也从表述上保持了与《民法典》第177条按份责任规定的一致性。

对分别侵权行为的侵权责任的承担问题，通常要采用以过错程度比较为主，以法律原因力比较为辅的做法。"第一应比较双方过失之重轻（危险大者所要求之注意力亦大，故衡量过失之重轻，应置于其所需注意之程度），是以

[①] 最高人民法院侵权责任法研究小组编著：《〈中华人民共和国侵权责任法〉条文理解与适用》，人民法院出版社2010年版，第84页。

故意重于过失,重大过失重于轻过失。其过失相同者,除有发生所谓因果关系中断之情事外,比较其原因力之强弱以定之。"① 作为决定责任的最终条件,过错在很大程度上决定了责任范围以及责任的分担。而且,过错的类型化和客观化使得法官对过错的判断和比较更具可操作性。在一些情况下,原因力的判断、比较极为模糊,过错程度比较明显,这时运用过错比较来确定责任范围非常必要。在数种原因造成损害结果的侵权行为中,确定各个主体的赔偿份额的主要因素,是过错程度的轻重;而原因力的大小尽管也影响各自的赔偿责任份额,但要受过错程度因素的约束和制约,原因力对于赔偿份额的确定具有相对性。② 当然,在适用无过错责任原则的情形下,由于侵权责任构成不以侵权人过错为要件,故通常不进行过错的比较,而主要进行原因力的比较。

(二)承担连带责任的分别侵权行为

承担连带责任的分别侵权行为在理论上又被称为叠加的共同侵权行为,属于无意思联络数人侵权的典型形式。对此,《民法典》第1171条规定:"二人以上分别实施侵权行为造成同一损害,每个人的侵权行为都足以造成全部损害的,行为人承担连带责任。"这一规定系沿用《侵权责任法》第11条的规定。从对应关系上看,本条实际上是与《民法典》第1172条构成一个无意思联络数人侵权类型下的两个分类。但第1172条又是从体系上与《民法典》侵权责任编中有关连带责任的规定形成呼应。

承担连带责任的分别侵权行为的最大特点是数个行为人并没有主观上的意思联络,也不存在共同过失,而是分别按照各自意思实施了侵权行为,但造成了同一个损害,且每一个行为人的行为都足以造成全部损害。比如,在连环交通事故中,前一辆机动车将行人撞成足以致命的伤害后,后一车辆又将受害人撞成足以致命的伤害,此行人在被送医院的路上死亡。这种情况

---

① 史尚宽:《债法总论》,中国政法大学出版社2000年版,第680页。
② 杨立新:《侵权损害赔偿(第五版)》,法律出版社2010年版,第107页。

下，两个行为人的行为都足以造成被侵权人死亡的后果，各侵权人就要承担连带责任。

就承担连带责任的分别侵权行为而言，如何判断每个侵权行为是否足以造成全部损害是其中的关键。该条中的"足以"并不是指每个侵权行为都实际上造成了全部损害，而是指即使没有其他侵权行为的共同作用，单个侵权行为也完全可以造成这一损害后果。比如，甲、乙二人分别从不同方向向同一房屋放火，将该房屋烧毁，根据两个方向的火势判断，如果不存在另一把火，每把火都有可能将整栋房屋烧毁，但事实上两把火共同作用烧毁了该房屋，所以只能说每把火都"足以"烧毁整栋房屋。[1] 这里的"足以"主要体现在因果关系的判断上，学者称之为叠加的因果关系。从实际情况观察，两个以上的侵权人分别实施侵权行为，已经确定其为各个独立的侵权行为，应当由侵权人各自承担侵权责任。但叠加的共同侵权行为中的每一个行为人对于损害的发生都具有全部的原因力，每个人都应当承担全部赔偿责任。[2] 之所以要作如此严格的限制，就是因为侵权人承担的是连带责任，为了防止滥科连带责任，必须从因果关系的角度加以限制。否则，在各个侵权人没有意思联络的情况下，仅仅是为了受害人的赔偿更有保障而使各侵权人承担连带责任，理由不充分。[3] 在此需要注意的是，这里的"足以"的表述实际上是一个关于"程度"的认定问题，而不是要求每一个侵权行为都已经造成了实际损失。比如，在机动车肇事致人死亡的案件中，如果前一肇事事故已经导致受害人死亡，就不存在后一事故再造成受害人死亡的可能。

实务中值得探讨的问题还有，数人当中一人或者部分人承担了全部责任后对其他侵权人有无追偿权的问题。对此，笔者倾向于认为，既然是连带责

---

[1] 王胜明主编：《中华人民共和国侵权责任法释义》，法律出版社 2010 年版，第 68 页。
[2] 杨立新：《侵权法论（第五版）》，人民法院出版社 2013 年版，第 925 页。
[3] 程啸：《侵权责任法》，法律出版社 2019 年版，第 383 页。

任，就应当体系化适用《民法典》第178条关于连带责任的规定和第519条[①]关于连带债务的规定，承认其中一个或者部分侵权行为人承担了赔偿责任后，在相应份额内有向其他侵权人追偿的权利。

[①] 该条规定："连带债务人之间的份额难以确定的，视为份额相同。实际承担债务超过自己份额的连带债务人，有权就超出部分在其他连带债务人未履行的份额范围内向其追偿，并相应地享有债权人的权利，但是不得损害债权人的利益。其他连带债务人对债权人的抗辩，可以向该债务人主张。被追偿的连带债务人不能履行其应分担份额的，其他连带债务人应当在相应范围内按比例分担。"

第四章
自甘风险规则的确立与适用

▼

一、自甘风险规则在《民法典》中的正式确立

所谓受害人自甘风险，是指受害人自愿参加具有一定风险的文体活动，因其他参加者的行为而遭受损害。[①] 自甘风险作为一项重要的免责事由，在侵权法理论上一直都有研究，但在立法层面，《民法通则》并没有自甘风险的规定。《侵权责任法》也没有专门规定自甘风险制度，但在第76条规定："未经许可进入高度危险活动区域或者高度危险物存放区域受到损害，管理人已经采取安全措施并尽到警示义务的，可以减轻或者不承担责任。"一般认为这是在高度危险责任领域确立了自甘风险的规则。法律实际上对高度危险活动采取适当鼓励的立场，通过设立自甘风险规则，可以在一定程度上减轻高度危险行为人的责任。法律上规定自甘风险，既合理分配了责任，也可以实现损害的预防。[②] 同时，这一规定也明确了管理人应当采取安全措施及警示方面的义务，既为《民法典》在一般规则意义上规定自甘风险规则积累了重要经验，也为解决有关活动组织者以及场所经营者、管理者承担责任的问题提供

---

① 王利明主编：《中国民法典评注——侵权责任编》，人民法院出版社2021年版，第84页。
② 参见王利明：《侵权责任法研究（第二版）》（下卷），中国人民大学出版社2016年版第858页。

了重要参考。在部门规章层面，《学生伤害事故处理办法》的规定实际已经体现了自甘风险的内容，其第 12 条规定："因下列情形之一造成的学生伤害事故，学校已履行了相应职责，行为并无不当的，无法律责任：……（五）在对抗性或者具有风险性的体育竞赛活动中发生意外伤害的……"同时衔接其第 9 条的规定，可以看出《学生伤害事故处理办法》对于自甘风险情形下学校承担损害赔偿责任的问题已经作了规定。[①] 而且，究其承担责任的义务来源，也都是围绕着学校的安全设施、安全措施、告知警示、事后救助等展开的。审判实务中，有不少对自甘风险的适用以及有关活动组织者、管理者责任的承担问题做了有益探索，但由于法律依据不明确、法律规范位阶不高等原因，相关案件的裁判存在尺度把握不一等问题。

《民法典》施行前，对于足球、篮球、拳击等对抗类运动，登山、露营等户外探险活动以及过山车、密室逃脱等带有冒险性的娱乐活动中多适用自甘风险规则，对于活动组织者的责任作出认定。比如，在朱某某与曹某某人身损害赔偿纠纷案中，朱某某在被告的溜冰场溜冰时摔倒受伤，要求被告承担赔偿责任。法院认为，溜冰本身就是一种具有危险性的运动，从溜冰者进入溜冰场，穿上溜冰鞋实施溜冰行为以后，就已经存在一定程度的危险性。它

---

① 《学生伤害事故处理办法》第 9 条规定："因下列情形之一造成的学生伤害事故，学校应当依法承担相应的责任：（一）学校的校舍、场地、其他公共设施，以及学校提供给学生使用的学具、教育教学和生活设施、设备不符合国家规定的标准，或者有明显不安全因素的；（二）学校的安全保卫、消防、设施设备管理等安全管理制度有明显疏漏，或者管理混乱，存在重大安全隐患，而未及时采取措施的；（三）学校向学生提供的药品、食品、饮用水等不符合国家或者行业的有关标准、要求的；（四）学校组织学生参加教育教学活动或者校外活动，未对学生进行相应的安全教育，并未在可预见的范围内采取必要的安全措施的；（五）学校知道教师或者其他工作人员患有不适宜担任教育教学工作的疾病，但未采取必要措施的；（六）学校违反有关规定，组织或者安排未成年学生从事不宜未成年人参加的劳动、体育运动或者其他活动的；（七）学生有特异体质或者特定疾病，不宜参加某种教育教学活动，学校知道或者应当知道，但未予以必要的注意的；（八）学生在校期间突发疾病或者受到伤害，学校发现，但未根据实际情况及时采取相应措施，导致不良后果加重的；（九）学校教师或者其他工作人员体罚或者变相体罚学生，或者在履行职责过程中违反工作要求、操作规程、职业道德或者其他有关规定的；（十）学校教师或者其他工作人员在负有组织、管理未成年学生的职责期间，发现学生行为具有危险性，但未进行必要的管理、告诫或者制止的；（十一）对未成年学生擅自离校等与学生人身安全直接相关的信息，学校发现或者知道，但未及时告知未成年学生的监护人，导致未成年学生因脱离监护人的保护而发生伤害的；（十二）学校有未依法履行职责的其他情形的。"

与溜冰者的溜冰技术等因素有很大关系，在这一过程中，提供溜冰场所的经营者的注意义务不是确保每个溜冰者不发生摔跤跌倒等意外。[①] 在邓某、陈某某等与宋某某、李某等生命权、健康权、身体权纠纷案中，受害人因参与被上诉人发起的户外探险活动，发生意外导致身亡，法院认为户外探险运动具有较高的未知性和风险性，参与者应当自担风险，受害人作为完全民事行为能力人，应对自身行为和可能产生的危害后果有预见性并尽合理注意义务，判决活动组织者不承担责任。[②] 在高某某与某游乐有限公司、某公园生命权、健康权、身体权纠纷案中，高某某因乘坐过山车导致颈部损伤，法院认为高某某事发时是在校大学生，其作为完全民事行为能力人，可以并且应当对乘坐过山车的目的、可能存在的风险进行预见，在过山车的特点已为大众所知且游乐公司对相关注意事项进行告知的情况下，高某某仍选择乘坐过山车，则视为其对可能产生的风险进行预判后作出的自由选择，某游乐有限公司、某公园对事故的发生并无过错，不承担责任。[③] 在王某某与朱某、某附属中学等身体权、健康权纠纷案中，法院认为，某附属中学在体育课期间，让学生自行安排包括篮球、羽毛球等体育活动，但并未提供规范的活动场地，而是将学生统一安排在一个篮球场地范围内让众多学生分别开展不同的运动，一定程度上增加了学生在运动中受到伤害的可能性。其应最大程度地为学生创造安全、合理的运动环境，并应充分提醒学生注意运动伤害以及防范安全风险，尤其对于羽毛球运动可能造成眼部的损害应当向学生充分予以强调，让学生在参与羽毛球运动时有更高的注意义务及更有效的安全防范。故某

[①] 参见朱某某与曹某某人身损害赔偿纠纷案，江西省赣州市中级人民法院（2004）赣中民一终字第279号民事判决书。

[②] 参见邓某、陈某某生命权、健康权、身体权纠纷案，湖北省宜昌市中级人民法院（2018）鄂05民终1891号民事判决书。

[③] 参见上诉人高某某因与被上诉人某游乐有限公司、某公园生命权、健康权、身体权纠纷案，云南省昆明市中级人民法院（2015）昆民三终字第693号民事判决书。

附属中学在本案中存在一定过失，应承担与其过失相应的赔偿责任。[1] 在陈某某与杨某某、某园中心等群众性活动组织者责任纠纷案中，法院认为，"杨某某作为本次民俗活动的组织方，虽然赛前制定了活动总体方案，对安保任务进行安排分工，但其对公园等半开放性场所开展民俗活动所配套的安保措施和管理方式评估不足，活动中存在安保和管理漏洞，应在合理的安保义务范围内对陈某某的损害后果承担一定的侵权责任。"[2] 但在温某某与某游乐园有限公司健康权纠纷案中，法院认为，温某某乘坐过山车导致腰部受伤，被告作为游乐设施的经营者，对温某某的受伤存在过错，应当赔偿温某某的全部损失，并未适用自甘风险规则。[3] 这些案例为自甘风险规则在法律层面的规定积累了一定经验，在活动组织者等责任承担的问题上，有的在安全保障义务的适用层面做了有益探索，但由于缺乏明确的法律规定，不少案例要么论证并不多，要么也仅是从过错责任的角度作了分析。

在《民法典》编纂过程中，是否规定自甘风险的规则是侵权责任编起草过程中的一个重要问题。在《民法典侵权责任编（草案二次审议稿）》第954条之一明确了规定了自甘风险的规则，"自愿参加具有危险性的活动受到损害的，受害人不得请求他人承担侵权责任，但是他人对损害的发生有故意或者重大过失的除外。活动组织者的责任适用本法第九百七十三条[4]的规定。"即活动组织者就未尽到安全保障义务应承担侵权责任。对这一规定，在各方面提出的意见中，不少建议明确教育机构在组织这类活动时应当如何承担责

---

[1] 参见上诉人王某某因与被上诉人朱某某、朱某、某附属中学身体权、健康权纠纷案，广东省广州市中级人民法院（2023）粤01民终2462号民事判决书。
[2] 参见上诉人陈某某因与被上诉人杨某某及原审被告杨某、某学院、某中心群众性活动组织者责任纠纷案，陕西省商洛市中级人民法院（2022）陕10民终717号民事判决书。
[3] 参见温某某与某游乐园有限公司生命权、健康权、身体权纠纷案，盐城经济技术开发区人民法院（2016）苏0991民初49号民事判决书。
[4] 当时该条系沿用了《侵权责任法》第37条关于安全保障义务的规定，即："宾馆、商场、银行、车站、娱乐场所等公共场所的管理人或者群众性活动的组织者，未尽到安全保障义务，造成他人损害的，应当承担侵权责任。因第三人的行为造成他人损害的，由第三人承担侵权责任；管理人或者组织者未尽到安全保障义务的，承担相应补充责任。"

任。因此，在《民法典侵权责任编（草案三审稿）》中对自甘风险的规定作了修改，当活动组织者为学校等教育机构时，应当适用学校等教育机构在学生受到人身损害时的相关责任规定。① 此后又在不断调研的基础上，将该条内容作了进一步完善，最终形成了《民法典》第 1176 条的内容。《民法典》第 1176 条首次规定我国本土化的自甘风险规则。② 其中该条第 1 款就自甘风险的适用条件作了规定，"自愿参加具有一定风险的文体活动，因其他参加者的行为受到损害的，受害人不得请求其他参加者承担侵权责任；但是，其他参加者对损害的发生有故意或者重大过失的除外。"第 2 款规定了活动组织者的责任，"活动组织者的责任适用本法第一千一百九十八条至第一千二百零一条的规定"。

《民法典》规定自甘风险规则，对于促进文体活动的开展，特别是有一定风险性的体育活动，增强人民体质、促进人民健康，尤其是提高广大青少年的身体素质具有重要意义；③ 对于司法实务中统一相关案件的裁判尺度，公平、合理救济当事人的损失也具有积极的指导意义。同时，由于社会生活以及相关纠纷案件的复杂多样性，加之《民法典》将甘冒险规则作为一般规定的属性，有关自甘风险适用条件以及活动组织者承担责任的问题有进一步细化研究的空间和必要。

二、自甘风险规则的适用条件

依据《民法典》第 1176 条第 1 款的规定，自甘风险适用的前提条件应当是自愿参加具有一定风险的文体活动，以及因其他活动参加者的行为造成了受害人的损害。就要素条件而言，应当具备以下三方面的条件：一是受害人

---

① 参见黄薇主编：《中华人民共和国民法典侵权责任编释义》，法律出版社 2020 年版，第 36 页。
② 杨立新、李怡雯：《〈民法典〉侵权责任编实务疑难问题指引》，中国人民大学出版社 2023 年版，第 187 页。
③ 最高人民法院民法典贯彻实施工作领导小组主编：《中华人民共和国民法典侵权责任编理解与适用》，人民法院出版社 2020 年版，第 114 页。

参加具有一定风险的文体活动；二是受害人参加此活动是自愿的；三是其他参加者对此损害的造成不具有故意或者重大过失。

（一）"自愿参加具有一定风险的文体活动"的界定

界定"具有一定风险的文体活动"，需要从两个方面把握：一是文体活动，二是具有一定风险。这既涉及基本文义的把握，又涉及相关价值判断和利益衡量。

1. 文体活动

文体活动一般认为应当包括文化活动和体育活动。从《民法典》规定自甘风险的立法精神和价值导向看，对于文体活动的界定还要采取适当从宽的态度，但也要避免将自甘风险不当扩大适用的问题。笔者认为，对于常人看来都不属于文体活动的情形，不能适用《民法典》第1176条第1款关于自甘风险的规定，这也符合该款的基本文义。比如，擅自进入他人果园，被坠落的果实砸伤，就不宜适用自甘风险规则，对此可以适用受害人过错的规则解决。

此外，文体活动原则上应该是合法活动，至少应该是不为法律所禁止的活动。如果是法律禁止的活动，本身已背离立法的基本价值导向，自然也就失去了适用自甘风险规定的基础。

2. 具有一定风险

当一项活动具有相当的风险发生的可能性，就是风险活动，就有了发生自甘风险适用的客观活动的要件。只有在具有风险的活动中，才有可能发生自甘风险的适用条件。[①] 对于"有一定风险的文体活动"的认识，理论和实务上也都认识不一，比如，对于体育活动的范畴，有观点认为必须限定在具有因参加者之间的肢体冲突发生人身损害风险的体育活动。主要包括拳击、散打、摔跤、空手道、足球、篮球、橄榄球等以参加者之间的肢体冲突决定胜

[①] 杨立新：《自甘风险：本土化的概念定义、类型结构与法律适用——以白银山地马拉松越野赛体育事故为视角》，载《东方法学》2021年第4期。

负或者其活动规则不禁止、不能避免参加者之间的肢体冲突的体育活动。甚至有观点进一步将此限定为上述情形属于竞赛、比赛性质的体育活动。笔者认为，从文义上讲，此文体活动的界定就没有范围上的限定语词，而且此基本要义在于具有一定的风险。至于风险程度的判断，也要按照一般人的认知，根据日常生活经验法则来判断。而且对于条文中"因其他参加者的行为受到损害"应当根据体系解释和目的解释的方法，结合对"一定风险的文体活动"的基本态度，扩张或者类推适用因该体育活动本身，比如体育活动的器材等造成的损害，由此，自然就可以将单杠、跳马等运动包括在内。

3. 自愿参加

"自愿参加"应当包括两方面的条件：一是受害人认识到文体活动的风险性；二是受害人自愿参加这一具有一定风险的文体活动。

(二)"参加者"的界定

依照《民法典》第1176条第1款的规定，自甘风险的适用范围应当限定在活动的参与者当中，这也要依照相应的社会日常生活经验法则来判断。这时就要把这一项体育活动当作一个有机整体，比如在足球比赛中，就应当包括运动员、裁判员，且就运动员而言，不能限于仅是对方队员，还应包括本方队员，甚至还应当包括在场边的替补队员、教练员等，以及在场边担负一定职责的参加人，比如相应的志愿者甚至球童等。

实务中容易产生争议的是，观众因活动参加者受伤，是否适用自甘风险的规定。有观点认为，观众观看竞技体育比赛利益与风险并存，应当承担由此产生的风险，但此风险应当局限于体育运动的固有风险。[1] 笔者认为，对于观看比赛的观众，不宜界定到参加者的范畴。因为，同参加者相比，观众的目的是娱乐，观众一般都远离比赛场地，也就是说，不能认为观众观看比赛具有危险性，也不能认定他们已经预见到风险并愿意承担此风险。

---

[1] 韩勇：《〈民法典〉中的体育自甘风险》，载《体育与科学》2020年第4期。

对于场地的擅自闯入者是否构成自甘风险，也存在一定争议。有观点认为其既非活动的参加者，更不是固有风险的共同制造者，仅是偶然成为风险的承担者，并不构成《民法典》第1176条规定之自甘风险。[①]笔者认为，擅自闯入者对闯入此活动区域危险性应当认知而因没有认知可能造成的损害或者已经认识到而轻信能够避免，甚至已经认识到而放任或者追求某一损害后果的发生，这时责任应当自负，其构成了日常生活观念上的"自甘风险"，根据"举轻以明重"的逻辑，可以类推适用自甘风险规则。

（三）"故意和重大过失"的界定

其他参加者的"故意和重大过失"应当适用侵权法上有关"故意和重大过失"的一般规则，比如，故意包括直接故意和间接故意，重大过失则也要涵盖过于自信和疏忽大意两个方面。需要注意的是：一方面，此"故意和重大过失"都要涉及对行为后果的认知而非单独对行为违法性的判断。比如，有学者就将重大过失界定为行为人主观上认识到较为严重的损害结果很可能发生，虽然也不追求该结果的出现，但仍抱有侥幸心理执意为之。[②]此见解较有道理。如果行为人追求、放任或者抱有侥幸心理的对象并不涉及受害人损害结果的发生，则不能简单认定该行为人就有故意或者重大过失。这一规则看似是常识，实则在理论认识和实务操作中很容易发生混淆或者很容易被疏忽。另一方面，依照反对解释，适用这一要件意味着其他参加者仅有一般过失，即使造成了损害后果，也无须承担责任。由此可以看出，在过失层面，是否构成"重大"对于免责与否十分重要。而此"重大"判断一般也要遵循"比例原则"的要求，按照一般的理性人标准从其行为的随意性、造成后果的严重性、避免损害发生的可能性等来综合判断。在常人看来，行为人稍加注意就可以避免严重损害后果的发生而没有履行相应注意义务的，就应当认定为有重大过失。

---

① 申海恩：《文体活动自甘风险的风险分配与范围划定》，载《研究法学》2023年第4期。
② 参见叶名怡：《重大过失理论的建构》，载《法学研究》2009年第6期。

三、活动组织者的安全保障义务及违反安全保障义务的责任认定

（一）一般规则

《民法典》第1176条第2款采用指引性规定的方式，将活动组织者的责任明确适用《民法典》第1198条至第1201条[①]。这就是说，如果是因为体育场馆、娱乐场所等经营场所、公共场所的经营者、管理者或者群众性活动的组织者，未尽到安全保障义务，造成他人损害的，或者因第三人侵权而经营者、管理者或组织者没有尽到安全保障义务的，他们分别依据《民法典》第1198条第1款和第2款承担侵权责任。如果是幼儿园、学校或者其他教育机构组织的具有一定风险的文体活动，那么教育机构应当分别依据《民法典》第1199条至1201条承担侵权责任。[②] 这也就意味着活动组织者既可能承担直接责任，也可能承担补充责任，而非简单的直接责任。但无论何种责任形态，此责任的承担都是以相应的注意义务违反作为前提条件。

一般来讲，在整个活动过程中，组织者是否尽到了必要的安全保障义务、采用了足够安全的措施、设计了突发情况的预案、损害发生后及时采取了合理措施等，是考虑活动组织者是否尽到责任的因素。[③] 比如，在宋某某诉王某、

[①] 《民法典》第1198条："宾馆、商场、银行、车站、机场、体育场馆、娱乐场所等经营场所、公共场所的经营者、管理者或者群众性活动的组织者，未尽到安全保障义务，造成他人损害的，应当承担侵权责任。因第三人的行为造成他人损害的，由第三人承担侵权责任；经营者、管理者或者组织者未尽到安全保障义务的，承担相应的补充责任。经营者、管理者或者组织者承担补充责任后，可以向第三人追偿。"第1199条："无民事行为能力人在幼儿园、学校或者其他教育机构学习、生活期间受到人身损害的，幼儿园、学校或者其他教育机构应当承担侵权责任；但是，能够证明尽到教育、管理职责的，不承担侵权责任。"第1200条："限制民事行为能力人在学校或者其他教育机构学习、生活期间受到人身损害，学校或者其他教育机构未尽到教育、管理职责的，应当承担侵权责任。"第1201条："无民事行为能力人或者限制民事行为能力人在幼儿园、学校或者其他教育机构学习、生活期间，受到幼儿园、学校或者其他教育机构以外的第三人人身损害的，由第三人承担侵权责任；幼儿园、学校或者其他教育机构未尽到管理职责的，承担相应的补充责任。幼儿园、学校或者其他教育机构承担补充责任后，可以向第三人追偿。"

[②] 参见王利明：《论受害人自甘风险》，载《比较法研究》2019年第2期。

[③] 参见黄薇主编：《中华人民共和国民法典侵权责任编释义》，法律出版社2020年版，第37页。

某公司生命权、身体权、健康权纠纷案中，法院认为，短棍课是一种具有一定对抗性的运动，宋某某与王某某作为具有完全行为能力的成年人，对短棍课上所存在的风险应具有一定的判断能力，仍自愿参加该项活动，表明其自甘风险。但王某系第一次参与短棍课程，没有经验，某公司对初次上课的学员应负有更高的注意义务，在宋某某短棍脱落时，某公司的带教教练应及时暂停对垒，避免意外和损害的发生。本案中某公司没有尽到相应的安全保障义务，故对于宋某某意外受伤亦有过错，应负有一定责任。[1]该案中活动组织者即存在事中未尽到相应安保义务的问题。

（二）活动组织者的责任认定

关于《民法典》第1198条至第1201条在自甘风险情形下的适用问题，需要充分考虑自甘风险的立法目的，不宜简单作出和一般情形下适用上述规定完全相同的判断。

1.关于直接责任的适用

从法理上讲，活动组织者承担责任适用安全保障义务及教育机构责任的规则有必要作细化研究，但其中一个基本的价值导向就是不能对此组织者科以过重的责任。理由在于，自甘风险应属于免责事由，如果扩大活动组织者依照有关安全保障义务、学校责任的条款来承担的相应责任，一者与自甘风险作为免责事由不符，二者也不利于鼓励这些活动组织者积极开展体育运动。从条文规范上看，安全保障义务人以及有关学校、幼儿园及其他教育机构这类主体承担责任都与他们是否尽到安全保障义务或者履行教育、管理职责直接相关，而这实际上就是关于客观过错的表述形式。换言之，在活动组织者没有这些客观过错的情况下就不承担责任。在具体判断时，就要结合案件具体情况来判断，尤其是其管理、保护措施是否符合相应的法律、法规规定或者行业自律要求等，如果符合相应要求，即使出现受害人遭受损害的情形，

---

[1] 参见北京市第三中级人民法院（2021）京03民终8637号民事判决书。

活动组织者也不应承担责任。

在此需要注意的是，由于社会生活的复杂性，有关活动组织者责任的认定，还需要根据具体案情重点考虑以下因素：

其一，活动组织者的情况，如果其是以此活动组织为业，则应当负有更高的注意义务。

其二，受害人的情况。比如，受害人是未成年人的情形，活动组织者应当负有更高的注意义务。结合《民法典》第1199条关于教育机构对无民事行为能力人受到损害的过错推定责任的规定，这时对于其组织的文体活动而言，其对作为无民事行为能力人的学生应当负有更重的注意义务，这与此学生相应的对某一文体活动的风险认知较低也有密切关系。

其三，活动本身的危险程度。通常而言，危险程度越高，活动组织者的注意义务也更高。此外，即使受害人在参加此活动时签署了自愿承受相应风险的承诺书等表示甚至明示其自甘风险的情形，也不能免除活动组织者安全保障方面的注意义务。比如，在某涉及"密室逃脱"的案例中，原告方即签署了《密室逃脱免责协议书》，但法院认为，此协议书系被告单方制作的格式化协议，且相关约定旨在对原告可能遭受的人身损害无条件免除被告方的责任，故该免责协议应属无效，不能免除被告的民事赔偿责任。[①]

此外，组织此项活动是否具有营利性也会影响有关责任承担的大小。一般而言，如果组织者、管理者从事的是营利性活动，其要尽到的保护、管理等义务应当高于非营利性的组织活动。

当然，上述所列注意义务的违反是针对活动组织者安保义务是否尽到的问题，如果其违反的注意义务并非针对受害人人身安全保护的情形，自然不符合相应的侵权责任构成要件，不能要求活动组织者承担责任；进而言之，活动组织者虽然违反了对受害人人身安全保护方面的义务，但此与受害人的

---

① 参见江苏省南京市秦淮区人民法院（2023）苏0104民初784号民事判决书。

损害并无因果关系，也不能要求其承担侵权责任。

2.关于补充责任的适用

自甘风险导致的损害后果是第三人原因造成的，这时有关学校、幼儿园及其他教育机构要承担补充责任。若无第三人的情形，则不存在适用补充责任的可能。而且这里补充责任的适用仅限于活动组织者、管理者、经营者以及有关学校、幼儿园及其他教育机构这类主体。在此需要注意的是，活动组织者违反安全保障义务的规定，应当承担相应的补充责任。从《民法典》第1198条第2款的规定来看，在因第三人行为造成他人损害的情形下，违反安全保障义务的人只是承担相应的补充责任。所谓相应，是指应当与其过错程度相适应。因此，在确定活动组织者违反安全保障义务的责任时，要考虑活动组织者的过错程度，而不能要求其对第三人无力承担部分承担全部的补充责任。[1]

实务中对此争议较大的是涉及第三人的范围确定问题。原则上，第三人应当属于活动参加者以外的人，如果是活动参加者造成的损害，则存在一定争议。笔者认为，在符合《民法典》第1198条第1款规定的情形下，即在其他参加者对损害的造成有故意或者重大过失符合侵权责任构成的情况下，其行为构成侵权行为，这时活动组织者、管理者有过错的，也应当承担补充责任。如果某参加者对于损害的发生仅有一般过错，这时其行为不构成侵权，即其并非侵权行为人，也就不存在活动组织者、管理者代其承担"补充责任"的可能。这种情况下活动组织者、管理者是否承担责任，应从其自身是否尽到相应的安全保障义务或者是否尽到教育、管理职责来判断，即回到了其自身是否有过错来判断是否应当承担直接责任的问题。

3.关于举证责任的问题

对此应当遵循《民事诉讼法解释》第91条的规定，从侵权责任构成以及

---

[1] 参见王利明主编：《中国民法典评注》，人民法院出版社2021年版，第90页。

自甘风险作为免责事由的场景来予以确定。也就是说，有关自甘风险的举证责任具有后置的特点，不能直接径行将自甘风险的构成作为本证来进行举证。因此，适用自甘风险的场景应该是受害人先主张有关损害赔偿，也就是先存在一个侵权责任构成要件事实的举证责任问题。由此，才可遵循"谁主张，谁举证"的规则，受害人一方主张其他活动参加者承担侵权责任，则要对后者存在侵权行为构成要件事实承担举证责任，该活动参加者认为受害人是自甘风险的，要对此承担举证责任；进而，如果认定构成自甘风险的情况下，受害一方继续主张其他活动参加者承担侵权责任的，应当对该参加者存在故意或重大过失承担举证责任。受害人一方主张活动组织者、管理者承担相应责任，则要对他们未尽到安全保护方面的注意义务承担举证责任，活动组织责任、管理者主张其不承担责任的，同样也要对包括受害人自甘风险以及其本身没有违反注意义务的事实承担举证责任。

第五章
自助行为的确立与规则适用

▼

一、自助行为概述

自助行为，是指权利人为保护自己的权利，在情势紧迫而又不能及时请求国家机关予以救助的情形下，对他人的财产或人身施加扣押、约束或其他措施，而为法律或社会公德所认可的行为。[①] 自助行为的性质，属于私力救济的范畴。现代社会中的自力救济，主要指在民事法律关系中，权利人在特殊情况下，无法及时得到国家机关的公力救济，而依法以自己的力量来保护自己或他人权利的行为。[②] 从近现代法治发展的轨迹看，应该是越来越重视公力救济，私力救济处于例外状态，即能够通过公力救济解决的，就不宜适用私力救济的方式，只有在符合特定条件下才可以例外地适用私力救济，这应该是适用私力救济的一般规则。[③]

客观上讲，自助行为对于防止损害扩大、及时救济权利以及弥补公力救

[①] 参见王利明、杨立新：《侵权行为法》，法律出版社1996年版，第85页。
[②] 参见黄薇主编：《中华人民共和国民法典释义（下）》，法律出版社2020年版，第2264页。
[③] 参见最高人民法院民法典贯彻实施工作领导小组主编：《中华人民共和国民法典侵权责任编理解与适用》，人民法院出版社2020年版，第123页。

济的不足，乃至促进社会发展具有积极作用。不少国家的法律和判例承认自助行为，如德国、法国、日本、英国等。从我国以往的民事立法来看，《民法通则》《合同法》中均未将自助行为作为一类免责或减轻责任的法定事由，但也未见（原则上）禁止自助行为的一般性规定，在合同法中，立法还是零星规定了一些具体的自助行为的情形，如《合同法》第264条规定："定作人未向承揽人支付报酬或者材料费等价款的，承揽人对完成的工作成果享有留置权，但当事人另有约定的除外。"在《侵权责任法》起草过程中，曾规定了自助行为，即"在自己的合法权益受到不法侵害，来不及请求有关部门介入的情况下，如果不采取措施以后就难以维护自己的合法权益的，权利人可以采取合理的自助措施，对侵权人的人身进行必要的限制或者对侵权人的财产进行扣留，但应当及时通知有关部门。错误实施自助行为或者采取自助措施不当造成损害的，应当承担侵权责任"。但最终考虑到自助行为是一把"双刃剑"，如果超过必要限度，甚至会成为新的侵犯公民合法权益的行为。最终《侵权责任法》对此没有规定。

审判实践中，由于客观上大量存在实施自助行为的情况，因此有关自助行为的裁判并不鲜见，这也为《民法典》编纂时规定自助行为积累了宝贵的实务经验。在此列举两个典型案例：一是在陈某容等诉陈某、吴某平、李某国等生命权纠纷案中，陈某与陈某容之夫的债权债务关系已经由生效判决确认，陈某向人民法院申请执行后，债务人陈某容之夫一直未履行法定义务。几年后，陈某与陈某容之夫偶然相遇，为保障债权实现，预防其再次隐匿，债权人陈某扭住陈某容之夫，同时拨打电话寻求帮助，同行的周某勇则拨打报警电话。吴某平和李某国在派出所期间时刻关注陈某，在陈某容之夫上卫生间过程中，予以跟随和在卫生间外面守候，但均未与之发生肢体冲突。且所有行为的目的是让多年未履行还款义务、又难觅踪影的债务人履行还款义务，并没有侵害其合法权益的目的和动机。从陈某容之夫在派出所等候期间发给陈某容的短信可以看出，其确已与陈某等人达成了等天亮后去法院解决纠纷的共识。并且派出所及旁边的某医院均一直有人值班，若陈某容之夫认为自己的人身自由受到限制或身体、精神受到伤害或威胁，完全可以第一时间寻求保护和帮助。本案中没有证据表明其有寻求保护和帮助的行为，也没有证据证明其遭到吴某平、李某国的侵害。故法院认为被告方在该案中并不存在超出法律规范的、产生直接侵犯他人身体、导致本案后果发生的加害行为。在整个事件过程中，陈某等人的行为并不存在过错，既无故意、也无过失。陈某一方的目的是明确的，为实现其合法债权，一方面，拨打报警电话、致电执行法官、一起到派出所说明情况；另一方面，在派出所等候期间，密切关注陈某容之夫的动向，甚至连其上卫生间也予以跟随、守候，以确保天亮后一同去法院解决案件执行问题。陈某容之夫最终从卫生间跳窗的事实表明了前述行为确有必要。在整个过程中，被告方均无侵害其生命权的故意或过失，亦无法预料到陈某容之夫跳窗死亡的后果。因此，法院认为，在债务人多年未履行法定义务，债权一直无法得以实现的情况下，陈某一方采取了避免债务人再次隐匿的措施，属于保护自身合法权益的正当行为，并未超出法定限度，并无过错，也与被害人的死亡结果无因果关系。作为一名成年人，对跳窗可能带来的损害后果应有足够的认知，而且，正如前面分析所言，就算是其人身安全真的受到威胁，其完全可以寻求正当保护，并对自己人身安全可能受到的威胁所致的损害与跳窗可能带来的损害之间亦应有所比较和判断。故被告方的前述行为并不必然导致被害人跳窗死亡，其死亡结果与被告方的行为之间并不存在因果关系。[1]该案深入分析了"不超过必要限度"的要求并对如何处理好自助行为与公力救济的衔接也作了合理阐述，对于区别暴力讨债和合法自助行为之间的关系具有积极意义。

二是杨某甲、喻某某等诉胡某某生命权纠纷案。该案中，胡某某事发当晚发现其车右后玻璃已被砸碎，放在车里的一个包不见了，杨某乙在其车旁

---

[1] 参见重庆市第一中级人民法院（2018）渝01民终2518号民事判决书，引自《最高人民法院公报》2019年第8期（总第274期）。

形迹可疑。胡某某在喝问杨某乙后，杨某乙并未回答、扭头就跑，胡某某即认定杨某乙有盗窃嫌疑而去追赶。应当认为，社会公民在其自身合法权益受到侵害的紧急状态下，试图追赶侵害人挽回损失既是基于正常人的本能而作出的一种常态反应，也是一种通过个人力量维护自身合法权益的私力救济行为，只要在道德上无可厚非、法律上并无禁止且行为不超出必要限度，就应当予以支持和鼓励。胡某某在徒手追赶过程中发现杨某乙从河滩上往河中心走去，担心其有危险的情况下，停止追赶并喊话劝阻，提示其潜在的风险并承诺不追究其责任，劝阻无效后两次拨打报警电话，并积极协助公安、消防进行搜救。胡某某的上述行为显然没有加害杨某乙的意思，主观上不存在过错，也没有超过必要、合理的限度，并尽到了合理的注意和救助义务，属于合法维护自我权益的自助行为。公安局经审查亦认定无犯罪事实存在。杨某乙作为完全民事行为能力人，因有盗窃嫌疑而被追赶，采用从河滩上往河中心逃跑的方式逃避，系自主选择的行为，应由自身承担相应危险后果。因此，胡某某追赶杨某乙的行为与杨某乙的死亡不具有法律上的因果关系，胡某某对杨某乙的死亡后果不承担侵权责任。[①] 本案即非常鲜明地明确了自助行为的实质内容，即行为人在自己的合法权益受到侵害，情况紧迫且不能及时获得有关国家机关保护，不立即采取措施将使其合法权益受到难以弥补的损害时，采取合理且必要的自助措施，不应当认定有过错。

　　民法的主要功能是要便利、有序地解决争端。一般来说，民法并不鼓励通常情况下违法行为的自力救济，以免出现"以暴易暴"的社会乱象。但是，完全剥夺权利人以自己力量维护自己权利的机会，而全部依赖于公权力机关的救济，也是片面和狭隘的。因此，在《民法典》编纂时多数观点认为，应当对自助行为加以规定。只有少数人和个别单位认为，倘若规定自助行为可

[①] 参见湖南省长沙市中级人民法院（2020）湘01民终6255号民事判决书。

能会引起大量的私人执法，容易导致社会秩序的混乱。[①]立法机关经研究后认为，"自助行为"制度赋予了自然人在一定条件下自我保护的权利，是对国家机关保护的有益补充；明确规定"自助行为"制度，对保护自然人的人身财产权益具有现实意义，也有利于对这种行为进行规范。[②]在综合各方意见的基础上，总结和吸收审判实践经验，最终在《民法典》起草过程中明确规定了自助行为，第二次审议稿第954条之二明确规定："合法权益受到侵害，情况紧迫且不能及时获得国家机关保护的，受害人可以在必要范围内采取扣留侵权人的财物等合理措施。受害人实施前款行为后，应当立即请求有关国家机关处理。受害人采取的措施不当造成他人损害的，应当承担侵权责任。"此后，立法机关对此进一步研究论证，对该条内容作了进一步完善，形成了《民法典》第1177条规定，即"合法权益受到侵害，情况紧迫且不能及时获得国家机关保护，不立即采取措施将使其合法权益受到难以弥补的损害的，受害人可以在保护自己合法权益的必要范围内采取扣留侵权人的财物等合理措施；但是，应当立即请求有关国家机关处理。受害人采取的措施不当造成他人损害的，应当承担侵权责任"。二者相较，一是该条规定增加了"不立即采取措施将会使其权益受到难以弥补损害的"这一限定条件，更加科学合理。二是该条将原来第2款规定的"受害人实施前款行为后，应当立即请求有关国家机关处理"修改为"但是，应当立即请求有关国家机关处理"，并合并到第1款，这样不仅在衔接上更为顺畅，最为重要的是，对于"立即请求有关国家机关处理"的时间作了进一步限缩，更加严格了自助行为的适用条件。[③]应当指出，《民法典》侵权责任编规定自助行为并不意味着就是完全倡导甚至

[①] 参见《民法典立法观点背景与观点全集》编写组：《民法典立法观点背景与观点全集》，法律出版社2020年版，第770~771页。

[②] 《全国人民代表大会宪法和法律委员会关于〈民法典侵权责任编（草案）修改情况的汇报〉》，载《民法典立法观点背景与观点全集》编写组：《民法典立法观点背景与观点全集》，法律出版社2020年版，第34页。

[③] 参见最高人民法院民法典贯彻实施工作领导小组主编：《中华人民共和国民法典侵权责任编理解与适用》，人民法院出版社2020年版，第127页。

不限制自助行为的适用,这一方面是承认其存在具有合理性,也具有相当的必要性;另一方面,规定自助行为也是为了更好地规范自助行为,为自助行为的适用设定较为严格的条件,从而避免自助行为的滥用。

二、自助行为的认定

(一)自助行为的构成要件

依据《民法典》第1177条规定,构成自助行为须具备:

1. 须有不法侵害状态存在

侵害,是指对某种权利的侵袭和损害,或者说是对某种权利的攻击。没有侵害,无须进行救济行为。只有在侵害发生后,才有可能实施自助行为。侵害包括合法侵害和不法侵害。对于合法侵害、违法阻却事由等,不能实施自助行为。"不法侵害"指侵害行为是为法律所禁止的行为,包括为刑事、民事和其他法律规范所禁止的一切行为,如盗窃、诈骗等行为,民法上侵犯财产所有权、债权的行为等。[1]

2. 须为保护自己的合法权益

自助行为旨在保护自己的权利,而非他人权利,这也是自助行为与正当防卫、紧急避险的一个显著区别。这里的权益首先必须是合法的权益。受害人实施自助行为,其目的是保护自己的合法权益。对于非法利益,任何人不得采取自助方式进行自我保护。[2] 其次是原则上限于请求权的范畴,对于那些无须相对人进行给付的权利如形成权、支配权,不能采取自助行为。这些权利受到侵害时可以进行正当防卫或者紧急避险。此外,对于诉讼时效期间经过的请求权、不能强制执行的请求权(如赌债、高利贷)等,也不能

---

[1] 参见陈兴良:《刑法总论精释(第三版)》(上),人民法院出版社2016年版,第303页。
[2] 参见张新宝:《中国民法典释评·侵权责任编》,中国人民大学出版社2020年版,第48~49页。

采取自助行为。[①]再次，该权利在性质上应当属于可以恢复或者可以被强制执行的权益类型。如果权利被侵害后，所侵害的权利已完全消灭或按其性质不可能使之得到恢复，如非法拘禁的行为发生后，被害人的人身自由权利已经受到侵害，无法以任何手段使之恢复，在这种情况下，便不允许实施自助行为。自助行为所保护的合法权利主要是请求权，包括债的请求权和基于物权、人身权等被侵害而产生的请求权。如果此请求权已不具备强制执行的可能，则不能实施自助行为。最后，可以实施自助行为的权利主体原则上限于权利人本人，但其他可以类似于权利人本人行使权利的人，如法定代理人、失踪人的财产管理人、遗产管理人、破产管理人等，也可以依法实施自助行为。某种程度上讲，单位的工作人员对于单位利益受损、符合自助行为其他条件的，实施保护单位利益的行为也可以从宽解释属于自助行为的范畴，学校对于学生利益的保护也可以实施自助行为。

3. 须以针对侵权人财产为原则，例外及于其人身

此要件的具体内涵有二：一是自助行为实施的对象必须是仅针对侵权人，而不得对侵权人之外的人（包括其近亲属等）实施。二是《民法典》第1177条第1款规定了"扣留侵权人的财物等合理措施"，此"等"字的表述就意味着要扣留财物应属于自助行为的一般措施，但"等"字的存在就表明并不限于针对财物的情形。《民法典》只规定了采取扣留侵权人的财物，没有规定可以对侵权人的人身予以适当拘束，将后一种自助行为隐藏在"等"字之中。[②]在立法过程中，有意见指出，"等"字涵盖了限制人身权利的情形，应予以删除。立法机关没有采纳这一建议，对此应理解为，受害人也可以对侵权人的人身采取"合理措施"，但采取限制人身自由的措施应特别谨慎，尤其应避免

[①] 参见程啸：《侵权责任法（第三版）》，法律出版社2021年版，第338页。
[②] 参见武腾：《〈民法典〉的权利实现规定与司法程序配置》，载《吉林大学社会科学学报》2022年第1期；杨立新、李怡雯：《中国民法典新规则研究》，法律出版社2021年版，第610页。

造成人身伤害。[①] 对此，结合实务经验，对于暴力殴打、非法拘禁、侮辱搜身等情形都应该排除在外，但是，结合有关必要程度以及立即请求有关国家机关处理等要件的要求，针对侵权人实施的临时性的劝阻行为应属于允许之列。比如，饭店消费者拒付饭钱的，构成违约，侵害了债权人的合法权益，饭店在情况紧迫而又来不及请求有关机关援助的情况下，可以实施自助行为，对有过错的消费者予以临时的扣留，以保护其合法权益不受损害。

4. 须情况紧迫来不及请求有关国家机关处理

这是指权利人在客观上来不及请求有关国家机关的保护，如果不实施自助行为，请求权就无法实现，或者实现的难度显著增加。《民法典》第1177条第1款规定的"不立即采取措施将使其合法权益受到难以弥补的损害的"，即为明确要求，这一方面说明自助行为具有补充性，另一方面，也意味着自助行为必须是一种迫不得已的行为。"情况紧迫"和"不立即采取措施将使其合法权益受到难以弥补的损害的"正是分别从侵害行为和损害后果两方面提出的认定标准，前者要求合法权益正在受到侵害，后者意味着如果不采取措施则会使得受害人的请求权无法实现或者实现上具有明显的困难。实务中这一要件对于自助行为的适用非常重要。比如，在租赁合同纠纷中，租赁合同一方违约后，守约方应依法或依约行使权利救济手段，在承租人存在违约情形下，对于出租人有相应的法律救济途径，在没有其他可能造成难以弥补损害的情形下，出租人仅以承租人存在违约行为，比如，擅自转租就强行收回房屋，并不能满足这里的"情况紧迫来不及请求有关国家机关处理"的要求，故不能认为此行为是合法行为。在上海某服饰有限公司与魏某远租赁合同纠纷案中，法院就明确了"承租人违约将房屋给他人使用，出租人强行收回租赁物并造成承租人损失，该自助行为不是自力救济"的规则。该案中，租赁合同一方违约后，守约方应依法或依约行使权利救济手段。从现行法律

---

① 参见张新宝：《民法典侵权责任编自助行为条文的理解》，载微信公众号"教授加"，2022年5月25日上传。

规定来看，在承租人存在违约情形下，法律并未赋予出租人强行收回租赁物的权利。如双方合同已解除，则上海某公司对涉案店铺无使用权，如拒不腾空，则魏某远作为出租人可将店铺内的衣服采取证据保全后异地放置；但在合同未解除时，虽然魏某远系租赁物产权人，但其因租赁合同事实已将店铺使用权在租赁期限内处分给了承租人上海某公司，而杭州某公司系得到了上海某公司的同意才使用案涉租赁店铺的，在此情形下，魏某远无权将该店铺内的衣服进行异地放置。也就是说，即便上海某公司未经魏某远许可将涉案店铺给他人使用构成违约，魏某远以本案属于自力救济行为为由强行收回租赁房屋，也缺乏法律依据。[1]

5. 不得超过必要限度

所谓必要的自助行为，是为了保全其请求权而需要的行为。在德国，自助行为的具体形态是法律明确列举的，限于拘束他人人身自由或扣留、毁损他人财产的行为。而在瑞士，法律并没有限定自助行为的具体形态。另外，只要是以自助为目的而实施的、客观上具备自助要件的行为，就可以认定为自助，不需要自助人具有行为能力或责任能力。[2] 在此需要注意的是，这里"必要限度"的要件，也包括采取的措施必须合理，且原则上应当限定在对侵权人财物予以扣留等的范畴，不可随意扩大。

此外，自助行为的实施还须为法律或公序良俗所认可。这一方面要求实施自助行为不得违反法律的强制性规定，另一方面也不能违背社会公序良俗。比如，雇用他人以暴力方法讨债，将债务人囚禁于笼子里来讨债等形式皆为法律或者公序良俗所禁止。

(二) 适用自助行为需要注意的问题

1. 对于自助行为的认定应当采取审慎从严的态度

一方面，应严格按照《民法典》规定的条件来适用，不可随意扩大适用

---

[1] 参见浙江省杭州市中级人民法院（2011）浙杭民再字第11号民事判决书。
[2] 参见周友军：《侵权法学》，中国人民大学出版社2011年版，第161页。

范围。另一方面,在解释上也要采取从严的态度,防止自助行为的滥用。既要避免以损害人身权为前提的自助行为,也要避免以堵人店门、泼洒脏物、人格侮辱等形式进行的所谓自力救济。[①] 在适用自助行为制度时要考虑价值导向与利益衡量的问题,也要考虑其必须实施的现实紧迫性或者不可替代性问题,如果此行为可以通过其他合法的公权力救济方式替代,则不宜再适用自助行为。上述有关出租人强行收回房屋的案例即是典型。

2. 构成自助行为时的后续处理

行为人实施了自助行为后,并不能简单终了,还涉及后续处理的问题。这主要包括以下两方面的内容:

一是行为人应在自助行为持续期间内对受其限制的侵权人的财产、人身负有相应的安全保护的义务。在侵权人的财物被扣留或人身自由受限制期间,侵权人的财产或人身完全受制于采取自助措施的受害人。此时的受害人负有安全保障义务,应达到一个善良管理人的注意程度,关照受制于自助措施的他人财产和人身安全。如受害人扣留的财物具有易碎、易腐等特性的,应为其创造适宜保存的条件。违反此义务导致损害发生的,受害人应依据过错责任原则承担侵权责任。[②]

二是自助行为不能持续存在,权利人必须"立即请求有关国家机关处理"。否则也要根据相应的侵权责任规定承担损害赔偿责任。也就是说,自助行为结束后,行为人必须及时寻求公权力机关救济。若行为人怠于寻求公权力机关救济或被公权力机关驳回,或被公权力机关认定行为超出必要限度,

---

[①] 对此,不能为索取债务非法扣押、拘禁他人。《民法典》第1011条规定:"以非法拘禁等方式剥夺、限制他人的行动自由,或者非法搜查他人身体的,受害人有权依法请求行为人承担民事责任。"《刑法》第238条第3款明确规定,实施该种私力救济行为的,以非法拘禁罪处罚。从《刑法》上看,只有对实施盗窃、诈骗等财产犯罪或杀人、伤害的犯罪分子实施自助行为,这种自助行为应符合《刑事诉讼法》第82条的规定,即只能对犯罪后即时被发觉的犯罪分子实施拘禁,或对犯罪后通缉在案的、越狱逃跑的、正在被追捕的犯罪分子实施拘禁。将犯罪分子拘禁后应立即将其送司法机关处理。这种行为其实是《刑事诉讼法》中规定的"扭送"。

[②] 参见张新宝:《民法典侵权责任编自助行为条文的理解》,载微信公众号"教授加",2022年5月25日上传。

则不排除其行为不法性,仍需依侵权行为承担相应后果。"立即请求"指自助行为完成后,"情况紧迫"的阻却事由消失,受害人应当立刻、无延迟地向有关国家机关报告自己实施了自力救济的事实,由公权力及时介入处理。只有这样,自力救济才具有正当性,成为民法上的免责事由。[1]至于"立即"的认定,应当结合社会日常生活经验法则认定。当然,对这一问题的把握还要结合日常生活的场景来把握,并非所有的自助行为都必须经过公力救济的后续程序,如取回财物等自助行为,往往无须申请主管机关确认或者援助。[2]此时债权已经实现,法律关系已归于终局,债权人没有主动请求国家机关处理的必要。另外,自助行为实施后,双方达成合意,请求权业已实现,也无须请求公力救济。[3]只有在实施了自助行为后发生争议,或者侵害了对方当事人的合法权益的,才应当立即请求有关国家机关处理,否则没有必要。[4]

三、自助行为与正当防卫的区别

整体而言,自助行为与正当防卫都属于私力救济,都具有保护合法权益的功能,作为免责事由或者违法阻却事由具有相似点,实践中也很容易混淆,以往的审判实务中甚至还出现了对于自助行为类推适用正当防卫的裁判。在崔某菊等与黄某朋等侵权责任纠纷案中,法院生效裁判就认为,人民法院审理民事自助行为案件时可采用比较方法填补法律漏洞,也可类推适用正当防卫的法律规定。[5]当然,这在法律没有规定自助行为时具有其合理性,但是在《民法典》已经规定了自助行为后,此二者的相似之处,特别是不同之处,有必要予以厘清。

---

[1] 参见黄薇主编:《中华人民共和国民法典释义》(下),法律出版社2020年版,第2265页。
[2] 于恩忠:《关于建立民法自助行为制度的思考》,载《政法论丛》2016年第4期。
[3] 参见王利明主编:《中国民法典评注·侵权责任编》,人民法院出版社2021年版,第94页。
[4] 参见杨立新:《民法典侵权责任免责事由体系的构造与适用》,载《求是学刊》2022年第5期。
[5] 参见重庆市第二中级人民法院(2012)渝二中法民终字第01678号民事判决书。

通常而言，自助行为与正当防卫两者之间具有类似性，都属于合法行为，从行为样态上看主要有三点：其一，二者都是情势紧迫之下的防止合法权益受到侵害的行为。自助行为是情势紧迫之下对侵权人财产施加扣押等合理行为。正当防卫是情势紧迫下对不法侵害的防卫与制止的行为。其二，从行为方式上看，二者都是以作为的形式进行，或者说属于积极性的，甚至是具有攻击性的行为。其三，二者都是以不法行为的存在为前提，即针对不法行为而实施。[1]

作为保护民事权利的两种私力救济方法，正当防卫与自助行为也有明显区别。有学者认为，此二者的区别在于，自助行为保护的是自己的权利，而正当防卫包括保护他人的权利；自助行为在实施前，通常在当事人之间已经存在一种债的关系，而正当防卫在尚未实施之前没有这种关系。[2] 综合上述观点并结合有关实务经验，笔者认为，此二者的主要区别包括：

其一，正当防卫针对正在发生的侵害，而自助行为针对的是侵害行为已经发生，实施自助行为具有事后性。权利正在受到侵害时所实施的保护权利的行为是正当防卫而不是自助行为。如果权利将来受到侵害，公民可以采取加强防卫措施、寻求国家机关保护等手段保护权利，却不能采取措施恢复被侵害的权利。只有在侵害发生后，才有可能实施自助行为。[3]

其二，正当防卫可以是为了保护自己、他人的合法权益以及公共利益，而自助行为只能是为了保护自己的权利。如果是为了保护他人的合法权益或者国家利益、公共利益等而针对不法侵害采取的行为，可能会构成正当防卫，但不属于自助行为。另外，即便都是保护自己的合法权益，正当防卫和自助行为也有所不同。正当防卫人保护的是自己的人格权、身份权、物权等绝对权或者具有绝对权效力的利益，如生命权、身体权、健康权、所有权、用益

---

[1] 参见最高人民法院民法典贯彻实施工作领导小组主编：《中华人民共和国民法典侵权责任编理解与适用》，人民法院出版社2020年版，第129页。
[2] 参见杨立新：《侵权法论》，人民法院出版社2013年版，第361页。
[3] 参见陈兴良：《刑法总论精释（第三版）》（上），人民法院出版社2016年版，第303页。

物权等。自助行为保护的是行为人依法可以强制执行的请求权，包括债权、物权请求权。①

其三，自助行为限于情事紧迫而又不能及时请求国家机关予以救助的情形，而正当防卫并不以此为要件。审判实践中曾有个别认识错误的案件，比如，在某案例中，张某没有经过申请建窑烧砖，李某因张某烧砖伤害到其种植的荔枝树而将冷水泼入正在烧砖的砖窑中。法院认为张某未经申请而建窑烧砖的经营行为违反了有关行政法规，应当由有关行政机关给予相应处罚；李某在其种植的荔枝树受到张某烧砖行为的侵害时可以找到有关组织或提起诉讼来解决问题，不存在迫不得已而无其他方法可以防止侵害的问题。因此认定李某的行为不属于正当防卫，应当赔偿张某的损失。这无疑是混淆了正当防卫与自助行为的界限。②

其四，正当防卫措施的实施是为了制止侵权行为，在紧迫性上更加紧急，而自助行为则是以救济自身损害为要求，紧迫性上要缓于正当防卫，且在程序上要求必须是及时请求有关国家机关处理。而正当防卫以必要性为前提，但并不以补充性为要件，也就是说，并非只有不得已时才能实施防卫行为。③换言之，如果公民正在面临不法侵害，他无须先请求国家机关的保护，然后才能进行正当防卫，无论是否请求国家机关保护，都可以进行正当防卫。因为任何人都没有义务容忍不法侵害。④

四、不当实施自助行为的侵权责任

如上所述，自助行为有严格的构成要件，如果行为人对自身利益的保护

---

① 参见程啸：《侵权责任法（第三版）》，法律出版社 2021 年版，第 337 页。
② 最高人民法院侵权责任法研究小组编著：《〈中华人民共和国侵权责任法〉条文理解与适用》，人民法院出版社 2010 年版，第 226 页。
③ 参见张明楷：《刑法学（第五版）》，法律出版社 2016 年版，第 209 页。
④ 参见程啸：《侵权责任法（第三版）》，法律出版社 2021 年版，第 338 页。

符合自助行为的构成要件，其实施的行为就阻却违法，就不必承担侵权责任。但如果自助行为不符合相应条件要求，即不当实施自助行为的情况下，则行为人就要承担相应的侵权责任。实务中不当实施自助行为主要包括两个类型：

1. 自助过当

自助人采取的自助措施超出保全其请求权的必要，此时类似于防卫过当和避险过当的规则，要求自助人承担适当的责任。比如，在刘某伟诉徐某胜健康权纠纷案中，法院认为，徐某胜作为完全行为能力人，应当能够辨别乘客作为饮酒之人是否存在意识不完全认知及行走站立不稳的情况。徐某胜明知刘某伟饮酒且行走站立不稳的情况，在冬夜路滑地硬之时，仍然对刘某伟进行拉扯的行为，可能造成该乘客摔倒受伤的后果。但徐某胜疏忽大意，未能尽到必要的注意义务，将刘某伟拉扯倒地致受伤。徐某胜自助行为的注意义务不足，超出了必要的限度，对损害后果的发生具有一定过错，应承担相应的侵权责任。[1]

2. 迟延请求有关国家机关处理

"未立即请求有关国家机关处理"造成他人损害的，应当承担侵权责任。有学者认为，自助人因过错而迟延请求法院处理，因此导致的损害，自助人也要承担与自助过当类似的责任。或者申请法院处理被驳回，如果自助人请求法院处理，而因法律上的原因被驳回，自助人要对其过错承担责任。在此情形下都要承担侵权责任。[2] 这一见解有一定道理，但是实施自助行为的同时或者紧接着是要向有关国家机关报告，请求处理，这里并不仅限于法院，而且从时间紧迫性上看，可能更多的情况是向有权对财物进行处置或者对人身自由进行一定控制的行政机关请求处理，更多的并不是向法院请求处理，因为起诉需要的周期相对较长，当然，依法申请诉前财产保全或者证据保全的，可以属于此情形。

---

[1] 参见辽宁省沈阳市中级人民法院（2017）辽01民终7052号民事判决书。
[2] 参见周友军：《侵权法学》，中国人民大学出版社2011年版，第161页。

第六章
免责事由适用规则的发展与体系化适用

▼

除了自甘风险、自助行为以外,《民法典》侵权责任编还规定了过失相抵、受害人故意以及第三人过错等免责事由,《民法典》总则编在第八章也有关于免责适用的规定,有些特别法律也对特定情形下的免责事由作了规定。在此基础上,《民法典》第1178条还就免责事由的一般规定与特别规定之间的适用关系作了规定,由此形成了免责事由适用的有机规则体系。虽然这些内容《民法典》对《侵权责任法》的相关规定改动不大,但在审判实践中具有重要适用意义,且在理论上也是侵权法的基础性问题,有必要对基本规则以及重点问题予以阐述。

一、过失相抵

(一) 过失相抵规则在《民法典》中的完善

在侵权损害赔偿案件中,如果受害人对于损害的发生或者扩大也具有故意或者过失,此时仍令侵权人承担全部损害赔偿责任,有悖法理和公平原则。因此,各国或者地区的侵权法都允许在一定程度上减轻或者免除侵权人的赔偿责任。《侵权责任法》将过失相抵作为不承担或者减轻责任的事由予以规定,其第26条规定:"被侵权人对损害的发生也有过错的,可以减轻侵权人的责任。"《民法典》侵权责任编没有采取《侵权责任法》专章规定不承担或者减轻责任情形的做法，而是将这些情形统一规定在第一章"一般规定"当中。就过失相抵而言，《民法典》第1173条规定："被侵权人对同一损害的发生或者扩大有过错的，可以减轻侵权人的责任。"该条规定相较《侵权责任法》第26条的规定主要有三方面的修改：一是将"损害"修改为"同一损害"，即对损害后果作一限定，以更加严谨；二是增加了"被侵权人对损害的扩大有过错"的情形，从而使得该条规定覆盖范围更广，也更加科学合理；三是将"也有过错"的"也"字删除，使得表述更加严谨准确。因为从行为主体上讲，"也有过错"就意味着侵权人首先有过错，这样的话在侵权责任类型上似乎就仅限于适用过错责任原则的情形，而不能包括无过错责任原则的情形，删除"也"字，尤其是在"一般规定"部分规定，从体系上讲，就意味着该条规定对于无过错责任原则的侵权行为类型也适用。这也在具体法律规范中得到印证，比如就机动车交通事故责任而言，《道路交通安全法》第76条第1款规定："机动车发生交通事故造成人身伤亡、财产损失的，由保险公司在机动车第三者责任强制保险责任限额范围内予以赔偿；不足的部分，按照下列规定承担赔偿责任：（一）机动车之间发生交通事故的，由有过错的一方承担赔偿责任；双方都有过错的，按照各自过错的比例分担责任。（二）机动车与非机动车驾驶人、行人之间发生交通事故，非机动车驾驶人、行人没有过错的，由机动车一方承担赔偿责任；有证据证明非机动车驾驶人、行人有过错的，根据过错程度适当减轻机动车一方的赔偿责任；机动车一方没有过错的，承担不超过百分之十的赔偿责任。"

（二）过失相抵规则适用中的重点问题

1.关于适用对象问题

受害人本人对于同一损害的发生或者扩大有过失的，应当适用过失相抵，以减轻侵权人的赔偿责任。需要注意的是，在与受害人有特定关系的第三人对于损害的发生或者扩大有过失时，能否适用过失相抵的问题，"就原则言，此种限制甚为合理。盖各人自为权利义务之主体，对自己之故意或过失行为虽应负责，但他人之故意过失，在被害人言，不过为一种事变，对之实无何责任可言。第三人与被害人无任何关系时，固无论矣，纵被害人为该第三人之近亲至友，亦无当然承担其过失之理。惟如贯彻此思想，在实际上难免有失公平之处，因此，于若干特殊情形，宜权衡当事人之利益状态，使被害人对当事人之与有过失负责。显然的，此时在被害人与该当事人之间必须有某种关系存在，此种归责，始属合理。"[①] 受害人基于与第三人的特定关系而对第三人的过失承担责任，依过失相抵规则，减轻加害人赔偿责任，这主要包括两种情况：

其一，监护人有过失的情形。基于监护人与受害人的监护关系，应当适用过失相抵原则。"法定代理人与有过失，赔偿义务人得为主张过失相抵，良以监督人疏忽，实难辞其咎。如仍认赔偿义务人负完全之损害赔偿责任，显失公平，故与其牺牲加害人利益，毋宁以监督义务人之过失而牺牲被害人之利益较为妥当。且监督义务人举其所有过失责任，归加害人负担，而已逍遥法外，亦非法之所许。此场合，采用过失相抵规则反有督促监督义务人妥善保护被害人的功能。"[②]

其二，工作人员有过失的情形。依法理，工作人员在执行职务过程中因他人的侵权行为造成用人单位财产损失的，如果该工作人员对损害的发生或者扩大存在过失，其过失可视为用人单位的过失，适用过失相抵规则，以减轻侵权人的赔偿责任。"受害人将自己法益，委托他人照顾，则对该人之过失，应与自己之过失同视。再者，受害人利用他人而扩大其活动，其责任范围亦应随之扩大。其使用人之过失倘不予斟酌，则加害人事实上不能向该使

---

① 王泽鉴：《民法学说与判例研究（第一册）》，中国政法大学出版社1998年版，第72页。
② 程啸：《论侵权法行为法上的过失相抵制度》，载《清华法学》2005年总第6辑。

用人求偿时,势必承担其过失,其不合情理,甚为显然"。[1]

2. 在适用无过错责任原则侵权行为类型中的适用

对此,应当遵循法律有关特别规定的,依照该特别规定处理的规则。比如,依照《民用航空法》第157条和第161条的规定,飞行中的民用航空器或者从飞行中的民用航空器落下的人或者物,造成地面上的人身伤亡或者财产损害的,民用航空器的经营人能够证明损害是部分由于受害人的过错造成的,相应减轻其赔偿责任。

特别是有些法律规定在减责或者免责事由方面排除了过失相抵的适用规定。比如,依据《民法典》第1237条的规定,民用核设施的营运单位在发生核事故的情况下造成他人损害的,只有能够证明损害是因战争等情形或者受害人故意造成的前提下,才能免除责任。如果损害是由受害人的过失,即使是重大过失造成的,也不能减轻民用核设施经营人的责任。

还有一种情况是法律明确规定了只能以受害人的重大过失作为减轻责任的理由。承担无过错责任的主体只有能够证明受害人对于损害的发生有重大过失的前提下,才能对受害人进行抗辩,即要求减轻自己的责任。比如,依据《民法典》第1239条规定,占有或者使用易燃、易爆、剧毒、放射性等高度危险物的占有人、使用人造成他人损害的,只有能够证明被侵权人对损害的发生有重大过失的,才可以减轻占有人或者使用人的责任。又如,按照《中华人民共和国水污染防治法》(以下简称《水污染防治法》)第96条第3款规定,水污染损害是由受害人重大过失造成的,可以减轻排污方的赔偿责任。

3. 过失相抵规则与原因力规则的有机结合

过失相抵在本质上就是由于受害人对于损害的发生或者扩大也有过错,基于该过错行为与损害后果之间原因力的大小来适当减轻侵权人的责任。也

---

[1] 王泽鉴:《民法学说与判例研究》(第一册),中国政法大学出版社1998年版,第75~76页。以上转引自最高人民法院侵权责任法研究小组编著:《〈中华人民共和国侵权责任法〉条文理解与适用》,人民法院出版社2010年版,第203~204页。

就是说，适用过失相抵规则要与原因力规则密切结合。在过失相抵的场合由于受害人的过失也都是通过其行为来体现，而其行为与损害后果之间又会存在因果关系，那么在这种情况下，确定侵权人与受害人过错程度，从某种程度上讲，与对因果关系的程度的衡量就存在一定程度的重合。而且，过错一般又是作为与损害有着因果关系的过错，这就使得过错比重与原因力大小的标准不可能截然分开。可以说，损害结果的同一与原因力竞合，是过失相抵客观方面必须同时具备的必要条件。①

在侵权人与被侵权人之间适用原因力规则，但此规则也是在对于受害人的损害结果是由侵权人和受害人双方的行为共同造成的，即侵权人的行为和受害人的行为都对损害事实具有原因力的情形下发挥减责的作用。在此应当注意，适用过错责任时，原因力的大小不能绝对性地决定侵权人责任承担的多少，这时确定责任范围的主要标准仍是双方当事人过错程度的轻重，双方行为的原因力大小则要受双方过错程度的约束。具体而言，在适用过错责任原则的场合运用原因力规则，应当把握以下几方面：（1）在当事人双方的过错程度无法确定时，应以各自行为的原因力大小，确定各自责任的比例。难以确定双方当事人过错程度比例时，也可依双方行为原因力大小的比例确定责任范围。（2）在当事人双方的过错程度相等时，各自行为的原因力大小对赔偿责任起"微调"作用。双方原因力相等或相差不悬殊的，双方仍承担同等责任；双方原因力相差悬殊的，应当适当调整责任范围，赔偿责任可以在同等责任的基础上适当增加或减少，成为不同等的责任，但幅度不应过大。（3）当加害人依其过错应承担主要责任或次要责任时，双方当事人行为的原因力起"微调"作用。原因力相等的，依过错比例确定赔偿责任；原因力不等的，依原因力的大小相应调整主要责任或次要责任的责任比例，确

---

① 参见最高人民法院侵权责任法研究小组编著：《〈中华人民共和国侵权责任法〉条文理解与适用》，人民法院出版社 2010 年版，第 207~209 页。

定赔偿责任。①

二、受害人故意

对于作为法定免责事由的受害人故意,《侵权责任法》第27条规定:"损害是因受害人故意造成的,行为人不承担责任。"《民法典》第1174条沿用了这一规定,对受害人故意作为免责事由作了明确规定。具体而言,受害人故意是指受害人明知自己的行为会发生损害自己的后果,仍希望或放任此种结果发生的主观心理状态。受害人对损害的发生具有主观故意,说明受害人的这一故意行为是损害发生的唯一原因,从而应使加害人对该损害免责。

对于适用无过错责任原则的侵权行为类型适用受害人故意这一免责事由也是要遵循"法律有特别规定的,要优先适用特别规定"的规则。比如《民法典》第1246条规定:"违反管理规定,未对动物采取安全措施造成他人损害的,动物饲养人或者管理人应当承担侵权责任;但是,能够证明损害是因被侵权人故意造成的,可以减轻责任。"这里的"被侵权人故意"就仅是减轻责任的事由。

在体系化适用的问题上还要注意当特别法律或者《民法典》相关章节关于具体侵权行为的规定中没有否认或者限制性规定时,即在相关条文对受害人故意没有规定时,应当适用"一般规定"中的受害人故意免责规则。典型的就是,《民法典》侵权责任编第四章关于产品责任的规定中并未规定有关免责事由,但是《中华人民共和国产品质量法》(以下简称《产品质量法》)第41条规定了生产者的三项免责情形:一是未将产品投入流通的;二是产品投入流通时,引起损害的缺陷尚不存在的;三是将产品投入流通时的科学技术水平尚不能发现缺陷的存在的。从法理上讲,这应属于产品责任领域有关免

---

① 杨立新:《侵权法论(第五版)》,人民法院出版社2013年版,第257页。

责事由的特殊规定,应当优先适用。但该条并未规定"受害人故意造成损害"的免责情形。但从体系化适用的逻辑出发,如果生产者能够证明自己的产品没有缺陷,并且能够证明损害是因受害人故意造成的,就应当免除生产者的责任。例如,照相机生产商在其产品使用说明书中警示:照相机电池不能用火烧烤,如果使用者故意违反产品使用说明书中的警示,拿照相机电池在火上烤,电池爆炸造成其损害,生产者无须承担责任。[①]

三、第三人过错

关于第三人过错,《侵权责任法》第 28 条规定:"损害是因第三人造成的,第三人应当承担侵权责任。"《民法典》第 1175 条沿用了这一规定。第三人行为造成,即该第三人的行为对于损害后果有全部的原因力,可以构成行为人的免责事由。这是针对一般的侵权行为类型而言的。第三人的过错包括故意和过失。并且该第三人与被告不存在监护、隶属等特定关系,比如用人单位的工作人员在工作过程中造成他人损害的,用人单位不能以其工作人员作为第三人,提出"第三人过错"的抗辩。用人单位应当对工作人员造成的损害承担替代责任。[②]

从本质上讲,第三人过错引起的侵权责任对涉诉被告或言名义上的侵权人是免责事由,但从第三人本身而言,则应属于其自己责任的范畴。也就是说,被侵权人所受损害是由第三人造成的,根据自己责任原则,理应由第三人承担责任。这时被告能够证明损害完全是由于第三人的过错行为造成的,而且第三人的侵权行为是原告所遭受损害的全部原因,即第三人行为与损害之间存在百分之百的原因力,而被告也就根本不符合相应的侵权责任构成要

---

① 王胜明主编:《中华人民共和国侵权责任法释义》,法律出版社 2010 年版,第 142 页。
② 王胜明主编:《〈中华人民共和国侵权责任法〉条文解释与立法背景》,人民法院出版社 2010 年版,第 114 页。

件，当然不承担侵权责任。比如，甲在骑车下班途中，碰巧乙和丙在路边斗殴，乙突然把丙推向非机动车道，甲躲闪不及，将丙撞伤。该案中，甲对丙突然被推向他的车前是不可预见的，因此甲没有任何过错，丙的损害应由乙承担赔偿责任。[1]

关于"多因一果"情形下的第三人过错问题。这时就应当适用多数人侵权的规则，在该第三人与侵权人没有意思联络时通常要适用《民法典》第1172条关于分别侵权行为的一般规定，但也有适用第1171条关于承担连带责任的分别侵权行为的规定，也有构成第1170条规定的共同危险行为的可能。而在适用无过错责任原则的侵权行为类型中，有的对第三人侵权行为具有特别的要求，将有些第三人侵权规定为不真正连带责任。[2]比如《民法典》第1233条规定的环境侵权责任中的第三人侵权责任即是如此。同样，在动物致害案件中，依照《民法典》第1250条的规定，因第三人的过错致使动物造成他人损害的，被侵权人可以向动物饲养人或者管理人请求赔偿，也可以向第三人请求赔偿。动物饲养人或者管理人赔偿后，可以向第三人追偿。

四、免责事由的一般规定与特别规定的适用关系

（一）《民法典》第1178条规定的免责事由的法律适用一般规则

侵权责任法律规定中有关一般法与特别法的关系问题在《侵权责任法》中有规定，其第5条规定："其他法律对侵权责任另有特别规定的，依照其规定。"《民法典》侵权责任编没有沿用这一规定，而是在此基础上明确了减责或者免责事由的一般法与特别法的法律适用规则。当然，《民法典》侵权责任编没有沿用这一规定主要是因为此内容属于《民法典》一般规定的范畴，在《民法典》编纂时统一规定到总则编的基本规定当中。《民法典》第11条

---

[1] 王胜明主编：《中华人民共和国侵权责任法释义》，法律出版社2010年版，第143页。
[2] 参见杨立新：《侵权法论（第五版）》，人民法院出版社2013年版，第1015页。

规定:"其他法律对民事关系有特别规定的,依照其规定。"而侵权责任编就减责或者免责事由的一般法与特别法的关系处理问题予以规定也正好形成了与总则编规定的呼应,体现了《民法典》的体系化逻辑。在《民法典》编纂过程中,侵权责任编(三审稿)第955条曾规定,该编和其他法律对不承担责任或者减轻责任的情形另有规定的,依照其规定。有意见提出,该条是不承担责任或者减轻责任的兜底条款。除侵权责任编以外,《民法典》其他分编以及其他法律中对不承担或者减轻责任的情形均有明确规定,建议兜底条款囊括这些情形。[①] 立法机关最终采纳了这一意见,在《民法典》第1178条规定:"本法和其他法律对不承担责任或者减轻责任的情形另有规定的,依照其规定。"其实,这一规定不仅强调了特别法优先适用的规则,还包括"本法",即《民法典》相关部分规定的免责和减责事由的规定,这主要包括总则编和人格权编的有关规定。应该说,该条在适用上属于法典化背景下,体系化适用法律的典型代表。[②]

"特别法优先适用、一般法补充适用"系法律适用的基本规则,对于侵权责任免责事由的相关规定当然也要遵循这一规则。在此需要注意有关免责事由的体系化适用的细化问题:

1.《民法典》侵权责任编作为侵权责任法律适用的一般法,在其他法律有特别规定的,要适用其他法律的规定,这时其他法律就是特别法

相较于总则编的民事责任的规定,侵权责任编侵权责任的规定又属于具体规范。对于侵权责任编没有规定的情形,则要适用总则编的规定。在此需要注意的是《民法典》第1178条规定在形式上看属于一般规定的范畴,实质上总则编的有关免责事由的规定在侵权责任的一般规定中并没有涉及,这既节约了条文,二者之间在衔接适用上也不会存在冲突,仍属于《民法典》总

[①] 参见黄薇主编:《中华人民共和国民法典侵权责任编释义》,法律出版社2020年版,第41页。
[②] 最高人民法院民法典贯彻实施工作领导小组编著:《中国民法典适用大全·侵权责任卷》(一),人民法院出版社2022年版,第209页。

分结构基本体例下的具体表现。

2.有关免责事由的特别规定与一般规定之间的关系要作实质化、体系化的理解

这包括以下几方面：(1)在法律的具体条文中对免责或者减责事由作了明确规定的，应当直接适用该条的规定。(2)法律规定某行为适用无过错责任原则，但是在相应条文中对责任的免除或者减轻责任事由未作规定，其不承担责任或者减轻责任的情形，适用《民法典》侵权责任编一般规定中的内容。[①]比如，《民法典》在相应的具体条文(如第1229条)对于污染环境、破坏生态的侵权责任没有规定免责或者减责事由，这时就要适用《民法典》侵权责任编一般规定中的相应规定。当然，其他生态环境领域的法律对不承担责任或者减轻责任的情形另有规定的，依照其规定。(3)具体规定中对于《民法典》侵权责任编一般规定中的免责事由仅是针对其中一个免责适用，比如对不可抗力作出限缩，并不意味着对于与不可抗力处于同一层次的其他一般免责事由的适用。但是，当某一具体规定仅列举了处于同一层次的某一免责事由，而没有规定其他免责事由，这时应当理解为立法上基于特定的价值考量，排除了其他免责事由的适用。(4)《民法典》侵权责任编有关特殊侵权中免责事由的规定相较于其他法律关于免责事由的规定仍属于一般规定的范畴，在其他法律有规定的，当然要依照其规定。(5)目前《民法典》及其他法律没有规定的免责事由，但理论上较为认可的一些情形，比如意外事件、受害人同意等。法律对此没有规定并不意味着对其在实务中适用的否认，只是有些还需要在实践中进一步探索。实务中对这些免责事由可以对其从阻却侵权责任构成要件成立的视角进行解读，融入对侵权人过错以及其过错行为与损害后果因果关系的有无来进行判断。

[①] 参见黄薇：《中华人民共和国民法典侵权责任编释义》，法律出版社2020年版，第42页。

3.要注意在后的一般法如果修改了在先的特别法规定,则有必要遵循在后的一般法优先适用的规则,这实际上是适用了"后法优于先法"的规则

比如,《水污染防治法》第96条规定:"因水污染受到损害的当事人,有权要求排污方排除危害和赔偿损失……水污染损害是由第三人造成的,排污方承担赔偿责任后,有权向第三人追偿。"而《民法典》第1233条改变了这一规则,该条规定:"因第三人的过错污染环境、破坏生态的,被侵权人可以向侵权人请求赔偿,也可以向第三人请求赔偿。侵权人赔偿后,有权向第三人追偿。"对这一问题,考虑到《中华人民共和国立法法》(以下简称《立法法》)第105条的规定,人民法院还有必要在实践中进一步探索研究和总结经验,在涉及此类问题的裁判文书中,加强说理论证,必要时应当遵循《立法法》的要求,依照相应程序提请全国人大常委会修改相应特别法律或者对此予以释法。

(二)《民法典》有关免责或者减责适用的规定

《民法典》第1178条是关于不承担责任或者减轻责任的指引性规定。所谓指引性规定,是指没有直接的规范内容,而是指引和提示如何正确适用法律以及法律条文之间的相关关系的条文。[1] 以该条规定作为指引,就会衔接大量的特别规定。这既包括《民法典》自身体系内部的规定,还包括其他法律的规定。

除《民法典》侵权责任编"一般规定"中的被侵权人过错(第1173条)、受害人故意(第1174条)、第三人原因(第1175条)、自甘风险(第1176条)、自助行为(第1177条)之外,《民法典》中有关免责或者减责事由的规定主要体现在侵权责任编的分则部分(此将在后续内容中涉及,在此不再赘述)和总则编和人格权编的相关规定当中。

1.总则编关于免责或者减责事由的规定

总则编在民事责任部分也系统规定了免责事由,这些内容对于侵权责任

---

[1] 参见张新宝:《中国民法典释评·侵权责任编》,中国人民大学出版社2020年版,第51页。

同样适用。具体包括第180条规定的不可抗力、第181条规定的正当防卫、第182条规定的紧急避险、第183条规定的见义勇为、第184条规定的紧急救治。由于这些规定在侵权责任领域没有具体规定,在符合各个具体免责事由适用条件时,就可以直接适用。

2. 人格权编关于免责或者减责事由的规定

人格权编规定的免责或者减责事由主要集中在某些特定的人格权范畴,在处理相关纠纷时要予以适用。比如《民法典》第999条规定的姓名、名称、肖像、个人信息等的合理使用,第1020条规定的肖像权的合理使用,第1033条、第1035条、第1036条中关于自然人或者其监护人对其他人收集使用其个人信息的同意规则。与《民法典》侵权责任编"一般规定"中不承担责任和减轻责任的规定相比,应当优先适用该规定。①

(三)其他法律规定的免责或者减责事由

如上所述,特殊免责抗辩仅限于除《民法典》侵权责任编关于侵权责任抗辩的一般性规定之外的《民法典》其他位置或其他法律。②这里的其他"法律",应仅指全国人民代表大会及其常务委员会通过的法律。这一情形在实践中也比较常见,在不少单行法中也有体现。简要列举如下:

1.《中华人民共和国邮政法》(以下简称《邮政法》)规定的免责事由

根据《邮政法》第48条规定,"因下列原因之一造成的给据邮件损失,邮政企业不承担赔偿责任:(一)不可抗力,但因不可抗力造成的保价的给据邮件的损失除外……"给据邮件是指挂号信件、邮包、保价邮件等由邮政企业以其分支机构在收寄时出具收据,投递时要求收件人签收的邮件。据此,汇款和保价邮件即使由于不可抗力造成的损害,邮政企业也要对收件人承担赔偿责任。

---

① 参见王利明主编:《中国民法典评注侵权责任编》,人民法院出版社2021年版,第98页。
② 参见邹海林、朱广新主编:《民法典评注·侵权责任编》,中国法制出版社2020年版,第152页。

2.《民用航空法》规定的免责事由

《民用航空法》第126条规定:"旅客、行李或者货物在航空运输中因延误造成的损失,承运人应当承担责任;但是,承运人证明本人或者其受雇人、代理人为了避免损失的发生,已经采取一切必要措施或者不可能采取此种措施的,不承担责任。"第161条第1款规定:"依照本章规定应当承担责任的人证明损害是完全由于受害人或者其受雇人、代理人的过错造成的,免除其赔偿责任;应当承担责任的人证明损害是部分由于受害人或者其受雇人、代理人的过错造成的,相应减轻其赔偿责任。但是,损害是由于受害人的受雇人、代理人的过错造成时,受害人证明其受雇人、代理人的行为超出其所授权的范围的,不免除或者不减轻应当承担责任的人的赔偿责任。"

3.《产品质量法》规定的产品责任免责事由

《产品质量法》第41条第2款规定:"生产者能够证明有下列情形之一的,不承担赔偿责任:(一)未将产品投入流通的;(二)产品投入流通时,引起损害的缺陷尚不存在的;(三)将产品投入流通时的科学技术水平尚不能发现缺陷的存在的。"符合上述规定的事由之一的,免除生产者的赔偿责任。

4.《中华人民共和国医师法》(以下简称《医师法》)对医疗损害责任增加规定的免责事由

《医师法》第27条第3款规定:"国家鼓励医师积极参与公共交通工具等公共场所急救服务;医师因自愿实施急救造成受助人损害的,不承担民事责任。"这一规定与《民法典》第184条规定的原则相一致,普通人自愿实施紧急救助行为造成受助人损害的都不承担民事责任,医师自愿实施急救造成受助人损害的当然也是免责事由。

5.《中华人民共和国环境保护法》(以下简称《环境保护法》)规定的环境污染和生态破坏责任的免责事由

1989年《环境保护法》第41条第3款规定了免责事由,即"完全由于不可抗拒的自然灾害,并经及时采取合理措施,仍然不能避免造成环境污染损害的，免予承担责任"，2015年修正《环境保护法》时删除了这一规定。目前，环境污染和生态破坏责任的免责事由由环境保护单行法规定，例如，2017年《中华人民共和国海洋环境保护法》第89条第1款规定，"完全由于第三者的故意或者过失，造成海洋环境污染损害的，由第三者排除危害，并承担赔偿责任"，即污染者不承担赔偿责任。第91条规定："完全属于下列情形之一，经过及时采取合理措施，仍然不能避免对海洋环境造成污染损害的，造成污染损害的有关责任者免予承担责任：（一）战争；（二）不可抗拒的自然灾害；（三）负责灯塔或者其他助航设备的主管部门，在执行职责时的疏忽，或者其他过失行为。"存在这三种情形的，海洋环境污染行为人免责。[①]

（四）学理上存在的其他免责事由情形

关于减责或者免责事由的情形，学理上仍有其他类型，比较典型的就是意外事件、受害人同意、依法执行职务等。

1. 意外事件

由于意外事件在内涵外延的界定上存有争议，《民法通则》《侵权责任法》以及《民法典》侵权责任编均没有将此作为法定免责事由。但实践中，意外事件作为违法阻却事由，其既可以阻却因果关系的成立，也可以否定行为人的过错，其实已经构成了客观存在的一个减责或者免责事由。换言之，就意外事件的适用，是要融入对相应的侵权责任构成要件的判断当中，究其文义，其关键点在于"意外"，即行为人认知之外的因素，故在具体判断时应当主要围绕行为人的过错来进行。由此也可以得出一个结论，即适用意外事件的情形应当属于以过错责任为归责原则的侵权行为情形，对于适用无过错责任的情形则不能适用。

意外事件，是指非因当事人的故意或过失，是由于当事人意志以外的原因而偶然发生的事故。意外事件不是因当事人的故意和过失而发生，而是偶

[①] 杨立新：《民法典侵权责任免责事由体系的构造与适用》，载《求实学刊》2022年第5期。

然发生的事故，是外在于当事人的意志和行为的事件，它表明当事人没有过错，因而应使当事人免责。[①] 罗马法法谚认为"不幸事件只能由被击中者承担"，当事人当然不承担民事责任。作为免责事由的意外事件应具备如下条件：（1）意外事件是不可预见的。确定意外事件的不可预见性适用主观标准，即应以当事人为标准，即当事人是否在当时的环境下，通过合理的注意能够预见。（2）意外事件是归因于行为人自身以外的原因。这个要求是说行为人已经尽到了他在当时应当尽到和能够尽到的注意，或者行为人采取合理措施仍不能避免事故的发生，从而表明损害是由意外事故而不是当事人的行为所致。（3）意外事件是偶然事件。意外事件是偶然发生的事件，不包括第三人的行为。因此，意外事件的发生几率是很低的，当事人尽到通常的注意是不可预防的。[②] 比如，在一个案件中，原告之父在晚上回家跨过被告家旧墙时，因当时连日暴雨，旧墙忽然倒塌将其砸成重伤，于当日死亡。原告遂向法院起诉，要求被告赔偿一切经济损失。法院审理后认为：原告之父因连日暴雨而遇上旧墙倒塌，是意外天灾事故致死，也是当时周围群众均未预见到的，不属于被告故意或过失的违法行为造成的，因此，被告不应负赔偿责任。[③]

2. 受害人同意

受害人同意，又被称为受害人承诺，通常是指受害人明知他人侵害其权利而予以容许，自己自愿承受相应的损害结果的情形。依法理，权利人有权处分自己的权利。权利人自行侵害自己的权利，只要不违反法律和善良风俗，就是行使权利的行为。权利人允许他人侵害自己的权利，在一般情况下，法律并未予以禁止。这就是英美法的"自愿者无损害可言"原则。[④] 学理上一般

[①] 参见最高人民法院民法典贯彻实施工作领导小组主编：《中华人民共和国民法典侵权责任编理解与适用》，人民法院出版社2020年版，第138页。
[②] 参见杨立新：《侵权法论》，人民法院出版社2013年版，第362页。
[③] 参见王利明、杨立新：《侵权行为法》，法律出版社1997年版，第95页。
[④] 参见杨立新：《侵权责任法（第四版）》，法律出版社2021年版，第181页。

认为，虽然《民法典》对受害人承诺也没有规定，但这并不妨碍将其认定为免责事由，只是要受到《民法典》第506条[①]的限制，同时要以不违背公序良俗原则作为兜底。

受害人同意的构成要件包括：（1）受害人须有处分该权利的能力与权限。（2）受害人须明知他人的侵权行为。至于是事先或者事中，在所不问。承诺侵害自己的权利和放弃损害赔偿请求权是两个问题，不能混淆。放弃损害赔偿请求权不必采取明示方法，只要有准许侵害自己权利的承诺，没有明示其放弃该请求权的，可以推定其放弃，明示不放弃损害赔偿请求权的除外。[②]（3）受害人的意思表示须为真实。（4）受害人须采取明示的方式，表明具有自愿承受侵权行为后果的意思表示。受害人没有明示准许他人侵害自己的权利的承诺，不可推定其已同意。即使受害人明知或预见到其权利可能受到损害，但其并未向加害人明确承诺，也不构成免责事由。

3. 依法执行职务

依法执行职务，也被称为职务授权行为，是指依照法律授权或者法律规定，在必要时因行使职权而损害他人的财产和人身的行为。为了保护社会公共利益和公民的合法权益，法律允许工作人员在必要时执行自己的职务，"损害"他人的财产和人身。在这些情况下，完成有关行为的人是"有权造成损害"的。因为这种职务授权行为是一种合法行为，对造成的损害不负赔偿责任。[③]比如，消防人员为了制止火灾蔓延而对邻近火源的房子进行的必要毁损；公安人员依法抓捕犯罪嫌疑人而导致其受伤害的情形等。依法执行职务的行为是合法行为，行为人对执行职务所造成的损害不负赔偿责任。尽管《民法典》对这种免责事由没有规定，但是将这种事由认定为免责事由，是符合法理的。当然，理论和实务中对此一直存有的争议是，此是属于民事法律适用

[①] 《民法典》第506条规定："合同中的下列免责条款无效：（一）造成对方人身损害的；（二）因故意或者重大过失造成对方财产损失的。"

[②] 参见杨立新：《侵权责任法（第四版）》，法律出版社2021年版，第181页。

[③] 参见杨立新：《侵权责任法（第四版）》，法律出版社2021年版，第180页。

的范畴还是国家赔偿法适用的领域问题。就此问题，关键要把握是否属于平等主体情形下有关机关或者人员依法行使权利的情形，唯在此情形下才可认为属于民事领域的免责事由而予以适用。当然，也要以不得超过必要限度为原则。

第七章
损害赔偿规则的发展完善与规则适用

▼

"损害作为一种事实状态，是指因一定的行为或事件使某人受侵权法保护的权利和利益遭受某种不利益的影响。"[1] 无论是财产上或人身上的不利益，还是现实的或将来的不利益，只要是确定发生的不利益，均应属于损害的范畴。换言之，所有为法律所保护的权利和法益所遭受的不利益，均属于损害。而所谓"法益者，乃法律上主体得享有经法律消极承认之特定生活资源"。[2] 损害赔偿，是指侵权人因侵权行为或不履行债务而对受害人造成损害时应承担补偿对方损失的侵权责任。损害赔偿对权利人来说，是一种重要的保护民事权利的手段；对责任人来说，则是一种重要的承担民事责任的方式。[3] 侵权损害赔偿，是指侵权人实施侵权行为对被侵权人造成损害，在侵权人和被侵权人之间产生请求赔偿权利和给付赔偿责任的法律关系。[4]

《民法典》侵权责任编第 2 章对损害赔偿的规则作了系统规定，在章名上将《侵权责任法》第 2 章"责任构成和责任方式"作了根本改变，聚焦于损害赔偿这一侵权责任承担以及作为侵权行为之债的本质性内容，有关绝对权

---

[1] 王利明、杨立新：《侵权行为法》，法律出版社1996年版，第55页。
[2] 曾世雄：《民法总则之现在与未来》，中国政法大学出版社2001年版，第62页。
[3] 《中国大百科全书·法学》，中国大百科全书出版社1988年版，第571页。
[4] 王利明、杨立新、王轶、程啸：《民法学（第6版）》（下），法律出版社2020年版，第1089页。

请求权主要由《民法典》物权编和人格权编作出规定,《民法典》侵权责任编主要规定侵权损害赔偿。[①] 从条文体系上讲,这既与《民法典》侵权责任编第1章关于归责原则的规定中强调的"造成损害"这一要件保持一致性,也与《民法典》合同编通则部分关于债权债务的一般规定保持了一致性,鲜明体现了法典编纂的体系逻辑。本章内容是在《民法通则》《侵权责任法》等法律及《人身损害解释》《精神损害解释》等司法解释的基础上,为适应社会经济发展和全面依法治国的需要,进行了必要的增删修改,在规则适用方面既保持了连续性,又与时俱进地体现了必要的创新性。下面将重点围绕侵权损害赔偿的三种基本方式,即人身损害赔偿、财产损害赔偿和精神损害赔偿,以及惩罚性赔偿、公平分担损失规则、赔偿费用支付方式等新增修改内容以及其他具有一定普遍适用意义的问题作一阐释探讨。

一、人身损害赔偿规则延续发展与具体适用

(一)人身损害赔偿概述

人身损害赔偿是指行为人侵犯他人的生命健康权益造成致伤、致残、致死等后果,承担金钱赔偿责任的一种民事法律救济制度。[②] 我国早在《民法通则》第119条[③]就规定了人身损害赔偿的基本内容。根据该条规定,侵害公民身体造成伤害的,应当赔偿医疗费、因误工减少的收入、残废者生活补助费等费用;造成死亡的,并应当支付丧葬费、死者生前扶养的人必要的生活费等费用。《消费者权益保护法》《产品质量法》等法律以及最高人民法院的《人身损害解释》等司法解释在此基础上对人身损害赔偿的规则作了配套补充

---

① 黄薇:《中华人民共和国民法典侵权责任编释义》,法律出版社2020年版,第43页。
② 王胜明主编:《〈中华人民共和国侵权责任法〉条文解释与立法背景》,人民法院出版社2010年版,第75页。
③ 《民法通则》第119条规定:"侵害公民身体造成伤害的,应当赔偿医疗费、因误工减少的收入、残废者生活补助费等费用;造成死亡的,并应当支付丧葬费、死者生前扶养的人必要的生活费等费用。"

和细化。《侵权责任法》第16条在总结有关经验做法的基础上，对人身损害赔偿规则作了系统性的完善规定，在实践中发挥了积极作用。该条规定："侵害他人造成人身损害的，应当赔偿医疗费、护理费、交通费等为治疗和康复支出的合理费用，以及因误工减少的收入。造成残疾的，还应当赔偿残疾生活辅助具费和残疾赔偿金。造成死亡的，还应当赔偿丧葬费和死亡赔偿金。"《民法典》第1179条[①]基本沿用了这一规定，并在此基础上进行了修改完善：其一，在"等为治疗和康复支出的合理费用"之前增加了"营养费、住院伙食补助费"，进一步细化明确了人身损害赔偿的具体项目；其二，将"残疾生活辅助具费"修改为"辅助器具费"。虽然《民法典》对于人身损害赔偿的法律适用规则改动不大，但是鉴于人身损害赔偿在侵权责任领域的重要地位，有必要对人身损害赔偿中的重要问题作一探讨。

（二）人身损害赔偿范围及计算方式

人身损害赔偿的范围主要包括：（1）一般人身损害，以人体造成伤害为起点，以伤害经治愈为临界点，与人体致残相区别；（2）致人残疾，以人体造成伤害为前提，以治疗终结后定残为必要条件，与致伤、致死相区别；（3）致人死亡，以人身伤害为必要前提，以受害人生命丧失为必要条件。[②]具体如下：

1.一般的赔偿范围

依据《民法典》第1179条的规定，侵害他人造成人身损害的，应当赔偿医疗费、护理费、交通费、营养费、住院伙食补助费等为治疗和康复支出的合理费用，以及因误工减少的收入。这些损失通常被称为具体损失（实际损失），是受害人实际支出的费用或者实际减少的收入等可以交换价值计算的损失。在此需要注意的是，此处列举的赔偿项目仅是几种比较典型的费用支出，

[①] 《民法典》第1179条规定："侵害他人造成人身损害的，应当赔偿医疗费、护理费、交通费、营养费、住院伙食补助费等为治疗和康复支出的合理费用，以及因误工减少的收入。造成残疾的，还应当赔偿辅助器具费和残疾赔偿金；造成死亡的，还应当赔偿丧葬费和死亡赔偿金。"

[②] 最高人民法院民法典贯彻实施工作领导小组编著：《中国民法典适用大全·侵权责任卷》（一），人民法院出版社2022年版，第218页。

实践中并不仅限于这些赔偿项目。只要是因为治疗和康复所支出的所有合理费用，都可以纳入一般赔偿的范围，例如，住院费、必要的陪护人员产生的合理的住宿费、伙食费等费用。结合《人身损害解释》规定，上述赔偿项目的具体计算标准如下：

（1）关于医疗费的计算问题。医疗费根据医疗机构出具的医药费、住院费等收款凭证，结合病历和诊断证明等相关证据确定。赔偿义务人对治疗的必要性和合理性有异议的，应当承担相应的举证责任。医疗费的赔偿数额，按照一审法庭辩论终结前实际发生的数额确定。器官功能恢复训练所必要的康复费、适当的整容费以及其他后续治疗费，赔偿权利人可以待实际发生后另行起诉。但根据医疗证明或者鉴定结论确定必然发生的费用，可以与已经发生的医疗费一并予以赔偿。

（2）关于误工费的计算问题。误工费根据受害人的误工时间和收入状况确定。误工时间根据受害人接受治疗的医疗机构出具的证明确定。受害人因伤致残持续误工的，误工时间可以计算至定残日前一天。受害人有固定收入的，误工费按照实际减少的收入计算。受害人无固定收入的，按照其最近三年的平均收入计算；受害人不能举证证明其最近三年的平均收入状况的，可以参照受诉法院所在地相同或者相近行业上一年度职工的平均工资计算。

当前，有的单位对已达法定退休年龄的受害人请求赔偿误工费的，提出较大异议，认为此时受害人不存在误工问题，不应支持误工费。笔者认为，此观点值得商榷，单纯以其已达法定退休年龄为由不支持误工费，不仅与实际情况不符，也与司法解释的规定精神不符。对于误工费赔偿是以劳动能力的丧失与否为判断依据，只要受害人因遭受人身损害导致收入减少或丧失，不论年龄大小、劳动能力强弱，均应获得赔偿。实践中，法院也基本掌握了这一尺度，在认定误工费赔偿数额时，会考虑劳动者的劳动能力和实际收入情况等因素。

（3）关于护理费的计算问题。护理费根据护理人员的收入状况和护理人数、护理期限确定。护理人员有收入的，参照误工费的规定计算；护理人员没有收入或者雇佣护工的，参照当地护工从事同等级别护理的劳务报酬标准计算。护理人员原则上为一人，但医疗机构或者鉴定机构有明确意见的，可以参照确定护理人员人数。护理期限应计算至受害人恢复生活自理能力时止。受害人因残疾不能恢复生活自理能力的，可以根据其年龄、健康状况等因素确定合理的护理期限，但最长不超过二十年。受害人定残后的护理，应当根据其护理依赖程度并结合配制残疾辅助器具的情况确定护理级别。

（4）关于交通费的计算问题。交通费根据受害人及其必要的陪护人员因就医或者转院治疗实际发生的费用计算。交通费应当以正式票据为凭；有关凭据应当与就医地点、时间、人数、次数相符合。实务中，有的当事人常会对因外地就医产生的交通费提出异议，此时法院应当结合受害人的伤情，重点审核外地就医的必要性和合理性。当然，随着私家车数量越来越多，在受害人或其亲属驾驶私家车就诊时，也应当给予相应的交通费赔偿，具体数额可以参照同里程的出租车费用，也可以根据实际支出的费用请求赔偿。

（5）关于其他费用的计算问题。比如，住院伙食补助费可以参照当地国家机关一般工作人员的出差伙食补助标准予以确定。各地法院根据当地经济发展水平统一确定相应标准的，亦具有指引意义。受害人确有必要到外地治疗，因客观原因不能住院，受害人本人及其陪护人员实际发生的住宿费和伙食费中的合理部分应予赔偿。营养费根据受害人伤残情况参照医疗机构的意见确定。

2. 造成残疾的赔偿范围

除了实际发生的属于上述一般赔偿范围的项目外，造成受害人残疾的，还应当赔偿辅助器具费，也称"残疾生活辅助具费"，是指受害人因残疾而造成身体功能全部或者部分丧失后需要配制补偿功能的残疾辅助器具（比如，假肢、助听器等）的费用。依据《人身损害解释》第13条的规定，残疾辅助器具费按照普通适用器具的合理费用标准计算。伤情有特殊需要的，可以参照辅助器具配制机构的意见确定相应的合理费用标准。辅助器具的更换周期和赔偿期限参照配制机构的意见确定。这里要重点探讨一下残疾赔偿金的问题。

残疾赔偿金，是用来赔偿受害人因身体权或健康权遭受侵害而残疾，导致劳动能力丧失或减少所遭受的财产损失，是受害人因伤致残后所特有的赔偿项目。就残疾赔偿金的性质，一般认为是对受害人未来财产损失的赔偿，但在确定赔偿标准时有不同观点：（1）"收入所得丧失说"，以受害人受伤前与受伤后的收入差额作为赔偿额。主要考虑是，受害人虽因残疾丧失或者减少劳动能力，但如伤残前后收入并无差距的，不得请求赔偿残疾赔偿金。（2）"生活来源丧失说"，认为受害人残疾必然会因此导致生活来源丧失或减少。行为人应当赔偿受害人的生活费，使其生活来源能够恢复或持平。（3）"劳动能力丧失说"，认为受害人因残疾导致部分或者全部劳动能力丧失本身就是一种损害，无论受害人残疾后其实际收入是否减少，行为人都应对劳动能力的丧失进行赔偿。①"收入丧失说"背景下，只有实际取得收入和实际减少收入的受害人才会存在收入损失，未成年人、待业人员皆不能受偿。这显然不合理。因此，《人身损害解释》以"收入丧失说"结合"劳动能力丧失说"作为论证残疾赔偿金的理论依据，可以妥善平衡当事人双方的利益。

关于残疾赔偿金的计算标准问题，依据《人身损害解释》第12条规定："残疾赔偿金根据受害人丧失劳动能力程度或者伤残等级，按照受诉法院所在地上一年度城镇居民人均可支配收入标准，自定残之日起按二十年计算。但六十周岁以上的，年龄每增加一岁减少一年；七十五周岁以上的，按五年计算。受害人因伤致残但实际收入没有减少，或者伤残等级较轻但造成职业妨害严重影响其劳动就业的，可以对残疾赔偿金作相应调整。"

---

① 王胜明主编：《〈中华人民共和国侵权责任法〉条文解释与立法背景》，人民法院出版社2010年版，第72页。

3. 造成死亡的赔偿范围

除了实际发生的属于上述一般赔偿范围的项目外，造成受害人死亡的，还应当赔偿丧葬费和死亡赔偿金。就丧葬费的赔偿，《人身损害解释》第14条规定："丧葬费按照受诉法院所在地上一年度职工月平均工资标准，以六个月总额计算。"这里要重点探讨一下死亡赔偿金的问题。

死亡赔偿金，是对侵权人因生命权被侵害（死亡）而产生的财产损失的赔偿。死亡赔偿金并非对"生命"本身的赔偿，因为人的生命是无价的，不可能用财产价格来衡量生命本身的价值。在《侵权责任法》立法过程中，争议较大的是死亡赔偿金的赔偿标准问题。对农村居民和城市居民按不同标准支付死亡赔偿金，城市居民获得的死亡赔偿金比农村居民往往高一倍至两倍，一度引发"同命不同价"的争论。[①] 有意见认为，侵权人致被侵权人死亡，造成了死者损害，侵害了死者权益，死亡赔偿金是对死者的赔偿，死者近亲属只是继承了死亡赔偿金；另有意见认为，被侵权人死亡后已经不具有民事主体资格，因此，侵害的只能是死者近亲属权益，死亡赔偿金是对死者近亲属的赔偿。赔偿范围和赔偿对象有一定关联性，死亡赔偿金的范围解决哪些损害应当得到赔偿的问题。[②]

就死亡赔偿金的赔偿标准问题，立法例上有两种观点，即"扶养丧失说"与"继承丧失说"。"扶养丧失说"认为，由于受害人死亡，受害人生前负法定扶养义务供给生活费的被扶养人丧失了生活费的供给来源，产生财产损害，加害人对此损害应当予以赔偿。"继承丧失说"认为，侵害他人生命致人死亡，不仅生命利益本身受到侵害，受害人余命年岁内的收入也会"逸失"。这些原本可以作为受害人的财产、为法定继承人所继承的、未来可以取得的收入，皆因加害人的侵害行为而丧失，对于这种损害应当予以赔偿。实际上，

[①] 黄薇主编：《中华人民共和国民法典释义》，法律出版社2020年版，第2272页。

[②] 王胜明主编：《〈中华人民共和国侵权责任法〉条文解释与立法背景》，人民法院出版社2010年版，第73~74页。

在这种立法例下，赔偿义务人应当赔偿的范围为受害人死亡而丧失的未来可得利益。《人身损害解释》（法释〔2003〕20号）采纳了"继承丧失说"的观点。即死亡赔偿金的内容是对收入损失的赔偿，其性质是财产损害赔偿，而不是精神损害赔偿。这对保护受害人的合法权益有益，应当肯定。[①] 按照"继承丧失说"，如果一个被侵权人可能没有抚养人口，但是其通过自己的劳动会积累财富，死后作为遗产由近亲属继承。但是，现在被侵权人死亡了，不可能再劳动，自然就没有财产积累了。这种情况下，要用死亡赔偿金来填补这一损失。[②] 但是在较长一段时间内，我国人身损害赔偿采取了二元化计算方法。在计算残疾赔偿金、死亡赔偿金、被扶养人生活费时，原则上要依据被侵权人是城镇居民还是农村居民而采取不同的计算标准。这主要是由于经济发展不平衡的原因所致，在城乡一体化发展越来越强的趋势下，城乡赔偿标准的统一是大势所趋。2019年4月15日，中共中央、国务院发布《关于建立健全城乡融合发展体制机制和政策体系的意见》中明确要求："改革人身损害赔偿制度，统一城乡居民赔偿标准。"为贯彻党中央精神，2019年8月26日，最高人民法院下发《关于授权开展人身损害赔偿标准城乡统一试点的通知》（法明传〔2019〕513号），授权相关省市开展人身损害赔偿标准城乡统一的试点工作。在授权的相关省市中有关人身损害赔偿案件采取统一的赔偿标准。在此基础上，《人身损害解释》在2022年作出第二次修正，在其第15条明确规定："死亡赔偿金按照受诉法院所在地上一年度城镇居民人均可支配收入标准，按二十年计算。但六十周岁以上的，年龄每增加一岁减少一年；七十五周岁以上的，按五年计算。"（第12条、第17条对残疾赔偿金、被扶养人生活费的赔偿也作了相应修改）这一计算方法既与《民法典》第1179条有机衔接，又立足经济社会发展的客观情况，在总结审判实践经验的基础上，取消了城乡二元化的赔偿标准，彰显了对权利的救济尤其是对生命权的尊重与保护。

[①] 杨立新：《侵权法论（第五版）》，人民法院出版社2013年版，第1092~1093页。
[②] 杜万华：《杜万华大法官民事商事审判实务演讲录》，人民法院出版社2016年版，第167页。

需要注意的是，虽然《民法典》第1179条对于受害人残疾或者死亡的，在赔偿项目上没有再列"被扶养人生活费"这一项，即未规定被扶养人的生活费请求权，但依据《人身损害解释》第16条的规定，"被扶养人生活费计入残疾赔偿金或死亡赔偿金"，即仍要赔偿被扶养人生活费。具体计算方法，依据该解释第17条第1款的规定确定，被扶养人生活费根据扶养人丧失劳动能力程度，按照受诉法院所在地上一年度城镇居民人均消费性支出标准计算。被扶养人为未成年人的，计算至十八周岁；被扶养人无劳动能力又无其他生活来源的，计算二十年。但六十周岁以上的，年龄每增加一岁减少一年；七十五周岁以上的，按五年计算。由此，被扶养人生活费与按照死亡赔偿金、残疾赔偿金的计算标准计算出的数额相加，即为最终应当赔偿的残疾赔偿金、死亡赔偿金的数额。

此外，审判实践中，被侵权人及其近亲属的住所地或经常居住地与受诉法院所在地不一致的情形经常发生，而被侵权人及其近亲属的住所地或经常居住地的城镇居民人均可支配收入等标准又高于受诉法院所在地的同类标准。此时，如果仍按照受诉法院所在地的标准计算，就无法填补被侵权人的财产损害。[①] 鉴于此，《人身损害解释》第18条依据"就高不就低"的原则，对残疾赔偿金、被扶养人生活费、死亡赔偿金计算基准进行了适当调整。如果被侵权人能举证证明其住所地或经常居住地的人均收入水平高于受诉法院所在地标准的，相应赔偿可以按照其住所地或经常居住地相关标准计算。

（三）审判实践中需要注意的其他问题

1.因同一侵权行为造成多人死亡的赔偿问题

《侵权责任法》第17条规定："因同一侵权行为造成多人死亡的，可以以相同数额确定死亡赔偿金。"这一规定实施效果较好，故《民法典》第1180条保留了这一规定。在因同一侵权行为造成多人死亡的案件中，以相同数额

[①] 程啸：《侵权责任法（第三版）》，法律出版社2021年版，第833页。

确定死亡赔偿金主要有以下好处：一是在因同一侵权行为造成多人死亡引发的众多诉讼中，对众多的损害项目和考虑因素逐一举证比较烦琐，而且有时证明较为困难。以相同数额确定死亡赔偿金可以避免原告的举证困难，并防止因此而导致诉讼迟延，让其可以及时有效获得赔偿。二是考虑每个死者的具体情况分别计算死亡赔偿金，不但未必能计算到损害的全部内容，而且让法院面临较为沉重的负担，不利于节约司法资源。以相同数额确定死亡赔偿金，不但可将受害人及其近亲属受到的身体、社会生活、精神生活等损害覆盖其中，有效避免挂一漏万，更好保护受害人利益，还可以减轻法院负担，节约司法资源。三是以相同数额确定死亡赔偿金可以维护众多原告之间的团结。在处理导致多人死亡的侵权案件时，以同一数额确定死亡赔偿金，既迅速救济了原告，也防止了原告之间相互攀比，避免同一事故中的众多原告之间赔偿数额差距过大，而引发社会争论。[1]

根据《民法典》第1180条的规定，以相同数额确定死亡赔偿金原则上仅适用于因同一侵权行为造成多人死亡的案件。对因同一侵权行为造成多人死亡的，只是"可以"以相同数额确定死亡赔偿金，而不是任何因同一侵权行为造成多人死亡的案件都"必须"或者"应当"以相同数额确定死亡赔偿金。至于什么情况下可以，什么情况下不可以，法院可以根据具体案情，综合考虑各种因素后决定。实践中，原告的态度也是一个重要的考虑因素，多数原告主动请求以相同数额确定死亡赔偿金的，当然可以；原告没有主动请求，但多数原告对法院所提以相同数额确定的死亡赔偿金方案没有异议的，也可以适用这种方式。[2] 审判实务中，对于《民法典》第1180条的适用可以采取适当从宽的态度。一方面，"可以"以相同数额确定死亡赔偿金，在此应作原则理解，即没有特殊情况的，均应当适用数额相同的赔偿标准；另一方面，对于同一侵权行为造成多人残疾的，残疾赔偿金也可以参照该条规定按照同

---

[1] 王胜明主编：《中华人民共和国侵权责任法释义》，法律出版社2010年版，第92页。
[2] 王胜明主编：《中华人民共和国侵权责任法释义》，法律出版社2010年版，第93页。

一标准进行赔偿。但对于死者在死亡前产生的医疗费、护理费等合理费用支出，以及丧葬费支出等不在该条调整范围内。①

2. 被侵权人死亡的请求权主体

被侵权人死亡的，哪些主体可以请求侵权人承担侵权责任，依据《人身损害解释》第1条第2款的规定，"赔偿权利人"，是指因侵权行为或者其他致害原因直接遭受人身损害的受害人以及死亡受害人的近亲属。《侵权责任法》第18条规定："被侵权人死亡的，其近亲属有权请求侵权人承担侵权责任。被侵权人为单位，该单位分立、合并的，承继权利的单位有权请求侵权人承担侵权责任。被侵权人死亡的，支付被侵权人医疗费、丧葬费等合理费用的人有权请求侵权人赔偿费用，但侵权人已支付该费用的除外。"《民法典》第1181条基本沿用了这一规定，主要是在上述被侵权人为"单位"的情形中，将"单位"修改为"组织"，涵盖范围更广，表述更加严谨，与自然人更加对应，解释上应当包括法人和非法人组织。关于近亲属的范围，依照《民法典》第1045条规定，包括"配偶、父母、子女、兄弟姐妹、祖父母、外祖父母、孙子女、外孙子女"。

（1）关于支付相关费用的人。依据《民法典》第1181条第2款的规定，被侵权人死亡的，支付被侵权人医疗费、丧葬费等合理费用的人有权请求侵权人赔偿费用，但侵权人已支付该费用的除外。也就是说，在被侵权人死亡情形下，如果支付被侵权人医疗费、丧葬费等侵权赔偿费用的人不是侵权人，而是其他人（可能是具有其他负有支付该笔费用的义务），其在支付上述费用后即与侵权人之间形成了债权债务关系，形成了对侵权人的债权，有权向侵权人主张偿还。医疗费是指因侵权行为造成被侵权人人身损害，被侵权人就医诊疗而支出的费用，根据医疗机构出具的医药费、住院费等收款凭证，结合病历和诊断证明等相关证据确定；丧葬费是指安葬死者而支出的费用。审

---

① 参见黄薇主编：《中华人民共和国民法典释义》，法律出版社2020年版，第2275~2279页。

判实践中，支付被侵权患者死亡前因医疗侵害而发生的二次医疗费等合理费用的，不一定是被侵害患者本人，而是其近亲属、朋友或者其他人，对于丧葬费，由于被侵害患者已经死亡，只能是其近亲属、朋友或其他人支付。若支付这些费用的为被侵害患者的近亲属，可依据该条规定，请求侵权医疗机构赔偿这些费用；若支付这些费用的并非近亲属，实际支付费用的主体也可以作为独立请求权人请求侵权人赔偿这些费用。《第八次全国法院民商事审判工作会议（民事部分）纪要》指出，有关机关或者单位虽无权代替无名死者主张死亡赔偿金，但其为死者垫付的医疗费、丧葬费等实际发生的费用可以向侵权人主张。与此类似的规定还有《交通事故解释》第23条第3款规定，被侵权人因道路交通事故死亡，无近亲属或者近亲属不明，支付被侵权人医疗费、丧葬费等合理费用的单位或者个人，请求保险公司在交强险责任限额范围内予以赔偿的，人民法院应予支持。在此需要注意的是，上述支付相关费用的人可以作为请求权主体的前提是，侵权人对被侵权人实施的行为符合相应的侵权责任构成要件。

（2）关于"无名死者"的请求权主体。实践中争议比较大的是无近亲属或者近亲属不明的被侵权人，即俗称"无名死者"的请求权主体问题。对此《第八次全国法院民商事审判工作会议（民事部分）纪要》明确规定："鉴于侵权责任法第十八条明确规定被侵权人死亡，其近亲属有权请求侵权人承担侵权责任，并没有赋予有关机关或者单位提起请求的权利，当侵权行为造成身份不明人死亡时，如果没有赔偿权利人或者赔偿权利人不明，有关机关或者单位无权提起民事诉讼主张死亡赔偿金。"《交通事故解释》第23条也有类似规定："被侵权人因道路交通事故死亡，无近亲属或者近亲属不明，未经法律授权的机关或者有关组织向人民法院起诉主张死亡赔偿金的，人民法院不予受理。侵权人以已向未经法律授权的机关或者有关组织支付死亡赔偿金为理由，请求保险公司在交强险责任限额范围内予以赔偿的，人民法院不予支持。"

二、侵害人身权益的财产损害赔偿的适用

（一）侵害人身权益的财产损害赔偿规则在《民法典》中的基本沿用与实质性修改

在近现代民法中，赔偿损失已经成为一项最为重要和被广泛采纳的侵权责任承担方式。它不仅适用于财产侵害，也适用于人身侵害；不仅适用于对有形财产的侵害，也适用于对无形财产的侵害；不仅包括直接损害，也包括间接损害。[1]"损害之发生与赔偿深受社会组织、经济发展及伦理道德观念的影响……损害赔偿法，在特别程度上，乃是某一特定文化时代中，伦理信念、社会生活与经济关系之产品和沉淀物。"[2] 在当今社会，人格权越来越具有浓厚的财产价值，名誉权、隐私权、肖像权以及形象权等，尤其是知名人物的上述人格权日益具有更大的商业价值。[3] 这些人格权，比如隐私权受到损害后，会导致其社会信誉降低，从而使经济利益受到损失。这种经济损失不是直接损失，应属于间接损失。即是一种未来的可得利益，在侵害行为实施时，它只具有一种财产取得的可能性，还不是一种现实的利益。[4] 但是由于侵害对象的无形性、价值不确定性等原因，就侵害他人名誉权、肖像权和隐私权等人身权益造成的财产损失如何赔偿的问题，成了实务中的重点和难点问题。比如，对于存在商业竞争关系的商事主体之间，侵权人以诋毁被侵权人出现经营亏损，但由于市场因素的多因性与复杂性，该项财产损失作为间接损失与人格权益被侵害的因果联系会比较复杂，难以确切证明，而往往在司法上不获认定。[5] 是故，《民法典》第 1182 条在《侵权责任法》第 20 条规定的基

---

[1] 覃有土、晏宇桥：《论侵权的间接损失认定》，载《现代法学》2004 年第 4 期。
[2] 王泽鉴：《民法学说与判例研究》（二），中国政法大学出版社 1997 年版，第 142 页。
[3] 杨立新：《人身权法论（第三版）》，人民法院出版社 2006 年版，第 584 页。
[4] 杨立新：《侵权法论（第三版）》，人民法院出版社 2005 年版，第 764 页。
[5] 陈现杰：《〈民法典〉第 1182 条（侵害他人人身权益造成财产损失的赔偿）评注》，载《中国应用法学》2023 年第 3 期。

础上，明确了三种相应的损害赔偿计算方法。该条规定："侵害他人人身权益造成财产损失的，按照被侵权人因此受到的损失或者侵权人因此获得的利益赔偿；被侵权人因此受到的损失以及侵权人因此获得的利益难以确定，被侵权人和侵权人就赔偿数额协商不一致，向人民法院提起诉讼的，由人民法院根据实际情况确定赔偿数额。"相较《侵权责任法》第20条的规定，该条不再强调先以所受损害、后以侵权人获得利益为标准的顺位规则，而是把这两个赔偿方法明确为并列关系，增加了被侵权人的选择权，这更符合实际情况，也利于惩治和预防有关侵权行为。

一般来说，只有能够被商业化利用的人身权（如姓名权、肖像权）遭受侵害后，才可能造成被侵权人的财产损失。因此，此种财产损害赔偿所保护的实质上是其他人身权益中所蕴含的经济利益或者商业利益。[1]传统民法理论固化"人身权"与"财产权"的二元区分，将人身权界定为"人身非财产权利"。《民法典》突破这一传统法解释学理论，将"财产利益"纳入人身权（人格权）概念的内容，与人格权固有的"精神利益"予以一体保护，形成"一元论"的救济模式。[2]有鉴于此，在此探讨的侵害人身权益的财产损害赔偿问题，主要是侵害生命权、身体权与健康权这三项人格权之外的其他人身权益，如姓名权、名称权、名誉权、荣誉权、肖像权、隐私权等具体人格权与一般人格权、监护权等身份权，以及死者的姓名、肖像、隐私等人格利益，造成被侵权人或者其近亲属财产损失的，侵权人应当承担的损害赔偿责任。

（二）侵害人身权益的财产损害赔偿规则的具体适用

依据《民法典》第1182条的规定，侵害人身权益的财产损害赔偿规则主要有三种计算方法：一是按照被侵权人受到的损失计算。侵害非物质性人身权益的财产损失可以根据不同的侵权行为和相关证据具体判断处理，有实际

---

[1] 程啸：《侵权责任法（第三版）》，法律出版社2021年版，第840页。
[2] 陈现杰：《〈民法典〉第1182条（侵害他人人身权益造成财产损失的赔偿）评注》，载《中国应用法学》2023年第3期。

财产损害的，按照实际损害赔偿。二是按照侵权人所获得的利益计算。如上所述，《民法典》第 1182 条将"所获利益标准"提升到与所受损失标准并列的高度，不再将"被侵权人损失难以确定"作为被侵权人主张按照侵权人因侵权行为所获的利益来赔偿的前提要件。这样便于被侵权人选择对自己有利的赔偿方案，便于案件争议迅速有效的解决。而且从理论上讲，这构成了侵权损害赔偿与不当得利损害赔偿的竞合，既然是竞合，显然是选择赔偿的问题。① 三是由人民法院根据实际情况确定赔偿额。这一规则适用的前提条件包括被侵权人所受损失或者侵权人所获利益无法确定和双方当事人对此协商不成两个条件，如果被侵权人所受损失或者侵权人所获利益其一可以确定，则应当适用前面的方法。具体适用时，考虑到社会生活的复杂性，有必要运用动态系统论的方法，将过错程度，侵权行为的情节、后果等作为参考因素予以判断。比如，实务中不少生效裁判文书中提到的"过错程度"，"侵权行为的具体情节"，以及"侵权的手段、场合、行为方式和造成的影响"② 等，这些因素也可以纳入"实际情况"中作为法官确定赔偿数额的参考因素。

三、精神损害赔偿规则的发展完善与规则适用

（一）精神损害赔偿概述

1. 精神损害赔偿的界定及其功能

精神损害赔偿是受害人因人格利益或身份利益受到损害或者遭受精神痛苦而获得的金钱赔偿。③ 精神损害赔偿与人身损害赔偿、财产损害赔偿共同构成了侵权损害赔偿的基本类型。

精神损害赔偿的第一个功能是补偿功能，即以财产的方式补偿被侵权人

---

① 黄薇主编：《中华人民共和国民法典侵权责任编释义》，法律出版社 2020 年版，第 57 页。
② 参见上海市奉贤区人民法院（2016）沪 0120 民初 5818 号民事判决书；北京市朝阳区人民法院（2016）京 0105 民初 21466 号民事判决书。
③ 黄薇主编：《中华人民共和国民法典侵权责任编释义》，法律出版社 2020 年版，第 58 页。

所遭受的精神损害,对被侵权人精神利益损失和精神痛苦的赔偿,具有明确的填补损害并使该损害得到平复。① 第二个功能是抚慰功能,即通过金钱赔偿来平复被侵权人精神创伤,慰藉其感情的损害,通过改变被侵权人的外环境而克服其内环境,即心理、生理以及精神利益损害所带来的消极影响,恢复身心健康。② 申言之,金钱并不真正地补偿身体残疾所带来的伤痛、失去亲人的痛苦,但是通过责令侵权人支付相当数量的金钱,被侵权人或者其近亲属可借此取得替代性的欢娱,尽快从损害事故之阴影中走出来,重新开始正常的工作与生活。③ 至于惩罚功能,学界多认为惩罚功能至多是精神损害赔偿的附带功能,并不是精神损害赔偿的独立功能,只是补偿功能与抚慰功能的反射功能。④

2.《民法典》对精神损害赔偿的完善

在我国,审判实践经验的积累对于精神损害赔偿在法律层面的确立发挥了重要作用。⑤《精神损害解释》(法释〔2001〕7号)对精神损害赔偿作了较为详尽的规定,其规定精神损害赔偿的范围是:侵害生命权、健康权、身体权,姓名权、肖像权、名誉权、荣誉权,人格尊严权、人身自由权;违反社会公共利益、社会公德侵害他人隐私或者其他人格利益;非法使被监护人脱离监护,导致亲子关系或者近亲属间的亲属关系遭受严重损害;自然人死亡后其近亲属因以侮辱、诽谤、贬损、丑化或者违反社会公共利益、社会公德的其他方式,侵害死者姓名、肖像、名誉、荣誉,非法披露、利用死者隐私,

---

① 参见杨立新:《侵权责任法(第四版)》,法律出版社2021年版,第240页。
② 杨立新:《侵权责任法(第四版)》,法律出版社2021年版,第242页。
③ 程啸:《侵权责任法(第三版)》,法律出版社2021年版,第856页。
④ 张新宝主编:《精神损害赔偿制度研究》,法律出版社2012年版,第44页。
⑤ 《民法通则意见》第150条规定:"公民的姓名权、肖像权、名誉权、荣誉权和法人的名称权、名誉权、荣誉权受到侵害,公民或法人要求赔偿损失的,人民法院可以根据侵权人的过错程度、侵权行为的具体情节、后果和影响确定其赔偿责任。"《最高人民法院关于审理名誉权案件若干问题的解答》(法发〔1993〕15号)第10条第4款中规定:"公民、法人因名誉权受到侵害要求赔偿的,侵权人应赔偿侵权行为造成的经济损失;公民并提出精神损害赔偿要求的,人民法院可根据侵权人的过错程度、侵权行为的具体情节、给受害人造成精神损害的后果等情况酌定。"这两条对于后续精神损害赔偿制度的确立和完善发展产生了积极作用。以上两文件均已失效。

或者以违反社会公共利益、社会公德的其他方式侵害死者隐私，非法利用、损害遗体、遗骨，或者以违反社会公共利益、社会公德的其他方式侵害遗体、遗骨；具有人格象征意义的特定纪念品因侵权行为而永久灭失或者毁坏。

在制定《侵权责任法》的过程中，立法者对于是否扩大精神损害赔偿的适用范围、是否规定精神损害赔偿额等问题作了深入论证。有观点提出，为防止法官滥用自由裁量权，应规定具体的精神损害赔偿限额。另有观点认为，精神损害赔偿制度在我国还处于起步和摸索阶段，规定具体的精神损害赔偿限额不切合实际，也不科学。现阶段宜规定精神损害赔偿的基本原则，由法院依据该原则根据具体案情确定赔偿数额。[①] 在广泛听取意见并反复研究后，为加强对受害人利益的保护，也为了防止精神损害赔偿被滥用，《侵权责任法》第22条规定："侵害他人人身权益，造成他人严重精神损害的，被侵权人可以请求精神损害赔偿。"《民法典》在此基础上作了进一步完善：其一，《民法典》第1183条第1款规定"侵害自然人人身权益造成严重精神损害的，被侵权人有权请求精神损害赔偿"，使得精神损害责任限定于被侵权人为自然人的场合；其二，《民法典》第1183条第2款规定了"因故意或者重大过失侵害自然人具有人身意义的特定物造成严重精神损害的，被侵权人有权请求精神损害赔偿"，吸收了《精神损害解释》（法释〔2001〕7号）第4条[②] 规定内容，明确了"侵害自然人具有人身意义的特定物"时的精神损害赔偿责任；其三，《民法典》第996条规定"因当事人一方的违约行为，损害对方人格权并造成严重精神损害，受损害方选择请求其承担违约责任的，不影响受损害方请求精神损害赔偿"，明确了违约精神损害的规则。

[①] 王胜明主编：《〈中华人民共和国侵权责任法〉条文解释与立法背景》，人民法院出版社2010年版，第92页。
[②] 《精神损害解释》（法释〔2001〕7号）第4条规定："具有人格象征意义的特定纪念物品，因侵权行为而永久性灭失或者毁损，物品所有人以侵权为由，向人民法院起诉请求赔偿精神损害的，人民法院应当依法予以受理。"

(二)精神损害赔偿规则的具体适用

1. 请求精神损害赔偿的主体

(1)被侵权人及其近亲属。一般来说,请求精神损害赔偿的主体应当是直接遭受人身权益侵害的本人。同时,根据《民法典》第1181条的规定,"被侵权人死亡的,其近亲属有权请求侵权人承担侵权责任。"这里并没有否定精神损害赔偿。因此,在被侵权人死亡的情况下,其近亲属有权主张精神损害赔偿。

对于法人及非法人组织能否主张精神损害赔偿,理论上曾有争议。通常而言,精神损害就是指精神痛苦和肉体痛苦,而法人、非法人组织,不管采拟制说或实在说,都无法等同于自然人,不具有精神感受力,并无心理或肉体痛苦存在。[①] 所以,法人没有精神损害,也就不能主张相应的精神损害赔偿。《民法典》即按照这一思路,将《侵权责任法》第22条规定的"他人"改为"自然人",即明确了只有自然人才可以作为有权主张精神损害赔偿的主体。2020修正的《精神损害解释》第4条进一步规定:"法人或者非法人组织以名誉权、荣誉权、名称权遭受侵害为由,向人民法院起诉请求赔偿精神损害的,人民法院不予支持。"

(2)特定物的所有人或者管理人。《民法典》第1183条第2款规定,因故意或者重大过失侵害自然人具有人身意义的特定物造成严重精神损害的,被侵权人有权请求精神损害赔偿。这里的被侵权人是指被侵害的具有人身意义的特定物的所有人或者管理人。[②]

2. 精神损害赔偿的适用条件

依据《民法典》第1183条规定,被侵权人主张精神损害赔偿的,须满足以下条件:

[①] 最高人民法院侵权责任法研究小组编著:《〈中华人民共和国侵权责任法〉条文理解与适用》,人民法院出版社2010年版,第168~169页。

[②] 程啸:《侵权责任法(第三版)》,法律出版社2021年版,第864页。

（1）侵害了他人人身权益或具有人身意义的特定物。根据该条规定，精神损害赔偿的范围是侵害自然人人身权益。依据《民法典》总则编有关民事权利一章的规定，人身权益包括生命权、健康权、姓名权、名誉权、肖像权、隐私权、监护权等权利及相应利益。侵害财产权益原则上不在精神损害赔偿的范围之内。"具有人身意义的特定物"的范围，在实践中主要涉及的物品类型为：①与近亲属死者相关的特定纪念物（如遗像、墓碑、骨灰盒、遗物）；②与结婚礼仪相关的特定纪念物品（如录像、照片）；③与家族祖先相关的特定纪念物品（如祖坟、族谱、祠堂）。[①]

（2）造成了被侵权人严重精神损害。只有在侵害行为造成了精神损害，且达到了严重程度时，才能适用该条请求精神损害赔偿。换言之，并非只要侵害他人人身权益被侵权人就可以主张精神损害赔偿，而只有"造成他人严重精神损害"才可以。一般而言，对于"严重"的认定，应当结合现行法律、司法解释的规定，结合精神损害自身特性来进行具体判断，通常应当采取容忍限度理论，即超出了社会一般人的容忍限度，就认为是"严重"。[②]

精神损害是否达到严重程度，应视人格权益性质不同而有所区别。比如，对于侵害身体权、健康权的情形，可考虑借鉴当前审判实践中的主要做法，以达到伤残标准作为构成严重精神损害的主要依据。原则上，只有达到伤残等级标准，才能提起精神损害赔偿。至于没有达到伤残等级标准的，精神损害是否构成后果严重，则应视具体情况而定，有必要从严把握。相比身体、健康被侵害导致伤残的情形，生命被侵害造成的恶劣影响更为显著，更有必要以精神损害赔偿方式抚慰相关人员因此遭受的精神痛苦。而在精神性人格权益被侵害的情形下，鉴于该类人格权益很难外化且存在个体差异性，因此，在确定是否达到严重标准时，应综合考虑侵权人的主观状态、侵害手段、场

[①] 参见黄薇主编：《中华人民共和国民法典释义及适用指南》，中国民主法制出版社2020年版，第1804页。

[②] 黄薇主编：《中华人民共和国民法典侵权责任编释义》，法律出版社2020年版，第61页。

合、行为方式和被侵权人的精神状态等具体情节加以判断。①

（3）侵害行为与精神损害后果有因果关系。对此，有观点倾向于采用必然因果关系说。所谓必然因果关系，是指侵害行为与损害结果之间具有内在的、本质的、必然的联系。如果侵害行为与损害结果之间只有外在的、偶然的联系，就不能认定二者之间具有因果关系。这一观点强调为了正确地确定责任，应当区别原因和条件，原因是必然引起结果发生的因素，而条件只为结果的发生提供了可能性。也即，只有在侵害行为造成了精神损害时，才能适用该条请求精神损害赔偿。此理由在于：①精神损害本身的无形性、内在性决定了其发生与否很难确认。事实上，司法实践中出现的精神损害赔偿纠纷往往是多种条件综合作用的结果。如果仅以侵害行为可能导致精神损害为由，简单认定侵害人承担精神损害赔偿责任，则可能对侵害人有失公允。②规定只有侵害行为与精神损害之间有必然因果关系才可主张精神损害赔偿，可以减少滥诉行为。③规定侵害行为与精神损害后果之间存在必然因果关系可以减少法官自由裁量权的滥用。② 这一观点较有道理，但也不宜要求过于严苛。对此既要从权利救济的本质出发，遵循侵权责任归责原则、构成要件的基本要求，也要考虑到精神损害本身的不可判断性等因素，切实防止精神损害赔偿可能的滥用，影响正常的行动自由和社会秩序，对于侵害行为与精神痛苦的后果之间的因果关系，采取依法从严的态度，准确判断侵害行为与精神损害后果之间的因果关系。

（4）符合其他有关侵权责任构成的相应要件。被侵权人主张精神损害赔偿，除了具备上述有关精神损害赔偿的适用条件外，还要根据具体侵权行为类型。适用过错责任的情形要以侵权人有过错为要件；适用无过错责任原则的情形下，则不再强调侵权人的过错。但对于《民法典》第1183条第2款规

---

① 最高人民法院侵权责任法研究小组编著：《〈中华人民共和国侵权责任法〉条文理解与适用》，人民法院出版社2010年版，第171页。
② 最高人民法院侵权责任法研究小组编著：《〈中华人民共和国侵权责任法〉条文理解与适用》，人民法院出版社2010年版，第170页。

定的侵害特定物品的精神损害赔偿时，应当准确把握，不能当然地认为侵权人能够准确知悉特定某物对被侵权人的意义，因此要以侵权人有"故意和重大过失"为限，侵权人仅有"一般过错"则不能承担精神损害赔偿的责任，但在符合相应侵权行为构成要件的情况下要依法承担其他的侵权责任，比如物质损害赔偿责任等。此外，被侵权人主张侵权人承担精神损害赔偿责任的，应按照相应的举证责任分配规则承担相应的举证责任，就《民法典》第1183条第2款的规定而言，其应当就此物品属于具有人身意义的特定物和侵权人有故意和重大过失等要件承担举证责任。对于这个问题，还要避免与侵害一般人格权情形的混淆，比如，逝者骨灰盒给错又更换的情形，或者兄弟姐妹之间起诉请求在其已故父母墓碑上增加自己奉祀的名字、告知父母安葬在何处的纠纷，这时并不涉及对特定物的损害，但构成了对"悼念权"的侵犯，应属于侵害一般人格权的情形，应当遵循《民法典》第1165条第1款关于过错责任的一般规定。进而言之，对于"纯粹精神损失"抑或"纯粹精神打击"的问题，要体系化适用《民法典》第1164条和第1165条第1款的规定，既要考虑受到精神打击的人与被侵权人之间的关系，比如子女亲眼目睹其父母受到严重殴打的情形；又要考虑侵权人对此的认知或者预见能力。当然，对此要结合日常生活经验法则予以判断，此侵权人的主观过错宜限定在"故意或者重大过失"的情形。当然，目前对此并无法律、司法解释明确规定，故有必要在实务中进一步探索积累经验。

（三）审判实践中需要注意的其他问题

1. 精神损害赔偿数额的确定

相较于人身损害赔偿和财产损害赔偿的客观性，精神损害因其自身的抽象性、主观性而导致在具体赔偿数额上很难精确量化。对此，需要结合现有法律、司法解释的规定和审判实践经验做法来进行。一方面，《民法典》侵权责任编分别规定了人身损害赔偿、财产损失赔偿和精神损害赔偿，三者在具体赔偿方面是并列关系，精神损害赔偿系独立于死亡赔偿金和残疾赔偿金而存在。另一方面,精神损害赔偿具体数额的确定须综合考量多种因素。精神损害本身无法用金钱数额进行衡量,但是精神损害赔偿的数额应该与精神损害的严重程度相一致。①《精神损害解释》第 5 条规定:"精神损害的赔偿数额根据以下因素确定:(一)侵权人的过错程度,但是法律另有规定的除外;(二)侵权行为的目的、方式、场合等具体情节;(三)侵权行为所造成的后果;(四)侵权人的获利情况;(五)侵权人承担责任的经济能力;(六)受理诉讼法院所在地的平均生活水平。"审判实践中,人民法院在考量上述因素基础上确定精神损害赔偿数额的做法已经取得了明显效果。其中,第六个参考因素"受诉法院所在地平均生活水平"与《人身损害解释》中关于残疾赔偿金、死亡赔偿金按照"受诉法院所在地"相关收入标准计算的规定类似。故若出现这一情形,在计算精神损害赔偿时,也可参照适用《人身损害解释》第 18 条第 1 款的规定:"赔偿权利人举证证明其住所地或者经常居住地城镇居民人均可支配收入高于受诉法院所在地标准的,残疾赔偿金或者死亡赔偿金可以按照其住所地或者经常居住地的相关标准计算。"

2. 违约精神损害赔偿的适用

《民法典》第 996 条规定:"因当事人一方的违约行为,损害对方人格权并造成严重精神损害,受损害方选择请求其承担违约责任的,不影响受损害方请求精神损害赔偿。"这是对违约行为造成精神损害可以直接适用精神损害责任救济的规定。长期以来,我国采取违约行为不得请求适用精神损害赔偿责任的做法,当事人如果坚持主张,则应通过民事责任竞合的方法,选择侵权诉讼方可获得支持。这样的做法虽然有一定道理,但也容易造成当事人的诉累或者因为当事人选择不当而得不到应有的救济。《民法典》第 996 条规定了违约精神损害制度,堪称《民法典》编纂的一大亮点。

适用违约精神损害赔偿的要件是:一是双方当事人存在合法有效的合同

---

① 黄薇主编:《中华人民共和国民法典侵权责任编释义》,法律出版社 2020 年版,第 62 页。

关系；二是一方当事人违反合同约定构成违约；三是此违约行为侵害了债权人的人身权益并造成了严重的精神损害。从体系上讲，《民法典》第996条与第1183条第1款关于精神损害赔偿责任的一般性规定是特别规定与一般规定的关系，第996条作为特别规定，在违约责任领域具有优先适用的效力。[①]这也意味着《民法典》第996条未规定的适用精神损害赔偿的一般规则要回到《民法典》第1183条规定中来。也就是说，违约精神损害赔偿的适用有严格的法定条件要求，要以符合《民法典》第1183条规定以及对此规定予以细化解释的司法解释规定为前提。进而言之，在《民法典》第996条明确规定违约精神赔偿的情况下，在具体的合同纠纷涉及的精神损害赔偿符合《民法典》第1183条规定要求的，比如，合同的标的物是具有特殊意义的照片等具有人身意义的特定物，该标的物在普通的市场价格之外，还有精神因素和感情色彩因素。对于以精神上满足为目的的特殊类型的合同，如与婚礼、葬礼、旅游等事务相关的合同，精神损害具有可预见性。人民法院在计算违约赔偿数额时，可以对这些合同的特殊性予以考虑；[②]也要根据《精神损害解释》第5条的规定确定相应的精神损害赔偿数额。至于在此合同情形下当事人约定了违约金，而该违约金的调整是否要考虑精神损害赔偿；还是将精神损害赔偿予以单列的问题，这在目前既具有一定的普遍性又具有前沿性，笔者倾向于认为，这时要考虑当事人的意思自治和《民法典》第996条已经规定违约损害赔偿的客观实际，而不可一概固守精神损害赔偿本身的独立性，如果当事人之间就违约金的约定已经明确包含了精神损害赔偿数额的真实意思表示，对此约定情形在涉及违约金调整的基数中应当予以考量，这既可以发挥违约金本身的功能作用，也符合《民法典》有关精神损害赔偿的规定要求。当然，鉴于违约精神损害赔偿的规定是《民法典》的新增规定，此与违约金调整之间的衔接在实务中还有必要继续探索积累经验。

---

① 杨立新：《侵权责任法（第四版）》，法律出版社2021年版，第248页。
② 黄薇主编：《中华人民共和国民法典合同编释义》，法律出版社2020年版，第286页。

四、财产损失计算的基本沿用与规则适用

（一）财产损害赔偿概述

财产损害抑或财产损失，是指侵权行为侵害财产权，使财产权的客体遭到破坏，其使用价值和价值的贬损、减少或者完全丧失，或者破坏了财产权人对于财产权客体的支配关系，使财产权人的财产利益受到损失，从而导致权利人拥有的财产价值的减少和可得财产利益的丧失。[①] 财产损害的客体包括侵害财产权利和财产利益，保护的范围比较宽泛，比如物权、知识产权、股权和其他投资性权利、网络虚拟财产等具有财产性质的权益。[②]

财产损害赔偿范围应当以全部赔偿为原则，但涉及具体损害赔偿的多少问题时，就需要确立相应的计算标准或者方式。关于财产损失的计算方法，《民法通则》对此未作出规定。《侵权责任法》第 19 条规定："侵害他人财产的，财产损失按照损失发生时的市场价格或者其他方式计算。"《民法典》第 1184 条在此基础上作了适当修改，将"其他方式"修改为"其他合理方式"，即"侵害他人财产的，财产损失按照损失发生时的市场价格或者其他合理方式计算"，突出强调了选择其他方式计算财产损失时必须具备合理性这一要求。虽然《民法典》对财产损害赔偿的改动较小，但由于这一问题在审判实践中具有普遍性，属于侵权法领域的基本问题之一，有必要对此法律适用规则作一论述。

（二）财产损失的基本类型

计算财产损害，就是计算财产的直接损失和间接损失，然后实行全部赔偿。[③]

[①] 参见杨立新：《侵权责任法（第四版）》，法律出版社 2021 年版，第 249 页。
[②] 黄薇主编：《中华人民共和国民法典侵权责任编释义》，法律出版社 2020 年版，第 62 页。
[③] 杨立新：《侵权法论》，人民法院出版社 2013 年版，第 1128 页。

1. 直接损失

直接损失，也称所受损害，是指现有财产的价值减少，既包括积极财产的减少，也包括消极财产的增加。[①]

（1）积极财产的减少。具体包括两个方面：其一，财产毁损或灭失而直接减少的价值。审判实践中，确定财产因毁损或灭失而直接减少的价值的方法是该财产的"原有价值减去现存价值"。如果财产是可替代物，应区分新物与旧物。其中，确定新物原有价值的方法即考察在市场上购买同类物品的价格。确定旧物与不可替代物原有价值，一般是以相关鉴定机构评估鉴定价格为依据。至于财产被毁损的残存价值，也可以聘请有关的鉴定机构进行评估。[②]其二，财产被毁损后的贬值损失。理论上这种贬值可以分为两种情形：一是技术性贬值，即被毁损的物通过修理之后不能完全恢复原状，仍然存在一些瑕疵，以致其价值与被毁损之前依旧存在差异。二是交易性贬值，即被毁损的物经过完全修复但是因曾经发生过损害事故而导致交易的价格的降低。此种交易性贬值最经常出现的就是汽车被损坏场合。受害人的机动车发生交通事故后，虽经修理，恢复了原有的形态，但因其功能受到损害，市场上的价值仍然会低于受损害之前的价值。这种价值之间的差额就是交易性贬值。对于该损失是否赔偿，实践中存在争议。在以往的审判实践中，有的法院认为车辆贬值损失不属于法定赔偿范围，且贬值费的价值体现在交易中，原告没有交易就不存在此项费用的减损，故而不予赔偿。[③]有的法院认为，被告不仅要赔偿原告修理该车的费用，还要承担该车因贬值而遭受的损失。[④]《交通事故解释》对此作了明确，其第 12 条规定："因道路交通事故造成下列财

[①] 程啸：《侵权责任法（第三版）》，法律出版社 2021 年版，第 845~846 页。

[②] 参见黄微主编：《中华人民共和国民法典侵权责任编释义》，法律出版社 2020 年版，第 62~63 页。

[③] 《代某某诉彭亦某等财产损失赔偿纠纷案——车辆贬值费是否应当得到支持》，载张海棠主编：《2009 年上海法院案例精选》，上海人民法院出版社 2010 年版，第 115 页。

[④] 李自庆：《南京审结轿车受损贬值案 原告获赔车损贬值费 3.7 万元》，载《人民法院报》2006 年 9 月 15 日。

产损失，当事人请求侵权人赔偿的，人民法院应予支持：（一）维修被损坏车辆所支出的费用、车辆所载物品的损失、车辆施救费用；（二）因车辆灭失或者无法修复，为购买交通事故发生时与被损坏车辆价值相当的车辆重置费用；（三）依法从事货物运输、旅客运输等经营性活动的车辆，因无法从事相应经营活动所产生的合理停运损失；（四）非经营性车辆因无法继续使用，所产生的通常替代性交通工具的合理费用。"这一规定原则上采取了对车辆贬值损害不予赔偿的规则，实务中对于一些特殊情形，比如代售新车的情形可以探索予以损害赔偿。此即是在侵权人可预见的范围内，结合日常生活经验法则和经济社会生活中人们市场交往实际提出的既要救济受害人又要维护行动自由的合理解决方案。当然，这也在一定程度上反映出了贬值损失计算与赔偿的复杂性。

（2）消极财产的增加。即是指被侵权人因财产权益受侵害而增加支出的费用。该种损失，侵权人也应予以赔偿。比如上述车辆损坏后产生的拖车救援、维修费用等。

2. 间接损失

间接损失也称所失利益，是指被侵权人因财产权益被侵害导致了本应获得的利益无法获得。比如营运车辆被撞坏，维修期间无法利用该车从事运输并获得利益，该损失就是间接损失。侵害他人财产造成的间接损害并非实体损害，仅表现为被侵权人财产总额的减少，既包括本不该减少而减少的财产数额，也包括本该增加而未增加的财产数额。[1]侵权人就被侵权人的间接损失应当给予赔偿。因为侵权人破坏了生产者、经营者与作为生产经营资料的财物构成的生产经营关系中的物质条件，使得生产者、经营者不能正常地利用这一生产经营资料从事生产经营活动，从而造成了可得利益的减少和丧失，

---

[1] 李承亮：《〈民法典〉第1184条（侵害财产造成财产损失的计算）评注》，载《法学家》2021年第6期。

基于完全赔偿原则，侵权人应当承担赔偿责任。①

3.纯粹经济损失

纯粹经济损失指被侵权人因他人的侵权行为遭受的经济上的损害，但该种损害不是由于受害人所遭受的法定财产权利损害而产生的经济损失。一般认为对此损失原则上应不予赔偿，但在例外情况下，可以赔偿。不予赔偿的理由包括：一是纯粹经济损失与造成损害的原因之间的因果关系过于遥远，如果对纯经济损失予以赔偿，将导致诉讼泛滥；二是如果对纯粹经济损失予以赔偿，会妨碍人们的行为自由，因为行为人对于损害结果的发生不具有可预见性；三是如果对过失造成的纯粹经济损失的赔偿将导致行为人的责任过重。②但是如果对纯粹经济损失完全不予赔偿，对受害人来说有时会很不合理，因为此损害毕竟是侵权人所造成，为了防止无限扩大赔偿范围而加以限定，其限制主要为加害人的故意以及其对此损害的可预见性。《欧洲侵权法基本原则》第2：102条（4）规定：对纯粹经济损失和合同利益的保护范围相对受限。在此情况下，应适当考虑行为人与受害方的接近程度，或考虑行为人明知其行为将造成损失的事实（尽管其利益的价值被认为低于受害方的利益）。同条（6）规定：决定利益保护范围时，应考虑行为人的利益，尤其该行为人行动与行使权利的自由，以及公共利益。③这一规则值得参考，按照全面赔偿原则，纯粹经济损失的赔偿应当有严格的构成要件限制和赔偿范围限制，比如在主观过错上限定为故意，在具体适用时要遵循日常生活经验法则的判断并要受可预见性规则的限制。

（三）差额计算法的适用

损害的计算方法，通常有客观计算和主观计算的分别。所谓客观计算，

---

① 王利明主编：《民法·侵权行为法》，中国人民大学出版社1993年版，第592页；房绍坤、郭明瑞、唐广良：《民商法原理（三）：侵权法、侵权行为法、继承法》，中国人民大学出版社1999年版，第532页。

② 参见最高人民法院民法典贯彻实施工作领导小组主编：《中华人民共和国民法典侵权责任编理解与适用》，人民法院出版社2020年版，第188页。

③ 王胜明主编：《中华人民共和国侵权责任法释义》，法律出版社2010年版，第99页。

是指参酌一般市场价格等客观因素确定损害赔偿额的方法。所谓主观计算，是指参酌被侵权人的特别情事等主观因素来确定损害赔偿额的方法。《民法典》第1184条所提及的"按照损失发生时的市场价格"计算，就是一种客观计算的方法，即所谓差额计算法。不过，并非所有财产损失都适合于价值差额这种计算方法。[①]比如，祖传的古玩字画，实际上没有客观的市场价格来确定，就难以适用价值差额计算法，这时就需要按照有关鉴定评估价格来计算。

通常而言，差额计算法的计算公式为："损失＝原物价值－残存价值"。对此需要把握以下四点：一是原物价值的确定，二是计算时间点的确定，三是市场价格计算地点的确定，四是残存价值的确定。[②]

1. 关于原物价值

具体来讲，关于物的价格确定有三种观点：（1）通常价格，即一般交易上的市场价格，这是一种客观价格。（2）特别价格，即依照被侵权人的特别事由而定的价格，例如甲将其市值5万元的旧车以7万元的价格卖给乙，其特别价格即为7万元。（3）感情价格，即依照被侵权人的感情而定的价格，例如，甲有家传古画一张，市值为1000万元，但其非2000万元不愿转让，该画的特别价格即为2000万元。《民法典》第1184条明确强调市场价格，即选择了第一种标准。[③]

2. 关于计算"市场价格"的时间

《民法典》第1184条传承了《侵权责任法》的做法，当然也是实务中常用的做法，即以损失发生时的价格为准计算，这一标准更符合填平损害的损害赔偿基本原理，也符合当事人可预见性或者可归责性的法理，较为公平合理。按照这一标准计算，规则也较为清晰，对于有关价格上涨或者下跌作为

[①] 最高人民法院侵权责任法研究小组编著：《〈中华人民共和国侵权责任法〉条文理解与适用》，人民法院出版社2010年版，第148页。

[②] 参见最高人民法院民法典贯彻实施工作领导小组主编：《中华人民共和国民法典侵权责任编理解与适用》，人民法院出版社2020年版，第183页。

[③] 最高人民法院侵权责任法研究小组编著：《〈中华人民共和国侵权责任法〉条文理解与适用》，人民法院出版社2010年版，第148~149页。

合理市场风险由某一方当事人承担。换言之，即使起诉时或者裁判时该物的市场价格上涨，被侵权人也不能以价格上涨后的物的价值要求赔偿损失；反之，如果起诉时或者裁判时该物的市场价格下跌，侵权人也无权以价格下跌要求减少赔偿数额。①

需要注意的是，市场价格是针对特定的时间点而言。在持续性侵权案件中，侵权行为和损害后果在一定的期间内持续发生，而该期间内，被侵害财产的市场价格可能存在波动。此时，损失发生时的市场价格就成为一个不确定的概念。②如按照侵权持续期间的最高市场价格计算损失，虽然有利于被侵权人的保护，但对于侵权人可能难谓公平。审判实践中对于持续性侵权案件，通常按照侵权持续期间的平均市场价格作为损失发生时的市场价格，该种计算方式更为公允，更有利于平衡双方当事人的利益。

3. 关于确定市场价格的计算地点

通常而言，计算损失时，有侵权行为实施地和损害结果发生地两种选择。因财产损失是被侵权人的实际损失，因此笔者倾向于认为以损失发生地的价格为准，较为公平。

4. 关于残存价值的确定

残存价值的确定在没有其他合适方法的情况下，一般需要通过鉴定或评估的方式进行确定。在诉讼中就要根据《民事诉讼法》第79条的规定通过依法启动鉴定或者评估程序进行。在此要注意的是，并非所有的物的价值减损都需要通过鉴定或者评估程序进行，避免不当给当事人造成过重的负担。比如，对于一些日常用品、农具，可以运用日常经验法则来确定，不能动辄因为没有启动鉴定或者评估程序就认为此损失无法认定而径行将此损失的赔偿不予支持，即没有通过鉴定评估程序认定损失的大小不代表着没有损失，也

---

① 参见最高人民法院民法典贯彻实施工作领导小组主编：《中华人民共和国民法典侵权责任编理解与适用》，人民法院出版社2020年版，第184~185页。

② 李承亮：《〈民法典〉第1184条（侵害财产造成财产损失的计算）评注》，载《法学家》2021年第6期。

就不能将此损失简单"归零"。

（四）关于间接损失的计算

上述差额计算法主要涉及直接损失的计算，实践中存在大量侵权纠纷涉及间接损失的计算问题，而造成间接损失的情况比较复杂，且又具有未来发生性或者不确定性，如何确定损害赔偿数额，一直以来都是理论界和实务界的难点问题。对此，在理念思路上需要把握的是，侵权法不仅是权利救济法，同时也是合理划定人们行为自由界限的法律，如果对侵权人要求过重，则会影响其行为自由，有违利益平衡的原则，阻碍社会的发展，对间接损失应当采取可预见性标准予以限制。[①]

就理论与实践的结合，目前较为可行的计算间接损失价值的公式是：间接损失价值＝单位时间增值效益×影响效益发挥的时间。在这一公式中，"单位时间增值效益"是一个关键的内容，确定这一数值通常有三种方法：一是收益平均法，即计算出受害人在受害之前一定时间里的单位时间平均收益值。例如，某甲经营出租车运营，汽车被损坏后，15天没能营运。对此，可以用前一个月的总收益除以该月的天数，即得出该汽车一天营运的收益额。在使用这种计算方法时，要注意季节等条件因素对经营的影响，应取同等条件或相似条件的季节作为参照来计算。二是同类比照法，即确定条件相同或基本相同的同类生产、经营者，以其为对象，计算该人在同等条件下的平均收益值，作为受害人损失的单位时间增值效益的数额，按此数额确定受害人的单位时间增值效益。使用这种计算方法要注意同等条件，如同等时间、同等属性、同等生产经营等因素。三是综合法，即将以上两种方法综合使用，使计算的结果更趋于客观准确。关于"影响效益发挥的时间"这个量的计算，因财产的损坏和财产的侵占、灭失而不同。财产的一般损坏，其影响效益发挥的时间，是从损坏发生之时到经维修为正常使用之时。财产的侵占、灭失，

---

① 参见王胜明主编：《中华人民共和国侵权责任法释义》，法律出版社2010年版，第98页。

则从侵害发生之时,到返还、正常购买的财产正常使用之时。[①]

在此要注意的是,从损害赔偿的基本原理出发,要把握好对填平原则的遵循,既要填平受害人的损害,又不能让受害人因他人的违法行为不当获益。比如,在侵害的财产是生产原材料时,受害人因该财产被侵害而无法进行生产的时候,不能在计算财产损害的间接损失即利润减少的同时,再将受害人停产停业时支付的工人工资等计算在内,这属于同一性质的损失,不可重复计算。

(五)"其他合理方式"的运用

《民法典》第1184条规定的"其他合理方式"计算财产损害,通常是在被侵害的财产本身没有市场价格可以作为计算标准时,作为补充方式来运用的。该条对"其他合理方式"的范围没有明确规定,在具体适用时需要把握以下几点:一是其他法律有具体规定的,依照该规定处理。比如,根据《专利法》《著作权法》和《商标法》等规定,知识产权侵权损害赔偿数额的计算方法通常包括以下几种:(1)根据权利人因被侵权所受到的损失计算;(2)根据侵权人因侵权所获得的利益计算;(3)参照可以同比计算的许可使用费的合理倍数计算;(4)法定赔偿,即根据知识产权的类型、侵权行为的性质和情节等因素,由人民法院在法定的数额幅度内酌情确定赔偿数额。[②]二是在没有其他法律具体规定时,有必要在审判实务中继续探索积累经验。笔者认为,有关方式方法的选择最终要服务于相应的目的目标的实现,鉴于此情形下最重要的是合理确定损害赔偿数额,是故,有必要适用动态系统论的方法,综合考虑被侵害的财产的种类、侵权行为的性质、持续时间、范围、后果、侵权人的主观状态等各种因素,确定合理的赔偿数额。

审判实践中,对于损害赔偿的数额当事人能否事先约定的问题存在一定

[①] 杨立新:《侵权法论》,人民法院出版社2013年版,第1133页。
[②] 最高人民法院侵权责任法研究小组编著:《〈中华人民共和国侵权责任法〉条文理解与适用》,人民法院出版社2010年版,第151页。

争议。笔者认为，按照意思自治原则的要求，应当允许当事人对于财产损失的赔偿数额进行约定，这也有利于纠纷的多元化解。需要注意的是：一方面，这一财产损害赔偿的协议，原则上应具有事后性。在造成财产损害之前就达成此协议，存在是否有悖于公序良俗的问题，尤其是对于故意侵权的情形不应予以准许。另一方面，这一协议内容应符合公平自愿原则的要求，通过胁迫或者欺诈方式达成的协议或者协议内容对一方当事人显失公平的，应属于依法可以被撤销的情形。

五、知识产权侵权惩罚性赔偿的确立与适用

（一）惩罚性赔偿概述

惩罚性赔偿也称惩戒性赔偿，是侵权人给付被侵权人超过其实际损害数额的一种金钱赔偿，[1]与补偿性赔偿相比，惩罚性赔偿是由赔偿和惩罚所组成的，其目的不在于填补受害人的损失，而在于针对具有不法性和道德上应受谴责性的行为，即对故意的、恶意的侵害行为实施惩罚，从而达到预防和遏制此类行为发生的效果。对于行为人基于主观恶性从事的损害行为，仅仅靠填补性的损害赔偿很难达到赔偿的目的，通过惩罚性赔偿，可以反映法律对主观恶性的关注与惩罚。[2]

1. 比较法上的做法

在大陆法系，无论是侵权损害赔偿还是违约损害赔偿，都是奉行单纯的补偿性民事法律责任制度。惩罚性赔偿责任的性质实际上是一种私人罚款，是对民事违法行为的惩罚，与私法的补偿性质不相容。如果允许在私法领域对民事违法行为进行惩罚，必然混淆公法与私法的界限，因而惩罚性赔偿金

---

[1] 黄薇主编：《中华人民共和国民法典侵权责任编释义》，法律出版社 2020 年版，第 64 页。
[2] 参见陈聪富：《美国法上之惩罚性赔偿金制度》，载《侵权归责原则与损害赔偿》，北京大学出版社 2005 年版，第 203 页。

是不可理解、不可取的。基于这样的理念，大陆法系国家对于知识产权侵权行为也是不承认惩罚性赔偿的。德国法认为损害赔偿的目的在于恢复原状，坚持完全赔偿原则，而不承认惩罚性赔偿，德国联邦法院甚至认为，在物质性赔偿与非物质性赔偿之外适用惩罚性赔偿的做法违反了公序良俗原则，因此，德国国内原则上不承认和执行美国有关惩罚性赔偿的判决。[①]

英美法系则是普遍承认惩罚性赔偿的适用。在英美法系看来，当被告对原告的加害行为具有严重的暴力、压制、恶意或者欺诈性质，或者属于任意的、轻率的、恶劣的行为时，法院可以判决被告给付原告超过实际财产损失的赔偿金。惩罚性赔偿得因被告之恶性动机、鲁莽弃置他人权利于不顾之极端无理行为而给予。于评估惩罚性赔偿之金额，事实之审理者得适当考虑被告行为之性质、被告行为所致或者致原告所受伤害之本质及程度、被告之财富。[②] 特别是在20世纪之后，惩罚性赔偿的适用范围进一步扩展。

2. 我国的主要规定

我国的惩罚性赔偿制度起初主要规定在消费者权益保护领域，比如《消费者权益保护法》第55条[③]明确规定了商品或者服务欺诈的赔偿规则，《食品安全法》第148条[④]也规定了惩罚性赔偿。《民法典》在总结理论研究和实务

[①] 王利明：《论我国民法典中侵害知识产权惩罚性赔偿的规则》，载《政治与法律》2019年第8期。

[②] 杨立新：《侵权法论》，人民法院出版社2013年版，第1190页。

[③] 《消费者权益保护法》第55条规定："经营者提供商品或者服务有欺诈行为的，应当按照消费者的要求增加赔偿其受到的损失，增加赔偿的金额为消费者购买商品的价款或者接受服务的费用的三倍；增加赔偿的金额不足五百元的，为五百元。法律另有规定的，依照其规定。经营者明知商品或者服务存在缺陷，仍然向消费者提供，造成消费者或者其他受害人死亡或者健康严重损害的，受害人有权要求经营者依照本法第四十九条、第五十一条等法律规定赔偿损失，并有权要求所受损失二倍以下的惩罚性赔偿。"

[④] 《食品安全法》第148条规定："消费者因不符合食品安全标准的食品受到损害的，可以向经营者要求赔偿损失，也可以向生产者要求赔偿损失。接到消费者赔偿要求的生产经营者，应当实行首负责任制，先行赔付，不得推诿；属于生产者责任的，经营者赔偿后有权向生产者追偿；属于经营者责任的，生产者赔偿后有权向经营者追偿。　生产不符合食品安全标准的食品或者经营明知是不符合食品安全标准的食品，消费者除要求赔偿损失外，还可以向生产者或者经营者要求支付价款十倍或者损失三倍的赔偿金；增加赔偿的金额不足一千元的，为一千元。但是，食品的标签、说明书存在不影响食品安全且不会对消费者造成误导的瑕疵的除外。"

经验的基础上，在第 1185 条规定了侵犯知识产权的惩罚性赔偿，还在第 1207 条、第 1232 条分别规定了产品责任以及环境侵权中的惩罚性赔偿制度，由此在《民法典》框架内形成了较为完备的惩罚性赔偿体系，作为《民法典》侵权责任编顺应时代发展趋势的又一大亮点制度。

（二）知识产权侵权惩罚性赔偿在《民法典》中的确立

知识产权惩罚性赔偿是指侵权人所要承担的损害赔偿数额超过其造成被侵权人实际损害数额，在填平被侵权人损害的基础上提高赔偿数额，以彰显对侵权人行为进行惩罚的制度。[①] 在知识产权领域，我国起初的立法和实务并未采用惩罚性赔偿制度。很长一段时间以来，我国一直存在知识产权"违法成本低，维权成本高"的问题，有碍知识产权的保护及促进创新驱动发展，不利于我国综合国力的提高。为强化对知识产权的保护，有关知识产权侵权的惩罚性赔偿在立法上逐步确立。比如，《著作权法》第 54 条第 1 款规定："侵犯著作权或者与著作权有关的权利的，侵权人应当按照权利人因此受到的实际损失或者侵权人的违法所得给予赔偿；权利人的实际损失或者侵权人的违法所得难以计算的，可以参照该权利使用费给予赔偿。对故意侵犯著作权或者与著作权有关的权利，情节严重的，可以在按照上述方法确定数额的一倍以上五倍以下给予赔偿。"《专利法》第 71 条第 1 款规定："侵犯专利权的赔偿数额按照权利人因被侵权所受到的实际损失或者侵权人因侵权所获得的利益确定；权利人的损失或者侵权人获得的利益难以确定的，参照该专利许可使用费的倍数合理确定。对故意侵犯专利权，情节严重的，可以在按照上述方法确定数额的一倍以上五倍以下确定赔偿数额。"《商标法》第 63 条第 1 款规定："侵犯商标专用权的赔偿数额，按照权利人因被侵权所受到的实际损失确定；实际损失难以确定的，可以按照侵权人因侵权所获得的利益确定；权利人的损失或者侵权人获得的利益难以确定的，参照该商标许可

[①] 最高人民法院民法典贯彻实施工作领导小组编著：《中国民法典适用大全·侵权责任卷》（一），人民法院出版社 2022 年版，第 286 页。

使用费的倍数合理确定。对恶意侵犯商标专用权，情节严重的，可以在按照上述方法确定数额的一倍以上五倍以下确定赔偿数额。赔偿数额应当包括权利人为制止侵权行为所支付的合理开支。"由此也为《民法典》正式确立知识产权侵权的惩罚性赔偿提供了可复制的经验。在《民法典》编纂过程中，第二次审议稿就规定了知识产权惩罚性赔偿制度，其第961条之一规定："故意侵害知识产权，情节严重的，被侵权人有权请求相应的惩罚性赔偿。"《民法典》第1185条在此基础上正式规定了知识产权惩罚性赔偿制度。

《民法典》这一民事基本法律中对知识产权的惩罚性赔偿予以规定，为各知识产权部门法继续细化规定惩罚性赔偿制度提供了较好的一般规则和上位法支撑，为未来各个领域知识产权中探索适用惩罚性赔偿提供了坚实基础，也为各个知识产权部门法统一协调规定相关知识产权惩罚性赔偿的构成要件，避免条文冲突提供了基本遵循。同时，该条发挥了兜底性功能，即便没有其他法律的规定，司法实践中也可以依据该条确定侵害知识产权的惩罚性赔偿。①

（三）知识产权侵权惩罚性赔偿的适用条件

《民法典》第1185条规定："故意侵害他人知识产权，情节严重的，被侵权人有权请求相应的惩罚性赔偿。"据此，知识产权侵权惩罚性赔偿的适用，须满足以下条件：

1. 必须是主观故意

只有对故意状态的侵权行为适用惩罚性赔偿，才能实现构建惩罚性赔偿制度的根本目的，即遏制、预防侵权行为的发生。过失情形则无此必要，故对过失情形不得适用惩罚性赔偿。实务中，关于"明知"，特别是"应知"的认定标准是法律实践的难点，与著作权、商标权有所不同，专利保护范围确

---

① 王利明主编：《中国民法典评注·侵权责任编》，人民法院出版社2021年版，第143页。

定和专利侵权认定具有更强的复杂性，因而直接推定侵犯专利权的行为就是故意侵权显得不甚合理。因此，权利人必须提供清楚的、有说服力的证据，证明程度应达到让理性人认可侵权人系故意侵害有效知识产权的程度。当权利人发现侵权行为存在并向侵权人发出警告函等情形，应当综合警告函内容和侵权人收到警告函后的行为认定是否构成故意侵害。[①] 对于"故意"的认定，《最高人民法院关于审理侵害知识产权民事案件适用惩罚性赔偿的解释》（以下简称《知产民事案件惩罚性赔偿解释》）第3条规定："对于侵害知识产权的故意的认定，人民法院应当综合考虑被侵害知识产权客体类型、权利状态和相关产品知名度、被告与原告或者利害关系人之间的关系等因素。对于下列情形，人民法院可以初步认定被告具有侵害知识产权的故意：（一）被告经原告或者利害关系人通知、警告后，仍继续实施侵权行为的；（二）被告或其法定代表人、管理人是原告或者利害关系人的法定代表人、管理人、实际控制人的；（三）被告与原告或者利害关系人之间存在劳动、劳务、合作、许可、经销、代理、代表等关系，且接触过被侵害的知识产权的；（四）被告与原告或者利害关系人之间有业务往来或者为达成合同等进行过磋商，且接触过被侵害的知识产权的；（五）被告实施盗版、假冒注册商标行为的；（六）其他可以认定为故意的情形。"此外，对"重大过失"是否视为"故意"实践中也存在争议。笔者倾向于认为，惩罚性赔偿本身已是加重赔偿，即超出了自己责任的填平要求，应该恪守严格的法定构成要件要求，既然该条规定以"故意"为要件，就不宜再作扩大解释，否则就会过多地限制其他人的行为自由，不利于社会的正常交往。

2. 须情节严重

在《民法典》侵权责任编编纂过程中，曾有观点认为，在恶意侵权之外附加情节严重的要件，会降低惩罚性赔偿责任在司法实践中的可操作性。从

---

① 张鹏：《知识产权惩罚性赔偿制度的正当性及基本建构》，载《知识产权》2016年第4期。

司法实践来看，自 2013 年《商标法》修改的时候，有的法院在适用侵害商标权的惩罚性赔偿规则时，并没有提及情节严重的问题，而直接以主观恶意明显为由，适用惩罚性赔偿。[①] 也有观点认为，主观故意与情节严重共同作为惩罚性赔偿的要件，两者之间并不矛盾，主观故意针对行为人的主观状态，表明其行为的可责难性；情节严重则是从行为人的外在手段方式及其造成的后果等客观方面进行的考察，一般不涉及行为人的主观状态，法律设置惩罚性赔偿的重要目的之一，是对情节严重的行为进行制裁，而不仅仅是制裁故意侵权行为。[②] 最终《民法典》采纳了后一种观点，明确了情节严重这一构成要件。适用惩罚性赔偿增加情节严重这一要件，有利于防止惩罚性赔偿的惩罚过度或者滥用，也为审判实务或者司法解释中根据案件情况细化惩罚性赔偿的规则提供了依据，预留了空间。

实务中，关于"情节严重"的认定，具体可以参考有关法律或者司法解释的规定来确定。《知产民事案件惩罚性赔偿解释》第 4 条规定："对于侵害知识产权情节严重的认定，人民法院应当综合考虑侵权手段、次数，侵权行为的持续时间、地域范围、规模、后果，侵权人在诉讼中的行为等因素。被告有下列情形的，人民法院可以认定为情节严重：（一）因侵权被行政处罚或者法院裁判承担责任后，再次实施相同或者类似侵权行为；（二）以侵害知识产权为业；（三）伪造、毁坏或者隐匿侵权证据；（四）拒不履行保全裁定；（五）侵权获利或者权利人受损巨大；（六）侵权行为可能危害国家安全、公共利益或者人身健康；（七）其他可以认定为情节严重的情形。"

为进一步正确实施惩罚性赔偿制度，最高人民法院于 2021 年 3 月 15 日发布了 6 件侵害知识产权民事案件适用惩罚性赔偿典型案例，均涉及情节严

[①] 参见山东省青岛市中级人民法院（2015）青知民初字第 9 号民事判决书。
[②] 王利明：《论我国民法典中侵害知识产权惩罚性赔偿的规则》，载《政治与法律》2019 年第 8 期。

重认定问题。例如，五粮液公司与徐某某等侵害商标权纠纷案中，五粮液公司经商标注册人许可，独占使用"image.png"注册商标。徐某某实际控制的店铺曾因销售假冒五粮液等白酒及擅自使用"五粮液"字样的店招被行政处罚。徐某某等人因销售假冒的五粮液等白酒，构成销售假冒注册商标的商品罪，被判处有期徒刑等刑罚。在徐某某等人曾因销售假冒五粮液商品被行政处罚和刑事处罚的情形下，一审、二审法院考量被诉侵权行为模式、持续时间等因素，认定其基本以侵权为业，判令承担两倍的惩罚性赔偿责任。该案的典型意义就在于准确界定了以侵害知识产权为业等情节严重情形，具有示范意义。[①]

3. 除了上述两个构成要件之外，适用知识产权惩罚性赔偿还应符合知识产权侵权的一般要件

通常而言，侵害他人知识产权的行为适用过错责任原则，这时就还要符合违法行为、损害后果等要件。与之相关的举证责任的分配，则要遵循"谁主张，谁举证"的一般规则，但有关法律、司法解释另有规定的除外。比如《商标法》第63条第2款规定："人民法院为确定赔偿数额，在权利人已经尽力举证，而与侵权行为相关的账簿、资料主要由侵权人掌握的情况下，可以责令侵权人提供与侵权行为相关的账簿、资料；侵权人不提供或者提供虚假的账簿、资料的，人民法院可以参考权利人的主张和提供的证据判定赔偿数额。"这在司法实践中要予以遵循。

（四）关于知识产权侵权惩罚性赔偿数额的确定

就知识产权侵权惩罚性赔偿数额的确定问题，需要注意以下几个方面：

1. 关于基数的确定

审判实践中，因损害赔偿数额难以精确计算，导致惩罚性赔偿适用时常面临困境。为发挥惩罚性赔偿制度遏制侵权的重要作用，立足知识产权审判

[①] 最高人民法院民法典贯彻实施工作领导小组编著：《中国民法典适用大全·侵权责任卷》（一），人民法院出版社2022年版，第288页。

实际,《知产民事案件惩罚性赔偿解释》第 5 条第 3 款将参考原告主张和证据所确定的赔偿数额作为基数的一种。此外,制止侵权的合理开支在实际维权过程中才能发生,与侵权赔偿的指向不同,而且《著作权法》《商标法》《专利法》《反不正当竞争法》均把合理开支排除在计算基数之外,因此,《知产民事案件惩罚性赔偿解释》第 5 条第 1 款规定,基数不包括原告为制止侵权所支付的合理开支。同时,考虑到《种子法》规定合理开支包括在计算基数之内,该款增加但书:"法律另有规定的,依照其规定。"

关于基数的计算方式,《著作权法》规定赔偿数额计算基数为实际损失或者侵权人违法所得,《专利法》《商标法》《反不正当竞争法》《种子法》规定的计算基数为实际损失或者因侵权所获得的利益。《商标法》《反不正当竞争法》《种子法》规定的计算基数是先按照实际损失确定,难以确定的按照因侵权所获得利益确定,即规定了先后顺序,而《著作权法》《专利法》未规定计算基数的先后顺序。为解决与各部门法的衔接问题,《知产民事案件惩罚性赔偿解释》第 5 条第 1 款规定,应当分别依照相关法律规定确定。需要指出的是,填平性赔偿数额即基数和惩罚性赔偿数额应当分别单独计算,也就是说,如果惩罚性赔偿的倍数确定为一倍,那么被侵权人承担的赔偿总额应当为填平性赔偿数额加上惩罚性赔偿数额之和,即为基数的两倍。[①]

2. 关于倍数问题

倍数是决定惩罚性赔偿数额的另一关键因素,人民法院综合案件整体情况,在法律规定的倍数幅度范围内依法确定。在确定倍数时,不仅要考虑到侵权人过错程度、情节严重程度、赔偿数额的证据支持情况等,更需要考虑知识产权惩罚性赔偿与行政处罚和刑事罚金的关系。此外,从既有法律规定来看,惩罚性赔偿的倍数也可以不是整数倍。

关于知识产权惩罚性赔偿与行政罚款、刑事罚金的关系问题,三者在价

[①] 最高人民法院民法典贯彻实施工作领导小组编著:《中国民法典适用大全·侵权责任卷》(一),人民法院出版社 2022 年版,第 289 页。

值取向上并不完全一致,《民法典》第 187 条也有明确规定。《知产民事案件惩罚性赔偿解释》第 6 条进一步规定,不能因已经被处以行政罚款或刑事罚金而减免民事诉讼中的惩罚性赔偿责任。同时,为避免当事人利益严重失衡,该条第 2 款进一步规定,人民法院在确定倍数时可以综合考虑已执行完毕的行政罚款或者刑事罚金情况。①

六、公平分担损失的修改完善与规则适用

（一）《民法典》对公平分担损失规则的修改

公平分担损失规则,是指加害人和受害人都没有过错,在损害事实已经发生的情况下,以公平作为标准,依照法律的规定,由双方当事人公平地分担损失的侵权责任形态。② 这一规则在学理和实务上通常又被称为公平责任。现代公平分担损失的规定,最初产生于未成年人和精神病人的赔偿案件。③对于未成年人或者精神病人不具备意思能力,不能被确定有过错,因此根据过错责任原则其就无须承担责任,但完全免责对受害人就会明显有失公平,公平分担损失规则也就应运而生。比如,《德国民法典》第 829 条规定,未成年人致人损害,受害人在不能向有监督义务的第三人取得赔偿时,仍应当赔偿损害,根据情况特别是根据当事人之间的法律关系,依公平原则要求作出某种赔偿时,在赔偿妨害加害人保持与自己地位相当的生计和履行其法定扶养义务所需资金限度内,加害人仍应负损害赔偿义务。《埃塞俄比亚民法典》第 2099 条规定,如果导致责任的过错行为是处于不知其行为的过错性质状态的人实施的,在有衡平需要时,法院可减少授予的赔偿额。

我国早在《民法通则》中就对公平原则作了规定,其第 132 条规定:"当

---

① 最高人民法院民法典贯彻实施工作领导小组编著:《中国民法典适用大全·侵权责任卷》（一）,人民法院出版社 2022 年版,第 289~290 页。
② 杨立新:《侵权责任法（第四版）》,法律出版社 2021 年版,第 259 页。
③ 黄薇主编:《中华人民共和国民法典侵权责任编释义》,法律出版社 2020 年版,第 67 页。

事人对造成损害都没有过错的,可以根据实际情况,由当事人分担民事责任。"《民法通则意见》第157条规定:"当事人对造成损害均无过错,但一方是在为对方的利益或者共同的利益进行活动的过程中受到损害的,可以责令对方或者受益人给予一定的经济补偿。"《侵权责任法》第24条在此基础上对于公平分担损失的规则作了重申,也进一步明确:"受害人和行为人对损害的发生都没有过错的,可以根据实际情况,由双方分担损失。"特别是将《民法通则》规定的"分担民事责任"修改为"分担损失"。一方面,双方当事人对损害的发生都没有过错,那么行为人就不应承担责任,而只能是分担损失;另一方面,让无过错的当事人承担责任,当事人比较难以接受。比如,高空抛物造成他人损害的案件,一些建筑物的使用人认为,自己并不是行为人,出于道义可以拿出钱来对受害人提供帮助,但说自己有"责任",感情上接受不了。[1] 在《民法典》编纂过程中,有观点认为,《侵权责任法》第24条的规定存在适用范围不明确的问题,实践中对此争议较大、裁判尺度不统一。司法判决中,由于这一规定有些抽象,法官裁量的过程中,出现了认定过于随意、标准失之宽松的情况,导致了公平分担损失规则的滥用。[2] 为进一步明确公平分担损失原则的适用范围,统一裁判尺度,避免裁量尺度较宽等弊端,[3] 立法机关在综合各方意见的基础上,对此作了修正,《民法典》第1186条规定:"受害人和行为人对损害的发生都没有过错的,依照法律的规定由双方分担损失。"将《侵权责任法》规定的"可以根据实际情况"修改为"依照法律的规定",从文义和沿革变化上看,《民法典》第1186条明确要求依照法律的规定适用公平责任,严格限定了公平责任的适用空间,也使得这一规定不再具有单独作为裁判规范的功能,而是更具有指引规范的作用。

---

[1] 王胜明主编:《中华人民共和国侵权责任法释义》,法律出版社2010年版,第119页。
[2] 参见黄薇主编:《中华人民共和国民法典侵权责任编释义》,法律出版社2020年版,第67页。
[3] 最高人民法院民法典贯彻实施工作领导小组编著:《中国民法典适用大全·侵权责任卷》(一),人民法院出版社2022年版,第297页。

在以往的理论和实务上都有将公平责任作为一项基本原则的观点。《民法典》第 1186 条很好地厘清了这一问题,将公平责任仅是作为损害赔偿规则中的一个特殊情形对待。从规则体系上看,《民法典》第 1165 条、第 1166 条专门规定了过错责任原则和无过错责任原则,第 1186 条规定并未与之衔接规定,在地位上达不到此两条规定的地步。且《民法典》第 1165 条、第 1166 条能够涵盖所有的侵权行为类型,实际形成了归责原则的闭环,特别是第 1165 条第 1 款关于过错责任的规定实际上发挥了归责原则一般条款的作用,在适用范围上具有广泛的普遍性。而公平责任规则仅是针对特定情形而适用,在适用范围上与上述归责原则显不能比。

公平分担损失规则与《民法典》第 6 条规定的公平原则不仅不相冲突还具有内在一致性。一方面,公平原则作为民法的基本原则,贯穿于民事法律规范的始终,也是民事裁判的基本遵循,虽然其一般不能作为直接裁判规范予以援引,但其内涵实质都要融入具体裁判案件当中;另一方面,公平分担损失规则也正好是公平原则在《民法典》侵权责任编损害赔偿领域的具体化,是《民法典》内在总分有机体系的典型表现。

(二)公平分担损失规则的适用条件

依据《民法典》第 1186 条规定,公平分担损失规则的适用条件有严格的限制,具体条件如下:

1. "受害人和行为人对损害的发生都没有过错"是公平责任规则适用的基本条件

这里的"没有过错",强调的是在导致损害发生这一关键问题上,受害人和行为人双方的主观心理状态均是既没有故意也没有过失的,即均不具有任何可归责性。在此要注意的是,公平分担损失规则在适用顺位上属于后位补充适用,即在能够适用过错责任原则(包括过错推定责任原则)和法律规定适用无过错责任原则的情况下,就不能适用这一规则。比如,侵权行为属于法律规定适用无过错责任或者过错推定责任的情形,要首先适用相关归责原则来确定责任构成，比如产品责任、环境污染、生态破坏责任、高度危险责任中关于无过错责任的规定，应当先行适用。并非上述情形的，应依据过错责任规定，从行为人加害行为的外在表现判断行为人对其行为存在故意或过失的心理状态，从而认定行为人应否承担侵权责任。只有在不能适用无过错责任原则、过错推定责任原则且受害人和行为人对损害的发生都没有过错的情况下，才可以依据《民法典》第1186条的指引探寻公平责任的适用空间。

2. 存在法律的明确规定是公平责任规则适用的前提条件

如上所述，《民法典》第1186条规定对适用公平责任的范围作了明确限制。"法律规定"可以是《民法典》的规定，除《民法典》外，还可以是其他法律根据实践需要作出的相应规定。[①] 在《民法典》框架内，主要包括：（1）《民法典》第1190条第1款规定："完全民事行为能力人对自己的行为暂时没有意识或者失去控制造成他人损害有过错的，应当承担侵权责任；没有过错的，根据行为人的经济状况对受害人适当补偿。"（2）《民法典》第1254条第1款规定："禁止从建筑物中抛掷物品。从建筑物中抛掷物品或者从建筑物上坠落的物品造成他人损害的，由侵权人依法承担侵权责任；经调查难以确定具体侵权人的，除能够证明自己不是侵权人的外，由可能加害的建筑物使用人给予补偿。可能加害的建筑物使用人补偿后，有权向侵权人追偿。"（3）《民法典》第182条第2款、第3款规定："危险由自然原因引起的，紧急避险人不承担民事责任，可以给予适当补偿。紧急避险采取措施不当或者超过必要的限度，造成不应有的损害的，紧急避险人应当承担适当的民事责任。"（4）《民法典》第183条规定："因保护他人民事权益使自己受到损害的，由侵权人承担民事责任，受益人可以给予适当补偿。没有侵权人、侵权人逃逸或者无力承担民事责任，受害人请求补偿的，受益人应当给予适当补偿。"此外，《民法典》第1188条规定："无民事行为能力人、限制民事行为

[①] 参见黄薇主编：《中华人民共和国民法典侵权责任编释义》，法律出版社2020年版，第70页。

能力人造成他人损害的,由监护人承担侵权责任。监护人尽到监护职责的,可以减轻其侵权责任。有财产的无民事行为能力人、限制民事行为能力人造成他人损害的,从本人财产中支付赔偿费用;不足部分,由监护人赔偿。"通说认为,该条也是关于适用公平责任的规定。即在该条规定情形下,监护人即使尽到监护职责也不免除责任,而要分担部分损失;同时,有财产的无民事行为能力人、限制民事行为能力人要先从其财产中支付赔偿费用。符合上述规定情形的,就应当适用公平责任规则。

3. 行为人的行为与损害后果的发生具有因果关系是适用公平责任规则的必要条件

尽管《民法典》第1186条规定行为人没有过错也应承担责任,但并不是不考虑行为人的行为与受害人的损害之间的因果关系,存在因果关系是他们分担损失的重要条件。司法实践中,可能会出现损害的发生是由有过错的第三人引起,但不能找到有过错的第三人从而无法追究侵权责任的情形。此时,行为人虽无过错,但其行为与受害人的损害之间却存在一定的事实上的联系,从衡平双方当事人利益出发,让其分担损失具有合理性。[①]

(三)适用公平分担损失规则时的考量因素

在适用公平责任规则以法定化为前提的情况下,具体到能够适用这一规则的情形,人民法院是否需要根据案件实际情况来处理的问题,由于《民法典》第1186条删除了"可以根据实际情况"适用公平责任的规定,导致理论和实务上对此产生了争议。笔者认为,删除这一表述在目的是避免公平责任规则可能被滥用的问题,但是这并不意味着对此表述内容的否定。首先,根据案件实际情况进行处理是人民法院依法裁判案件的题中应有之义,是一个普适性规则,不会因为没有被直接写明而导致在某些案件处理中被否定;其次,从规范分析的角度看,《民法典》第1186条的规定其实并非删

[①] 最高人民法院侵权责任法研究小组编著:《〈中华人民共和国侵权责任法〉条文理解与适用》,人民法院出版社2010年版,第186页。

除了"可以根据实际情况",而是将这一表述修改为"依照法律的规定",前者表述正好可以置于上述案件处理的普适性规则予以考量;再次,这是社会生活本身复杂性所导致的必然逻辑结果,也符合《民法典》第6条关于公平原则的规定精神。最后,在具体适用时,公平责任不是说加害人与受害人各打五十大板,平均分担损失。确定损失分担,应当考虑行为的手段、情节、损失大小、影响程度、双方当事人的经济状况等实际情况,以达到公平合理、及时化解矛盾、妥善解决纠纷、促进社会和谐的目的。① 换言之,当损害较轻、受害人有经济能力承担时,就没有必要再根据公平责任来分担损失。②

据此,在符合适用公平分担损失规则的情形下,就如何具体公平分担损失通常需要考虑以下因素:一是受害人受到损害的严重程度。损害的严重程度往往涉及双方当事人的利益失衡承担,直接决定了分担损失的必要性。损害应当达到相当的程度,即不分担损失则受害人将受到严重的损失,且有悖于民法的公平、正义观念,因为必须对受害人的损失采取分担损失的方式予以补救。③ 二是当事人的经济条件。这里的经济条件包括当事人的实际经济收入、必要的经济支出和应对家庭和社会承担的经济负担等。在考虑当事人的经济条件时,应全面考虑双方当事人的经济条件。这是因为,行为人的经济情况只有与特定受害人的经济情况相比较,而不是和一般人比较,才能确定损失分担的根据。如果行为人的经济条件优于受害人的经济条件或与受害人大致相同时,那么,在确定双方分担损失的比例时,应由行为人承担更大比例的损失。如果行为人的经济条件明显不如受害人的财产状况时,则可考虑让受害人分担更大比例的损失。④

---

① 黄薇主编:《中华人民共和国民法典侵权责任编释义》,法律出版社2020年版,第70页。
② 参见石冠彬、谢春玲:《前民法典时代公平责任的适用:裁判误区与应然路径》,载《河南社会科学》2019年第9期。
③ 杨立新:《侵权责任法(第四版)》,法律出版社2021年版,第263页。
④ 最高人民法院侵权责任法研究小组编著:《〈中华人民共和国侵权责任法〉条文理解与适用》,人民法院出版社2010年版,第185页。

七、赔偿费用支付方式的延续修改与规则适用

（一）赔偿费用的支付方式在《民法典》中的延续修改

侵权责任制度的一项重要功能就是填补受害人的损失。损失既包括实际损失，如侵害他人造成人身损害，因此产生的医疗费、护理费、交通费、营养费等为治疗和康复支出的合理费用，也包括预期利益的损失，如因误工减少的收入等；既涉及赔偿的额度，如有的赔偿费用只有百十元，有的却有几十万、成百上千万元，也涉及侵权人的支付能力，如有的侵权人拿不出钱，有的财富充裕。[①]因此，赔偿费用的支付方式成为能否有效保护受害人利益的重要问题。比较世界各国或地区对这一问题的立法模式，采用一次性支付的方式有利于纠纷的一次性解决，避免次生矛盾；采用定期金支付的方式则有利于更加持续有效地救济受害人，避免个别受害人获得一次性赔偿款后因经营不善甚至挥霍浪费等陷入贫困状态，也可以减轻侵权人一次性支付巨额赔偿款的压力，避免其陷入贫困状态，但定期金赔偿也有持续时间较长、后期支付不能等风险问题，较容易引发次生纠纷。是故，将二者有机结合，根据案件具体情况予以确定，是较为科学合理的做法。

在我国，《民法通则》对这一问题未作规定，对此作出明确规定的是《人身损害解释》（法释〔2003〕20号）第33条[②]、第34条[③]的规定。《侵权责任法》借鉴有关国家和地区的立法经验，综合我国法律已有规定和司法实践的做法，对损害赔偿费用的支付方式作了明确，其第25条规定："损害发生后，

[①] 黄薇主编：《中华人民共和国民法典释义》，法律出版社2020年版，第2292页。

[②] 《人身损害解释》第33条规定："赔偿义务人请求以定期金方式给付残疾赔偿金、被扶养人生活费、残疾辅助器具费的，应当提供相应的担保。人民法院可以根据赔偿义务人的给付能力和提供担保的情况，确定以定期金方式给付相关费用。但一审法庭辩论终结前已经发生的费用、死亡赔偿金以及精神损害抚慰金，应当一次性给付。"

[③] 《人身损害解释》第34条规定："人民法院应当在法律文书中明确定期金的给付时间、方式以及每期给付标准。执行期间有关统计数据发生变化的，给付金额应当适时进行相应调整。定期金按照赔偿权利人的实际生存年限给付，不受本解释有关赔偿期限的限制。"

当事人可以协商赔偿费用的支付方式。协商不一致的,赔偿费用应当一次性支付;一次性支付确有困难的,可以分期支付,但应当提供相应的担保。"在此基础上,《民法典》第 1187 条基本沿袭这一规定,只是将"但应当提供相应的担保"修改为"但是被侵权人有权请求提供相应的担保"。

(二)赔偿费用支付方式的具体适用

根据《民法典》第 1187 条的规定,侵权损害赔偿费用的支付方式大致应当遵循"优先适用协商一致的支付方式、其次适用一次性支付方式、最后适用分期支付方式"的规则。

1. 双方协商一致支付

侵权损害赔偿费用的支付方式首先应尊重当事人双方协商一致的结果,即遵循意思自治原则。侵权赔偿费用的支付方式也直接关系到被侵权人合法权益能否得到及时、周全的保护,与被侵权人利益直接相关,因此有必要首先交由他们自己作出最佳利益判断,并作出妥协的合意处理。而且鉴于赔偿项目较多,当事人之间就其中的某一项目款项的支付方式达成一致,即可按该约定支付方式给付,而不必以所有项目均达成协商一致。如果双方当事人已就某项赔偿费用达成意思一致,则自动排除了就该项目适用一次性支付和分期支付的可能。①

2. 一次性支付

当双方当事人就赔偿费用的支付方式不能协商一致时,原则上应当采用一次性支付的方式。这也是我国实务上较为通行的做法。比如 2003 年《人身损害解释》第 31 条②规定:"人民法院应当按照民法通则第一百三十一条以及本解释第二条的规定,确定第十九条至第二十九条各项财产损失的实际赔偿金额。前款确定的物质赔偿费用与按照第十八条第一款规定确定的精神损害

---

① 最高人民法院侵权责任法研究小组编著:《〈中华人民共和国侵权责任法〉条文理解与适用》,人民法院出版社 2010 年版,第 189 页。

② 该条在 2020 年司法解释全面清理时被删除。

抚慰金，原则上应当一次性给付。"就现行司法解释规定来看，《人身损害解释》第 20 条规定："赔偿义务人请求以定期金方式给付残疾赔偿金、辅助器具费的，应当提供相应的担保。人民法院可以根据赔偿义务人的给付能力和提供担保的情况，确定以定期金方式给付相关费用。但是，一审法庭辩论终结前已经发生的费用、死亡赔偿金以及精神损害抚慰金，应当一次性给付。"该条规定明确了一审法庭辩论终结前已经发生的费用、死亡赔偿金以及精神损害抚慰金，应当一次性给付，此可以作为《民法典》第 1187 条规定的"一次性支付"原则的细化规则。

3. 定期金支付

定期金支付是指赔偿义务人在赔偿义务确定后未来的一段确定的时间（如法律或司法解释确定的赔偿期限）或不确定的时间（如受害人的生存期间），分次按年或按月预先确定的数额或按照预先确定的计算标准支付人身赔偿费用额的一种损害赔偿方式。[①] 通常而言，判断侵权人是否"一次性支付确有困难"的问题属于法官裁量权的范畴，可以参考的因素主要是侵权人是否存在经济上的现实困难。如果侵权人自身经济条件不好，清偿能力较弱，甚至如果一次性支付将导致其破产或生活陷入窘迫时，可以认定其确有困难，这是适用定期金支付的基本考量因素。赔偿数额的大小、受害人需要赔偿款项的现实紧迫性等因素也要作为法院裁量的重要参数。此外，被侵权人的状况将来可能发生重大变化，比如，有证据证明被侵权人可能因被侵害导致健康状况，将来可能出现无法恢复而需要长期用药甚至不断恶化等情况，这时可以考虑适用定期支付的方式。

《人身损害解释》第 21 条第 2 款规定："定期金按照赔偿权利人的实际生存年限给付，不受本解释有关赔偿期限的限制。"该条规定的定期金的给付期限是按赔偿权利人的实际生存年限给付，事先没有固定总的给付期限。

[①] 张新宝：《侵权责任法原理》，中国人民大学出版社 2005 年版，第 516 页。

而《民法典》第1187条所言的分期支付则既可包括按赔偿权利人的实际生存年限给付，也可包括根据损害实际情况事先固定一个总的期限。笔者认为，这两者并不冲突，前者可以理解为该条规定在人身损害赔偿领域的细化规定，可以继续适用。同样，对于采用定期金支付的损害赔偿费用数额的调整，也可参照适用《人身损害解释》第21条第1款的规定综合确定，该款规定："人民法院应当在法律文书中明确定期金的给付时间、方式以及每期给付标准。执行期间有关统计数据发生变化的，给付金额应当适时进行相应调整。"另外，如果分期给付是采用事先固定总的给付期限方式，那么当固定的总给付期限到期后，赔偿权利人仍有继续护理、配制辅助器具的需要，或者没有劳动能力和生活来源的，赔偿权利人向人民法院请求保护的诉权不应受到诉讼次数的限制，[①] 也不受之前分期支付的限制。对此，《人身损害解释》第19条规定："超过确定的护理期限、辅助器具费给付年限或者残疾赔偿金给付年限，赔偿权利人向人民法院起诉请求继续给付护理费、辅助器具费或者残疾赔偿金的，人民法院应予受理。赔偿权利人确需继续护理、配制辅助器具，或者没有劳动能力和生活来源的，人民法院应当判令赔偿义务人继续给付相关费用五至十年。"

实务中有争议的是，残疾赔偿金计算年限届满后仍然生存，能否继续请求赔偿义务人支付残疾赔偿金的问题。对此，一种观点认为，应当考虑受害人的年龄、身体状况等相关因素后，以一年期为单位确定赔偿期限。但是，这种做法就需要赔偿权利人在生存年限内，每年都到人民法院起诉，无疑增加了赔偿权利人的诉讼成本，造成司法资源的浪费，且没有直接的法律依据。另一种观点认为，应当继续参照《人身损害解释》第19条的规定在五至十年的期限内确定赔偿期限。一方面，这样操作有司法解释规定作为依据；另一方面，在五至十年的期限内确定赔偿年限可以减轻赔偿权利人的诉讼负担，

[①] 最高人民法院民法典贯彻实施工作领导小组编著：《中国民法典适用大全·侵权责任卷》（一），人民法院出版社2022年版，第309页。

也符合《人身损害解释》确立的定型化赔偿原则。比较而言，后一种观点更符合侵权法确定的保护民事主体合法权益的立法目的。[①]

需要注意的是，侵权赔偿费用采用分期支付方式的，被侵权人有权请求提供相应的担保。所谓担保，依据《民法典》物权编、合同编的有关规定，主要包括人保和物保的方式，结合《民法典》第1187条规定，能够适用于该条规定情形的担保方式主要有保证、抵押、质押、定金及其他担保方式。当然，关于具体提供担保的要求，既要符合《民法典》关于担保的规定，也要受该条规定的"相应"要求的限制。这里的"相应"一般应当理解为确定担保数额时，侵权人提供担保的数额能够与分期给付数额相对应，符合公平原则的要求。

[①] 参见最高人民法院民事审判第一庭编：《民事审判实务问答》，法律出版社2021年版，第179页。

第八章
监护人责任的创新发展与规则适用

▼

监护人责任是一种典型的替代责任,是指无民事行为能力人或者限制民事行为能力人因自己的行为致人损害,由行为人的监护人承担赔偿责任的特殊侵权责任。监护制度设立的目的在于保护被监护人的人身、财产等其他合法权益不受侵害,同时规定监护人对无民事行为能力人和限制民事行为能力人负有法定的监督、教育等义务,通过日常教育和采取具体防范措施避免或减少对第三人的侵害,进而维护社会秩序的正常运行。[1]《民法典》侵权责任编在《侵权责任法》及《民法通则意见》等法律、司法解释规定的基础上,新增了委托监护的法律适用规则,对监护制度作出了系统完善。

一、监护人责任

(一)监护人责任的确立与发展

就监护人责任,《民法通则》第133条规定了无民事行为能力人和限制民事行为能力人致人损害的民事责任,即"无民事行为能力人、限制民事行为能力人造成他人损害的,由监护人承担民事责任。监护人尽了监护责任的,

---

[1] 参见张新宝:《侵权责任法原理》,中国人民大学出版社2005年版,第309页。

第八章 监护人责任的创新发展与规则适用

可以适当减轻其民事责任。有财产的无民事行为能力人、限制民事行为能力人造成他人损害的，从本人财产中支付赔偿费用。不足部分，由监护人适当赔偿，但单位担任监护人的除外"。最高人民法院在《民法通则意见》中，以第 158 条、第 159 条、第 161 条分别对夫妻离婚后、监护人不明、未成年子女诉讼时已经成年等不同情形下未成年子女侵权后的民事责任承担问题作出了详细规定。[①] 至此，我国监护人责任制度已经基本完善。[②]

《侵权责任法》对监护人责任的规定沿用了《民法通则》第 133 条，在第 32 条规定："无民事行为能力人、限制民事行为能力人造成他人损害的，由监护人承担侵权责任。监护人尽到监护责任的，可以减轻其侵权责任。有财产的无民事行为能力人、限制民事行为能力人造成他人损害的，从本人财产中支付赔偿费用。不足部分，由监护人赔偿。"《民法典》第 1188 条[③]在此基础上将"责任"改为"职责"，其他内容基本没有修改，但因《民法总则》在监护制度中增加规定了成年监护制度，故《民法典》第 1188 条规定的实施加害行为的被监护人，不再限于未成年人和精神病人，丧失民事行为能力的老年人、植物人等成年人致人损害的，监护人也应承担监护责任。[④] 因此，《民法典》第 1188 条规定的监护人责任的内涵与外延较《侵权责任法》第 32 条更

[①] 《民法通则意见》第 158 条：夫妻离婚后，未成年子女侵害他人权益的，同该子女共同生活的一方应当承担民事责任；如果独立承担民事责任确有困难的，可以责令未与该子女共同生活的一方共同承担民事责任。第 159 条：被监护人造成他人损害的，有明确的监护人时，由监护人承担民事责任；监护人不明确的，由顺序在前的有监护能力的人承担民事责任。第 161 条：侵权行为发生时行为人不满十八周岁，在诉讼时已满十八周岁，并有经济能力的，应当承担民事责任；行为人没有经济能力的，应当由原监护人承担民事责任。行为人致人损害时年满十八周岁的，应当由本人承担民事责任；没有经济收入的，由扶养人垫付，垫付有困难的，也可以判决或者调解延期给付。

[②] 杨立新：《侵权法论（第五版）》，人民法院出版社 2013 年版，第 610~611 页。

[③] 《民法典》第 1188 条规定："无民事行为能力人、限制民事行为能力人造成他人损害的，由监护人承担侵权责任。监护人尽到监护职责的，可以减轻其侵权责任。有财产的无民事行为能力人、限制民事行为能力人造成他人损害的，从本人财产中支付赔偿费用；不足部分，由监护人赔偿。"

[④] 参见最高人民法院民法典贯彻实施工作领导小组编著：《中国民法典适用大全·侵权责任卷》，人民法院出版社 2022 年版，第 280 页。

为丰富。[1]

（二）监护人责任的归责原则

监护人责任是一种典型的替代责任，此时行为人与责任人分离，实际造成损害的是被监护的无民事行为能力人或者限制民事行为能力人，[2]由监护人替代实施加害行为的人承担侵权责任。关于监护人责任的归责原则，理论界一直存在争议。

有观点认为，监护人责任是一种过错责任。这种主张认为，监护人责任是基于监护人的监督义务而产生的，是监护人对自己未尽监督义务而承担的赔偿责任，因而应当适用过错责任原则，过错的证明应当由被侵权人承担。[3]也有观点认为，监护人责任是一种无过错责任。这种主张认为，监护人不是就自己的侵权行为承担赔偿责任，因而无论其有无过错，只要被监督之人致人侵害都应当承担赔偿责任。特别是法律规定了即使监护人没有过错的，也要承担一部分民事责任，更说明这种侵权责任是无过错责任。新《荷兰民法典》规定了低龄儿童父母的严格责任，西班牙和葡萄牙的法律也可以认为是基于无过错确定这种侵权责任的。[4]根据《民法典》对监护人责任制度的规定，结合监护人责任的多种归责原则，笔者认为，我国的监护人责任是一种无过错责任。从《民法典》第1188条文义可以看出，该责任不以过错为要件，在法律规定中也没有违反过错标准认定的注意义务这样的表述。同时，考虑到无民事行为能力人和限制民事行为能力人缺乏相应的认知能力和赔偿能力，对自己行为的后果无法全面判断和预知，监护人对其负有法定的监护职责，应当对无民事行为能力人和限制民事行为能力人的行为承担责任。所以，无论监护人是否尽到监护责任，都要承担侵权责任，即并不以监护人有

---

[1] 最高人民法院民法典贯彻实施工作领导小组主编：《中华人民共和国民法典侵权责任编理解与适用》，人民法院出版社2020年版，第219页。
[2] 张新宝：《中国民法典释评侵权责任编》，中国人民大学出版社2020年版，第89页。
[3] 杨立新：《侵权法论（第五版）》，人民法院出版社2013年版，第612页。
[4] ［德］克雷斯蒂安·冯·巴尔：《欧洲比较侵权行为法》，张新宝译，法律出版社2001年版，第184页。

无过错为要件，理应属于无过错责任的范畴。监护人尽到监护职责的，只可以作为减责事由，而非免责事由，监护人不能以尽到监护职责为由拒绝承担侵权责任。

我国的监护人责任在采纳无过错责任的同时，引入了公平衡量的因素，以此来缓解无过错责任的严格性。①确定监护人责任，在适用无过错责任的基础上，应结合公平原则，综合考虑当事人的财产状况、经济收入、必要的经济支出和负担、造成损害的程度等因素，公平合理确定赔偿责任的大小。《民法典》第1188条第2款规定了被监护人自己有财产的，从本人财产中优先支付赔偿费用。如此规定主要是考虑被监护人与监护人之间的公平，即避免在监护中得不到任何利益的监护人倾家荡产，而直接造成他人损害的有财产的被监护人却毫发未损的不公状态。②从体系上讲，该款规定通常被认为是《民法典》第1186条关于公平分担损失规定的具体表现。

（三）监护人责任的构成要件

同监护人责任的归责原则一样，学界对监护人责任的构成要件也存在较大争议。有的认为应当具备须为监护人、须无民事行为能力人或限制民事行为能力人有不法侵害他人权利之行为和监护人不能为免责之证明三个要件的才构成。③有的则认为应具备须存在被侵权人遭受损害的事实、须被监护人造成被侵权人的损害和被监护人的行为须具有违法性这三个要件，才能构成监护人的侵权责任。④笔者赞成后一种观点，即监护人责任的构成须具备以下三个要件：

1. 须存在损害事实

所谓"无损害则无救济"，如果被侵权人没有因无民事行为能力人或者限制民事行为能力人的行为遭受损害，则不存在损害事实，监护人责任也就无

---

① 张新宝：《中国民法典释评侵权责任编》，中国人民大学出版社2020年版，第89页。
② 参见陈帮锋：《论监护人责任〈侵权责任法〉第32条的破解》，载《中外法学》2011年第1期。
③ 耿云卿：《侵权行为之研究》，中华书局1948年版，第66页。
④ 郭明瑞等：《中国损害赔偿全书》，中国检察出版社1995年版，第179页。

从谈起。

2. 监护人责任中，必须存在导致损害发生的违法行为

监护人责任是替代责任，违法行为的要件必然是行为人与责任人相分离，责任人为行为人承担赔偿责任。①如果仅有损害发生，不存在违法行为，也不能向监护人主张权利。此处的违法，包括结果违法与行为违法两个层面。从结果违法的角度看，被监护人的"行为"不存在正当理由，如正当防卫、紧急避险等；从行为违法的角度看，被监护人的"行为"不符合理性人的注意义务标准，即没有达到社会大众对于普通社会成员的合理期待。②

3. 须具备因果关系

违法行为与损害事实之间必须具有因果关系，该因果关系的判断应适用《民法典》关于一般侵权责任的因果关系要求，③如果二者之间不存在引起与被引起的客观联系，则监护人不承担侵权责任。

（四）监护人责任范围的确定

《民法典》第1188条第2款规定了监护人的责任范围。根据该款规定，监护人的责任是一种补充责任。无民事行为能力人、限制民事行为能力人自己有财产的，应当先从本人财产中支付赔偿费用，监护人仅对不足部分承担责任。此处监护人承担的是一种完全的补充责任，即不足部分缺多少补多少的补充责任，而不是"相应"的补充责任。④由此可见，从规范分析的视角，监护人责任的承担与无民事行为能力人和限制民事行为能力人财产情况有一定关联，与无民事行为能力人和限制民事行为能力人的年龄和认知能力关联度不大。

如上所述，该款中从被监护人的财产中支付赔偿费用，系出于公平原则

---

① 杨立新、李怡雯：《〈民法典〉侵权责任编实务疑难问题指引》，中国人民大学出版社2023年版，第338页。
② 参见张新宝：《中国民法典释评侵权责任编》，中国人民大学出版社2020年版，第90页。
③ 最高人民法院民法典贯彻实施工作领导小组编著：《中国民法典适用大全·侵权责任卷》，人民法院出版社2022年版，第282页。
④ 张新宝：《中国民法典释评侵权责任编》，中国人民大学出版社2020年版，第92页。

的考虑，承担赔偿责任的监护人有权主张优先从实施侵权行为的被监护人财产中支付赔偿费用，但有无财产并非认定无民事行为能力人、限制行为能力人担责与否的标准。此处的"有财产"，并非指被监护人有少量的零用钱或价值不大的日常生活用品，而是指被监护人拥有价值较大的动产（如存款、贵重物品）和不动产（如房产）。① 从我国目前的客观情况看，无民事行为能力人和限制民事行为能力人有独立财产的情况并不少见，特别是通过接受赠与、继承或创作等其他方式取得合法财产。该款的一个重要意义，在于解决父母等亲属之外的人员或者单位担任监护人的情况下，被监护人造成他人损害的，如果要求监护人承担责任，那么可导致实践中很多个人或者单位不愿意担任监护人，这对被监护人的成长、生活会造成负面影响。为了打消这种顾虑，考虑到父母等亲属之外的人员或者单位担任监护人的情况，可能会给被监护人留有独立财产。在这种情况下，先从被监护人财产中支付赔偿费用更具有制度安排上的意义。② 同时，在对被监护人的财产状况进行评估和动用被监护人的财产进行赔付时，必须要考虑到对未成年人特殊保护的法律规定，否则可能发生法律价值评价冲突。③ 从被监护人的财产中支付赔偿费用，必须保证被监护人正常生活和接受教育的开支，不得超过这一限度支付赔偿费用。即在维持被监护人适当生计以及履行法定扶养义务所需财产的限度内，以其财产先行赔付。

二、委托监护侵权责任

（一）委托监护侵权责任的确立

随着经济社会的不断发展，社会分工更加精细，因工作忙碌而无法照顾

---

① 最高人民法院民法典贯彻实施工作领导小组主编：《中华人民共和国民法典侵权责任编理解与适用》，人民法院出版社2020年版，第222页。
② 黄薇主编：《中华人民共和国民法典释义》，法律出版社2020年版，第2298页。
③ 郑晓剑：《〈民法典〉监护人责任规则的解释论——以〈民法典〉第1188条为中心》，载《现代法学》2022年第4期。

孩子的问题更为常见,这时就会出现将部分或者全部监护职责交由他人代为行使的情形。常见情形如父母外出,将子女委托给祖父母、外祖父母等自然人全权照料,或者委托给寄宿制学校等机构。①特别是随着大量劳动力流入城市,留守儿童的情形比较普遍。这些留守儿童多由父母委托他人代为照顾。同时,由于工作繁忙或监护能力有限等因素,城市里也出现了大量的监护人将未成年人或者年老多病、丧失劳动能力、生活不能自理的老人交由他人代为照管的现象。这种将监护职责部分或全部委托他人履行的情况,即称为"委托监护"。②《民法典》总则编并未规定委托监护的具体情形,仅在第36条规定怠于履行监护职责,或者无法履行监护职责且拒绝将监护职责部分或者全部委托给他人,导致被监护人处于危困状态时,可撤销监护人资格;另在《民法典》侵权责任编中的第1189条规定了委托监护有关的侵权责任承担规则。同时,《未成年人保护法》第22条第1款从委托事由、期限等方面对委托监护作出了规定,实践效果良好,《最高人民法院关于适用〈中华人民共和国民法典〉总则编若干问题的解释》(以下简称《民法典总则编解释》)在遵循《民法典》规定的最有利于被监护人原则的基础上,将《未成年人保护法》规定的适用于未成年人委托监护的情形,扩大适用于无民事行为能力、限制民事行为能力的成年人,在第13条规定:"监护人因患病、外出务工等原因在一定期限内不能完全履行监护职责,将全部或者部分监护职责委托给他人,当事人主张受托人因此成为监护人的,人民法院不予支持。"特别是该条后段明确了受托人不因监护人的监护职责委托行使而成为监护人,这不仅与《民法典》第1189条规定精神一致,在价值导向上,也可以避免因课以受托人过重义务而导致受托人难觅、反而不利于保护被监护人利益的问题出现。

实践中,委托监护下无民事行为能力人和限制民事行为能力人致人损害

---

① 参见王荣清、姜彬:《设立委托监护的立法构想》,载《政治与法律》1995年第4期。
② 参见最高人民法院民法典贯彻实施工作领导小组主编:《中华人民共和国民法典侵权责任编理解与适用》,人民法院出版社2020年版,第225页。

的案件数量呈逐年上升趋势，委托人和受托人如何承担侵权责任是亟待解决的重要问题。对此，《民法通则意见》第 22 条作出了相关规定："监护人可以将监护职责部分或者全部委托给他人。因被监护人的侵权行为需要承担民事责任的，应当由监护人承担，但另有约定的除外；被委托人确有过错的，负连带责任。"《侵权责任法》对此并没有作出相关规定。《民法典》侵权责任编中的第 1189 条吸收借鉴《民法通则意见》第 22 条规定，删去了"但另有约定的除外"，同时对受托监护人的责任作出了调整，受托监护人对被监护人造成的损害有过错的，不再承担连带责任，而是承担与其过错相适应的赔偿责任，这一对责任承担规则的改变更好地平衡了委托人与受托人的利益，突出了权利和义务的一致性，有利于对被监护人权益的保护，体现了社会效果和法律效果的统一。

（二）委托监护的基本属性

委托监护从本质上讲，是一种以监护人和受托监护人为主体，以监护职责的代为行使为主要内容的委托合同，[①] 须有监护人委托与受委托人接受委托的意思表示一致才能成立。[②] 应该说，监护责任是一种身份义务，不能轻易被转移，委托监护只是监护人将部分或全部监护职责通过委托方式转移给他人，自己仍需承担监护责任，并没有改变监护的本质。委托监护只是建立在监护法律关系上的委托关系，[③] 监护权并不因委托监护而发生转移，只是监护人履行监护职责方式的变更。[④]

就监护职责，《民法典》第 34 条第 1 款规定："监护人的职责是代理被监护人实施民事法律行为，保护被监护人的人身权利、财产权利以及其他合法

[①] 最高人民法院民法典贯彻实施工作领导小组主编：《中华人民共和国民法典侵权责任编理解与适用》，人民法院出版社 2020 年版，第 226 页。

[②] 黄薇主编：《中华人民共和国民法典释义》，法律出版社 2020 年版，第 2299 页。

[③] 最高人民法院民法典贯彻实施工作领导小组编著：《中国民法典适用大全·侵权责任卷》，人民法院出版社 2022 年版，第 287 页。

[④] 最高人民法院民法典贯彻实施工作领导小组主编：《中华人民共和国民法典侵权责任编理解与适用》，人民法院出版社 2020 年版，第 226 页。

权益等。"该款中将"其他合法权益等"作为兜底条款，通常而言，监护人保护被监护人其他合法权益的职责包括保护被监护人的身体健康、照顾被监护人的生活、管理和保护被监护人的财产、代理被监护人进行民事活动、对被监护人进行管理和教育、在被监护人合法权益受到侵害或者与人发生争议时代理其进行诉讼。这些行为往往可以由他人代为行使，而并非须由监护人本人行使不可。受托人可以和应当行使何种职责，应完全由当事人之间委托监护的协议确定。[①]需要注意的是，监护人既可以将其全部监护职责委托给他人，也可以将其部分监护职责委托给他人。

对于委托监护，实务中容易与意定监护发生混淆。根据《民法典》第33条的规定，具有完全民事行为能力的成年人，可以与其近亲属、其他愿意担任监护人的个人或者组织事先协商，以书面形式确定自己的监护人，在自己丧失或者部分丧失民事行为能力时，由该监护人履行监护职责。委托监护与意定监护相比，具有以下区别：第一，委托监护是监护人与非监护人之间确定非监护人代行监护职责的协议；意定监护是法定监护人之间确定监护人的协议。第二，委托监护中，尽管委托人可以将监护职责全部委托给受托人，但即使在此情况下，受托人也不是监护人；在意定监护中，依当事人之间的协议所确定的监护人对被监护人负监护人责任，其就是被监护人的监护人。第三，委托监护适用于无民事行为能力人、限制民事行为能力人的未成年人或者成年人；意定监护只适用于具有完全民事行为能力的成年人。[②]实务中应正确区分委托监护和意定监护，进而适用正确的法律规则。

（三）委托监护中监护人和受托人的责任

《民法典》第1189条规定："无民事行为能力人、限制民事行为能力人造成他人损害，监护人将监护职责委托给他人的，监护人应当承担侵权责任；受托人有过错的，承担相应的责任。"该条是规定委托监护中的监护人和受托

[①] 参见黄薇主编：《中华人民共和国民法典释义》，法律出版社2020年版，第2299页。
[②] 黄薇主编：《中华人民共和国民法典释义》，法律出版社2020年版，第2300页。

人侵权责任的完全法条,其中前段起到了拟制性法条的作用,将委托监护中的监护人责任等同于监护人责任,后段则需要结合其他条文进行体系解释。[1]据此,无民事行为能力人、限制民事行为能力人造成他人损害,监护人将监护职责委托给他人的,监护人应当承担侵权责任,这就意味着,实行监护人责任首负原则。[2]除了监护人外,如果受托人有过错的,也要承担相应的责任。

1.关于监护人的责任

委托监护中,对于无民事行为能力人、限制民事行为能力人造成他人损害的,监护人应当承担侵权责任。如上所述,委托监护是监护人难以履行监护职责的产物。监护权作为一种身份权,具有专属性,只有法律规定的特定主体才享有,不能随意让渡。监护人可以将监护职责委托给他人。委托监护成立后,并没有成立新的监护关系,只是监护人履行监护职责方式的一种变更,没有从根本上改变监护人的法律地位,也没有削减其因此应当承担的监护职责。由于大多数监护人与被监护人有着血缘等密切关系,监护人有责任通过教育、管理等方式减少或者避免被监护人侵权行为的发生。[3]监护职责对于监护人来讲,强调的是一种义务和责任,而不是一种权利。所以,无论何种情况下,即使监护人通过委托将监护职责交由他人行使,监护人也应当履行相应的义务,采取必要的、合理的措施规范被监护人的行为,防止因被监护人实施侵权行为导致他人合法权益受损情形的出现。因此,委托监护中,监护人的责任的基本规则也没有改变,仍然是一种无过错责任,在适用时要体系化适用《民法典》第1188条的规定。当然,这并不改变监护人的责任在根本上系由其监督过失引起的实质,当监护人未尽到监护职责所要求的监督义务,致使被监护人侵害他人人身财产权益时,监护人应当就其监督过失承担赔偿责任。[4]

---

[1] 邹海林、朱广新主编:《民法典评注侵权责任编》,中国法制出版社2020年版,第288页。
[2] 黄薇主编:《中华人民共和国民法典释义》,法律出版社2020年版,第2300页。
[3] 中国审判理论研究会民事审判理论专业委员会编著:《民法典侵权责任编条文理解与司法适用》,法律出版社2020年版,第98页。
[4] 参见石宏主编:《〈中华人民共和国民法典〉释解与适用·人格权编侵权责任编》,人民法院出版社2020年版,第172页。

至于承担责任的范围、赔偿费用的支付应适用《民法典》第1188条关于监护人责任的规定，有财产的无民事行为能力人、限制民事行为能力人造成他人损害的，从本人财产中支付赔偿费用；不足部分，由监护人赔偿。需要注意的是，在委托监护情形下，不宜简单适用《民法典》第1188条第1款关于"监护人尽到监护职责的，可以减轻其侵权责任"的规定，"减轻"监护人侵权责任的立法目的，应该是鼓励监护人尽到监护职责，如果监护人已经将监护职责委托，就不能认为是以委托监护的方式"尽到监护职责"，也就不存在依据该规定减轻责任的可能。①

2. 关于受托人的责任

受托人承担的"相应的责任"在责任性质上应为与过错程度相适应的按份责任，是一种过错责任、自己责任，这一点不同于监护人的责任。有关责任的承担需要综合考虑受托人主观过错的大小、过错与损害之间的原因力大小等因素合理确定。至于受托人的过错，应以疏于履行监护义务为标准，坚持"个案判断"原则和"利益衡量"原则，综合受害人的人身财产权益、被监护人的自身特点（年龄、性格、过往表现等）、健康自由发展空间、教育义务的履行情况、受托监护人的履行成本、委托监护的有偿与否等因素进行判断，在决定受托人的责任时，还应综合考虑委托合同的有偿和无偿等因素。②无偿情形下，受托人的注意义务要低于有偿的情形，而且有偿情形下当事人之间对有关监护职责的履行都会有明确约定，这在侵权责任承担的案件中也是认定受托人过错的重要依据。

关于监护人与受托人之间的责任承担，在此试举一典型案例，在王某1诉雷某1、雷某2、周某某、正阳县铜钟镇爱心双语幼儿园、正阳县铜钟镇南街快餐店生命权、身体权、健康权纠纷案③中，原告王某1在正阳县上学，其

---

① 邹海林、朱广新主编：《民法典评注侵权责任编》，中国法制出版社2020年版，第290页。
② 参见最高人民法院民法典贯彻实施工作领导小组主编：《中华人民共和国民法典侵权责任编理解与适用》，人民法院出版社2020年版，第229页。
③ 参见河南省驻马店市中级人民法院（2021）豫17民终2198号民事判决书。

在平时上学期间被托教于被告周某某处，周某某早晨将其由家中接走送到学校，中午在周某某经营的正阳县铜钟镇南街快餐店吃饭、休息，下午放学由周某某用车将其送回家。王某1为托教事宜向周某某交纳了1000元车费和午餐费。2020年11月11日中午吃饭后，王某1在与雷某1（也在被告周某某处托教，托教情况与王某1相同）等被托教的小朋友一起玩耍时，雷某1用弓箭将王某1的右眼扎伤（当时被告周某某去了卫生间）。周某某出来了解情况后，没有将情况通知王某1和雷某1的监护人，只是对王某1的眼睛清洗后让他自行上学。此后王某1诉至法院，请求被告赔偿原告的医疗费、护理费等各项损失。法院生效裁判认为：无民事行为能力人、限制行为能力人造成他人损害的，由监护人承担侵权责任。监护人尽到监护职责的，可以减轻其侵权责任。无民事行为能力人、限制行为能力人造成他人损害的，监护人将监护职责委托给他人的，监护人应当承担侵权责任；受托人有过错的，承担相应的责任。本案中，王某1与雷某1在本案事发时分别为限制民事行为能力人和无民事行为能力人，且均托教于周某某处，即自周某某早晨将二人由该二人的监护人处接走至下午送回家这一时间段，是王某2和雷某2将其各自的监护职责委托给了被告周某某，并且王某2和雷某2为此监护委托给被告周某某交纳了费用，周某某对二人有监护职责。但在周某某对王某1和雷某1接受委托监护期间，其没有尽到受托事项职责，周某某疏于对两个被监护人的管理，导致雷某1将王某1的眼睛扎伤，周某某应当承担相应的赔偿责任。考虑周某某接受监护委托收取费用的因素及周某某在事发时不在现场的情况，酌定周某某承担本案赔偿责任的60%为宜。雷某2作为雷某1的监护人，其虽然将监护责任部分（特定时间段）委托给了他人，但其依法也应承担侵权责任，考虑其委托支付费用的特殊性及其在事发后积极救治受害人的良好态度，以其承担本案赔偿责任的40%为宜。王某1要求幼儿园承担赔偿责任，但王某1不是幼儿园的学生，王某1受伤与幼儿园不具有法律上的因果关系，对王某1的该项请求不予支持。

3. 关于委托人与受托人之间的责任形态

无民事行为能力人、限制民事行为能力人造成他人损害，根据《民法典》第 1189 条的规定，被侵权人可以选择请求监护人承担全部侵权责任，也可以请求代为履行监护职责的受托人在其未尽到管理、教育等监护职责的过错范围内承担相应的责任。这时监护人无权向被侵权人抗辩其应与有过错的代为履行监护职责的受托人承担按份责任，但是鉴于任何人不得从违法行为中获利的要求，被侵权人获得的赔偿不应超出其所受损害的范围。如此一来，就会产生监护人承担全部责任后能否向有过错的受托人追偿的问题。这一问题在《民法典》侵权责任编中具有一定的普遍性，与此类似的还有《民法典》第 1191 条第 2 款关于劳务派遣中的侵权责任、第 1209 条关于机动车使用人与所有人之间的责任等规定，值得进行有益探索。对此，在侵权法上根据自己责任原则的要求，受托人应对自己的过错行为负责，而监护人承担全部责任后已经达到了救济受害人目的，这时赋予监护人对受托人在其过错范围内予以追偿的权利，也符合公平原则的要求。当然，如果这时监护人与受托人对此有合同约定，则可以按照该合法有效的约定行使相应的追偿权。换言之，《民法典》第 929 条第 1 款中关于委托人和受托人内部责任承担方面的规定同样适用于委托监护情形，[①] 如果委托监护系有偿，因受托人的过错造成监护人损失的，监护人有权请求受托人赔偿损失；如果委托监护系无偿，则受托人仅对其因故意或重大过失造成的损失向监护人承担赔偿责任。

[①] 《民法典》第 929 条第 1 款规定："有偿的委托合同，因受托人的过错造成委托人损失的，委托人可以请求赔偿损失。无偿的委托合同，因受托人的故意或者重大过失造成委托人损失的，委托人可以请求赔偿损失。"

三、审判实务中需要注意的其他问题

（一）诉讼主体资格的确定

关于无民事行为能力人、限制民事行为能力人致人损害时，无民事行为能力人、限制民事行为能力人及其监护人的诉讼地位问题，理论界一直争议很大。主要有以下几种观点：（1）单独被告说。其中又分为监护人为被告说和被监护人为被告说。监护人单独被告说认为，根据《民法通则》及《侵权责任法》的相关规定，被监护人由于没有责任能力，不应作为责任承担的主体，而只能由其监护人作为被告。被监护人单独被告说认为，被监护人是致害主体，理应作为侵权诉讼的被告，但由于其没有诉讼行为能力，故由其监护人作为法定代理人代为实施诉讼行为。（2）共同被告说。共同被告说认为从有财产的被监护人的财产中支付赔偿费用，而由监护人赔偿其不足部分，实际上确定了监护人和被监护人之间的连带责任关系，为必要的共同诉讼，应列为共同被告。受害人只起诉一方的，法院应当依职权追加监护人或致他人损害的被监护人参加诉讼。（3）财产区分说。财产区分说认为，依据《侵权责任法》第32条的规定，致人损害的被监护人无财产时，列监护人为单独被告；被监护人有财产时，列监护人和被监护人为共同被告。（4）无民事行为能力人、限制民事行为能力人为被告，监护人为无独立请求权的第三人。监护人在诉讼中承担双重身份，一种身份作为被告（被监护人）的法定代理人，另一种身份是无独立请求权的第三人。司法实践中，对无民事行为能力人、限制民事行为能力人致害案件，当事人的列法也有所不同：一是列监护人为单独被告；二是列被监护人为单独被告，监护人为法定代理人；三是列监护人和被监护人为共同被告。[①] 为统一裁判尺度，《民事诉讼法解释》对

[①] 最高人民法院民法典贯彻实施工作领导小组办公室编著：《最高人民法院新民事诉讼法司法解释理解与适用》，人民法院出版社2022年版，第200页。

此作了明确。其第 67 条规定："无民事行为能力人、限制民事行为能力人造成他人损害的，无民事行为能力人、限制民事行为能力人和其监护人为共同被告。"

从案件审理来看，将无民事行为能力人、限制民事行为能力人列为被告，对于人民法院查清案件事实、分清责任而言无疑具有重要意义。从执行角度看，如果一旦没有列无民事行为能力人、限制民事行为能力人为诉讼当事人，法院仅裁判监护人承担侵权责任，当事人主张以无民事行为能力人、限制民事行为能力人的财产支付赔偿费用时，由于欠缺执行依据，这时也无法追加无民事行为能力人、限制民事行为能力人为被执行人，当事人只能另行起诉，既不利于受害人权益的保护，也不利于执源治理，造成司法资源本不应有的浪费。而且就《民法典》第 1188 条第 2 款所指向的无民事行为能力人、限制行为能力人的财产状况，尤其是责任承担问题，只有在实体审理中才能得到有效解决，这既有利于查明案件事实，也有利于保护无民事行为能力人、限制行为能力人的利益，符合程序公正的要求。

（二）未成年人实施侵权行为但在诉讼时已成年的侵权责任的承担

行为人在侵权行为发生时不满十八周岁，被诉时已满十八周岁时，监护人责任的承担在实务中一直存在争议。有观点认为，应一律由原监护人承担责任；还有观点认为，未成年人在侵权行为发生时已满十六周岁，且以自己的劳动收入为主要生活来源的，由该未成年人承担侵权责任。[①] 笔者认为，《民法典》第 1188 条规定的是无民事行为能力人、限制民事行为能力人造成他人损害情形下监护人的责任，而非以侵权行为人的年龄作为确定监护人担责与否的标准。是故，对此情形，应以未成年人实施侵权行为时是否具备完全民事行为能力作为判断标准，并以此规范地适用相应的法律规定。

至于十六周岁以上的未成年人，根据《民法典》第 18 条第 2 款规定，如

[①] 参见《最高人民法院关于适用〈中华人民共和国民法典〉侵权责任编的解释（一）（征求意见稿）》，载 https://www.court.gov.cn/zixun-xiangqing-394691.html，于 2023 年 5 月 27 日访问。

果其是以自己的劳动收入为主要生活来源的，表明其可以独立参加工作、独立生活，已经具备成年人的辨识能力，可以独立实施民事法律行为，独立承担民事法律行为的后果，因此可以视为完全民事行为能力人。[①] 这种情形下，未成年人造成他人损害的，应该由该未成年人独立承担侵权责任。除此情形外，实施侵权行为的未成年人，因其不具备完全民事行为能力，即便其被诉时已满十八周岁，也应当依据《民法典》第1188条关于监护人责任的规定确定相应的侵权责任承担规则。

实务中对此还有争议的是，侵权行为发生时行为人不满十八周岁，但侵权结果出现时其已年满十八周岁，应如何适用法律的问题。笔者认为，从规范适用的角度出发，对此仍应遵循上述规则确定相应的侵权责任承担主体，这既符合各方民事主体的预期，也符合社会常理。

（三）关于赔礼道歉等非财产责任的承担

对于被监护人致人损害的情形，实务中较有争议的问题是有关赔礼道歉等民事责任承担方式是否也应当由该未成年人承担。个案乃至社会生活中，时常出现受害人一方要求必须由实施侵权行为的被监护人（通常是未成年人）赔礼道歉的情形。对此，通过对《民法典》第1188条第2款规定进行文义解释、目的解释以及结合该条第1款的体系解释，被监护人承担的仅是损害赔偿责任，而且仅以其有财产作为限定条件，并不涉及其他责任承担方式，有关赔礼道歉的侵权责任承担应当由监护人承担，这也符合保护被监护人尤其是未成年人利益的基本价值导向。至于被监护人正在实施的侵权行为及停止侵害的责任承担方式，则有进一步探讨的空间。笔者认为，停止侵害在本质上指向该侵权行为，而并非针对该被监护人，从《民法典》第1188条第1款规定的"侵权责任"看，此责任主体也应当是监护人。而且如此界定也无碍对被侵权人的保护。当然，对此理论上有建设性的研究探索，比如让实施侵

---

① 参见石宏主编：《〈中华人民共和国民法典〉释解与适用·总则编》，人民法院出版社2020年版，第37页。

权行为的限制民事行为能力人在与其年龄、智力、精神健康状况相适应的范围内，与监护人共同承担停止侵害、排除妨碍、消除危险、消除影响、赔礼道歉等非财产责任，则有助于引导限制民事行为能力人树立正确的价值观。特别是对于未成年人来说，令其为自己的致害行为承担非财产责任，有助于促进其独立人格意识的觉醒，帮助其树立良好的行为观念和责任意识，并由此培养其自负责任地参与社会交往的行为能力。[①] 此可供实务中探索参考。

（四）父母离异后未成年子女侵害他人权益时的责任主体

父母离异后未成年子女侵害他人权益的，该未成年子女的父母如何承担侵权责任的问题，在实务中颇有争议。有观点认为，该情形下，离异父母在履行监护职责时存在共同过失，构成共同侵权，根据《民法典》第1168条的规定，该离异父母应承担连带责任。[②] 笔者认为，这一观点在结果上较有道理，但不宜将此归责基础认定为共同过失。此连带责任承担的规范来源应当是对《民法典》第519条关于连带债务的规定进行体系化解释，并依据《民法典》第1188条第1款的规定将此离异父母纳入承担连带责任的范畴。而且从法理上讲，该未成年子女的父母应承担无过错责任，未与该子女共同生活的父母一方不应以此作为减轻或者免除其监护责任的理由。当然，鉴于该款将监护人尽到监护职责作为可以减轻其侵权责任的条件，在确定离异父母的内部责任份额时可根据各自履行监护职责的情况确定，实际承担责任超过自己责任份额的一方有权向另一方追偿。

[①] 参见朱广新：《论未成年人致人损害的赔偿责任》，载《法商研究》2020年第1期。
[②] 《民法典》第1168条规定："二人以上共同实施侵权行为，造成他人损害的，应当承担连带责任。"

第九章
用人者责任的创新发展与规则适用

▼

用人者责任有狭义和广义之分。狭义的用人者责任，仅指被使用者因执行工作任务或提供劳务造成他人损害时，用人者应承担的侵权责任。广义的用人者责任，除狭义的用人者责任外，还包括被使用者因执行工作任务或提供劳务而遭受损害时用人者责任的承担。[1] 关于用人者责任，《人身损害解释》和《侵权责任法》对此作出了规定。《民法典》侵权责任编承继了《侵权责任法》的立法模式，根据用工主体性质的不同，对用人者责任进行了必要的修改和完善，具体包括用人单位责任、劳务派遣责任、个人劳务关系责任和承揽关系责任。[2]

一、用人单位责任

（一）规则创新及其适用

1. 规则由来

用人单位责任，是指用人单位的工作人员执行工作任务造成他人损害，由用人单位作为赔偿责任主体，为其工作人员致害的行为承担损害赔偿责任

---

[1] 程啸：《侵权责任法（第二版）》，法律出版社2015年版，第400页。
[2] 参见杨立新：《侵权责任法（第四版）》，法律出版社2021年版，第297页。

的用人者责任。①《人身损害解释》第8条、第9条分别就法人或者其他组织对其法定代表人、负责人以及工作人员的侵权行为,雇主对其雇员的侵权行为承担赔偿责任作出规定。②《侵权责任法》整合了《人身损害解释》第8条和第9条,将劳动关系与劳务关系中工作人员、雇员的职务侵权责任统一立法,借鉴《劳动法》和《劳动合同法》上"用人单位"这一术语来表述责任主体,将直接加害人的行为限定为"因执行工作任务"造成他人损害,取消了《人身损害解释》第9条关于"雇员因故意或者重大过失致人损害的,应当与雇主承担连带赔偿责任"的规定,将用人单位责任和个人劳务责任的责任形态统一规定为替代责任,同时增加劳务派遣责任这种特殊的用人单位责任。③《民法典》第1191条第1款增加规定了用人单位承担侵权责任后,可以向有故意或者重大过失的工作人员追偿的权利。

对于这一追偿规则,早在《人身损害解释》第9条第1款即规定:"雇员在从事雇佣活动中致人损害的,雇主应当承担赔偿责任;雇员因故意或者重大过失致人损害的,应当与雇主承担连带赔偿责任。雇主承担连带赔偿责任的,可以向雇员追偿。"该条明确了雇主承担连带赔偿责任后,可以向对损害的发生存在故意或重大过失的雇员进行追偿。在《侵权责任法》起草时,考虑到追偿权的问题比较复杂,追偿条件规定过严,对广大劳动者不利,规定过宽又不利于工作人员谨慎工作而减少事故的发生。不同行业、不同工种和不同劳动安全条件,追偿条件应当有所不同,故未对追偿权问题加以规定。④在《民法典》编纂过程中,立法机关认为,这并不影响用人单位依照法律规定或者根据双方约定行使追偿权。如果用人单位和工作人员对能否追偿、追偿

---

① 杨立新、李怡雯:《〈民法典〉侵权责任编实务疑难问题指引》,中国人民大学出版社2023年版,第350页。
② 参见邹海林、朱广新主编:《民法典评注侵权责任编》,中国法制出版社2020年版,第298页。
③ 参见潘杰:《〈侵权责任法〉上用人者责任制度的司法适用——立法与司法解释的比较与适用衔接》,载《法律适用》2012年第2期。
④ 参见邹海林、朱广新主编:《民法典评注侵权责任编》,中国法制出版社2020年版,第304~305页。

多少有争议的，可以向人民法院提起诉讼，由人民法院根据具体情况公平解决。[①]根据诚信原则，劳动者对用人单位负有忠实和勤勉义务，当劳动者未尽到基本的注意义务造成用人单位损害的，应当承担适当的责任。以重大过失作为责任承担与否的分界线可以合理强化工作人员的注意义务，促进工作人员以认真负责的态度开展工作，也有助于减少工作人员在工作中造成损失发生的情形，在用人单位与工作人员之间公平分配责任。[②]最终，《民法典》第1191条第1款将用人单位的追偿权，严格限定于工作人员存在故意或者重大过失的情形。如果工作人员无过失或仅有轻微过失、一般过失，基于用人单位责任系替代责任的属性，用人单位应对其工作人员执行工作任务的行为负责，并无权向工作人员追偿。

2.具体适用

对于这一规则的适用，在适用中要注意以下问题：

（1）关于故意或者重大过失的体系化理解。此故意或者重大过失的认定应当符合民法上关于故意或者重大过失的一般理论，属于通常理解上的"结果意义上的故意或者重大过失"，而非单纯的"行为意义上的重大过失"，即此工作人员实施该侵权行为时主观上要预见损害后果的发生，要么是追求或者放任此损害后果的发生（故意），要么是过于自信能够避免或者应当预见而没有预见，但是稍加注意就能够预见或者避免（重大过失），这在实务中比较容易产生误解。

（2）与法人对法定代表人追偿的区别。根据《民法典》第62条第2款的规定，法人承担民事责任后，依照法律或者法人章程的规定，可以向有过错的法定代表人追偿。可见，法人对其法定代表人行使追偿权的条件与其向法定代表人以外的工作人员追偿的条件并不相同。一是向法定代表人追偿，必

[①] 王胜明主编：《〈中华人民共和国侵权责任法〉条文理解与立法背景》，人民法院出版社2010年版，第136~137页。

[②] 参见石宏主编：《〈中华人民共和国民法典〉释解与适用·人格权侵权责任编》，人民法院出版社2020年版，第175页。

须依据法律规定或者法人章程规定；而向其他工作人员追偿，则无须这一适用前提。二是对法定代表人来说，只要有过错，即便是一般过失也要对内承担责任，法人可以向其追偿；但对其他工作人员来说，其对内承担责任的过错程度要求高于法定代表人，应为故意或者重大过失，如果只是一般过失，则无须对内承担责任，法人不能向其追偿。①

（二）用人单位责任法律适用的其他重点问题

1. 主体范畴的界定

主体范畴的界定直接影响法律条文的适用，尤其是避免对《民法典》第1191条第1款和第1192条规定的选择错误。此主体范畴就包括用人单位和工作人员。

（1）用人单位概念界定。《民法典》第1191条第1款所规定的"用人单位"，是从《劳动法》和《劳动合同法》中借鉴而来，除个人、家庭、农村承包经营户等外，《民法典》总则编中规定的营利法人、非营利法人（事业单位、社会团体、基金会、社会服务机构、宗教活动场所等捐助法人）、特别法人（机关法人、农村集体经济组织法人、城镇农村的合作经济组织法人、基层群众性自治组织法人）以及不具有法人资格的非法人组织，统称为用人单位。②用人单位，是指任用工作人员（被使用人），通过对其活动进行委派、指示来实现自己特定目的的人。③根据《劳动合同法》第2条、《最高人民法院关于贯彻执行〈中华人民共和国劳动法〉若干问题的意见》第1条的规定，个体经济组织，即一般雇工在七人以下的个体工商户，属于用人单位范畴。因此，经工商部门依法核准登记的个体工商户与其工作人员之间的关系是劳动关系，而非个人之间的劳务关系。故涉及工作人员执行工作任务致人损害

---

① 参见石宏主编：《〈中华人民共和国民法典〉释解与适用·总则编》，人民法院出版社2020年版，第112页。
② 参见最高人民法院民法典贯彻实施工作领导小组主编：《中华人民共和国民法典侵权责任编理解与适用》，人民法院出版社2020年版，第236页。
③ 参见张新宝：《中国民法典释评侵权责任编》，中国人民大学出版社2020年版，第98页。

情形的，也要适用《民法典》第1191条第1款的规定，而不能适用第1192条关于提供劳务致人损害的责任。

（2）工作人员。与用人单位相对，工作人员是指接受用人单位的指示，根据用人单位的意思提供劳动或劳务的人。①《民法典》第1191条第1款所规定的"用人单位的工作人员"宜作广义理解，不仅包括与用人单位形成劳动关系的员工，还应包括执行用人单位工作任务的其他人员。包括但不限于劳动者，还当然地包括公务员、参照公务员进行管理的其他工作人员、事业单位实行聘任制的人员等；该工作人员不仅包括一般工作人员，还包括用人单位的法定代表人、负责人、公司董事、监事、经理、清算人等；不仅包括正式在编人员，还包括临时雇佣人员。②

2. 执行工作任务的界定

依据《民法典》第1191条第1款的规定，只有在执行工作任务过程中造成损害的，才是职务侵权行为，用人单位才有必要为其造成的损害负责；反之则无须承担侵权责任。执行工作任务的认定是判断用人单位替代责任承担的关键，也是确定用人单位对工作人员追偿权的基础。而且，执行工作任务的界定也直接影响对受害人的救济，属于体现侵权法本质特征的典型范畴。但是，理论和实务中对此一直争议很大，主要体现在是否必须由直接执行工作任务的行为导致损害后果的发生，还是应该有所扩张。有学者认为，执行职务的范围，应理解为不限于直接与用人单位目的有关的行为，此外还包括间接与目的实现有关的行为，以及在一般客观上得视为用人单位目的范围内的行为。判断是否执行职务的标准是：（1）是否以用人单位名义；（2）是否在外观上须足以被认为属于执行职务；（3）是否依社会共同经验足以认为与用人单位职务有相当关联。③《人身损害解释》第9条第2款规定："前款所

---

① 参见张新宝：《中国民法典释评侵权责任编》，中国人民大学出版社2020年版，第98页。
② 参见最高人民法院民法典贯彻实施工作领导小组主编：《中华人民共和国民法典侵权责任编理解与适用》，人民法院出版社2020年版，第236页。
③ 马俊驹、余延满：《民法原论》，法律出版社1998年版，第163页。

称'从事雇佣活动',是指从事雇主授权或者指示范围内的生产经营活动或者其他劳务活动。雇员的行为超出授权范围,但其表现形式是履行职务或者与履行职务有内在联系的,应当认定为'从事雇佣活动'。"该观点一直以来是我国司法实务和学界的主流观点。[1]虽然2020年司法解释清理时将该条内容一并废除,但废除事由并不涉及其中对执行工作任务的理解问题,故该款规定的内涵精神对于"执行工作任务"的理解仍具有指导和参考意义。是故,在判断工作人员的侵权行为是否属于执行工作任务的范围时,除一般原则外,还须考虑其他特殊因素,如行为的内容、时间、地点、场合、行为之名义(以用人单位名义或以个人名义)、行为的受益人(为用人单位受益或个人受益),以及是否与用人单位意志有关联,等等。比如,用人单位工作人员在执行职务时,为达到个人不法目的,以执行职务的方法故意致害他人。虽然其内在动机是出于个人的目的,但其行为与职务有着内在联系,因此也应认为是执行职务的行为,由用人单位承担侵权责任。[2]又如,工作人员在上下班途中实施侵权行为导致他人损害,如果其实施的侵权行为与执行工作任务毫无关联,且不具备表见代理、表见代表的外观,则不能认定为执行工作任务,应由该工作人员自行承担;如果工作人员实施的侵权行为与执行工作任务有关,则应认定为执行工作任务范畴,由用人单位对外承担侵权责任。再者,损害与执行工作任务完全没有关系的,如工作人员在与家人外出旅游时发生交通事故,撞伤他人行为显然与执行工作任务没有关联,则当然应由工作人员自行承担侵权责任。当然,即便损害是发生在执行工作任务过程中,也可能与执行工作任务的行为没有关系。如某单位负责人出差到外地,在宾馆住宿离开时忘记关水龙头,致水池中水大量溢出,给宾馆造成损失,忘记关水龙头而造成宾馆的损害与执行工作任务之间没有关联性。[3]

---

[1] 参见邹海林、朱广新主编:《民法典评注侵权责任编》,中国法制出版社2020年版,第302页。
[2] 最高人民法院民法典贯彻实施工作领导小组主编:《中华人民共和国民法典侵权责任编理解与适用》,人民法院出版社2020年版,第239~240页。
[3] 参见程啸:《侵权责任法(第三版)》,法律出版社2021年版,第463页。

实务中更有争议的是，工作人员超出授权或指示范围实施的侵权行为，能否认定为执行工作任务的行为。对此，应当综合考虑以下因素：（1）造成他人损害的加害行为究竟是用人单位能够预见并应采取措施予以避免的风险，还是因该特定的某个工作人员自身而增加的风险。如果是前者，则该造成损害之行为就属于执行工作任务的行为；若为后者，则用人单位无法预见风险，不属于执行劳务的行为。（2）是否存在与执行工作任务或提供劳务具有内在联系或表现为履行职务行为的客观事实。如侵权行为人是在工作时间或工作场所内从事活动、身着用人单位服装或者有用人单位标志等，使受害人客观上有理由相信侵权行为人的行为就是执行工作任务的行为，该类行为也说明用人单位未尽到相应管理防控措施，故应认定为执行用人单位工作任务的行为。（3）加害行为的目的。侵权行为人虽然没有得到授权或指示，但其所从事的行为客观上是为了用人单位利益而实施，该行为也往往被认定为与执行工作任务或劳务具有内在联系，属于执行工作任务的行为。[1]

结合上述分析，对于工作人员以用人单位名义实施的行为超出用人单位经营范围致人损害的情形，严格来说，侵权行为本身就是一种违法行为，不能以经营范围划定，故工作人员在以用人单位名义实施经营范围外的活动时致人损害的，同样可构成用人单位的侵权行为，由用人单位承担侵权责任。[2] 同样的道理，如果工作人员在执行任务时虽然违背用人单位指示，但其行为在性质上可以归入完成工作任务的范围，或者在外观上根据日常生活观念判断属于工作行为的范畴，该行为就应认定为"执行工作任务"。至于工作人员利用工作职务的条件、便利实施的侵权行为问题，则争议更大，有必要进一步探究。对于此类行为，应当区分属于与用人单位营业或事业无关的社会一般风险，还是属于用人单位营业或事业所蕴含之特别风险。对于前者，因工

---

[1] 参见程啸：《侵权责任法（第三版）》，法律出版社2021年版，第467~468页。
[2] 参见最高人民法院民法典贯彻实施工作领导小组编著：《中国民法典适用大全·侵权责任卷》，人民法院出版社2022年版，第304~305页。

作人员的行为与其工作无内在关联，风险增加非其工作性质所致，故用人单位无须承担侵权责任。对于后者，应当认定工作人员的行为与其职务具有内在关联，由用人单位承担责任。①这一阐述较有道理，但是仍然存在需要进一步具体细化的问题，特别是由于实务中相关案件复杂多样，通常需要进行个案判断。当然，在个案处理中，需要有价值导向和利益衡量的判断，这时有必要采用动态系统论的方法，考虑侵权法救济法的本质特征即替代责任承担对于受害人救济的需要，此造成损害的风险是否属于用人单位应当预见的范围，判决用人单位承担侵权责任是否更有利于预防此类侵权行为的发生且预防成本并不过重，以及有关案件具体情况的特殊性，等等。

值得注意的是，工作人员执行工作任务的行为并不限于工作人员的过失行为，当然包括故意行为。这可以通过体系解释用人单位对故意或者重大过失工作人员的追偿权来得出结论，因为用人单位承担责任是其享有追偿权的前提，而其行使追偿权的情形就包括工作人员故意的情形，也就自然能够推导出工作人员执行单位工作任务时的故意导致他人损害的行为属于用人单位承担替代责任的范畴。由此也可进一步推知，此工作人员的行为当然包括违法行为，而从"执行工作任务"本身的文义出发，实难言有违法行为的存在，但是如果不包括违法行为在内，此替代责任构成之行为违法性要件也就难以存在。因此，这也可以印证上述"执行工作任务"应当适当从宽界定的论述。

3. 有关刑民交叉案件的程序处理

用人单位的工作人员执行工作的行为构成犯罪的，由于刑事案件的被告人是工作人员，而民事案件的被告是用人单位，故民事诉讼和刑事诉讼的法律主体和法律关系并不相同，刑事诉讼并不解决民事诉讼被告方的责任问题，故权利人需另行提起民事诉讼救济自己的民事权利，民事案件与刑事案件应当分别受理和审理。因此，该情形下工作人员刑事责任的承担不影响用人单

---

① 参见邹海林、朱广新主编：《民法典评注侵权责任编》，中国法制出版社2020年版，第302~303页。

位民事责任的认定。依据《全国法院民商事审判工作会议纪要》第 128 条的规定，法人或者非法人组织的法定代表人、负责人或者其他工作人员的职务行为涉嫌刑事犯罪或者刑事裁判认定其构成犯罪，受害人请求该法人或者非法人组织承担民事责任的，此民商事案件与刑事案件应当分别审理。此外，行为人以法人、非法人组织或者他人名义订立合同的行为涉嫌刑事犯罪或者刑事裁判认定其构成犯罪，合同相对人请求该法人、非法人组织或者他人承担民事责任的，该民商事案件也应当与刑事案件分别审理。这两者在形式上具有很大的相似性，且法理基础也相同，但二者的不同之处在于：前者情形着重强调的是法人或者非法人组织的法定代表人、负责人或者其他工作人员的职务行为构成刑事犯罪，被害人以单位为被告提起民事诉讼。而后者则是除此之外的行为人以法人、非法人组织名义从事行为的情形。审判实务中，原告方提起民事诉讼主要基于两种法律关系提出诉求。第一种情形是行为人涉嫌犯罪，合同相对人主张构成表见代理、表见代表，要求行为人所在单位承担合同法律关系项下的民事责任。第二种情形是合同相对人认为单位对行为人具有管理上的过错，由于其管理上的过错导致相对人信赖行为人可以代表或者代理单位行为而致损失，诉求单位承担侵权赔偿责任。[①] 由此，涉及用人单位替代责任承担的，其应依照《民法典》第 1191 条的规定承担赔偿责任。用人单位承担侵权责任的，刑事案件已完成的追赃、退赔可以在民事判决书中写明并扣减，也可以在执行程序中予以相应扣减。

二、劳务派遣中的侵权责任承担

（一）"相应的责任"的确立

劳务派遣，是指劳务派遣单位与接受劳务派遣的单位签订劳务协议，由

[①] 最高人民法院民事审判第二庭编著：《〈全国法院民商事审判工作会议纪要〉理解与适用》，人民法院出版社 2019 年版，第 652 页。

前者将其工作人员派往后者，令其工作人员服从后者的指挥，并在该单位监督下提供劳动的情形。①劳务派遣在我国最早由《劳动合同法》作出专门性规定。《劳动合同法》从保护被派遣劳动者的合法权益角度，规定了无论是劳务派遣单位还是实际用工单位对被派遣劳动者造成损害的，均应当承担连带赔偿责任，但是对于被派遣劳动者在工作中给他人造成损害的，劳务派遣单位和实际用工单位如何承担侵权责任这一问题，不属于《劳动合同法》的调整范围，故未予规定。②就劳务派遣的工作人员致他人损害的情形，接受劳务派遣的用工单位承担无过错责任。鉴于劳务用工单位与被派遣的工作人员之间存在实质上的用工关系，其无过错责任实际上是一种替代责任，表现为对被派遣的工作人员因执行工作任务造成他人损害承担无过错性质的替代责任。③对此，《民法典》第1191条第2款沿用了《侵权责任法》第34条第2款的规定。但是对于劳务派遣单位承担责任的规则，《侵权责任法》第34条第2款规定，被派遣的工作人员因执行工作任务造成他人损害的，由用工单位承担侵权责任；劳务派遣单位有过错的，由劳务派遣单位承担相应的补充责任。《民法典》第1191条第2款删除了上述"补充"二字，规定了"相应的责任"，由此也构成了对原有规定的实质性修改。对此，在《民法典》编纂过程，曾存在较大争议。有意见提出，劳务派遣单位的责任类型大致分为以下几种：一是劳务用工单位是第一顺位责任人，劳务派遣单位是第二顺位责任人，在劳务用工单位承担全部赔偿责任的情况下，劳务派遣单位对被侵权人就不再承担赔偿责任；在劳务用工单位财力不足、无法全部赔偿的情况下，剩余部分由劳务派遣单位来承担。二是劳务派遣单位存在过错，劳务派遣单位应当按照过错程度直接承担侵权责任。考虑到"相应的补充责任"并不能涵盖后一种情况，所以《民法典》将《侵权责任法》中"相应的补充责任"

---

① 参见程啸：《侵权责任法（第三版）》，法律出版社2021年版，第457页。
② 参见最高人民法院民法典贯彻实施工作领导小组编著：《中国民法典适用大全·侵权责任卷》，人民法院出版社2022年版，第306页。
③ 参见张新宝：《中国民法典释评侵权责任编》，中国人民大学出版社2020年版，第101页。

修改为"相应的责任"。①据此可以得出的结论是，此"相应的责任"是一个集合概念，因案件具体情况不同而呈现不同的责任形态，由此需要根据案件具体情况体系化适用《民法典》侵权责任编的相应规定。

（二）"相应的责任"的适用

劳务派遣单位承担"相应的责任"，在实务中比较典型的就是自己责任，而此自己责任的构成要适用过错责任原则。这也是《民法典》第1191条第2款较《侵权责任法》第34条第2款的实质性修改所在。这时要遵循过错责任的构成要件。劳务派遣单位承担的相应责任，是与其过错相适应的责任份额，即有百分之多少的过错，就承担多少份额的责任。②此种情形下，劳务派遣单位责任与劳务用工单位责任之间不存在孰先孰后的顺位关系，此与《侵权责任法》第34条所规定的"相应的补充责任"有本质不同。据此，被派遣的工作人员因执行工作任务造成他人损害的，被侵权人既可以请求劳务用工单位承担全部侵权责任，也可以请求劳务派遣单位承担与不当选派工作人员等过错相应的责任。因劳务派遣中"用人"和"用工"的先天分离，劳务派遣单位虽对被派遣工作人员失去了实际指挥控制，在招聘、录用时仍应对工作人员的健康状况、能力、资格以及能否胜任相应职务进行详尽考察。因此，当工作人员本身能力无法适应被派遣岗位而引发侵权纠纷的，劳务派遣单位应当承担与选任不当相适应的过错责任。③

值得注意的是，这时基于连带责任的法定性要求，劳务派遣单位和用工单位并非连带责任。但对于此二者是否属于按份责任的问题，则不无争议。笔者认为，由于对此并无法律明确规定，一概否认按份责任也不妥当，此涉及填平原则的适用问题，且具体案件中确实会存在多因一果的情形；但也不能"一刀切"式地适用按份责任，因为从充分救济受害人及公平处理案件的

---

① 参见黄薇主编：《中华人民共和国民法典释义》，法律出版社2020年版，第2306页。
② 参见杨立新：《侵权责任法（第四版）》，法律出版社2021年版，第305页。
③ 最高人民法院民法典贯彻实施工作领导小组主编：《中华人民共和国民法典侵权责任编理解与适用》，人民法院出版社2020年版，第242~243页。

角度出发，劳务派遣单位的过错不能成为减轻用工单位责任的理由。笔者认为，从法理角度讲，此类似于《民法典》第1169条关于教唆侵权、帮助侵权的规定，第1209条关于机动车所有人、管理人与使用人不一致时侵权责任承担的规定等情形。故有必要在既考虑对受害人的充分救济，又要避免使其重复获利的基础上，探索适用用工单位承担全部责任，而劳务派遣单位在其过错范围内承担相应责任的规则，进而用工单位承担全部责任的，应当有权在劳务派遣单位应承担责任范围内予以追偿，由此兼顾了各方权益的衡平。当然，如果劳务派遣单位与用工单位之间有约定的，从尊重当事人意思自治的角度，在不违反法律、行政法规强制性规定和公序良俗原则的前提下，有关内部求偿问题可按双方约定处理。

此外，在劳务派遣单位的行为符合《民法典》有关补充责任规定情形下，则要依法适用补充责任的规定，这也符合上述《民法典》修改原有规定的初衷。由此推之，在劳务派遣单位与用工单位之间符合《民法典》有关连带责任规定情形下，当然也要适用连带责任的规定。

（三）关于对被派遣的工作人员的追偿权问题

劳务派遣期间，就被派遣的工作人员因执行工作任务造成他人损害的，接受劳务派遣的用工单位有无追偿权的问题，实务中有一定争议。一种意见认为，此追偿权可以有，但追偿的主体应是劳务派遣单位；另一种意见则认为，此追偿权主体应该是用工单位。笔者倾向于后一种意见。其一，此可以通过体系化适用《民法典》第1191条第1款规定得出，该款中明确的是用人单位承担赔偿责任后对故意或者重大过失的工作人员享有追偿权。其二，从法理上讲，虽然劳务派遣关系中，用人单位系劳务派遣单位，但劳务用工单位系工作人员劳动的实际支配方，[①]可以在承担侵权责任后向被派遣的工作人员行使追偿权。当然，在具体适用时，此追偿权的行使必须以工作人员对损

---

① 参见杨立新：《侵权责任法（第四版）》，法律出版社2021年版，第305页。

害的发生存在故意或重大过失为前提。

三、提供劳务致损责任的承担

（一）实质性修改规则及其沿革

《民法典》编纂之前，《人身损害解释》和《侵权责任法》已经对个人劳务关系责任作出了相关规定。其中，《人身损害解释》第11条规定："雇员在从事雇佣活动中遭受人身损害，雇主应当承担赔偿责任。雇佣关系以外的第三人造成雇员人身损害的，赔偿权利人可以请求第三人承担赔偿责任，也可以请求雇主承担赔偿责任。雇主承担赔偿责任后，可以向第三人追偿。雇员在从事雇佣活动中因安全生产事故遭受人身损害，发包人、分包人知道或者应当知道接受发包或者分包业务的雇主没有相应资质或者安全生产条件的，应当与雇主承担连带赔偿责任。属于《工伤保险条例》调整的劳动关系和工伤保险范围的，不适用本条规定。"《侵权责任法》第35条规定："个人之间形成劳务关系，提供劳务一方因劳务造成他人损害的，由接受劳务一方承担侵权责任。提供劳务一方因劳务自己受到损害的，根据双方各自的过错承担相应的责任。"《民法典》第1192条在此基础上作出进一步修改和完善，对个人之间因提供劳务发生的侵权责任的不同情形作出了更加详尽的规定。该条第1款新增规定了提供劳务一方因劳务造成他人损害的情形下，接受劳务一方承担侵权责任后，享有向有故意或者重大过失的提供劳务一方进行追偿的权利，以平衡接受劳务者和提供劳务者之间的权利义务。同时，该条第2款新增规定了提供劳务一方遭受第三人侵害时的责任承担规则，为提供劳务者提供了及时有效的救济渠道。该款规定："提供劳务期间，因第三人的行为造成提供劳务一方损害的，提供劳务一方有权请求第三人承担侵权责任，也有权请求接受劳务一方给予补偿。接受劳务一方补偿后，可以向第三人追偿。"

（二）基本概念的界定与厘清

1. 个人之间形成的劳务关系

个人之间形成的劳务关系，是指自然人与自然人之间形成了劳务法律关系，① 具体表现为提供劳务一方为接受劳务一方提供劳务服务，接受劳务一方按照约定支付报酬。② 劳务关系的核心特征在于一方对另一方的持续性劳动支配，即个人之间在事实上形成了支配与从属、管理与被管理的用工关系，即传统侵权法理论所称的雇佣关系。③《民法典》第1192条中规定的"接受劳务一方"仅指自然人，包括家庭和农村承包经营户。有关个体工商户、合伙的雇员因执行工作任务致他人损害发生的纠纷，应当按照《民法典》第1191条用人单位责任的规定处理。

当然，如何界定个人之间形成的劳务关系，还需要根据具体情况判断。如果是公司安排的上门服务，例如，某人购买了空调或者家具后，厂家派工人上门安装，如果在安装期间工人不慎将工具掉到楼下砸到一行人，那么系工人因工作造成他人伤害的情形，应当由工人所在的工厂依照《民法典》相关的规定赔偿被侵权人的损失。④ 实务中，涉及劳务提供与接受的合同类型很多，大致包括：一是单纯劳务提供型的合同，如雇佣合同；二是事务处理型的合同，如委托合同、行纪合同；三是完成工作型的合同，如承揽合同、运输合同。在具体适用上，主要有家庭雇工的行为，比如保姆、家庭教师；个人承包后的雇工行为；农民劳作时的雇工行为；等等。

2. 劳务关系和帮工关系的区别

劳务关系不同于帮工关系，其区别主要体现为以下几点：一是在是否有偿方面，劳务关系具有有偿性；帮工关系具有无偿性。二是在劳务活动的自

---

① 程啸：《侵权责任法（第二版）》，法律出版社2021年版，第455页。
② 参见黄薇主编：《中华人民共和国民法典释义》，法律出版社2020年版，第2306页。
③ 参见邹海林、朱广新主编：《民法典评注侵权责任编》，中国法制出版社2020年版，第312页。
④ 参见黄薇主编：《中华人民共和国民法典侵权责任编释义》，法律出版社2020年版，第87页。

主性方面,劳务关系中的提供劳务者是在特定的工作时间内、在接受劳务一方的监督和控制下进行劳务活动;在帮工关系中,帮工人进行劳务活动时具有自主性。三是在免责事项方面,如被帮工人明确拒绝过帮工的,无论是帮工人在帮工活动中致第三人损害或致自身受到损害,被帮工人均可免责;而在劳务关系中,并不存在该项免责事由。由于帮工与个人之间的劳务关系在性质上有所区别,故不能认为《民法典》第1192条适用于帮工关系,帮工情形下的责任承担问题,应按照《人身损害解释》第4条和第5条进行处理。[①]具体需要把握以下几点:一是无偿提供劳务的帮工人,在从事帮工活动中致人损害的,被帮工人应当承担赔偿责任。被帮工人承担赔偿责任后向有故意或者重大过失的帮工人追偿的,人民法院应予支持。被帮工人明确拒绝帮工的,不承担赔偿责任。二是无偿提供劳务的帮工人因帮工活动遭受人身损害的,根据帮工人和被帮工人各自的过错承担相应的责任;被帮工人明确拒绝帮工的,被帮工人不承担赔偿责任,但可以在受益范围内予以适当补偿。三是帮工人在帮工活动中因第三人的行为遭受人身损害的,有权请求第三人承担赔偿责任,也有权请求被帮工人予以适当补偿。被帮工人补偿后,可以向第三人追偿。

(三)个人劳务关系中侵权责任的具体情形

1. 因提供劳务一方的行为造成他人损害的责任承担

根据《民法典》第1192条第1款的规定,因提供劳务造成他人损害,由接受劳务一方承担侵权责任。此主要是基于报偿责任原理,既然用人者通过使用他人而享受了利益,那么也应承担由此带来的风险或者不利益。对于受损的第三人而言,按照现代民法中利益、风险、责任相一致的理念,接受劳务一方就是责任主体,因此个人之间的劳务关系所产生的损害后果理应由接受劳务一方承担。

[①] 参见最高人民法院民法典贯彻实施工作领导小组编著:《中国民法典适用大全·侵权责任卷》,人民法院出版社2022年版,第316页。

由于一般情况下，个人之间形成的劳务关系不属于依法应当参加工伤保险统筹的情形，且提供劳务一方往往有较大自主权，不像雇主对雇员那样的控制力，不区分情况全部由接受劳务一方承担侵权责任有违公平原则。是故，《民法典》第1192条第1款在明确规定追偿权的基础上，将追偿权局限于有故意或重大过失的情形，在一定程度上可以避免追偿权的滥用，也有利于更好地平衡双方之间的利益。当然，这仅是内部追偿关系，对受害人而言，接受劳务的一方仍然是相应的责任主体。

2. 提供劳务一方因劳务受到损害时的责任承担

根据《民法典》第1192条第1款的规定，提供劳务一方因劳务受到损害的，提供劳务一方和接受劳务一方根据其各自的过错承担相应责任。考虑到实践中个人劳务关系的实际情况比较复杂，双方的经济能力通常都比较有限的实际情况，由接受劳务的一方承担无过错责任太重，所以区分情况，根据双方过错来承担责任是比较合理的处理方案。比如，张某家雇的保姆不听张某的劝阻，执意要站在椅子上打扫卫生，结果不小心将腿扭伤。从人道主义的角度，张某可以适当承担一定责任。但是如果让张某承担无过错责任，则责任过重，有失公允。[1]

3. 因第三人的行为造成提供劳务一方损害的责任承担

《民法典》第1192条第2款基本沿袭《人身损害解释》第11条第1款的精神，赋予遭受第三人侵害的提供劳务一方以选择请求权，其既可以请求实施侵权行为的第三人承担赔偿责任，也可以请求接受劳务一方承担补偿责任，接受劳务一方承担补偿责任后可以向实施侵权行为的第三人追偿。[2]需要注意的是，不宜认定实施侵权行为的第三人与接受劳务一方的责任为不真正连带责任。因为个人之间形成劳务关系一般不购买相应的工伤保险，这与《民法

---

[1] 参见黄薇主编：《中华人民共和国民法典侵权责任编释义》，法律出版社2020年版，第88~89页。

[2] 参见最高人民法院民法典贯彻实施工作领导小组主编：《中华人民共和国民法典侵权责任编理解与适用》，人民法院出版社2020年版，第250~252页。

典》第 1191 条规定的用人单位责任有较大不同。因此，要求接受劳务一方承担不真正连带责任，责任分配过重。[1]此外，提供劳务一方依据《民法典》第 1192 条第 2 款的规定所享有的上述两个请求权存在竞合或者相互排斥情形的，如果其选择向造成损害的第三人主张赔偿，就不得向接受劳务的一方请求补偿；反之亦然。[2]比如，在刘某等人诉赵某勤提供劳务者受害责任纠纷案中，法院生效裁判认为，雇主聘请雇工驾驶其所有出租车进行营运，并口头约定支付报酬的具体方式。双方由此形成雇佣法律关系。雇工在受雇的经营活动中，因犯罪分子的犯罪活动致死的，雇主虽无过错，但基于雇工是在为双方共同利益进行的经营活动中受到损害，根据民法公平原则，雇主作为受益人理应给予雇工近亲属适当补偿。[3]

四、承揽关系中的侵权责任承担

（一）一般规则

有关承揽关系中的侵权责任，《人身损害解释》第 10 条规定，承揽人在完成工作过程中对第三人造成损害或者造成自身损害的，定作人不承担赔偿责任。但定作人对定作、指示或者选任有过失的，应当承担相应的赔偿责任。《民法典》第 1193 条吸收了上述《人身损害解释》的内容，仅对个别文字表述作出修改。由于《侵权责任法》对此没有规定，《民法典》在总结吸收司法解释经验成果的基础上，从法律层面明确承揽关系中的侵权责任承担规则，实属我国民事立法中的一大进步。

承揽合同中，承揽人主要依靠自己的专业判断和能力独立完成承揽工作，不受定作人的支配，承揽人对第三人造成损害或者造成自身损害时，不应要

---

[1] 参见黄薇主编：《中华人民共和国民法典释义》，法律出版社 2020 年版，第 2309 页。
[2] 参见张新宝：《中国民法典释评侵权责任编》，中国人民大学出版社 2020 年版，第 103 页。
[3] 参见人民法院出版社、《法律家》实践教学编委会：《侵权责任纠纷案例精选与参考适用》，人民法院出版社 2018 年版，第 174~177 页。

求定作人承担侵权责任。但是，定作人对定作、指示或者选任有过错的，需要承担相应的过错责任。①结合《民法典》第1193条的规定，可以看出，过错责任系定作人责任的归责原则。定作人只有在对定作、指示或者选任有过错时，才承担侵权责任。有观点认为，定作人承担过错侵权责任可以分为以下几种情形：一是损害完全是由定作人在定作指示、选任中的过错所致，承揽人自身没有过错的，应由定作人承担完全的替代赔偿责任，且对承揽人不享有追偿权。二是损害是由承揽人完成承揽事项的行为引起，定作人不存在过错的，应由承揽人单独承担责任，定作人不承担责任。三是定作人与承揽人构成共同侵权的，则应依据共同侵权的处理原则，判令定作人和承揽人对外承担连带赔偿责任，在内部关系中区分各侵权人的过错程度，以划分不同的责任比例。②笔者认为，这一观点较有道理，结合此类案件的具体场景，承揽人个人侵权责任是由承揽人自身过错导致第三人损害，故系一般侵权责任，责任由承揽人承担；定作人过错责任是定作人对定作、指示或者选任存在过错，导致承揽人在执行承揽事务中引起第三人或承揽人自身损害，定作人承担的与其过错相应的侵权责任。③定作人承担的侵权责任形态与上述劳务派遣单位有过错时承担的责任具有同质性，有必要采取相同的规则予以探索适用。而且完全是由定作人过失造成损害的情形在实务中较为罕见，在涉及承揽工作过程中致他人损害的情形，宜首先由承揽人作为此类纠纷的被告。至于被侵权人主张将定作人作为共同被告的，基于纠纷一次性解决以及查明案件事实需要的考量，也有必要予以准许。

（二）定作人责任的适用条件

根据《民法典》第1193条的规定，承揽关系中，定作人承担侵权责任须

---

① 参见黄薇主编：《中华人民共和国民法典侵权责任编释义》，法律出版社2020年版，第90页。

② 参见最高人民法院民法典贯彻实施工作领导小组主编：《中华人民共和国民法典侵权责任编理解与适用》，人民法院出版社2020年版，第258~260页。

③ 参见最高人民法院民法典贯彻实施工作领导小组主编：《中华人民共和国民法典侵权责任编理解与适用》，人民法院出版社2020年版，第259页。

满足以下条件：(1) 双方之间存在承揽合同关系。(2) 侵权行为是在完成工作过程中发生的，没有超出承揽合同约定的工作范围。(3) 行为造成了承揽人或者第三人损害。造成损害事实的直接行为人是承揽人而非定作人，是承揽人在执行承揽事项中，因其自身的行为造成他人或其自身损害，这是定作人替代责任成立的基础。[①] (4) 定作人对定作、指示或者选任有过错，该过错既包含故意，也包含各种程度的过失。如在邓某某等诉唐某华、李某等生命权纠纷案中，在认定承揽人上门作业时定作人负有指示过失责任的，法院裁判理念为：承揽人上门作业时，定作人基于一般注意义务、不动产权人的注意义务和承揽合同的附随义务，同时负有提供安全工作环境，警告、制止危险行为等义务。法院生效裁判认为：唐某华、李某作为案涉房屋的屋主，知晓房屋上方有高压线路存在安全隐患，在周某某递送窗帘钢管时未及时进行提醒并指示预防措施；其子唐某平作为具备完全民事行为能力的家庭成员，虽在周某某从事危险操作行为时已予以提醒，但并未制止，且还为周某某递送钢管过程中提供帮助，未尽到安全指示义务。而且，唐某华、李某在案涉高压电力设施下加层扩建不具有建设审批手续的建筑物，导致架空电力线路保护范围明显减少，亦致使案涉房屋存在安全隐患，客观上增加了安全隐患，加大了事故发生的概率。因此，唐某华、李某主观上的不作为及明知违章建筑存在高度风险又未采取基本的安全保障措施的行为，与周某某触电身亡事故的发生这一损害结果之间具有因果关系，唐某华、李某应作为法定赔偿责任主体承担侵权民事赔偿责任。[②] (5) 定作人的过错与损害结果的发生之间具有因果关系，即引起与被引起的关系。具备以上条件的，定作人根据过错程度承担相应的责任。如果定作人不存在上述范围内的过错，或者定作人虽存在过错，但其过错并非导致损害结果产生的原因，则定作人不承担侵权责任。

---

① 参见杨立新：《侵权责任法（第四版）》，法律出版社2021年版，第313页。
② 参见最高人民法院中国应用法学研究所：《人民法院案例选》2019年第7辑（总第137辑），人民法院出版社2019年版。

（三）承揽关系与雇佣关系的区别

通常而言，当事人双方就承揽与雇佣的性质发生争议时，可以综合分析下列因素，结合案件具体情况予以认定：（1）当事人之间是否存在控制、支配和从属关系；（2）是否由一方指定工作场所、提供劳动工具或设备，限定工作时间；（3）是定期给付劳动报酬还是一次性结算劳动报酬；（4）是继续性提供劳务，还是一次性提供工作成果；（5）当事人一方所提供的劳动是其独立的业务或者经营活动，还是构成合同相对方的业务或者经营活动的组成部分。如当事人之间存在控制、支配和从属关系，由一方指定工作场所、提供劳动工具或设备，限定工作时间，定期给付劳动报酬，所提供的劳动是接受劳务一方生产经营活动的组成部分的，可以认定为雇佣；反之，则应认定为承揽。[1] 如在刘某再、李某军诉刘某发、刘某英提供劳务者受害责任纠纷案中，生效裁判认为：搬运人为所有人搬运货物过程中被滚落的货物砸伤致死，因搬运人搬运货物系受所有人指示，提供劳动力将货物搬运至所有人指定地点，其从事劳务行为不具有独立性，故双方之间的法律关系属于雇佣关系而非承揽关系，对于搬运人死亡的损害后果，所有人应当依据法律规定承担相应的人身损害赔偿责任，并支付相应的精神损害抚慰金。[2] 上述区别对于区分承揽合同与劳务合同也具有重要意义。概言之，承揽合同的劳动者所交付的标的是劳动成果，而劳务合同的劳动者所交付的标的是劳动，定作人与承揽人之间不存在劳务关系。[3]

由于经济社会生活的复杂多样性，劳务关系与承揽关系有时会难以界定，甚至会出现名为"定作承揽关系"实为"用工关系"的问题。这时就需要根据案件具体情况准确厘清不同的法律关系从而确定相应的责任主体，尤其要

---

[1] 最高人民法院民法典贯彻实施工作领导小组主编：《中华人民共和国民法典侵权责任编理解与适用》，人民法院出版社 2020 年版，第 248 页。
[2] 参见人民法院出版社、《法律家》实践教学编委会：《侵权责任纠纷案例精选与参考适用》，人民法院出版社 2018 年版，第 171~174 页。
[3] 参见黄薇主编：《中华人民共和国民法典侵权责任编释义》，法律出版社 2020 年版，第 90~91 页。

注意把握控制力原则。当定作人和承揽人之间形成指挥监督关系时，承揽人的身份不能阻断被使用者身份的成立，此时名义上的独立承揽人在工作中处于从属地位，则原则上要适用《民法典》第1191条、第1192条有关雇主责任的规定处理；或者虽实为承揽人，但外观上却呈现为雇员的地位因而构成"表见代理"时，定作人也须承担替代责任。[①] 就有关法律关系的厘清，在此也举一典型案例，在米某某诉燕某某、王某生命权、健康权、身体权纠纷案中，法院生效裁判认为：余某某所进行的施工作业系在燕某某监督和约束下的一种从属劳动，余某某由此获得报酬，二人之间已经形成雇佣关系。余某某在雇佣活动期间因操作不当致米某某损害，燕某某作为雇主理应承担赔偿责任。燕某某作为独立的合同工以其自带设备、技术和劳力完成王某要求的工作并向其交付工作成果，从双方之间的约定及实际履行情况来看，双方之间更符合承揽合同的法律关系。就余某某与王某之间的法律关系而言，余某某的活动完全是根据燕某某的指示进行，报酬亦由燕某某支付，与王某无关，即使在施工过程中王某对余某某提出相应的指示要求，也是为了配合施工之必要，不能就此简单认定二人之间形成雇佣关系。[②]

　　实务中容易产生争议的问题还有，当单位与非本单位所雇的自然人就相关业务达成协议的，如何认定此法律关系属性的问题。笔者认为，鉴于这时二主体之间法律地位平等，该自然人对其他单位而言并不具有从属性，且劳动具有独立性，提供劳动的目的在于完成工作成果，能否按照约定取得相应报酬取决于其工作成果的完成质量，故可认定双方构成承揽关系而非雇佣关系。比如，周某某等诉湖北省某某县某某局生命权纠纷案中，法院生效裁判认为，自然人自称经营者与事业单位就印制悬挂标语一事达成口头协议，约定由自然人按照事业单位要求制作标语并悬挂在指定地点的，双方之间形成

[①] 参见曹险峰：《〈民法典〉中用人者责任与承揽人责任之二元模式论》，载《法学家》2023年第1期。

[②] 参见《米某某诉燕某某、王某生命权、健康权、身体权纠纷案》，载最高人民法院中国应用法学研究所：《人民法院案例选》2016年第9辑（总第103辑），人民法院出版社2016年版。

加工承揽法律关系，自然人为事业单位完成预先约定的工作，但并不受雇于事业单位，与事业单位之间并不形成雇佣法律关系。自然人在悬挂标语中坠楼身亡，事业单位对死亡后果无过错的，应给予一定的经济补偿。[1]

---

[1] 参见人民法院出版社、《法律家》实践教学编委会：《侵权责任纠纷案例精选与参考适用》，人民法院出版社2018年版，第54~55页。原载《最高人民法院公报》2001年第4期（总第72期）。基本案情：何某以未经工商登记、亦无固定人员的某装饰公司总经理名义，经县委宣传部同意，各单位商谈印制悬挂标语事宜，经与湖北省某某县某某局商谈，该局同意由何某印制新标语并完成悬挂工作，在悬挂过程中，王某坠楼摔伤后身亡，后何某姐姐何某萍用其个人经营的某某商店发票在该局处结账。后何某近亲属以该局与何某之间存在雇佣关系该局对何某死亡有过错为由提起诉讼，要求该局承担雇主责任。

第十章
网络侵权责任的创新发展与规则适用

▼

伴随着网络技术的发展，网络侵权现象不断发生。基于网络侵权行为的隐蔽性、损害后果的广泛性、行为主体的多样性等特点，网络侵权责任的承担也有其特殊性。《侵权责任法》和相关规定已经对网络侵权责任作出了规定，《民法典》在此基础上顺应时代发展变化，用了四个条文在基本法律层面系统规定了网络侵权责任的法律规则。相较《侵权责任法》第36条的规定，《民法典》对网络侵权责任作出更加细化和完善的规定。比如，在网络侵权一般规则中增加了与其他规定衔接适用的指引性规定（第1194条）；在"通知与取下"程序中明确了初步证据规则、提供权利人真实身份信息等要求，新增了权利人错误通知的侵权责任（第1195条）；和"通知与取下"程序相对应，增加了"反通知"程序的规定（第1196条）；明确了在"应当知道"的情形下，网络服务提供者也要与网络用户承担连带责任（第1197条），等等。鉴于《民法典》对《侵权责任法》规定的网络侵权责任的实质性修改的全面性，有必要对网络侵权责任有关法律适用问题进行系统阐述。

一、网络侵权行为概述

网络侵权行为，是指网络用户、网络服务提供者以网络为手段和工具实施的侵害他人民事权益的行为。其中，网络用户是指使用互联网的自然人、法人或非法人组织。自然人用户是指接受网络服务的当事人，通常被称为"网民"；网络用户还包括法人或非法人组织，只要同时具备网上交易的能力和网上支付工具，能为自己的交易承担相应的法律责任，就可以参与网络活动。[1]网络服务提供者既包括提供接入、缓存、信息储存空间、搜索以及链接等服务类型的技术服务提供者，也包括主动向网络用户提供内容的内容服务提供者，还包括在电子商务中为交易双方或者多方提供网络经营场所、交易撮合、信息发布等服务，供交易双方或者多方独立开展交易活动的电子商务平台经营者。[2]实践中，很多网络服务提供者提供的服务具有综合性和多样性，比如一些综合性网站，不仅提供内容服务，也提供技术服务。不同类型的网络服务提供者所承担的侵权责任和注意义务是有差别的。其中，内容服务提供者主要对自己上传内容的合法性与真实性负责，对此应当尽到合理的审查义务，否则应当依法承担侵权责任。技术服务提供者则要对自身提供的技术负责，一般无须对他人利用该技术实施的侵权行为负责，除非其本身已高度介入侵权行为的实施当中。

通常而言，网络侵权行为具有侵权主体多样化、侵权损害蔓延快、侵权行为较隐蔽等特点。从责任构成的角度言之，侵权主观状态上多为故意。虽然过失有可能构成侵权责任，如过失传播病毒，但在网络侵权行为中，故意运用网络侵害他人的人身财产权益的，为网络侵权主观过错的常态。[3]特别是

---

[1] 参见最高人民法院民法典贯彻实施工作领导小组编著：《中国民法典适用大全·侵权责任卷》，人民法院出版社2022年版，第329页。
[2] 黄薇主编：《中华人民共和国民法典释义》，法律出版社2020年版，第2311页。
[3] 参见杨立新：《侵权责任法（第四版）》，法律出版社2021年版，第315页。

在损害后果上，呈现出侵害民事权益多样性的显著特点。以互联网为手段和工具，侵害的权利主要包括以下几种类型：一是侵害财产权。如利用技术手段，窃取他人网络银行账户中的资金，公布有偿服务的账号和秘密等。此外，财产权也包括虚拟财产，窃取他人虚拟货币或者游戏装备的也属于利用互联网侵害他人财产权。二是侵害知识产权。主要表现为侵犯他人著作权与商标权。侵权著作权的情形，如擅自将他人作品进行数字化传输、规避技术措施、侵犯数据库等。侵犯商标权的情形，如在网站上使用他人商标，故意使消费者误以为该网站为商标权人的网站，恶意抢注与他人商标相同或相类似的域名等。三是侵害人格权。主要是指利用互联网侵害民事主体的姓名权、肖像权、名誉权、荣誉权、隐私权、名称权等。[①] 目前这在实务中也比较常见，如在江某与沈某名誉权纠纷中，原告江某通过买卖关系与被告沈某丈夫认识，2021 年 7 月 10 日，沈某通过自己注册的抖音账号发布江某相关的抖音短视频，视频内容主要为江某与沈某的丈夫双方之间聊天的部分内容，沈某在发布的个别视频上文字备注"看看会浪不"等对江某侮辱谩骂的字眼。沈某的抖音账号有 1418 个粉丝，且头像为自己的照片，上述视频内容已经有部分抖音用户浏览。江某发现后要求沈某赔礼道歉，沈某一直未回应江某，故江某诉至法院要求沈某赔偿精神损失费并赔礼道歉。法院生效裁判认为，沈某在自己注册的抖音发布的部分视频上备注不良语言对江某进行侮辱谩骂，可知沈某在主观上有损害江某名誉权的行为，对江某的人格尊严和社会评价造成一定的负面影响，侵犯了江某的名誉权，应当承担相应的侵权责任。故判决沈某向江某赔礼道歉并赔偿精神损害赔偿金。[②]

[①] 最高人民法院民法典贯彻实施工作领导小组主编：《中华人民共和国民法典侵权责任编理解与适用》，人民法院出版社 2020 年版，第 262 页。

[②] 参见王雪颖、李东霖等：《网络名誉权侵权及责任承担方式认定》，载《公民与法》2023 年 3 月上。

二、网络侵权责任的承担

（一）网络侵权责任的一般规则

关于网络侵权责任的一般规则，《民法典》第1194条规定："网络用户、网络服务提供者利用网络侵害他人民事权益的，应当承担侵权责任。法律另有规定的，依照其规定。"《民法典》规定了两种网络侵权责任：一是网络用户和网络服务提供者对自己在网站上实施的侵权行为承担责任；二是网络服务提供者在何时对网络用户在自己网站上实施的侵权行为承担连带责任。[①]该条在《侵权责任法》第36条第1款的基础上，增加了"法律另有规定的，依照其规定"。此处的"法律另有规定"，主要是指其他法律对网络用户、网络服务提供者利用网络侵害他人民事权益，承担民事责任有特别规定。增加这一指引性规定，能够更好地与其他法律规定衔接适用，为单行法中的特别规定优先适用明确了依据。目前，对此作出特别规定的法律主要有《电子商务法》《网络安全法》《个人信息保护法》《消费者权益保护法》等。当这些单行法律对特定类型的网络侵权行为有专门规定时，应当优先适用该单行法律的规定；没有规定的，就要适用《民法典》的相关规定。

（二）网络用户、网络服务提供者的连带责任

《民法典》第1195条和第1197条规定了网络用户和网络服务提供者承担连带责任的情形，分别为：（1）网络服务提供者接到通知后未及时采取必要措施的，对损害的扩大部分与该网络用户承担连带责任；（2）网络服务提供者知道或者应当知道网络用户利用其网络服务侵害他人民事权益，未采取必要措施的，与该网络用户承担连带责任。由此可见，网络服务提供者与该网络用户承担连带责任的前提是网络服务提供者有过错，主观上对网络用户的

[①] 杨立新、李怡雯：《〈民法典〉侵权责任编实务疑难问题指引》，中国人民大学出版社2023年版，第370页。

侵权行为有放任或默许的心态。对于是否采取了必要措施，应由网络服务提供者负举证责任。

网络侵权责任中的连带责任类型很多，除上述两条外，还包括因实施多数人侵权行为而依据《民法典》第1168条、第1171条等规定而应承担的连带责任。此外，其他法律也有类似规定。例如，《电子商务法》第42条第2款规定，电子商务平台经营者接到通知后，应当及时采取必要措施，并将该通知转送平台内经营者；未及时采取必要措施的，对损害的扩大部分与平台内经营者承担连带责任。《消费者权益保护法》第44条第2款规定，网络交易平台提供者明知或者应知销售者或者服务者利用其平台侵害消费者合法权益，未采取必要措施的，依法与该销售者或者服务者承担连带责任。

三、"通知与取下"规则的适用

网络侵权责任中"通知与取下"规则，在比较法上通常被称为"避风港"规则。《民法典》在《侵权责任法》第36条的基础上，对"通知与取下"规则作了细化规定，更好地平衡了权利人和网络用户、网络服务提供者之间的利益，是《民法典》侵权责任编中的亮点之一。

（一）"通知与取下"规则的确立

由于互联网信息传播的即时性、损害后果蔓延的广泛性等原因，如果要求网络服务提供者对每个网络用户上传的所有信息都承担侵权责任，不仅有违公平原则，也必然会影响信息的有效传播和互联网的行业发展。因此，应当结合实际情况给网络服务提供者豁免的机会。"通知与取下"规则的确立，就是通过这一规则为网络技术服务提供者建立了一个"避风港"，使其免受来自指控他人侵权之人、网络服务对象的两头夹击，因此被形象地称为"避风港"规则。① "避风港"规则是网络服务提供者因其行为导致侵害信息网络传播权的行为效应被扩散,而可能构成间接侵权的情况下,可适用的抗辩规则。② 其设计目的就在于赋予平台服务提供商一定的程序性义务而换取其实质责任的减轻。③

"通知与取下"规则的首次出现是在《美国千禧年数字版权法案》中。随后,其他国家和地区也在法律中引入了"避风港"规则。如欧盟 2000 年《电子商务指令》适用于诽谤、散布色情信息、网络毒品交易等领域,欧盟各国网络服务提供者都建立了"通知与取下"规则。④

我国最先规定"通知与取下"规则的是最高人民法院于 2000 年发布的《最高人民法院关于审理涉及计算机网络著作权纠纷案件适用法律若干问题的解释》(法释〔2000〕48 号,现已失效),该解释第 8 条规定:"网络服务提供者经著作权人提出确有证据的警告而采取移除被控侵权内容等措施,被控侵权人要求网络服务提供者承担违约责任的,人民法院不予支持。著作权人指控侵权不实,被指控人因网络服务提供者采取措施遭受损失而请求赔偿的,人民法院应当判令由提出警告的人承担侵权责任。"2006 年出台的《信息网络传播权保护条例》在第 14 条至第 17 条对"通知与取下"规则作了明确规定。2009 年,《侵权责任法》第一次在法律层面规定了"通知与取下"规则,其第 36 条第 2 款创造性地将原先仅适用于数字版权领域的"避风港"规则扩张适用到包括网络人格权在内的所有民事权益领域。该款规定:"网络用户利用网络服务实施侵权行为的,被侵权人有权通知网络服务提供者采取删除、屏蔽、断开链接等必要措施。网络服务提供者接到通知后未及时采取必要措施的,对损害的扩大部分与该网络用户承担连带责任。"2014 年最高人民法院发布的《最高人民法院关于审理利用信息网络侵害人身权益民事纠纷案件适用法律若干问题的规定》(法释〔2014〕11 号,以下简称《信息网络规定》)第 5 条至

---

① 程啸:《侵权责任法(第二版)》,法律出版社 2015 年版,第 449 页。
② 单甜甜:《互联网平台适用避风港规则免责的条件》,载《人民司法》2020 年第 5 期。
③ 陈瑜:《电子商务法中"通知—删除"规则的适用》,载《人民司法》2020 年第 25 期。
④ 参见黄薇主编:《中华人民共和国民法典释义》,法律出版社 2020 年版,第 2312~2313 页。

第 8 条对《侵权责任法》第 36 条第 2 款规定的向网络服务提供者发出的通知的具体内容、网络服务提供者采取的必要措施是否及时及相关的抗辩理由和责任承担方式作出了细化规定。2018 年《电子商务法》将这一制度引入电子商务平台经营者中,在第 42 条至第 44 条对涉及知识产权纠纷时电子商务平台经营者的通知、转送义务等作出了具体规定。在此基础上,《民法典》对"通知与取下"规则作出明确规定。

与《侵权责任法》相比,《民法典》第 1195 条的创新之处在于:(1)将"被侵权人"改为"权利人",说明其为通知权的权利人,也指明其身份为享有民事权利的主体,表述更为准确;(2)在通知程序中增加通知应包含的必要信息,便于统一适用标准;(3)增加网络服务提供者接到通知后的及时转送义务,更好地平衡各方之间的权利和义务分配;(4)新增规定因错误通知造成损害的侵权责任,明确了权利人错误通知的法律责任,有利于避免权利人滥用"通知与取下"规则。

由此可见,我国的"通知与取下"规则和比较法上的"避风港"原则有所不同,后者更侧重于从免责事由的角度界定,我国《民法典》第 1195 条第 2 款则明显是从责任构成的角度规定的,未采取必要措施,对损害的扩大部分与该网络用户承担连带责任。从行为导向上看,这也有利于引导网络服务提供者积极采取相应措施。在网络服务提供者和网络用户承担连带责任的情形中,网络服务提供者的侵权责任本质上是一种间接侵权。如果网络用户的行为不构成侵权,网络服务提供者自然就不具备承担责任的前提条件。

(二)"通知与取下"规则的具体适用

就《民法典》第 1195 条关于"通知与取下"规则的适用,需要注意以下问题:

1."通知与取下"规则中的"通知"

根据《民法典》第 1195 条第 1 款的规定,发生侵权行为时,权利人有权通知网络服务提供者采取删除、屏蔽、断开链接等必要措施。通知涉及的主体包括：通知人，即被侵权人、权利人；接收通知人，即网络服务提供者；侵权人，即网络用户。关于通知的具体形式，虽然《民法典》第1195条未明确规定，但是根据《信息网络传播权保护条例》第14条的规定，通知应当以书面方式提交。《信息网络规定》第5条规定，被侵权人发出通知应以书面形式或者网络服务提供者公示的方式。实践中，很多网站都提供了格式化的通知模板、专门的投诉途径，极大地简化了通知流程，提高了处理效率。[①] 权利人可以直接运用网络提供的模板或者采用其他合理的通知形式。关于通知的具体内容，《民法典》第1195条第1款规定应当包含构成侵权的初步证据及权利人的真实身份信息，两项通知内容缺一不可。一方面，提供网络用户侵权行为的初步证据是网络服务提供者初步判断权利人主张网络用户利用网络服务实施侵权行为并非虚假、恶意编造的前提条件。当然，"初步证据"意味着较低的证据标准。另一方面，提供权利人的真实身份信息是为了保障通知的真实性，并为网络服务提供者履行后续转通知义务提供明确的对象。根据威海嘉易烤生活家电有限公司诉永康市金仕德工贸有限公司、浙江天猫网络有限公司侵害发明专利权纠纷案[②]的表述，此包含被侵权人身份情况、权属凭证、侵权人网络地址、侵权事实初步证据等内容，而且网络服务提供者自行设定的投诉规则，不得影响权利人依法维护其自身合法权利。

2. 关于网络服务提供者及时转送通知的义务

由于网络侵权行为的隐蔽性，大多数情况下权利人并不了解真正侵权人的详细信息，而网络服务提供者作为互联网平台，比权利人更加了解网络用户的真实信息，因此网络服务提供者有义务为权利人提供维权渠道，及时向网络用户转送权利人的通知。通过网络服务提供者将此通知转送相关网络用户，也可以有效确定侵权人。而且，通过通知转送，相对应的网络用户就可以提出申辩。从这个角度讲，网络服务提供者也应当及时将该权利人发出的

[①] 黄薇主编：《中华人民共和国民法典释义》，法律出版社2020年版，第2314页。
[②] 最高人民法院指导案例83号。

通知转送相关网络用户，使其知晓，要求其作出回应。[1]

3.关于网络服务提供者接到通知后，采取何种"必要措施"以及是否及时认定

根据《民法典》第1195条第1款的规定，必要措施包括删除、屏蔽、断开链接等，以"等"字兜底的概括性规定，表明"必要措施"包括但不限于上述几种形式，还可以包括其他能够制止侵权行为的措施，比如网络直播平台的禁止转发、禁止发言、禁止直播、封停账号等措施，网络购物平台的降低信用评级、责令侵权商品下架、关闭网点等措施。[2]实践中，至于哪些措施属于必要的措施，应当根据网络服务的类型、技术可行性、成本、侵权情节等因素确定。例如，在"东莞某磁碟公司与浙江某网络公司、陈某某侵害实用新型专利权纠纷案"中，法院生效裁判认为，浙江某网络公司制定了网络平台服务协议、消费者保障服务协议等措施对平台进行管理，前述措施包括对网络用户进行公开警告、降低信用评级、限制发布商品信息直至关闭该网络用户的账户等，该公司在收到通知后已经采取必要措施增加网络用户实施侵权行为的难度，从而达到减少侵权的目的，其作为网络交易平台服务提供商已经尽到了审慎的注意义务。[3]至于"是否及时"的问题，《民法典》第1195条明确规定了网络服务提供者及时采取必要措施是在"接到通知后"而非其他时间。依据《信息网络规定》第6条的规定，认定网络服务提供者采取的删除、屏蔽、断开链接等必要措施是否及时，应当根据网络服务的性质、有效通知的形式和准确程度、网络信息侵权权益的类型和程度等因素综合判断。

当然，网络服务提供者如果认为网络用户的行为不构成侵权，也可不采取必要措施，不过一旦网络用户的行为构成侵权责任，网络服务提供者就必

---

[1] 参见最高人民法院民法典贯彻实施工作领导小组编著：《中国民法典适用大全·侵权责任卷》，人民法院出版社2022年版，第341页。
[2] 参见杨振主编：《中国民法典侵权责任编释论》，法律出版社2022年版，第112页。
[3] 参见广州市知识产权法院（2017）粤73民初3007号民事判决书。

须承担连带责任。①由此可见,网络服务提供者接到权利人的通知后,其首先要对权利人通知的内容予以审查判断。至于此审查是形式审查还是实质审查,法律层面没有明确规定,实践中也容易发生争议。一般而言,对于通知的形式审查并不存在异议,网络服务提供者的审查能力高于一般自然人,低于专业审查机构,因此网络服务提供者不能进行严格的实质审查,但可以按照理性人的标准审慎对待审查对象,要结合网络服务提供者自身的能力予以衡量。②

关于在发出通知以后,因审查、判断网络侵权而支付的费用应由谁来承担的问题,也存有争议。此类费用一般应由网络服务提供者承担,但也有进一步探讨的空间。③原则上说,网络服务提供者为防止损害结果的进一步扩大而支出的必要费用,原则上应由实施侵权行为的网络用户承担。但是,如果有证据证明通知者本身具有恶意,或者通知者不能完全证明他人的行为构成侵权,则网络服务提供者也可以要求通知者分担这些费用。

4. 错误通知造成损害的侵权责任承担

实践中,应注重如何正确理解"错误通知"。网络用户在互联网上依法享有言论自由,通过视频、文字等合法形式,可以正常行使自己的法定权利。如果权利人对上述信息产生错误认识,误认为网络用户的行为侵犯自己的合法权益,进而错误地向网络服务提供者发出通知,要求其采取删除、屏蔽等必要措施。这是权利人因错误通知承担责任的前提条件。如果是网络用户起诉主张发出通知一方的通知错误的,则只有在通知一方举证证明网络信息构成侵权的前提下才能证明通知正确。④错误通知之所以要承担法律责任是因为其侵害了网络用户在网络上发布信息和言论的自由,同时网络服务提供者

---

① 参见王胜明主编:《中华人民共和国侵权责任法释义》,法律出版社 2010 年版,第 193 页。
② 参见陈瑜:《电子商务法中"通知—删除"规则的适用》,载《人民司法》2020 年第 25 期。
③ 参见蔡唱:《网络服务提供者侵权责任规则的反思与重构》,载《法商研究》2013 年第 2 期。
④ 参见最高人民法院民事审判第一庭编著:《最高人民法院利用网络侵害人身权益司法解释理解与适用》,人民法院出版社 2014 年版,第 130 页。

可能因错误删除而承担违约责任，这些损害后果都是由权利人的错误通知引起的。甚至有些权利人将这一制度作为打击竞争对手的重要手段，比如借用特殊销售节点，以投诉方式达到下架竞争对手商品的目的，使其短期内丧失经营资格。因此，《民法典》增加这一规定，错误通知的法律责任应由通知人承担。这样可以在一定程度上防止权利人滥用自己的权利，促使权利人维权更为理性。

5. "通知与取下"规则与人格权禁令的衔接与区别

《民法典》第997条规定："民事主体有证据证明行为人正在实施或者即将实施侵害其人格权的违法行为，不及时制止将使其合法权益受到难以弥补的损害的，有权依法向人民法院申请采取责令行为人停止有关行为的措施。"该条是对人格权禁令制度的规定，其主要功能就是为人格权遭受侵害或有被侵害危险的权利人提供高效便捷的救济，为停止侵害、排除妨碍、消除危险等人格权请求权的实现提供程序性保障。人格权禁令与"通知与取下"规则在预防和制止网络侵害人格权行为上来说有异曲同工之妙，但二者也存在明显的差别：前者的适用需要民事主体有证据证明行为人正在实施或者即将实施侵害其人格权的违法行为，不及时制止将使其合法权益受到难以弥补的损害，法院对民事主体的申请进行相应审查；而后者的适用只需要权利人在发给网络服务提供者的侵权通知中提供构成侵权的初步证据和权利人的真实身份信息即可，网络服务提供者只能也只应进行形式审查，网络服务提供者自行确立过高的审查义务甚至会使其因此要向权利人承担相应的侵权责任。[①]

四、"反通知"规则的适用

依据《民法典》第1196条的规定，网络用户接到转送的通知后，可以向

---

① 参见程啸：《侵权责任法（第三版）》，法律出版社2021版，第502页。

网络服务提供者提交不存在侵权行为的声明。声明应当包括不存在侵权行为的初步证据及网络用户的真实身份信息。网络服务提供者接到声明后，应当将该声明转送发出通知的权利人，并告知其可以向有关部门投诉或者向人民法院提起诉讼。网络服务提供者在转送声明到达权利人后的合理期限内，未收到权利人已经投诉或者提起诉讼通知的，应当及时终止所采取的措施。这一规定是《民法典》相较《侵权责任法》的新增规定，是与"通知与取下"规则相衔接配套的规定。

《侵权责任法》第 36 条第 2 款仅规定了"通知与取下"规则，并未规定与之相对应的反通知规则和网络服务提供者的恢复程序。实践中，网络服务提供者为了避免承担连带责任，在接到通知后，一般会采取相应的必要措施，甚至不少恶意投诉人会利用此规则打击竞争对手。为了减少对网络用户的不合理限制，《民法典》侵权责任编吸收《信息网络传播权保护条例》第 16 条[①]和第 17 条[②]规定的精神，增加规定了网络用户的反通知和网络服务提供者的恢复程序，更好地平衡保护了网络用户的合法权益。

（一）"反通知"的具体要求

《民法典》第 1196 条第 1 款规定网络用户可以提交不存在侵权行为的声明及声明应包含的必要信息，这主要是给网络用户提供抗辩的权利。在接到网络服务提供者转送的权利人通知后，网络用户有权向网络服务提供者作出不存在侵权行为的声明并提供相应的证据。声明中应包含不存在侵权的初步证据和网络用户的真实身份信息。如果声明中不包含以上信息，则为无效声

---

① 该条规定："服务对象接到网络服务提供者转送的通知书后，认为其提供的作品、表演、录音录像制品未侵犯他人权利的，可以向网络服务提供者提交书面说明，要求恢复被删除的作品、表演、录音录像制品，或者恢复与被断开的作品、表演、录音录像制品的链接。书面说明应当包含下列内容：（一）服务对象的姓名（名称）、联系方式和地址；（二）要求恢复的作品、表演、录音录像制品的名称和网络地址；（三）不构成侵权的初步证明材料。服务对象应当对书面说明的真实性负责。"

② 该条规定："网络服务提供者接到服务对象的书面说明后，应当立即恢复被删除的作品、表演、录音录像制品，或者可以恢复与被断开的作品、表演、录音录像制品的链接，同时将服务对象的书面说明转送权利人。权利人不得再通知网络服务提供者删除该作品、表演、录音录像制品，或者断开与该作品、表演、录音录像制品的链接。"

明。提供不存在侵权的初步证据，一方面可以在诉前化解纠纷，另一方面可以遏制恶意投诉人的行为，也能避免网络服务提供者动辄采取删除、屏蔽等措施。

（二）网络服务提供者的转送和恢复义务

网络用户向网络服务提供者提交不存在侵权行为的声明后，网络服务提供者作为网络用户的合同相对方，应当将该声明转送发出通知的权利人，并告知其可以向有关部门投诉或向人民法院起诉。如果权利人在合理期限内未向有关部门投诉或未提起诉讼，则网络服务提供者应当及时终止采取的措施，恢复删除的信息和链接。如果权利人收到声明后提起了诉讼或者向有关部门投诉，则表明其不认可网络用户的抗辩理由，网络用户的行为有侵权之嫌，此时网络服务提供者无须终止之前采取的必要措施。这样规定，既是为了督促权利人尽快行使其权利，避免有关纠纷争议长期处于不确定状态；也是为了尽量减少因错误通知给网络用户和网络服务提供者增加不必要的负担。

需要说明的是，通知与反通知程序只是为快速应对纠纷而采取的一种程序性救济手段，网络服务提供者并非司法机关，其没有能力具体判断当事人之间的争议。即便权利人在合理期限内没有采取相应的法律行动，也不影响其合法权利的行使，权利人仍可以在合理期限届满后向有关部门投诉或向法院起诉。关于"合理期限"的长度，立法对这一问题没有作出明确规定，有待通过司法实践进一步确定。[①]

五、"红旗规则"的适用

《民法典》第 1197 条规定："网络服务提供者知道或者应当知道网络用户利用其网络服务侵害他人民事权益，未采取必要措施的，与该网络用户承担

[①] 参见最高人民法院民法典贯彻实施工作领导小组主编：《中华人民共和国民法典侵权责任编理解与适用》，人民法院出版社 2020 年版，第 357 页。

连带责任。"该条在《侵权责任法》第36条第3款的基础上，对主观构成要件进行了修改，将"知道"修改为"知道或者应当知道"。这一规定在学理上通常被称为"红旗规则"，这也是对网络服务提供者适用上述"避风港"规则的一种限制，如果网络用户的侵权行为显而易见，就像红旗在网络服务提供者面前飘扬一样，网络服务提供者就不能仍然以其不知道侵权行为的存在为由来推脱责任。就这一规则的适用，实务中的难点在于"知道或者应当知道"的认定问题。

所谓"知道"，即为明知，是一种主观状态，应当通过相应证据予以证明。实践中，证明途径一般包括两种：（1）直接证据。如网络服务提供者自认，相关文件有明确记载。（2）间接证据。通过某些事实推定网络服务提供者知道。如在适用"通知与取下"规则过程中取得的证据。权利人发送的通知到达网络服务提供者时，即视为网络服务提供者知晓了存在通知中所指出的侵权事实。如果网络服务提供者应当采取必要措施而未采取，则属于《民法典》第1197条规定的知道而未采取必要措施的情形。对此，2020年修正的《最高人民法院关于审理侵害信息网络传播权民事纠纷案件适用法律若干问题的规定》第13条作出相应规定，网络服务提供者接到权利人以书信、传真、电子邮件等方式提交的通知及构成侵权的初步证据，未及时根据初步证据和服务类型采取必要措施的，人民法院应当认定其明知相关侵害信息网络传播权行为。

所谓"应当知道"，是指一个正常、理性的人在负有某种注意义务而且具有相应认识能力的情况下，本应认识到而仍然没有认识到某一事实的存在。目前，我国一些司法解释对如何判断网络服务提供者"应当知道"作出了规定。比如，2012年《最高人民法院关于审理侵害信息网络传播权民事纠纷案件适用法律若干问题的规定》（法释〔2012〕20号）第9条规定："人民法院应当根据网络用户侵害信息网络传播权的具体事实是否明显，综合考虑以下因素，认定网络服务提供者是否构成应知：（一）基于网络服务提供者提供服务的性质、方式及其引发侵权的可能性大小,应当具备的管理信息的能力;(二)传播的作品、表演、录音录像制品的类型、知名度及侵权信息的明显程度;(三)网络服务提供者是否主动对作品、表演、录音录像制品进行了选择、编辑、修改、推荐等;(四)网络服务提供者是否积极采取了预防侵权的合理措施;(五)网络服务提供者是否设置便捷程序接收侵权通知并及时对侵权通知作出合理的反应;(六)网络服务提供者是否针对同一网络用户的重复侵权行为采取了相应的合理措施;(七)其他相关因素。"第 10 条规定:"网络服务提供者在提供网络服务时,对热播影视作品等以设置榜单、目录、索引、描述性段落、内容简介等方式进行推荐,且公众可以在其网页上直接以下载、浏览或者其他方式获得的,人民法院可以认定其应知网络用户侵害信息网络传播权。"第 12 条规定:"有下列情形之一的,人民法院可以根据案件具体情况,认定提供信息存储空间服务的网络服务提供者应知网络用户侵害信息网络传播权:(一)将热播影视作品等置于首页或者其他主要页面等能够为网络服务提供者明显感知的位置的;(二)对热播影视作品等的主题、内容主动进行选择、编辑、整理、推荐,或者为其设立专门的排行榜的;(三)其他可以明显感知相关作品、表演、录音录像制品为未经许可提供,仍未采取合理措施的情形。"

《信息网络规定》第 9 条也对网络服务提供者"知道"网络用户利用其网络服务实施侵权行为的判断标准作出了指引性规定。该司法解释 2020 年修正中,将第 6 条中的"知道"改为"知道或者应当知道",具体考虑的因素包括:"(一)网络服务提供者是否以人工或者自动方式对侵权网络信息以推荐、排名、选择、编辑、整理、修改等方式作出处理;(二)网络服务提供者应当具备的管理信息的能力,以及所提供服务的性质、方式及其引发侵权的可能性大小;(三)该网络信息侵害人身权益的类型及明显程度;(四)该网络信息的社会影响程度或者一定时间内的浏览量;(五)网络服务提供者采取预防侵权措施的技术可能性及其是否采取了相应的合理措施;(六)网络服务提供者是否针对同一网络用户的重复侵权行为或者同一侵权信息采取了相应的合理措施；（七）与本案相关的其他因素。"该条归纳了认定网络服务提供者"知道或者应当知道"的七种判断因素，可根据以上因素判断网络服务提供者是否构成"知道或应当知道"。

通过上述司法解释对"应当知道"判断标准的规定，可以大致概括出以下几类因素：

（一）网络服务提供者提供服务的性质、方式和能力

这是网络服务提供者的自身因素。根据网络服务提供者类型的不同，判断标准应当有所不同。相比提供其他技术服务的网络服务提供者，认定提供接入、缓存服务的网络服务提供者"应当知道"的标准应当更加严格。接入服务连接着网站和网络用户，所有网络信息包括侵权信息都需要通过接入服务才能得以传输，但这种传输是即时的，信息量十分庞大，该类型网络服务提供者无法一一核实，如果认定标准过于宽泛，可能会使得接入服务提供者承担过重的责任，影响普遍接入服务。[1]

（二）网络服务提供者是否对信息作出处理

网络服务提供者对信息以推荐、加工、排名、剪辑、选择、分类、设置榜单等方式进行处理，可以认定网络服务提供者对网络用户的行为应当知道。这是因为网络服务提供者对信息的加工，使得其无法主张不知侵权行为，不可能对侵权行为视而不见。如果网络服务提供者将网络用户的侵权信息放置在网站首页醒目位置，则应当认定其对侵权行为"应当知道"。需要注意的是，只是出于便于公众查询而对网络用户上传内容进行分类引导或整理，或在所涉内容上插入一般性的广告、改变内容的存储格式等，不构成对内容的修改。[2]

---

[1] 黄薇主编：《中华人民共和国民法典释义》，法律出版社2020年版，第2321页。
[2] 参见王利明主编：《中国民法典评注（侵权责任编）》，人民法院出版社2021年版，第207页。

第十章 网络侵权责任的创新发展与规则适用

（三）网络服务提供者是否采取预防侵权措施及必要措施

比如，是否建立投诉响应机制，是否设置黑名单，是否对特定敏感信息进行监控等。目前，自动抓取技术已经普及，如果网络服务提供者采用预防措施的成本较低，则其"知道"义务的范围就越广。当然，由于侵害人格权的类型多种多样，目前网络服务提供者在预防侵犯人格权信息方面的措施和技术仍然相对较少，但《民法典》第1197条规定具有一定的前瞻性，即随着技术的发展，采取预防措施的能力可能会大大提高、预防措施的成本会大大降低，在此情形下，该判断因素即具有适用性。[1]

（四）网络用户侵权行为的明显程度

对于明显违反法律的行为，即明显侵权行为，则应当认定网络服务提供者应当知道。比如，网络用户在网络上公布他人的家庭住址、公布未成年人的基本信息等，属于明显侵犯他人隐私权的行为，网络服务提供者对此不能以不知情来抗辩。

六、审判实践中需要注意的其他问题

（一）被告真实身份的确定

在网络活动中，侵权主体通过网络虚拟账号实施侵权行为，具有一定的隐蔽性，行为人可能隐匿本人的真实身份或者假冒他人实施侵权行为，因此网络侵权虚拟主体与现实中民事主体的同一身份认定往往存在一定的困难。根据"谁主张谁举证"的原则，受害人就网络用户或者网络服务提供者实施的侵权行为提起诉讼时，应当证明侵害他人民事权益的行为来自作为被告的网络用户或者网络服务提供者。[2] 当侵权纠纷的被告是网络用户时，被侵权人

---

[1] 最高人民法院民法典贯彻实施工作领导小组主编：《中华人民共和国民法典侵权责任编理解与适用》，人民法院出版社2020年版，第281页。

[2] 程啸：《侵权责任法（第三版）》，法律出版社2021年版，第492页。

215

可以被告的网络名称暂作为被告进行立案,然后申请人民法院依法向网络服务提供者调查被告在其网络的登记、注册资料。如果根据网络服务提供者提供的网络登记、注册资料或者公安机关网络安全监察部门提供的信息,可以确定被告真实身份信息的,则法院将以相关信息载明的主体作为被告进行审理;如果无法确定被告真实身份信息的,则人民法院将不予受理。① 当被侵权人起诉网络服务提供者时,确定被告是否属于网络服务提供者主要考虑两个因素:一是相应主管部门出具的网站备案登记信息,如侵权网页上显示的网站名称或对应的域名属于被告所有或者该网页的 IP 地址归属于被告。二是网站上的相应标示,通常包括"联系我们"栏目或相应联系方式及网页中的其他显著标示。如果被告的"网页上没有显示任何对应的域名或者网站名称等信息可以表明该网页属于第三方所有",那么从受害人及其他社会公众的角度,就可以认为该网页至少从表面上属于被告。此时,被告应当举证证明网页不属于自己,否则就应当认为其属于网络服务提供者。②

(二)损害赔偿范围及数额的确定

依据《信息网络规定》第 11 条的规定,"网络用户或者网络服务提供者侵害他人人身权益,造成财产损失或者严重精神损害,被侵权人依据民法典第一千一百八十二条和第一千一百八十三条的规定,请求其承担赔偿责任的,人民法院应予支持。"据此,网络侵权责任中的损害赔偿包括:一是侵害人身权益的财产损失的赔偿责任,二是侵害人身权益的精神损害赔偿责任。

侵害人身权益造成财产损失包括为制止侵权行为所支付的合理开支。《信息网络规定》第 12 条第 1 款规定,被侵权人为制止侵权行为所支付的合理开支,可以认定为《民法典》第 1182 条规定的财产损失。合理开支包括被侵权

---

① 《江西省高级人民法院关于审理网络侵权纠纷案件适用法律若干问题的指导意见(试行)》第 9 条。

② 北京慈文影视制作有限公司与中国网络通信集团公司海南省分公司侵犯著作权纠纷案[最高人民法院(2009)民提字第 17 号民事判决书],载《最高人民法院公报》2010 年第 5 期(总第 163 期)。

人或者委托代理人对侵权行为进行调查、取证的合理费用。人民法院根据当事人的请求和具体案情，可以将符合国家有关部门规定的律师费用计算在赔偿范围内。

关于赔偿金额的上限问题。网络侵权中，受害人应当证明自己遭受的损害。但在多数情况下，受害人想证明这一点并不容易。因此，法律上允许就侵害生命权、身体权和健康权之外的人格权益所造成的财产损失，可以以被侵权人证明侵权人因此所获得的利益作为赔偿的标准。如果被侵权人既不能证明因侵权而遭受的损失，也无法证明侵权人因侵权所获得的利益，依据《民法典》第1182条的规定，应当由法院根据实际情况确定赔偿数额。[①]《民法典》第1182条规定的"由人民法院根据实际情况确定赔偿数额"，可参照适用《信息网络规定》第12条第2款的规定，"被侵权人因人身权益受侵害造成的财产损失以及侵权人因此获得的利益难以确定的，人民法院可以根据具体案情在50万元以下的范围内确定赔偿数额"。该条规定的重要价值不止于网络侵权的赔偿责任，对其他适用《民法典》第1182条规定的损害赔偿也具有借鉴意义。[②]

[①] 程啸：《侵权责任法（第三版）》，法律出版社2021年版，第516页。
[②] 参见杨立新：《侵权责任法（第四版）》，法律出版社2021年版，第322页。

第十一章
违反安全保障义务侵权责任的创新发展与规则适用

▼

安全保障义务在现代侵权法中居于十分重要的地位，也一直都是理论和实务中的热点问题。《民法典》第 1198 条在《侵权责任法》第 37 条和《人身损害解释》第 6 条等相关规定的基础上，总结吸收理论研究和实务经验，对安全保障义务的主体作出了修改，在明确列举"机场、体育场馆"这两类典型的公共场所的基础上新增了"经营场所"这一情形并相应增加了"经营者"这一责任主体，极大拓宽了安全保障义务的适用范围；同时增加规定了安全保障义务人的追偿权，在加强对受害人保护的同时，更加注重各方当事人权利义务的平衡，也更加符合公平原则的要求。

一、安全保障义务概述

（一）安全保障义务的沿革

依据《民法典》第 1198 条的规定，安全保障义务，是指宾馆、商场、银行、车站、机场、体育场馆、娱乐场所等经营场所、公共场所的经营者、管理者或者群众性活动的组织者，未尽到安全保障义务，造成他人损害应承担的侵权责任。比较法上，安全保障义务又被称为"保安义务""交往安全义

第十一章 违反安全保障义务侵权责任的创新发展与规则适用

务""安全关照义务""注意义务"等。通常认为，安全保障义务来源于德国法上的一般社会安全注意义务理论，一般社会安全注意义务理论并非德国成文法的规定，而是基于诚信原则从判例中发展出来的一般规则。德国一般社会安全注意义务要求创设或者持续特定危险源者，为保护他人免受损害，应当采取必要的安全措施。[①] 德国法院通过对《德国民法典》相关法律条文的解释和类推，解决此类案件的责任归属。最初，德国的一般社会安全注意义务理论只适用于道路交通设备事故中，比如，公园、土地等发生事故的责任归属问题，后来逐渐发展成熟，扩展到其他领域。这一义务主要基于以下原因产生：一是维持某种交通或者交往；二是保有作为危险源的物；三是实施了导致一定危险结果的行为；四是从事一定营业或者职业。[②]

我国法律规范首次对安全保障义务作出规定是在2003年颁布的《人身损害解释》第6条，该条规定："从事住宿、餐饮、娱乐等经营活动或者其他社会活动的自然人、法人、其他组织，未尽合理限度范围内的安全保障义务致使他人遭受人身损害，赔偿权利人请求其承担相应赔偿责任的，人民法院应予支持。因第三人侵权导致损害结果发生的，由实施侵权行为的第三人承担赔偿责任。安全保障义务人有过错的，应当在其能够防止或者制止损害的范围内承担相应的补充赔偿责任。安全保障义务人承担责任后，可以向第三人追偿。赔偿权利人起诉安全保障义务人的，应当将第三人作为共同被告，但第三人不能确定的除外。"该条规定了义务人违反安全保障义务应承担的赔偿责任及存在第三人侵权时的责任承担方式。2009年《侵权责任法》第37条[③]在2003年《人身损害解释》的基础上，在法律层面对安全保障义务作出了规定，进一步明确了公共场所的管理人等主体的安全保障义务以及存在第三人

---

① 参见最高人民法院民事审判第一庭编著：《最高人民法院人身损害赔偿司法解释的理解与适用》，人民法院出版社2015年版，第93页。

② 黄薇主编：《中华人民共和国民法典释义》，法律出版社2020年版，第2322页。

③ 该条规定："宾馆、商场、银行、车站、娱乐场所等公共场所的管理人或者群众性活动的组织者，未尽到安全保障义务，造成他人损害的，应当承担侵权责任。因第三人的行为造成他人损害的，由第三人承担侵权责任；管理人或者组织者未尽到安全保障义务的，承担相应的补充责任。"

侵权时的责任承担规则。据此，违反安全保障义务造成他人的"损害"既包括人身损害，也包括财产损害，而《人身损害解释》中赔偿权利人要求义务人承担安全保障责任的前提是遭受人身损害。

此后的《消费者权益保护法》第18条也对经营者的安全保障义务作出了相应规定，"经营者应当保证其提供的商品或者服务符合保障人身、财产安全的要求。对可能危及人身、财产安全的商品和服务，应当向消费者作出真实的说明和明确的警示，并说明和标明正确使用商品或者接受服务的方法以及防止危害发生的方法。宾馆、商场、餐馆、银行、机场、车站、港口、影剧院等经营场所的经营者，应当对消费者尽到安全保障义务"。其第48条第2款更是增加了"经营者对消费者未尽到安全保障义务，造成消费者损害的，应当承担侵权责任"的内容。《民法典》在总结吸收上述规定经验的基础上在第1198条对安全保障义务作了进一步完善。该条规定："宾馆、商场、银行、车站、机场、体育场馆、娱乐场所等经营场所、公共场所的经营者、管理者或者群众性活动的组织者，未尽到安全保障义务，造成他人损害的，应当承担侵权责任。因第三人的行为造成他人损害的，由第三人承担侵权责任；经营者、管理者或者组织者未尽到安全保障义务的，承担相应的补充责任。经营者、管理者或者组织者承担补充责任后，可以向第三人追偿。"

（二）安全保障义务的性质

关于安全保障义务的性质，理论界一直存在争议，主要有附随义务说、法定义务说、竞合说等不同观点。附随义务说认为，安全保障义务是合同法上的附随义务。提供住宿、餐饮、娱乐、运输以及组织群众性活动之人往往与受害人订有契约，而契约义务除包括主给付义务、从给付义务外，还包括基于诚信原则而生之照顾、保护、忠实、协助等附随义务。因此，安全保障义务仅为附随义务的一种。[①] 法定义务说认为，经营者在其服务场所对消费

---

① 刘言浩：《宾馆对住客的保护义务》，载《法学研究》2001年第3期。

者等的人身和财产安全负有保障义务是一种法定义务。该义务之目的在于避免他人的人身、财产受到损害,所以也可将之界定为避免他人遭受损害的义务。[①] 竞合说则认为,安全保障义务既可能是一种法定义务,也可能是合同义务,或是基于诚信原则及其他先前行为而产生。笔者认为,法定义务说、附随义务说都有其合理性,但也存在一定的不周延之处,对于安全保障义务的性质,采竞合说更为合理。首先,从我国目前的法律规定来看,很多法律都对经营者、管理者等的安全保障义务作出了规定,如《消费者权益保护法》第18条、《铁路法》第10条分别对经营者和铁路运输企业的安全保障义务作出了规定。其次,法律规定不可能穷尽所有的安全保障义务类型。实践中,安全保障义务也可能基于合同关系或者诚信原则产生。如双方可以通过合同约定一方的安全保障义务。合同的具体履行状况、合同关系的存在与否都会一定程度上影响安全保障义务。因此,无论附随义务说还是法定义务说,都不可能全面囊括所有安全保障义务的范围,竞合说的观点更能够兼顾实践中复杂的安全保障需求,通过法定义务、附随义务等多种义务来源,实现对民事主体人身、财产权益安全的周延保护。明确了安全保障义务的性质,也就可以进一步明确安全保障义务的来源,既可以是法律规定,也可以是当事人约定,包括合同约定的主义务,也包括合同的附随义务,甚至义务人的先前行为等。由此也会出现违反安全保障义务的行为发生违约责任和侵权责任的竞合问题,对此应当适用《民法典》第186条的规定,由受害人选择相应的请求权行使。

(三)安全保障义务主体的范围

《民法典》第1198条对违反安全保障义务侵权责任的主体,在《侵权责任法》第37条的基础上进行了扩展,规定为"宾馆、商场、银行、车站、机场、体育场馆、娱乐场所等经营场所、公共场所的经营者、管理者或者群众

[①] 程啸:《侵权责任法(第二版)》,法律出版社2015年版,第460页。

性活动的组织者"，相比《侵权责任法》，明确增加列举"机场、体育场馆"。这两类主体是典型的公共场所，以公众为对象提供公众服务或商业性服务。《民法典》第1198条以"等"字兜底，意味着"经营场所、公共场所"还包括条文明确列举之外的其他场所，如餐厅[①]、茶楼、洗浴中心、旅游服务机构[②]、医院等向公民开放的公共场合。

实践中，应当准确界定安全保障义务主体的范围，明确其义务范围，避免不当加重相关主体的义务负担。如果被诉主体不是安全保障义务主体，则没有适用《民法典》第1198条违反安全保障义务责任的余地。比如，在支某1等诉北京市永定河管理处生命权、健康权、身体权纠纷案[③]中，支某3溺亡于永定河拦河闸侧面消力池，其近亲属请求永定河管理处承担赔偿责任。法院审理认为，该案并不适用安全保障义务条款。安全保障义务所保护的对象与安全保障义务主体之间常常存在较为紧密的关系，包括缔约磋商关系、合同法律关系等，违反安全保障义务的侵权行为是负有安全保障义务的主体由于没有履行合理范围内的安全保障义务而实施的侵权行为。根据查明的事实，支某3溺亡地点位于永定河拦河闸侧面消力池。从性质上看，消力池系永定河拦河闸的一部分，属于水利工程设施的范畴，并非对外开放的冰场；从位置上来看，消力池位于拦河闸下方的永定河河道的中间处；从抵达路径来看，抵达消力池的正常路径，需要从永定河的沿河河堤下楼梯到达河道，再从永定河河道步行至拦河闸下方，因此无论是消力池的性质、消力池所处位置还是抵达消力池的路径而言，均难以认定消力池属于公共场所。北京市永定河管理处也不是群众性活动的组织者，故支某1等四人主张四被上诉人未尽安全保障义务，与法相悖。同样，如果安全保障义务主体已经尽到相应的安全

[①] 参见李某、龚某诉五月花公司人身伤害损害赔偿纠纷案，载《最高人民法院公报》2002年第2期。

[②] 参见焦某某与江苏省中山国际旅行社有限公司、第三人中国康辉南京国际旅行社有限公司旅游侵权纠纷案，载《最高人民法院公报》2012年第11期。

[③] 最高人民法院141号指导案例。

第十一章 违反安全保障义务侵权责任的创新发展与规则适用

保障义务,也不存在适用安全保障义务侵权责任的可能,对此需要合理判断。比如,在蔡某、戴某宗诉古雷开发区水库管理处生命权纠纷案[①]中,原告蔡某、戴某宗之子戴某镇到后井水库钓鱼溺亡,其近亲属请求水库的管理者古雷开发区水库管理处承担赔偿责任。法院生效裁判认为:漳浦县后井水库作为古雷港经济开发区古雷石化基地和群众生产生活用水的重要水源,与江河湖海一样存在危险性是同一道理,无法也没有必要设置隔离围墙,不属于对公众开放的公共场所。古雷开发区水库管理处作为后井水库的管理方,在管理期间,已通过电台宣传和设置安全告示牌等措施向不特定人告知不得在该水库钓鱼、禁止下库游泳等影响安全的行为,并建立安全巡查制度,已尽到合理的安全警示义务。蔡某、戴某宗之子戴某镇作为一个成年人应当清楚到水库钓鱼的危险性,违反禁令游泳致溺亡,应对自己的行为负责。古雷开发区水库管理处对戴某镇的溺水死亡并不存在过错责任,因此不应承担赔偿责任。

这里需要注意的是,无论是《侵权责任法》还是《民法典》,对于安全保障义务的规定都适用于有形的空间(经营场所、公共场所)和群众性活动。但《电子商务法》首次将安全保障义务适用于网络空间,该法第38条第2款明确了电子商务平台的经营者对消费者负有安全保障义务。对于网络服务提供者是否是安全保障义务的主体,理论界有不少学者认为应当明确网络服务提供者的安全保障义务。[②] 如有学者认为"开启或加入交往空间者对其中的他人负有安全保障义务,应在合理限度内照顾他人权益"这一原则并无对介质的特殊要求,也适用于作为社会生活一部分的网络空间。在网络空间的社会性交往中,网络服务提供者是交往的开启者和最终管理者,理应负有安全保障义务。[③] 在某一个案件中,也有意见认为在适用《侵权责任法》第6条第1

---

① 参见福建省漳州市中级人民法院(2016)闽06民终1127号民事判决书。
② 参见程啸:《侵权责任法(第三版)》,法律出版社2021年版,第527页。
③ 刘文杰:《网络服务提供者的安全保障义务》,载《中外法学》2012年第2期。

款规定的过错责任原则能够归责的情况下,不必扩大解释《侵权责任法》第37条第1款的适用范围。"《民法典》编纂时,也有观点主张应当明确网络服务提供者的安全保障义务,[①]立法机关经研究后认为"合理确定安全保障义务人的范围,既要以人为本,对社会生活中可能发生危险的场所或者活动,要求行为人履行必要的防范损害发生的义务,充分保护广大人民群众的人身和财产安全;又要考虑我国国情,从促进社会和谐稳定的目的出发,不能盲目地扩大安全保障义务人的范围,避免引发过多社会纠纷;同时还要处理好未尽到安全保障义务的侵权行为与其他侵权行为之间的关系,避免或者减少相关法律规定间的冲突或者竞合"。[②]故此,《民法典》未明确将安全保障义务扩张适用于网络空间,使网络服务提供者负担安全保障义务。实务中涉及电子商务方面安全保障义务承担的问题,可以直接适用《电子商务法》第38条第2款的规定。

二、违反安全保障义务的侵权责任的归责原则和构成要件

(一)归责原则

理论和实务中对于违反安全保障义务的侵权责任不适用无过错责任原则没有争议,但是对于适用过错责任原则还是过错推定原则存在争议。有观点认为,违反安全保障义务造成被侵权人人身、财产损害的,经营者仅在自己有过错的情况下承担侵权责任,没有过错则不承担责任。[③]因此,违反安全保障义务的侵权责任仍应由被侵权人一方来承担安全保障义务人具有过错的举

---

① 《民法典立法背景和观点全集》编写组:《民法典立法背景和观点全集》,法律出版社2020年版,第796页。

② 黄薇主编:《中华人民共和国民法典侵权责任编解读》,中国法制出版社2020年版,第138页。

③ 张新宝:《侵权责任法原理》,中国人民大学出版社2005年版,第281页。

证责任，除非法律、法规有明确规定，否则不能适用过错推定的严格责任。[①] 另有观点认为，对于违反安全保障义务侵权责任的过错认定，应当采用过错推定原则。推定的事实基础，就是被侵权人已经证明了被告的行为违反了安全保障义务。在此基础上，推定被告具有过错。如果否认自己有过错，则过错的举证责任由违反安全保障义务的行为人自己承担，由他证明自己没有过错的事实。如果他能够证明自己没有过错，则推翻过错推定，免除其侵权责任；如果不能证明其没有过错或者证明不足，则过错推定成立，应当承担侵权责任。理由是：第一，推定行为人有过错具有客观事实的依据。推定违反安全保障义务的行为人有过错的依据，是行为人违反安全保障义务的客观行为。既然行为人已经违反了安全保障义务，那么他在主观上应当有过错，推定其有过错是合理的。第二，违反安全保障义务侵权行为是特殊侵权行为，不是一般侵权行为。特殊侵权行为与一般侵权行为的基本区别，首先就在于归责原则的不同，前者适用过错推定原则，后者适用过错责任原则。其次是举证责任不同，如上所述。最后是侵权责任形态不同，前者是替代责任，后者是对自己负责的自己责任。第三，适用过错推定原则有利于保护被侵权人的合法权益。被侵权人遭受侵害，能够证明行为人违反安全保障义务已属不易，再令其举证证明行为人的过错，实在是强人所难，有可能使被侵权人的赔偿权利无法实现。适用过错推定原则，既不使行为人遭受过错责任原则举证责任的刁难，又能使被侵权人得到较好的保护，是一个很好的决策。[②]

上述理论分析颇有道理，但考虑到过错推定责任自身的体系适用问题，《民法典》第1165条第2款明确强调了过错推定责任的适用须以法律明文规定为前提，而《民法典》第1198条关于安全保障义务的侵权责任的规定并无过错推定责任的表述，故从条文规范和体系角度出发，违反安全保障义务的

[①] 最高人民法院民事审判第一庭编著：《最高人民法院人身损害赔偿司法解释的理解与适用》，人民法院出版社2004年版，第105页。

[②] 杨立新：《侵权责任法（第四版）》，法律出版社2021年版，第327~328页。

归责原则应当适用过错责任原则。杨立新教授也认为，立法机关没有采纳上述主张，仍然坚持对违反安全保障义务的侵权行为实行过错责任原则，不采取过错推定原则。因此，应当遵照法律规定。[①] 而且过错责任原则可以兼顾好权益保护与行动自由。在违反安全保障义务的案件中，对二者进行妥当权衡尤为必要。虽然对受害人应当给予充分的救济，但毕竟安全保障义务人不是行为人，要求其承担过重的责任也会带来人人自危的不利后果。通过受害人举证证明安全保障义务人的过错，就可以平衡自由保障和权益保护，避免安全保障义务人承担过重的责任。[②]

（二）构成要件

违反安全保障义务的侵权责任属于不作为侵权的范畴。《民法典》第1198条第1款和第2款分别规定了两种不同的责任类型：第1款规定了安全保障义务人的直接侵权责任，第2款规定了存在第三人侵权时安全保障义务人的补充责任。此两种侵权责任构成要件存在共通之处，但也有所不同。通常而言，安全保障义务人承担责任须满足以下条件：

1. 行为人的行为违反了安全保障义务

此行为往往是以不作为的方式存在，即没有根据实际情况采取必要措施避免或预防危险的发生，应当作为而没有作为，没有尽到安全保障义务，因此造成受保护人的权利损害。

2. 被侵权人在相应的场所内或活动中遭受了损害

此损害包括人身损害是受保护人的生命权、健康权、身体权受到损害的事实；财产损害是由于违反安全保障义务行为造成了受保护人的财产或财产利益受到损害的事实。这种财产损害事实，一般是指财产的直接损失，即违反安全保障义务的行为所直接造成的财产损失，而不是债权等其他财产权中

[①] 杨立新：《侵权法论（第五版）》，人民法院出版社2013年版，第560页。

[②] 参见谢鸿飞：《违反安保义务侵权补充责任的理论冲突与立法选择》，载《法学》2019年第2期。

的期待利益损失。①

3. 被侵权人遭受损害与安全保障义务人未履行安全保障义务之间具有因果关系

关于因果关系的认定，有必要区分不同类型的违反安全保障义务侵权责任予以确定。在违反安全保障义务行为直接造成损害事实的情况下，对因果关系的要求应当是直接因果关系或者相当因果关系，违反安全保障义务行为是损害发生的原因。例如，在设施、设备违反安全保障义务的侵权行为、服务管理违反安全保障义务的侵权行为和对儿童违反安全保障义务侵权责任中，对因果关系要件的要求是具有确定的直接因果关系，表现为违反安全保障义务的行为就是引起受保护人损害事实的原因。在防范、制止侵权行为违反安全保障义务的侵权行为中，对因果关系的要求较前三种侵权行为的要求低，其侵权责任构成的因果关系应当是间接因果关系，违反安全保障义务行为仅仅是损害发生的间接原因，不要求是直接原因。这是因为侵权人对受害人所实施的侵权行为是直接针对受害人的，并且直接造成了受害人的损害。该侵权行为是受害人受到损害的全部原因。安全保障义务人违反安全保障义务行为也是造成受害人损害的全部原因，因为如果其尽到了保护义务，就会完全避免这种损害。事实上，安全保障义务人的行为是受害人受到损害的一个条件，也具有因果关系，只是这种因果关系是间接因果关系。② 比如，在吴某礼等诉五华保安公司人身损害赔偿纠纷案③ 中，第三人实施抢劫行为并故意致受害人死亡，安全保障义务人未能尽到安全保障义务。若安全保障义务人即使尽到义务，受害人死亡结果仍不免发生的，则其行为和受害人死亡结果之间无因果关系，只有第三人的行为和死亡结果之间有因果关系。因此，第三人自然应就死亡结果造成的全部损害承担责任；但是若安全保障义务人尽到义

---

① 参见杨立新：《侵权责任法（第四版）》，法律出版社2021年版，第330页。
② 参见杨立新：《侵权责任法（第四版）》，法律出版社2021年版，第330页。
③ 载《最高人民法院公报》2004年第12期。

务，受害人死亡结果可免于发生的，则安全保障义务人的行为和受害人死亡结果之间有因果关系。①

4.安全保障义务人有过错

在过错认定标准客观化的前提下，违反安全保障的主观过错要通过对其行为的考察进行判断。具体说，违反安全保障义务的行为人有无过错的标准为行为人是否达到了法律、法规、规章等所要求达到的注意义务，或者是否达到了同类场所管理人或者群众性活动组织者所应当达到的注意程度，或者是否达到了诚信、善良的公共场所管理人或者群众性活动组织者所应当达到的注意程度。②被侵权人证明义务人未尽安全保障义务，并且已经造成了被侵权人的损害，就可以从违反安全保障义务的行为中证明违反安全保障义务的人有过失。③

安全保障义务人的过错在形态上通常是未尽到相应注意义务，但在例外情形中会存在故意的形式，只是如果此时安全保障义务人与直接侵权人具有主观意思联络，则应该适用《民法典》第1168条的规定，二者承担连带责任；也可能有更加复杂的情况，安全保障义务人明知第三人会对受害人实施侵权行为而故意违反安全保障义务以放任甚至追求受害人损害后果发生的情形，这在刑事犯罪领域构成"片意共犯"，在民事领域，也有必要根据其故意行为对于造成损害后果原因力的大小，探索适用单向连带责任甚至在一定损害范围内承担单向连带责任（比如，安全保障义务人故意的主观意思是放任受害人残疾的后果，而侵权人在实施前行为时故意致人伤害改变为致人死亡的情形，这时就不宜由安全保障义务人承担全部连带责任）。当然，如果出现上述各自侵权行为都足以导致损害后果发生的情形，则应当适用《民法典》第1171条，二者承担连带责任。

---

① 孙维飞：《论安全保障义务人相应的补充责任——以〈侵权责任法〉第12条和第37条第2款的关系为中心》，载《东方法学》2014年第3期。
② 张新宝：《侵权责任法原理》，中国人民大学出版社2005年版，第281页。
③ 杨立新：《侵权责任法（第四版）》，法律出版社2021年版，第331页。

（三）违反安全保障义务的判断标准

上述四要件中，如何判断行为人违反安全保障义务是关键。具体来说，判断义务人是否履行了安全保障义务，可以从以下几方面把握：

1. 法定标准

这里的法定，有必要采取广义标准，包括法律、行政法规以及部门规章、地方性法规、地方政府规章。在许多法律、法规、规章中，对经营场所、公共场所的经营者、管理者以及群众性活动的组织者有明确的以保护他们人身财产安全为目的的义务性规范。例如，公安部《高层建筑消防管理规则》规定："建筑物内的走道、楼梯、出口等部位，要经常保持畅通，严禁堆放物品。疏散标志和指示灯要完整好用。"这一规定就可以用来作为判断高层建筑所有者或管理者是否尽到相应注意义务的依据。

2. 约定标准

如果行为人与受害人之间对相应安全保护方面的义务有明确约定，则该约定可以作为认定行为人违反相应安全保障义务的标准。进而言之，行为人单方许诺的尽到相应的安全保障义务的标准也应该作为认定其是否尽到相应义务抑或是否有过错的标准，此规则也符合风险收益相一致的要求。

3. 善良管理人的标准

安全保障义务人的安全保障义务，应当考虑义务人防范、遏制危害的能力，应当要求安全保障义务人在其能够承受的必要限度内履行安全保障义务。必要限度的界定，要参照善良管理人的标准，即安全保障义务人的行为只要符合同类安全保障义务人在类似的场合、类似的问题上的知识能力、经验水平、行业规范、习惯行为，即为达到了善良管理人的标准。例如，在李某、龚某诉五月花公司人身伤害赔偿纠纷案中[1]，受害者是因其他顾客自带的被犯罪分子伪装成酒的爆炸物爆炸而受伤的，饭店接受消费者自带酒水是餐饮行

---

[1] 参见李某、龚某诉五月花公司人身损害赔偿纠纷案，载《最高人民法院公报》2002年第2期。

业的惯例，没必要、也没条件要求经营者如同乘坐航班那样严格地检查消费者带进饭店的酒，况且该爆炸品外包装酷似真白酒，一般人单凭肉眼也不易辨认。作为经营者的五月花餐厅达到了"善良管理人"合理、审慎、小心的标准，且显然无法预料且阻止此类危险情况，其行为并没有违反其应负的安全保障义务。[1]

4. 一般标准

在法律没有明确规定、当事人没有明确约定的情况下有必要根据日常生活经验法则确定相应的安全保障义务的内容。对受邀请进入经营领域或者社会活动领域的一般保护事项，比如，商场、列车、公共交通工具遭受窃贼侵害的危险，负有一般的告知义务和注意义务，并非遭受窃贼损害都是义务人违反安全保障义务。[2]

同时，由于安全保障义务涉及面非常广，而日常生活复杂多样，对于安全保障义务的违反有必要结合案件具体情况来通盘考虑，包括但不限于：考虑活动组织抑或场所的管理人的相应行为是否有偿抑或是否具有营利性；考虑被侵权人的身份是否为有关活动的参与者或者与该经营场所的管理者具有相应的合同关系；考虑安全保障义务人的安保能力、预防和控制风险和损害的成本以及其事先采取防范措施（比如，提示告知、警示说明等）、事中的安全保障人员及硬件设施配备、事后采取的相应救助保护措施等。概言之，在法律没有明确规定、当事人没有明确约定的情况下，有关安全保障义务的认定有必要采取动态系统论的方法，加强对不同参考因素的审查认定，实现案件处理的公平妥当。比如，在李某某等诉红山村村民委员会违反安全保障义务责任纠纷案[3]中，红山村村民委员会系景区内情人堤河道旁杨梅树的所有人，其未向村民或游客提供免费采摘杨梅的活动。某日下午，吴某私自上树

---

[1] 参见杨震主编：《中国民法典侵权责任编释论》，法律出版社2022年版，第123~124页。
[2] 参见杨立新：《侵权责任法（第四版）》，法律出版社2021年版，第329页。
[3] 最高人民法院140号指导案例。

第十一章　违反安全保障义务侵权责任的创新发展与规则适用

采摘杨梅不慎从树上跌落受伤,后因抢救无效于当天死亡。吴某的近亲属主张红山村村民委员会未尽到安全保障义务,未采取及时和必要的救助措施,应对吴某的死亡承担责任。法院经审理认为,红山村村民委员会作为红山村景区的管理人,虽负有保障游客免遭损害的安全保障义务,但安全保障义务内容的确定应限于景区管理人管理和控制能力的合理范围之内。红山村景区属于开放式景区,未向村民或游客提供采摘杨梅的活动,杨梅树本身并无安全隐患,若要求红山村村民委员会对景区内的所有树木加以围蔽、设置警示标志或采取其他防护措施,显然超过善良管理人的注意标准。吴某作为具有完全民事行为能力的成年人,应当充分预见攀爬杨梅树采摘杨梅的危险性,并自觉规避此类危险行为。该案合理确认了安全保障义务人的责任范围,明晰了责任界限。因此,在认定责任范围时,应该结合个案具体情况,根据安全义务人的管理和控制能力,合理限定义务范围。再如,在梁某某等诉李某某、广州市鹏盛物业管理有限公司等生命权、健康权、身体权纠纷案[1]中,黄某1假扮成租客,黄某2以职业中介带租客看房的名义骗取被害人梁某的信任,蹿入被害人梁某房内,强奸并杀害被害人。被害人父母梁某某、刘某某认为,鹏盛公司作为被害人居住地的物业管理单位,负有安全监管的法定义务,该公司在案发前未尽合理范围内的安全保障义务,致使被害人遭受杀害,应当依法承担相应的责任,故起诉请求判令鹏盛公司以相关损失总额的50%为限,承担连带赔偿责任。法院生效裁判认为:鹏盛公司作为物业管理公司的提供方,通过管理小区内的公共场所盈利,对小区内的公共场所拥有控制力,应对处于小区内的业主负有相应程度的安全保障义务。同时根据《物业管理条例》第36条及第47条的规定,鹏盛公司作为涉案小区的物业管理单位,应对在社会活动中所存在的风险采取一定的防范措施,承担一定的安全保障义务,但安全保障义务的目的在于保障,不能要求小区物业负担完全避

---

[1] 参见广东省广州市中级人民法院(2016)粤01民终17628号民事判决书。

免在小区内发生刑事案件的绝对保障义务。在第三人侵权的情况下，认定物业公司是否违反了安全保障义务，应从侵权行为的性质和力度、安全保障义务人的保安能力、发生侵权行为前后所采取的防范以及制止行为的措施等综合认定。本案中，鹏盛公司在大楼的大堂、电梯和地下车库均安装了电子监控设备，可视为在合理范围内配备了相应的监控设备。鹏盛公司亦安排了保安24小时巡逻，且B座三楼平台设有游泳池和空中花园。鉴于三楼平台的设计用途，在黄某1、黄某2作为住宅用户和用户亲友出现在三楼平台且每次停留时间不长的情况下，鹏盛公司难以发现其是否具有犯罪意图从而对其予以盘问。同时，鹏盛公司工作人员虽未对黄某1、黄某2三次往返出入车库的行为进行盘问，但是该行为发生在损害结果发生之后，物业公司没有对黄某1、黄某2盘查的行为与本案损害结果的发生不存在因果关系，因此，在侵权人已经就本案损失承担赔偿责任的情况下，鹏盛公司无须承担赔偿责任。

三、侵权责任的承担

（一）直接侵权责任的承担

安全保障义务人违反安全保障义务直接导致被侵权人损害时，应当按照《民法典》第1198条第1款规定承担责任，此为直接侵权责任，在责任形态上存在自己责任或者替代责任两种情形，在自己责任情形中，直接适用上述条款即可；在后者情形中，经营场所、公共场所的经营者、管理者或者群众性活动的组织者的工作人员实施了违反安全保障义务的具体行为，符合用人单位责任的，则应当同时适用《民法典》第1191条第1款关于用人单位责任的规定。至于有关免责减责事由，则应当适用《民法典》总则编民事责任部分以及侵权责任编一般规定部分关于免责减责事由的规定。比如，受害人过失就是其中典型的减责事由。在王某诉天津某文化发展有限公司红桥分公司公共场所管理人责任纠纷案[①]中，法院生效裁判认为：娱乐场所的管理人对其所经营管理的娱乐场所未尽到安全保障义务，造成他人损害的，应当承担侵权责任。被告天津某文化发展有限公司红桥分公司作为涉案KTV的经营者，对前来消费的社会公众，应尽安全保障的基本义务。本案中，事发包厢内的坐席设在台阶之上，鉴于一般公众在此类娱乐场所的消费习惯，被告应当设置明显标识或以其他方式提示消费者，使消费者在不同灯光条件下均能注意到台阶的存在，以避免消费者在通过台阶时发生危险。现原告所举证据能够证实事发时包厢台阶处未设置任何警示标识，被告就其已尽到安全保障义务的主张未提供充足证据证实，故对于原告提出的其在被告经营的KTV包厢内摔伤系被告未尽到安全保障义务所致的主张，依法予以支持，被告应当对原告因此产生的经济损失承担相应的赔偿责任。另原告作为成年人，其在知道座位下存在台阶的情况下，离开座位时没有谨慎地出行，对自身摔伤的损害后果亦负有一定的过错，并应减轻被告的赔偿责任。又比如，在覃某某诉黄某违反安全保障义务责任纠纷案[②]中，被告黄某作为从事餐饮服务的经营者，对消费者应尽到合理限度范围内的安全保障义务，包括服务符合安全标准，及时发现安全隐患并采取措施消除危险等。本案中，被告黄某将盛放滚烫热水的大铝锅用锅盖盖着放在靠近炉灶处的柜台前边，应当考虑到当时店内有顾客携带年幼小孩在吃饭，且小孩在店内随意走动，存在安全隐患，被告应予以提醒、加以注意或及时排除危险，但被告未尽上述安全保障义务，致使原告覃某某摔入热水锅中被严重烫伤的损害结果，被告应负主要责任，对原告的经济损失承担70%赔偿责任。原告系无民事行为能力人，由其奶奶徐某某携带到被告经营的店中吃饭，徐某某对原告负有监护责任，但其未尽高度观察、注意、保护义务，对原告的损害结果亦具有一定过错，故原告的监护人应自行承担30%责任。

---

① 天津市第一中级人民法院（2015）一中民四终字第0517号民事判决书。
② 福建省闽清县人民法院（2016）闽0124民初1610号民事判决书。

（二）补充责任的承担

因第三人的行为造成他人损害的，由第三人承担侵权责任，安全保障义务人承担相应的补充责任。此相应的补充责任的承担，是实务中的难点、争点问题。

1. 补充责任的属性

《人身损害解释》第6条首次规定了"补充责任"，对于补充责任的性质，学界存在多种观点。一是新型责任说，认为补充责任是与按份责任、连带责任相对应的一种新型责任，[1]补充责任与按份责任、连带责任、不真正连带责任虽有相似，但并不等同，具有独立的地位。[2]二是不真正连带说，认为补充责任是不真正连带责任中的一个类型。[3]三是多元责任体系说，认为违反安全保障义务的责任是一个责任体系，该责任体系包括按份、连带、不真正连带责任多种责任形态。[4]无论采何种学说，都说明了补充责任具有其独特性，在明确责任形态法定化的前提下，尤其不能将补充责任与连带责任相混淆，造成对安全保障义务人责任的不当加重。通常情形下，在第三人介入实施加害行为的情形下，安全保障义务主体虽有过错但其与该第三人没有任何形式的共同意思联络，即不具有共同的主观过错，且一种积极的加害行为与一种消极的不作为行为并非直接结合对受害人产生损害，故二者不能承担共同侵权的连带责任。[5]补充责任中"补充"的含义包括以下两个要点：一是补充责任的顺序是第二位的，直接责任人承担的赔偿责任是第一顺序的责任，补充责任人承担的赔偿责任是第二顺序的责任。因此，补充责任是补充自己责任的侵权责任形态。二是补充责任的赔偿范围是补充性的，其赔偿范围的大小取

---

[1] 参见张新宝：《我国侵权责任法中的补充责任》，载《法学杂志》2010年第6期。
[2] 参见李凤翔：《论安全保障义务人之相应的补充责任》，载《东南大学学报（哲学社会科学版）》2017年12月增刊。
[3] 参见杨立新：《论不真正连带责任类型体系及规则》，载《当代法学》2012年第3期。
[4] 参见李中原：《论违反安全保障义务的补充责任制度》，载《中外法学》2014年第3期。
[5] 最高人民法院民法典贯彻实施工作领导小组主编：《中华人民共和国民法典侵权责任编理解与适用》，人民法院出版社2020年版，第291页。

决于直接责任人承担的赔偿责任的大小。直接责任人赔偿不足,补充责任人承担的赔偿责任在其不足部分中,依照相应责任确定,不能超出补充的范围,也不能超出相应责任的范围。[1] 此见解颇有道理,值得实务上参考借鉴。在安全保障义务人补充责任的承担上,首先与之相对应的是存在一个直接侵权责任人也是终局责任人,其对损害的发生具有百分之百的原因力。至于补充责任的承担,应当遵循以往实务中的做法,在直接侵权人没有赔偿能力、赔偿不足或者下落不明时,才由安全保障义务人承担责任,以充分体现此责任的"补充性",结合其承担补充责任后可以向直接侵权人追偿的规定,可以看出补充责任具有"垫付"的功能,在本质上应是一种承担清偿不能风险的责任。

2."相应的"补充责任的认定

安全保障义务主体承担的补充责任是"相应的"。如果第三人不能承担全部的赔偿责任,安全保障义务主体也并非就受害人未能从第三人处获得赔偿的部分全部予以赔偿,而仅承担"相应"的责任。"相应"的补充责任,应当与违反安全保障义务人的过错程度和行为原因力"相应",并且只此而已,并不承担超出相应部分的赔偿责任。[2] 更有观点认为,应当区分第三人侵权是故意侵权还是过失侵权,然后结合具体情况适用不同的归责原则。[3] 鉴于《民法典》第1198条并未区分第三人侵权的主观状态,对追偿权有无的规定也未作此区分,因此不论第三人侵权时是故意还是过失,该第三人都应首先承担责任,安全保障义务主体未尽到安全保障义务的,承担相应的补充责任。具体

---

[1] 杨立新:《侵权法论(第五版)》,人民法院出版社2013年版,第569页。

[2] 杨立新:《侵权责任法(第四版)》,法律出版社2021年版,第335页。

[3] 此观点认为,安全保障义务人过失违反安全保障义务时,若第三人为故意侵权,应适用《侵权责任法》第37条第2款的规定,第三人对受害人就全部损害承担赔偿责任,安全保障义务人承担相应的补充赔偿责任,安全保障义务人承担责任后对第三人有追偿权;若第三人为过失侵权,应适用《侵权责任法》第12条的规定,安全保障义务人与第三人对外承担按份责任,内部无追偿权。参见孙维飞:《论安全保障义务人相应的补充责任——以〈侵权责任法〉第12条和第37条第2款的关系为中心》,载《东方法学》2014年第3期。

而言,此"相应的"判断,也应该遵循动态系统论的方法,确定安全保障义务人承担相应的补充责任时,需综合考虑以下因素:

(1)过错大小。安全保障义务人补充责任的承担以其具有过错为前提,这时就有比较过错的适用问题。一方面,被侵权人对损害的发生也有过错的,可以减轻侵权人的责任。在具体案件中,通过对加害人与受害人各自过错大小的比较,从而决定其各自所应分担的损害后果或承担的责任范围。在特定案件中,当被侵权人的过错越大,侵权人的责任减轻越多,承担的责任越小;反之,则承担的责任越大。另一方面,也要比较安全保障义务人的过错与直接侵权人过错。一般而言,直接侵权人的过错是导致损害发生的主要原因。通常而言,安全保障义务人的过错程度明显轻于直接侵权人。如果补充责任人的主观过错位阶高于第三人的主观过错位阶时,承担的责任将不再是补充责任。申言之,当二者同属于故意且具备共谋要件时,是主观共同侵权行为,承担连带责任。[1]有学者就针对安全保障义务条款提到,"随着安保义务人主观状态从一般过失发展为严重过失,甚至出现放任、期望乃至恶意时,其与直接侵权的第三人之间基于可责性的比较权重上升,则可能超过补充责任的界限而进入连带责任的区域。"此时,如若行为人承担全部的赔偿责任后,就其承担的超过自己责任份额的部分,能够向第三人追偿以弥补自己的损失。当二者同属于故意、重大过失等或者行为人的主观过错阶层高于第三人的主观过错阶层时,二者的侵权行为属于分别侵权行为,应当根据各自原因力的大小和过错程度承担按份责任,自然也不问其是否享有追偿权。[2]

(2)原因力大小。在安全保障义务中,原因力是指补充责任人在预防和制止损害的过程中所能起的作用的大小。判断原因力时必须考虑义务程度和未尽安全保障义务对结果产生的影响力这两个因素。[3]就义务程度而言,有偿

---

[1] 参见河南省鹤壁市洪滨区人民法院(2010)淇滨民初字 1052 号民事判决书。

[2] 参见李怡雯:《补充责任与追偿权的断裂与衔接》,载《河南财经政法大学学报》2021 年第 2 期。

[3] 参见王利明:《侵权责任法研究》(下),中国人民大学出版社 2011 年版,第 180 页。

第十一章 违反安全保障义务侵权责任的创新发展与规则适用

或从活动中受益的安全保障义务人的义务程度高于无偿或公益性活动的安全保障义务人,而且获取的利益越多,安全保障义务的范围则应该更大、强度更高。因为从危险中获取利益者也经常会被视为具有制止危险发生之义务的人,法律要求安全保障义务人承担相应的安全保障义务是合理的。[1] 比如,在陈某某与广州市某公园人身损害赔偿纠纷案中,生效裁判认为:广州市某公园设置儿童游玩节目是以获取一定收益为对价的,根据收益与风险相一致原则,其应对参加该活动的人员承担相应的安全保障义务。[2] 此外,经营者对经营场所的控制能力越强,所承担的义务程度就越高,责任也越大。现实生活中,高档酒店和一般旅馆、民航客运和汽车客运、高级会员俱乐部和大众歌舞厅,这些经营场所的开放性和经营者的控制力存在很大的不同,经营者的义务也不同。监督者控制潜在风险的义务通常来源于他对危险的控制能力。[3] 对于未尽安全保障义务对结果产生的影响力通常判断起来会比较困难。因为在第三人介入的安全保障义务的案件中,损害的发生是由第三人的直接侵权行为和安全保障义务人的不作为相结合而产生的。损害是由第三人造成的,安全保障义务人则起了疏于防范或未能阻止的作用,安全保障义务人的影响力在具体案件中有所不同。在确定该影响力时,需综合考虑直接侵权的第三人的行为对损害结果的作用、补充责任人对阻止损害发生所具有的能力和采取的措施等因素。

实践中,如何判断补充责任的相应程度,应根据案件具体情况,结合安保人员硬件设施配备、提示告知警示说明、安全保护以及相关救助措施、经营规范及管理能力等因素确定。比如,在胡某某、陈某1与梁某某等人身损害赔偿纠纷案[4]中,陈某2(原告胡某某之子、陈某1之父)在被告梁平区华

---

[1] 张新宝、唐青林:《经营者对服务场所的安全保障义务》,载《法学研究》2003年第2期。
[2] 参见广东省广州市中级人民法院(2004)穗中法民一终字第1637号民事判决书。
[3] [德]冯·巴尔:《欧洲比较侵权行为法》(下),焦美华译,法律出版社2001年版,第269页。
[4] 参见重庆市梁平区人民法院(2019)渝0155民初2031号民事判决书。

君小吃店独自饮酒多时，酒后滋事，与徐某某发生冲突，相互拉扯、推搡，但被随行的被告梁某某和谭某某及时劝阻制止。在劝架过程中，梁某某与陈某2发生口角，陈某2在被梁某某拉拽时仰面摔倒在地，之后徐某某、梁某某等人相继离开，陈某2继续饮酒至次日凌晨1时许方才离开，途中摔倒在小吃店后面的坝子里。后因头疼被送入梁平区人民医院住院治疗，最终陈某2因医治无效死亡。本案中，法院裁判考虑到小餐馆的经营规范及能力的问题。被告梁平区华君小吃店系个体工商经营户，在小吃店实际运营过程中，除雇佣1名工人外，经营者华某某既是餐厅老板，又是服务员，现有条件下根本不可能比照大规模酒店标准配备专门的安保人员维持就餐秩序及消费者安全。对于发生在其餐厅内顾客间的纷争，其只要在实际能力范围内履行了必要的注意、提示和防范义务，即可认定履行了安全保障义务。在陈某2与被告徐某某、梁某某发生口角并拉扯、推搡时，被告小吃店对陈某2与被告徐某某、梁某某发生的争执和肢体接触不存在放任态度，且进行了及时劝阻和制止，避免了冲突和矛盾的激化；在小吃店后面的坝子里，被告小吃店雇工在陈某2不慎摔倒并导致头部受伤时给予好心帮助并将其扶起。至于餐厅经营者对潜在危险的预见并不能超出其担负能力范围，应系作为理性人和关联行业人员根据一般常识能够自然感知的风险，如此，应排除诸如不可抗力等突发事件导致的风险。本案中，虽然陈某2醉酒可能导致摔倒受伤的致损结果，但该致损结果本身具有偶然性和不确定性，而摔倒致伤并死亡则更非其主观所能预见和防范制止。综上，本案中被告梁平区华君小吃店已经尽到合理限度范围内的安全保障义务，不应当承担赔偿责任。[①]

如上所述，在直接侵权人造成受害人损害、安全保障义务人承担补充责任的框架下，通常认为这时直接侵权人的侵权行为对于损害后果的发生具有百分之百的原因力，所以安全保障义务人仅是承担类似于"垫付"的责任，

[①] 詹亮、沈平：《餐厅经营者安全保障义务的限度》，载《人民司法》2020年第35期。

第十一章 违反安全保障义务侵权责任的创新发展与规则适用

其在依法承担赔偿责任后可以向直接侵权人追偿。在此情况下，其负担在于清偿不能的风险以及向直接侵权人主张追偿所需耗费的时间、人力、物力等成本。但是，实务中，存在直接侵权人和安全保障义务人二者行为造成同一损害的情形中，安全保障义务人的过错行为以及该过错行为对于损害后果具有一定原因力比较多见，这时仅让其承担一定的风险责任有时会出现与其过错程度不符以及直接侵权人承担责任过重的问题。是故，有必要将《民法典》第1198条第2款规定的"因第三人的行为造成他人损害的，由第三人承担侵权责任"理解为，对于该第三人的行为符合侵权责任构成的前提下按照比较过错和原因力的规则确定其责任的大小，对于非因该第三人的行为造成的损害不能由其承担赔偿责任，即在其原因力范围内的责任不应由其承担。以此为逻辑原点，结合实务中有关案件情况的复杂性，安全保障义务人承担的侵权责任在责任形态上有必要将此纳入数人侵权责任框架下作体系化理解：其一，在符合连带责任规定的情况下，应当适用连带责任的规则，此在上文已有阐述。其二，除此之外，安全保障义务人应该根据其过错和原因力的大小来承担赔偿责任，对于这部分责任，属于其自己责任的范畴，不存在对直接侵权人追偿的问题。换言之，这部分责任并非依据《民法典》第1198条第2款要求安全保障义务人承担的侵权责任，而是依据该条第1款规定应当承担的侵权责任。其三，在这部分责任之后，再行确定其在直接侵权人下落不明、清偿不足或者清偿不能的情况下承担的相应的补充责任，就这部分责任而言，其享有对直接侵权人的追偿权。笔者认为，从侵权责任构成要件角度看，这一做法应该是较为科学合理地分配了安全保障义务人和直接侵权人的侵权责任。当然，如果将安全保障义务人承担的补充责任理解为承担清偿不能风险的责任，这时在因果关系方面不再强调直接侵权人对于损害后果具有百分之百的原因力，由安全保障义务人仅是因其违反相应的注意义务而要承担这一清偿不能的风险（实务中往往会产生清偿不能的后果），则在法理上也说得通。对于这些问题，还有必要在实践中进一步探索积累经验。

此外，在违反安全保障义务的侵权纠纷之诉中，本着纠纷的一次性解决以及充分保障当事人程序权利的要求，尤其对于直接侵权人是否具有清偿能力的问题往往需要进行实体审理才能确定，故被侵权人以直接侵权人和安全保障义务人作为共同被告起诉的，应当予以准许；仅起诉一个侵权主体后又追加另一主体的，也应当依法予以准许；人民法院根据案件审理需要也可以依职权追加。特别是在直接侵权人下落不明等情况下，被侵权人只起诉安全保障义务主体，人民法院也有必要将该直接侵权人追加为共同被告。因为安全保障义务主体承担的是相应的补充责任，是第二顺位的责任，如果不起诉该直接侵权人，则无法公平合理地确定安全保障义务主体的责任以及相应的补充责任份额。

（三）安全保障义务人的追偿权

对此，《人身损害解释》第6条第2款对于安全保障义务人的追偿权作出了明确规定，《侵权责任法》第37条规定了第三人侵权的情况下，未尽到安全保障义务人所负的责任是补充责任，却未对安全保障义务人的追偿权予以保留。对此追偿权是否应当予以承认的问题，学界也有一定争议。在《民法典》编纂过程中，立法机关更倾向于肯定安全保障义务人的追偿权，[①]因此，《民法典》第1198条第2款明确规定了安全保障义务人享有向直接侵权人追偿的权利。

第三人故意侵权的情形下，第三人的侵权行为是损害发生的主要原因、根本原因。补充责任人在第三人即直接责任人侵权场景下往往只是被动地提供了场所等客观条件，而无主观作为侵权行为，二者对损害发生的原因力存在极大差异，即使时移地转，损害仍将发生；[②]在无补充责任人的场合，第三

[①]《民法典·侵权责任（草案民法室室内稿）》第34条、《民法典·侵权责任编（草案第一次审议稿）》第973条、《民法典·侵权责任编（草案第二次审议稿）》第973条、《民法典·侵权责任编（草案第三次审议稿）》第973条皆规定了补充责任人的追偿权。

[②] 参见最高人民法院民事审判第一庭编著：《最高人民法院人身损害赔偿司法解释的理解与适用》，人民法院出版社2004年版，第110页。

人对损害应承担全部责任，而补充责任人的出现替其先行承担了部分赔偿，直接责任人对该部分构成消极的不当得利；[1]处于同一责任阶层，过错程度可等同视之的连带责任人之间尚且存在内部追偿权，举重以明轻，补充责任人作为责任层次较轻的责任人，更应享有对责任层次更重的直接责任人的追偿权。[2]从补充责任人对损害发生的原因力和过错的轻微性出发，应赋予补充责任人担责后的追偿权，以体现其与直接侵权人责任层次的不同。要求怠于履行义务的安全保障义务人承担补充责任，是为了更加充分地救济被侵权人，不是为了免除故意侵权的第三人的侵权责任。否定安全保障义务人的追偿权可能导致第三人故意侵害他人合法权益时，恶意利用安全保障义务人的过失规避责任承担。故意侵权具有强烈的反社会性，故意侵权人最终承担全部责任是比较法上较为共同的规则，[3]因此，赋予安全保障义务人追偿权，将第三人作为最终责任人，彰显了法律对故意侵权行为的彻底否定，有利于威慑直接侵权的第三人，实现侵权责任法的预防功能。[4]

安全保障义务人享有追偿权，并不意味着安全保障义务人没有因其过失而承担任何责任。结合补充责任在顺位和份额上的补充性而言，承担补充责任的前提是无法找到直接侵权人或者直接侵权人无力承担赔偿，在此种情形下，能够实现追偿的可能性实际上是较小的，亦即安全保障义务人事实上担责的可能性较大，因此，即使有追偿权，也不能否认此补充责任属于一种较大的风险责任，也体现了对其过错的一种惩罚。

---

[1] 参见张新宝：《侵权责任法原理》，中国人民大学出版社2005年版，第284页。
[2] 参见张平华、王圣礼：《侵权补充责任的独立地位及其体系化》，载《烟台大学学报（哲学社会科学版）》2015年第6期。
[3] 参见谢鸿飞：《违反安全保障义务侵权补充责任的理论冲突与立法选择》，载《法学》2019年第2期。
[4] 参见张新宝：《民法分则侵权责任编立法研究》，载《中国法学》2017年第3期。

第十二章
教育机构侵权责任的创新发展与规则适用

据统计，我国在各类教育机构学习的人员总数已经达到其至超过我国总人数的 1/5，其中绝大多数是无民事行为能力人和限制民事行为能力人。[①] 无民事行为能力人、限制民事行为能力人由于年龄和精神状况的原因，没有识别能力或者识别能力不健全，自我保护能力较弱，在教育机构学习、生活期间，需要由教育机构对学生负担相应的教育和管理职责。与此同时，无民事行为能力人和限制民事行为能力人在教育机构学习、生活期间，遭受人身损害纠纷案件时有发生，需要依法公正妥善审理，引发了社会各界对校园安全问题的强烈关注。教育机构侵权责任制度的设立旨在强化幼儿园、学校等教育机构的责任意识，充分保障无民事行为能力人、限制民事行为能力人在教育机构学习、生活期间的人身安全。《民法典》在《侵权责任法》和《人身损害解释》等相关规定的基础上，用三个条文对教育机构的侵权责任作出细化规定，明确教育机构承担的侵权责任，并区分不同情形下的归责原则，增加存在第三人侵权时教育机构承担补充责任后的追偿权的规定，使教育机构承担侵权责任的规则更加细化完善。

[①] 黄薇主编：《中华人民共和国民法典释义》，法律出版社2020年版，第109页。

一、教育机构侵权责任规则概述

（一）规则的由来与完善

教育机构的侵权责任，是指无民事行为能力人和限制民事行为能力人在幼儿园、学校和其他教育机构学习、生活期间遭受人身损害时，教育机构因未尽到应有的教育、管理职责而承担的侵权责任。[①] 有关法律适用规则，早在《民法通则意见》第 160 条就规定："在幼儿园、学校生活、学习的无民事行为能力的人或者在精神病院治疗的精神病人，受到伤害或者给他人造成损害，单位有过错的，可以责令这些单位适当给予赔偿。"这一规定明确了单位对无民事行为能力人和精神病人的赔偿责任。此后的 2003 年《人身损害解释》第 7 条规定："对未成年人依法负有教育、管理、保护义务的学校、幼儿园或者其他教育机构，未尽职责范围内的相关义务致使未成年人遭受人身损害，或者未成年人致他人人身损害的，应当承担与其过错相应的赔偿责任。第三人侵权致未成年人遭受人身损害的，应当承担赔偿责任。学校、幼儿园等教育机构有过错的，应当承担相应的补充赔偿责任。"该条规定针对未成年人自身在教育机构遭受人身损害、未成年人致使他人遭受损害以及第三人侵权致使未成年人遭受人身损害的情形作出了规定。《侵权责任法》在上述司法解释的基础上，在第 38~40 条[②] 对无民事行为能力人和限制民事行为能力人在教育机构遭受人身损害的情形作出了规定。与 2003 年《人身损害解释》第 7 条相比，一是将保护范围从未成年人扩展至所有的无民事行为能力人和限制民事

[①] 程啸：《侵权责任法（第二版）》，法律出版社 2015 年版，第 470 页。
[②] 《侵权责任法》第 38 条规定："无民事行为能力人在幼儿园、学校或者其他教育机构学习、生活期间受到人身损害的，幼儿园、学校或者其他教育机构应当承担责任，但能够证明尽到教育、管理职责的，不承担责任。"第 39 条规定："限制民事行为能力人在学校或者其他教育机构学习、生活期间受到人身损害，学校或者其他教育机构未尽到教育、管理职责的，应当承担责任。"第 40 条规定："无民事行为能力人或者限制民事行为能力人在幼儿园、学校或者其他教育机构学习、生活期间，受到幼儿园、学校或者其他教育机构以外的人员人身损害的，由侵权人承担侵权责任；幼儿园、学校或者其他教育机构未尽到管理职责的，承担相应的补充责任。"

行为能力人。二是根据无民事行为能力人、限制民事行为能力人的区分，对教育机构承担直接侵权责任规定了不同的归责原则。三是对教育机构以外的第三人侵权的场合，规定教育机构承担补充责任，单独列为一条。据此构成了对无民事行为能力人、限制民事行为能力人在教育机构期间人身权益的保护体系。[①]

《民法典》基本沿用了《侵权责任法》的规定，在第1199~1201条对教育机构的侵权责任作出了规定，除进行个别文字修改外，增加规定了第三人侵权时教育机构承担补充责任后的追偿权，使得规则体系更加合理完善。

（二）基本范畴的界定

1. 教育机构的范围

教育机构侵权责任的主体为学校、幼儿园或者其他教育机构。其中，学校是指有计划、有组织、系统地对受教育者进行教育、管理的组织机构，包括政府、企事业单位、社会组织和个人依法开办的全日制中小学、中等职业学校、高等学校等普通教育学校和特殊教育学校。根据《幼儿园工作规程》第2条规定，幼儿园是对三周岁以上学龄前幼儿实施保育和教育的机构，包括政府、集体、社会组织和个人依法设立的幼儿园。"其他教育机构"，是指幼儿园、学校以外的传授文化知识的教育单位，如技能培训班、课外补习班、兴趣班等。[②]这些教育机构同学校、幼儿园一样，是对无民事行为能力人和限制民事行为能力人负有教育、管理、保护义务的组织。实践中，对于校外托管机构是否属于教育机构曾有争议，对此，笔者认为，校外托管机构也属于教育机构。校外托管机构主要通过有偿服务，对学生进行管理和教育，负有同学校、幼儿园等同样的教育、管理、保护义务。[③]

[①] 最高人民法院民法典贯彻实施工作领导小组主编：《中华人民共和国民法典侵权责任编理解与适用》，人民法院出版社2020年版，第296页。

[②] 最高人民法院民法典贯彻实施工作领导小组编著：《中国民法典适用大全侵权责任卷》（一），人民法院出版社2022年版，第388页。

[③] 实践中，相关案例可参考胡某蕊、林某刚诉宁某棕、厦门某物业服务有限公司生命权、健康权、身体权纠纷案，福建省厦门市湖里区人民法院（2015）湖民初字4774号民事判决书。

2. 被侵权人的范围

教育机构侵权责任中被侵权人为无民事行为能力人和限制民事行为能力人。我国对无民事行为能力人和限制民事行为能力人的认定主要以其年龄、智力和精神状况为标准。其中，无民事行为能力人对事物缺乏基本认识和判断能力，既包括不满八周岁的未成年人，也包括八周岁以上、不能辨认自己行为的未成年人和成年人。此处的无民事行为能力人，大多数情况是幼儿园、小学的在校儿童，但也不能排除八周岁以上智力存在缺陷的未成年人和成年人接受特殊教育的情况。[1] 限制民事行为能力人既包括八周岁以上且不满十八周岁的未成年人，也包括不能完全辨认自己行为的成年人。需要注意的是，十六周岁以上的未成年人，以自己的劳动收入为主要生活来源的，视为完全民事行为能力人。[2] "劳动收入"应当是固定的收入，如工资、奖金等。"主要生活来源"一般是指未成年人依靠自己的劳动收入能够维持当地群众的一般生活水平，不需要借助其他人经济上的资助。[3] 需要注意的是，最高人民法院将教育机构责任纠纷设定为第三级案由，属于一种特殊的民事侵权案由，统一适用于因无民事行为能力人和限制民事行为能力人在教育机构学习、生活期间受到人身损害而产生的诉讼。[4] 实践中，大学生等其他完全民事行为能力人在学校也可能遭受人身损害，因其自身心智发展成熟，对责任的认定不能适用教育机构侵权责任的规则，应适用《民法典》第1198条关于一般安全保障义务的规定来认定双方的责任比例。

3. 教育机构教育、管理职责的范围

教育机构侵权责任是过错认定标准客观化的典型例证，即法律不再简单

---

[1] 最高人民法院民法典贯彻实施工作领导小组编著：《中国民法典适用大全侵权责任卷》（一），人民法院出版社2022年版，第387页。

[2] 《民法典》第18条第2款规定："十六周岁以上的未成年人，以自己的劳动收入为主要生活来源的，视为完全民事行为能力人。"

[3] 最高人民法院民法典贯彻实施工作领导小组编著：《中国民法典适用大全总则卷》（一），人民法院出版社2022年版，第197页。

[4] 李智、曹书瑜：《在混合过错中教育机构的责任承担》，载《人民司法》2020年第5期。

地规定加害人应具有过错，而是直接将认定过错的标准，即违反相应注意义务明确出来。这样的规定既为法官裁判提供了明确依据，也为教育机构提供了清楚的行为模式指引。[①] 所谓教育职责，是指依法保护无民事行为能力人或者限制民事行为能力人以及避免其侵害他人所应尽的职责，主要强调在安全防范、事故防范以及不损害他人等方面的教育。所谓管理职责，是指教育机构对与无民事行为能力人或者限制民事行为能力人的人身安全有关的事务，应依法尽到的妥善管理的职责。对于教育机构是否尽到教育、管理职责的认定，应当以规范性法律文件的规定为标准比对判断，在有关法律法规未必详细周全规定的情况下，应当结合具体情况考虑其是否尽到了相应的注意义务。[②]

目前《民法典》未对教育、管理职责的范围作出明确界定，但我国《未成年人保护法》《教育法》《学生伤害事故处理办法》等相关法律法规都对教育机构的教育、管理职责作出了规定。审判实践中，可以据此作为判断教育机构是否尽到相应职责，也可以结合具体情况判断教育机构是否尽到必要的注意义务。[③] 结合上述文件的规定，通常情况下，如果存在以下情况之一，可以认定教育机构未尽到教育、管理职责：（1）教育机构的宿舍、场地、教学设施等不符合国家规定的标准或者有明显不安全因素的；（2）教育机构的安全保卫、消防、设施设备管理等安全管理制度有明显疏漏，或者管理混乱，存在重大安全隐患，而未及时采取措施的；（3）教育机构向学生提供的药品、食品、饮用水等不符合国家或者行业的有关标准、要求的；（4）教育机构组织

[①] 韩强：《"关于责任主体的特殊规定"特殊性辩驳——从"教育机构侵权责任"展开》，载《政治与法律》2014年第10期。

[②] 最高人民法院民法典贯彻实施工作领导小组编著：《中国民法典适用大全侵权责任卷》（一），人民法院出版社2022年版，第390页。

[③] 如果法律或者司法解释没有具体的规定，有必要适用国家教委或者地方教育规章以及有关教育教学规范来认定教育机构的过错。例如，在徐某伟诉上海市新大桥中学教育机构责任纠纷案中，上海市新大桥中学组织学生进行体育中考考前训练。原告在馆内练习横箱分腿腾跃项目时，未跨过横箱，摔倒致左腿骨折。事发时，仅有一位老师在指导与管理该项目。法院在本案中认定学校的过错责任是依据体育课的教育教学规范。上海市教育委员会发布的《2015年上海市初中毕业升学体育考试工作实施方案》要求组织横箱分腿腾越测试中，安排至少两人保护，确保落地安全。

学生参加教育教学活动或者校外活动，未对学生进行相应的安全教育，并未在可预见的范围内采取必要的安全措施的；（5）教育机构知道教师或者其他工作人员患有不适宜担任教育教学工作的疾病，但未采取必要措施的；（6）学校违反有关规定，组织或者安排未成年学生从事不宜未成年人参加的劳动、体育运动或者其他活动的；（7）学生在校期间突发疾病或者受到伤害，学校发现，但未根据实际情况及时采取相应措施，导致不良后果加重的；（8）学校教师或者其他工作人员体罚或者变相体罚学生，或者在履行职责过程中违反工作要求、操作规程、职业道德或者其他有关规定的；（9）学校教师或者其他工作人员在负有组织、管理未成年学生的职责期间，发现学生行为具有危险性，但未进行必要的管理、告诫或者制止的；（10）对未成年学生擅自离校等与学生人身安全直接相关的信息，学校发现或者知道，但未及时告知未成年学生的监护人，导致未成年学生因脱离监护人的保护而发生伤害的。需要注意的是，上述列举是对典型情况的列举，而非周延的完全列举，对于未列举情形，如果幼儿园、学校或者其他教育机构的某些行为没有达到一个"理性的学校或教育机构"应当达到的注意程度，也可以认定其未尽到教育、管理职责。[①]

4.侵权责任范围

无民事行为能力人遭受的损害仅限于人身损害，包含因生命、身体、健康遭受的侵害，不包括财产损害。[②] 主要考虑是，我国规范性法律文件对教育机构的教育、被管理职责主要强调的是对无民事行为能力人、限制民事行为能力人的人身权益的保护，如果要求学校对财产损失亦应同人身损害一样承担责任，对教育机构课予的责任太重。[③] 至于财产损害问题，鉴于被教育、被

[①] 参见张新宝：《中国民法典释评侵权责任编》，中国人民大学出版社2020年版，第127页。

[②] 《人身损害解释》第1条第1款规定："因生命、身体、健康遭受侵害，赔偿权利人起诉请求赔偿义务人赔偿物质损害和精神损害的，人民法院应予受理。"

[③] 参见最高人民法院民法典贯彻实施工作领导小组编著：《中国民法典适用大全侵权责任卷》（一），人民法院出版社2022年版，第388页。

管理对象在此期间遭受财产损害的情形并不多，且复杂度不高，适用《民法典》侵权责任编中关于一般侵权责任的规定进行救济并无明显不妥，故无须适用教育机构的特殊侵权责任进行处理，以免当事人之间权利义务失衡。同时，由教育机构承担侵权责任的侵权行为的范围，应当限于无民事行为能力人或者限制民事行为能力人在教育机构学习、生活期间发生的侵权行为，即发生于教育机构的教育、教学活动中或者其负有管理责任的校舍、场地、其他教育教学设施、生活设施中的侵权行为。① 只有在此等特定的场所和期间，教育机构才对相关的无民事行为能力人和限制民事行为能力人负有教育管理职责和相应的安全保障义务。②

二、教育机构承担直接责任的情形

（一）无民事行为能力人受到人身损害时教育机构的侵权责任

《民法典》第 1199 条基本沿用了《侵权责任法》第 38 条的内容，明确了对过错推定责任原则的适用，依据该条规定，无民事行为能力人在幼儿园、学校或者其他教育机构学习、生活期间受到人身损害的，幼儿园、学校或者其他教育机构应当承担侵权责任；但是，能够证明尽到教育、管理职责的，不承担侵权责任。如此规定的主要考虑是：一方面，无民事行为能力人智力发育不成熟，对事物的认知和判断存在明显欠缺，其不能辨认或者不能充分理解自己行为的后果，对他们的保护必须强调很高的注意义务，所以，幼儿园、学校、教育机构等对无民事行为能力人的注意义务和责任比限制民事行为能力人更重。另一方面，无民事行为能力人在幼儿园、学校或者其他教育机构学习、生活期间，超越了监护人的管理范围，而他们自身认知能力欠缺，此时要让无民事行为能力人或者其监护人来证明学校的过错，对受害一方过

---

① 参见黄薇主编：《中华人民共和国民法典释义》，法律出版社 2020 年版，第 113 页。
② 参见张新宝：《中国民法典释评侵权责任编》，中国人民大学出版社 2020 年版，第 128 页。

于严苛。采用过错推定原则，学校通过举证证明已经尽到了相当的注意并且实施了合理的行为就可以免责，符合公平原则。[①]

（二）限制民事行为能力人受到人身损害时教育机构的侵权责任

《侵权责任法》在前述《民法通则意见》及 2003 年《人身损害解释》的基础上区分了限制民事行为能力人被侵权时，教育机构的侵权责任，即"限制民事行为能力人在学校或者其他教育机构学习、生活期间受到人身损害，学校或者其他教育机构未尽到教育、管理职责的，应当承担责任"。[②]

《民法典》第 1200 条基本沿用了《侵权责任法》第 39 条的内容，明确适用过错责任。依据该条规定，限制民事行为能力人在学校或者其他教育机构学习、生活期间受到人身损害，学校或者其他教育机构未尽到教育、管理职责的，应当承担侵权责任。也就是说，学校和其他教育机构未尽到教育、管理职责的举证责任由受到伤害的限制民事行为能力人及其监护人承担，不实行举证责任倒置。如果限制民事行为能力人及其监护人不能举证证明学校和其他教育机构未尽到教育、管理职责，则学校和其他教育机构不承担侵权责任。[③] 与无民事行为能力人相比，限制民事行为能力人的心智已渐趋成熟，对事物已有一定的认知和判断能力，能够在一定程度上理解自己行为的后果，对一些容易遭受人身损害的行为也有了充分认识，应当在构建和谐成长环境的同时，鼓励其广泛地参加各类学校活动和社会关系，以利于其更好、更有利地学习、成长。[④] 如果对于限制民事行为能力人遭受人身损害仍采用同无民事行为能力人一样的归责原则，会不当加重学校等教育机构的责任，最终也会不利于学生的健康成长，也不利于教育事业的发展。当然，考虑到完全由被侵权的限制民事行为能力人承担举证责任，在证明学校未尽到教育、管理职责方面存在

[①] 最高人民法院民法典贯彻实施工作领导小组主编：《中华人民共和国民法典侵权责任编理解与适用》，人民法院出版社 2020 年版，第 298 页。

[②] 《侵权责任法》第 39 条。

[③] 最高人民法院民法典贯彻实施工作领导小组主编：《中华人民共和国民法典侵权责任编理解与适用》，人民法院出版社 2020 年版，第 301~302 页。

[④] 黄薇主编：《中华人民共和国民法典释义》，法律出版社 2020 年版，第 2331 页。

一定的困难，故可以采用客观化的标准进行判断，如学校的各种教学设施是否符合安全要求，学校是否制定了合理、明确的安全规章制度等以适度减轻被侵权人一方的举证负担，也利于对学生合法权益的救济。①

三、第三人行为造成损害的情形

（一）较《侵权责任法》的实质性修改

《侵权责任法》第 40 条规定："无民事行为能力人或者限制民事行为能力人在幼儿园、学校或者其他教育机构学习、生活期间，受到幼儿园、学校或者其他教育机构以外的人员人身损害的，由侵权人承担侵权责任；幼儿园、学校或者其他教育机构未尽到管理职责的，承担相应的补充责任。"《民法典》第 1201 条在此基础上进行了修改：一是将教育机构以外实施了直接侵权行为的主体统一定义为第三人，表述更为精准。二是增加"幼儿园、学校或者其他教育机构承担补充责任后，可以向第三人追偿"的规定，明确了教育机构的追偿权，在体系上与《民法典》第 1198 条安全义务保障主体承担补充责任后的追偿权规则保持一致。按照《民法典》第 1201 条的规定，这种第三人责任与《民法典》第 1175 条规定的"损害是因第三人造成的，第三人应当承担侵权责任"基本相同，只是在此基础上，以教育机构承担相应的补充责任为补充。②

《民法典》第 1201 条之所以增加教育机构的追偿权的规定，主要考虑是：在此种情形下，实施积极加害行为的是第三人，教育机构仅是违反了职责范围内的安全保障义务，而一定程度上给予了第三人以可乘之机。③可见，第

---

① 参见黄薇主编：《中华人民共和国民法典释义》，法律出版社 2020 年版，第 115 页。
② 杨立新、李怡雯：《〈民法典〉侵权责任编实务疑难问题指引》，中国人民大学出版社 2023 年版，第 403 页。
③ 最高人民法院民法典贯彻实施工作领导小组编著：《中国民法典适用大全侵权责任卷》（一），人民法院出版社 2022 年版，第 402 页。

三人作为直接实施侵权行为的主体，对自己的行为承担侵权责任是应然之义。在终局责任人是第三人的情况下，赋予教育机构在其承担的赔偿责任范围内向实施侵权行为的第三人全额追偿的权利，教育机构实质上承担的是追偿不能的风险而非真正的赔偿责任，[1]既符合不真正连带责任的法理，也符合公平原则。而且从过错程度上看，第三人的过错程度明显要重于教育机构，理应对损害结果承担直接责任和终局责任。[2]

（二）主要法律适用规则

1. 侵权第三人适用过错责任

教育机构以外的第三人侵权责任适用于过错责任原则，即无民事行为能力人或者限制民事行为能力人在教育机构学习、生活期间，如果因上述第三人的行为受到人身损害，第三人应就其过错行为承担侵权责任。

2. 教育机构就其过错承担补充责任

未尽到管理职责的教育机构亦适用于过错责任原则，但其承担的仅是相应补充责任。教育机构所承担的责任大小，与过错程度以及有过错的行为（消极不作为或者乱作为）与发生损害或者扩大损害后果之间的因果关系相关，[3]意味着教育机构承担补充责任的比例应根据其过错程度确定，在该比例范围内最终确定补充责任的范围。[4]

3. "第三人"范围的确定

《民法典》第1201条中实施侵权行为的第三人不包括在教育机构学习、生活的无民事行为能力人或限制民事行为能力人，也不包括教育机构教职员工。与学校等教育机构存在劳动关系、劳务关系或者教育、管理和保护关系

---

[1] 参见邹海林、朱广新主编：《民法典评注侵权责任编》，中国法制出版社2020年版，第373页。

[2] 最高人民法院民法典贯彻实施工作领导小组编著：《中国民法典适用大全侵权责任卷》（一），人民法院出版社2022年版，第402页。

[3] 参见张新宝：《中国民法典释评侵权责任编》，中国人民大学出版社2020年版，第402页。

[4] 最高人民法院民法典贯彻实施工作领导小组主编：《中华人民共和国民法典侵权责任编理解与适用》，人民法院出版社2020年版，第304页。

之外的人，是该条规定的第三人。[①] 由此推知，在教育机构内学习、生活的学生与教育机构之间是一种法定的教育关系，教育机构对其承担教育、管理职责，故其也应属教育机构内人员的范围。[②]

4. 诉讼主体资格的确定

就上述第三人与教育机构之间承担侵权责任的关系上，在实体规则上需要把握的是，实施了直接侵权行为的第三人应先承担侵权责任，如果第三人已经承担了全部的赔偿责任，则教育机构不再承担补充责任。如果存在第三人下落不明、第三人没有足够赔偿能力等不能赔偿被侵权人全部损失的情形，对于人民法院对第三人的财产依法强制执行后仍不能履行的部分，未尽到管理职责的教育机构承担与其过错相应的补充责任。教育机构承担补充责任后，可向实施侵权行为的第三人行使追偿权。如果被侵权人仅起诉教育机构，而未起诉实施直接侵权行为的第三人，人民法院可以向被侵权人释明申请追加实施侵权行为的第三人为共同被告。如果存在第三人不明确的情形，也可以直接判令未尽到管理职责的教育机构承担与其过错相应的责任，实现对受害人必要的救济，这有利于纠纷的实质性化解。教育机构承担责任后有权向以后确定的第三人行使追偿权。

5. 过错与因果关系的认定

教育机构补充责任的承担与《民法典》第 1199 条、第 1200 条对于教育机构承担责任的归责基础并不相同。存在第三人侵权时，教育机构的过错表现在"未尽到管理职责"，教育机构直接侵权时，其过错表现为"未尽到教育、管理职责"。该差别的原因在于：实施侵权的第三人是教育机构以外的人，既非教育机构的工作人员，也非在教育机构学习、生活的无民事行为能力人和限制民事行为能力人，因此教育机构对他不可能"教育"，而只能通过

[①] 参见最高人民法院民法典贯彻实施工作领导小组编：《中国民法典适用大全侵权责任卷》（一），人民法院出版社 2022 年版，第 404 页。

[②] 参见曾祥龙：《教育机构侵权责任的确定》，载《人民司法》2015 年第 17 期。

"管理"职责防止他们实施侵权。[①] 即在有第三人侵权时，教育机构应尽的职责范围要小，毕竟教育机构对第三人的干涉是有限的。教育机构未尽到管理职责主要表现为教育机构不作为，对于学校等教育机构而言，作为的义务来源于当事人的约定和法律、行政法规、部门规章的相关规定。[②] 教育机构是否尽到管理职责，宜根据人身损害发生时的具体情况判断，如其安全管理制度是否有明显疏漏，管理是否混乱，是否存在重大安全隐患等。[③] 而且教育机构违反相应的主要义务与损害结果之间的因果关系主要体现在，使本来可以避免或者减少的损害得以发生或者扩大，增加了损害发生的几率，故学校应当为被侵权人向第三人求偿不能承担风险责任。[④] 在因果关系上，应当着眼于教育机构尽到了应尽的管理职责、实施了其应当实施的作为义务是否可以避免或者减轻损害后果的角度作出判断，需要综合损害发生的时间、地点，学校等教育机构采取避免损害发生措施的充分性、必要性等因素考虑。[⑤]

（三）教育机构承担补充责任的法理分析

关于教育机构对第三人侵害无民事行为能力人、限制民事行为能力人的人身权益承担侵权责任的依据，理论界一直存有争议，主要有以下几种观点：第一种观点认为，教育机构承担的责任来源于监护责任。这种观点认为，无民事行为能力人、限制民事行为能力人在教育机构学习、生活期间，脱离了监护人的监护，教育机构应当承担监护责任。第二种观点认为，教育机构承担的责任是合同责任。此种观点认为，教育机构与学生或者监护人之间，是一种契约关系，至于契约关系的性质，有的认为是学生的监护人与学校之间

[①] 程啸：《侵权责任法（第二版）》，法律出版社2015年版，第475页。
[②] 最高人民法院民法典贯彻实施工作领导小组编著：《中国民法典适用大全侵权责任卷》（一），人民法院出版社2022年版，第404页。
[③] 参见黄薇主编：《中华人民共和国民法典释义》，法律出版社2020年版，第117页。
[④] 参见汪渊智、杨继锋：《教育机构对未成年人未尽教育、管理、保护义务的侵权责任》，载《人民司法》2020年第9期。
[⑤] 参见最高人民法院民法典贯彻实施工作领导小组编著：《中国民法典适用大全侵权责任卷》（一），人民法院出版社2022年版，第404页。

存在一种委托监护的合同关系，有的认为是教育服务合同关系，无论是何种性质的合同关系，教育机构依据契约对学生在校期间人身安全负有保护义务。[①]第三种观点认为，教育机构承担的是违反安全保障义务责任。此种观点认为，教育机构对学生负有约定或者法定的安全保障义务，承担法定的教育、管理和保护职责。[②]

笔者倾向于认为，将教育机构对存在第三人侵权时承担补充责任的依据理解为违反安全保障义务更为合理。主要理由是：其一，教育机构责任的承担来自其管理职责。《民法典》第1201条规定的情形下，受到人身损害的无民事行为能力人或者限制民事行为能力人仍在教育机构的监管之下，教育机构负有管理职责，如果其未尽管理职责，其对损害的发生也有过错，且系导致损害发生的间接原因，故教育机构应承担补充责任。[③]第二，规则体系上的一致性。《民法典》第1201条对教育机构侵权责任的规定与《民法典》第1198条关于违反安全保障义务的规定在规则上具有一致性，第1198条规定了相关主体的安全保障义务，存在第三人侵权时，经营者、管理者或者组织者承担的是未尽到安全保障义务相应的补充责任，承担补充责任后，可以向第三人追偿。教育机构对于无民事行为能力人和限制民事行为能力人负有管理职责，这种职责本质上与安全保障义务没有差别，教育机构也应当保障无民事行为能力人和限制民事行为能力人在学习、生活期间的人身安全。其三，由监护职责或合同责任得不出教育机构承担补充责任的结论。教育机构并非无民事行为能力人和限制民事行为能力人的监护人，监护人的监护职责不因监护人把无民事行为能力人或限制民事行为能力人送到学校而发生转移，且双方之间也不存在明确的合同关系，并未通过合同明确约定各自的权利和义务。

---

① 最高人民法院民法典贯彻实施工作领导小组主编：《中华人民共和国民法典侵权责任编理解与适用》，人民法院出版社2020年版，第304页。
② 参见曾大鹏：《第三人侵害学生事故中的学校责任》，载《法学》2012年第7期。
③ 参见黄薇主编：《中华人民共和国民法典释义》，法律出版社2020年版，第117页。

四、审判实践中应注意的其他问题

（一）对于教育机构过错的认定要有动态系统论的考量

由于实务中相关纠纷案件的复杂多样性，在认定教育机构过错时有必要运用动态系统论的方法，在具体个案中综合考虑以下几个因素：

1. 学校等教育机构自身的特点

学校等教育机构本身资质的高低对其注意义务的高低有一定影响，因为学校等教育机构安全保护工作的水平本身就是判断该学校资质高低的内容。比如，封闭式学校对学生的安全保护义务在通常情况下应该高于开放式学校，因为封闭式学校对学生的管理和对外来人员的监管力度要高于开放式学校，其负有更高的注意义务实属当然。学校等教育机构自身的特点在一定程度上也会影响其对受害人人身损害发生的可预见性。学校等教育机构对潜在危险的预见并不能超出其担负能力范围，而应系作为理性人和关联行业人员根据一般常识能够自然感知的风险，如此，其应排除诸如不可抗力等突发事件导致的风险。[①] 因此，学生受到的伤害属于学校对损害后果的预见能力和防卫能力的范围内，学校应当尽到相应的安全保护义务，未尽到此义务而导致损害发生的，学校应当承担相应的责任；反之，则学校不承担责任。

2. 学生自身的状况

学生的年龄智力发展情况直接影响学校等教育机构对学生的保护义务的高低。一般而言，完全民事行为能人对危及自身安全事件的认知能力和防卫能力要强于限制民事行为能力人，限制民事行为能人这方面的能力也要强于无民事行为能力人，故学校等教育机构对其的注意义务在逻辑上是依次递增的。同时，某一学生自身的特殊情况也会对学校等教育机构对该学生的注意义务产生影响。比如，学校等教育机构对于残疾学生应当承担高于一般学生

---

① 张庆庆：《教育机构安全保障义务的合理限度》，载《人民司法》2021年第14期。

的相应注意义务。

此外,学校等教育机构的教师及其他工作人员的工作特点及职责要求等也会影响学校等教育机构对学生在不同活动时注意义务的高低。

(二)教育机构责任与监护人责任的竞合与衔接

实践中,当一个无民事行为能力人或者限制民事行为能力人在教育机构学习、生活期间造成另一个无民事行为能力人或者限制民事行为能力人人身损害,这同时涉及教育机构的侵权责任和监护人责任承担问题。对此,监护人应当依据《民法典》第1188条承担无过错责任,同时教育机构未尽到教育、管理职责的,分别依据《民法典》第1199条和第1200条承担侵权责任,侵权人的监护人也应承担相应民事责任。如果被侵权人向侵权人的监护人及教育机构同时提起民事诉讼,鉴于监护人和教育机构之间不存在共同侵权行为,该情形也非法律明确规定的,应当承担连带责任的情形,故应根据《民法典》第1172条规定,监护人和教育机构按照责任比例承担按份责任。

此外,学生自行上学、放学、返校、离校途中发生损害的,或者学生参加体育锻炼正常对抗中造成损害的等,这些情形有的根据《民法典》第1199条至第1201条的规定,明显不属于幼儿园、学校和其他教育机构的责任,有的情形在侵权责任编的"一般规定"中已经有明确规定,[①] 有的情形则要纳入《民法典》第1188条等规定调整的范围,适用有关监护人责任的规定。

---

① 参见黄薇主编:《中华人民共和国民法典释义》,法律出版社2020年版,第114页。

第十三章
产品责任的创新发展与规则适用

▼

产品责任是近现代以来随着工业社会的发展应运而生的重要侵权责任领域。两大法系国家或者地区对于产品责任均有相同规定。《法国民法典》第1386-1条规定，产品的生产者应对因其产品缺陷造成的损害承担责任，不论其与受害人是否有合同联系。1985年通过的《欧共体产品责任指令》第1条规定，商品制造人对于其产品瑕疵所致损害应负赔偿责任，不论其是否明知或可知瑕疵的存在。在英美法上，《美国侵权法重述·第三次·产品责任编》第1条规定，凡从事产品销售或分销经营活动，销售或者分销缺陷产品，应对该缺陷所造成的人身或者财产损害承担责任。《英国消费者保护法》第2条规定，生产者对因产品缺陷造成的部分或全部损害承担责任。第7条规定，任何合同条款或其他方面都不能限制或排除这种责任。这一规定只适用于人身伤害和财产损害赔偿，当事人承担责任时不考虑其是否有合同关系。[①]

我国有关产品责任的法律规范在《民法通则》（已失效）、《消费者权益保护法》《产品质量法》等法律中均有规定。《民法通则》第122条规定："因产品质量不合格造成他人财产、人身损害的，产品制造者、销售者应当依法承担民事责任。运输者、仓储者对此负有责任的，产品制造者、销售者有权要

---

① 王胜明主编：《中华人民共和国侵权责任法释义》，法律出版社2010年版，第219页。

求赔偿损失。"1986年国务院发布了《工业产品责任条例》，之后部分省市和经济特区制定了一些地方性的产品质量的规定。《产品质量法》在第4章"损害赔偿"等部分对产品责任作了明确规定。第41条第1款规定："因产品存在缺陷造成人身、缺陷产品以外的其他财产（以下简称他人财产）损害的，生产者应当承担赔偿责任。"《侵权责任法》（已失效）在总结以往立法规定和实务经验的基础上专章规定了产品责任，其中第41条明确规定："因产品存在缺陷造成他人损害的，生产者应当承担侵权责任。"本章规定内容基本被《民法典》侵权责任编所保留。《民法典》侵权责任编第4章关于产品责任的规定基本沿用了《侵权责任法》的相关规定。其主要修改有：

一是《民法典》侵权责任编删除了《侵权责任法》第42条关于销售者责任的承担的规定。该条规定："因销售者的过错使产品存在缺陷，造成他人损害的，销售者应当承担侵权责任。销售者不能指明缺陷产品的生产者也不能指明缺陷产品的供货者的，销售者应当承担侵权责任。"删除这一规定可以有效避免条文上的重复，也可以避免对销售者承担外部责任构成要件的争议。

二是《侵权责任法》第45条规定了预防损害发生的民事责任的承担规则。该条规定："因产品缺陷危及他人人身、财产安全的，被侵权人有权请求生产者、销售者承担排除妨碍、消除危险等侵权责任。"《民法典》第1205条在具体责任承担方式上增加了"停止侵害"这一类型。

三是《侵权责任法》第46条关于生产者、销售者采取补救措施的规定。《民法典》第1206条在第1款增加了"停止销售"这一补救措施，这有利于及时制止侵权行为，防止损害的扩大；同时将"未及时采取补救措施或者补救措施不力造成损害的，应当承担侵权责任"修改为"未及时采取补救措施或者补救措施不力造成损害扩大的，对扩大的损害也应当承担侵权责任"，明确了造成损害扩大的情形下，生产者、销售者的侵权责任；此外，增加了第2款规定，"依据前款规定采取召回措施的，生产者、销售者应当负担被侵权人因此支出的必要费用"，使得规定内容更加完备科学。

四是《侵权责任法》第47条对产品责任中的故意行为,规定了惩罚性赔偿。该条规定:"明知产品存在缺陷仍然生产、销售,造成他人死亡或者健康严重损害的,被侵权人有权请求相应的惩罚性赔偿。"《民法典》第1207条在这一规定的基础上对惩罚性赔偿的适用情形作了进一步细化,增加了上一条规定的"没有依据前条规定采取有效补救措施"的情形。现就这些内容重点解读如下:

一、关于产品责任中的销售者责任承担问题

从体系上讲,《民法典》侵权责任编在产品责任一章删除了销售者责任承担的规则,就会导致在此章中缺乏明确的销售者承担责任的构成要件的规定。《产品质量法》第42条仍有关于销售者责任承担的规定,该条规定:"由于销售者的过错使产品存在缺陷,造成人身、他人财产损害的,销售者应当承担赔偿责任。销售者不能指明缺陷产品的生产者也不能指明缺陷产品的供货者的,销售者应当承担赔偿责任。"这一规定涉及销售者责任构成的内容,按照特别法优先适用的规则,有必要适用该条规定确定销售者的责任。

(一)销售者的界定

所谓销售者,是指实施了产品销售行为包括代销行为的人,即产品生产者以外的产品供应商。《产品质量法》第42条对销售者(经营者)的产品责任主体地位作了规定,但未明确销售者的实质要件和范围。笔者认为,销售者的构成应满足以下条件:第一,以经营该产品为业的人,通常要以取得相应的营业执照为基本要求;第二,此种经营具有长期性,而不能是临时进行买卖。至于销售者的范围,可以包括产品营销链条上的各个主体,比如,批发商、零售商等。

(二)销售者责任的构成要件

销售者责任的构成要件如下:

第一，产品存在缺陷。在产品责任中，销售者承担责任也要以产品存在缺陷为基础。产品无缺陷，销售者即无责任。

第二，受害人遭受损害，包括人身损害或者财产损害、精神损害。

第三，销售者对产品存在缺陷具有过错。此种过错通常以过失为常态，但也可能是故意，这时要涉及惩罚性赔偿的适用问题。

第四，缺陷产品与造成的损害事实之间具有因果关系。在产品责任中，销售者责任的构成，须有双重的因果关系的要求：其一是产品责任自身的因果关系要件，即产品的缺陷与受害人的损害事实之间存在引起与被引起的关系。其二是产品缺陷与销售者过错行为的因果关系。在此需要注意的是，此因果关系要件在学理上往往采取因果关系推定的规则，即首先推定构成因果关系，由销售者一方对其无因果关系承担举证责任。此外，依据《产品质量法》第42条第2款的规定，销售者不能指明缺陷产品的生产者或不能指明缺陷产品的供货者的，即应对缺陷产品导致的损害承担全部责任。

（三）销售者承担责任的具体规则

这一问题涉及销售者外部责任和内部责任的问题。至于外部责任，要统一适用《民法典》第1203条第1款的规定。至于内部责任，则要适用该条第2款的规定。

1. 销售者外部责任的承担

销售者承担的责任和生产者承担的责任一样，都是严格责任。"在他们和缺陷产品的无辜受害者之间，产品的销售者作为商业机构比个人使用者和消费者更有能力针对此类损害采取保险措施。在大多数情形下，批发商和零售商能够将产品责任的所有损失追及产品派售链的源头——制造商。当参与侵权诉讼的制造商对于原告来说存在法律程序方面的诉讼困难时，本地零售商可以先将损害赔偿金支付给受害人，然后从制造商那里获得补偿。最后，让零售商和批发商承担严格责任，能够激励他们仅和有商业声望的、财务状况良好的制造和分销商打交道,从而有利于保护产品的使用者和消费者。"[1]因此,在符合产品责任构成要件的前提下,受害人有权选择要求销售者承担责任,该销售者就要承担全部责任;若选择主张生产者承担责任时,生产者就要承担全部责任。

概言之,基于对因产品缺陷导致损害的被侵权人利益保护的需要,各国和地区《产品责任法》大都确立了生产者与销售者对外承担全部责任的规则。相比之下,基于过错责任制度,从实际操作的角度看,销售者可能会逃脱其应负的责任,而要求其承担严格责任,同时又赋予其在对产品缺陷之形成没有过错时对生产者的追偿权,既能够充分保护受害人利益,也比较符合公平原则。[2]

至于销售者与生产者承担的侵权责任形态,通说认为是不真正连带责任。《侵权责任法》上的不真正连带责任,是指多数行为人违反法定义务,对一个受害人实施加害行为,或者不同的行为人基于不同的行为而致使受害人的权利受到损害,各个行为人产生的同一内容的侵权责任,各负全部赔偿责任,并因行为人之一的履行而使全体责任人的责任归于消灭的侵权责任形态。不真正连带责任与连带责任的基本区别就在于,连带责任不论在形式上还是在实质上,所有的责任人都实行连带责任。形式上,每一个责任人都对全部责任负责,实行形式上的连带;实质上,每一个责任人都对连带责任的最终责任负责,都对连带责任承担最终责任,即负有自己的赔偿份额的最终责任,在实质上连带。而不真正连带责任只在形式上实行连带,在实质上不实行连带。形式上,被侵权人可以向不真正连带责任人的任何一方主张承担赔偿责任,任何一方都有责任承担全部赔偿责任,在形式上实行连带;但是实质上,则必须有一个最终责任人,由最终责任人对全部侵权责任负责,不应当对全

---

[1] [美]肯尼斯·S·亚伯拉罕、阿尔伯特·C·泰特选编:《侵权法重述——纲要》,许传玺、石宏等译,法律出版社2006年版,第285页。

[2] 参见最高人民法院民法典贯彻实施工作领导小组主编:《中华人民共和国民法典侵权责任编理解与适用》,人民法院出版社2020年版,第323页。

部赔偿责任负责的中间责任人即使承担了全部赔偿责任,他也有权向最终责任人主张追偿全部责任,将中间责任转移给最终责任人,而自己最终是没有责任的。①笔者认为,规定产品责任的外部责任为不真正连带责任,并不影响在诉讼层面允许被侵权人一并向生产者、销售者同时主张权利。

  实务中,存在疑问的是被侵权人能否既向销售者主张权利又向生产者主张权利呢?对此,《民法典》第1203条内容并未作出明确规定。在《民法典》侵权责任编起草过程中,笔者曾主张将生产者和销售者的责任明确规定为连带责任。理由在于,不真正连带责任也非法律明文规定的概念,其外部责任上,应当与连带责任一致,从连带责任与不真正连带责任规则设计的初衷看,二者都是为了充分保护被侵权人的合法权益。在《民法典》第1203条规定框架下,如果不允许被侵权人一并向生产者、销售者同时主张权利,不仅会加重其选择负担,而且还会由于其选择不当而失去获得填平损害的机会,这就与本条充分保护其权益的立法目的不符。笔者认为,为了充分救济被侵权人利益,使其获得足额赔偿,又防止其获得重复赔偿,生产者与销售者在外部关系上承担连带责任具有积极意义。但是由于连带责任的法定性要求,在《民法典》第1203条明确规定生产者和销售者为不真正连带责任后,就不存在适用连带责任的空间了。但这并不妨碍被侵权人以销售者与生产者为共同被告起诉。如果被侵权人分别起诉生产者和销售者,则应当采用诉的合并的方式进行处理,即使是在不同地方起诉,也应当尽量通过移送管辖等方式进行合并审理。如果被侵权人先后起诉了生产者和销售者,则在判决生产者或销售者某一主体承担责任或不构成产品责任的判决作出后,另一主体即可依此判决进行抗辩而不再向被侵权人承担责任。这种做法在客观上不但不会给生产者或销售者造成讼累,还可以节约司法资源。因为结合《民法典》第1203条第2款的规定,生产者与销售者之间通常也要发生追偿关系,他们之

---

  ① 参见杨立新:《〈侵权责任法〉改革医疗损害责任制度的成功与不足》,载《中国人民大学学报》2010年第4期。

间也会发生诉讼。三者的关系能够在一案中一并处理对各方来说都是较为便利的做法。

此外，在被侵权人只起诉销售者或生产者其中一个主体时，法院是否可以依职权追加另一主体为共同被告呢？笔者认为，如果仅生产者或销售者承担赔偿责任，被侵权人的损害即已获得填平，其就丧失对另一主体主张损害赔偿的权利。因此，起诉生产者还是销售者是被侵权人自行选择的结果，依照民事诉讼的当事人处分权原则，法院不应依职权追加另一主体为共同被告。

2. 生产者与销售者内部责任的划分

生产者与销售者内部责任关系的确定规则是产品缺陷的造成者应为产品侵权赔偿责任的最终承担者，这也是确定销售者与生产者之间追偿权的依据。

产品缺陷形成的原因，尤其是销售者的过错及其对产品缺陷形成的原因力即为划定销售者与生产者之间有关责任范围的基本依据。至于销售者与生产者之间的追偿权法律关系，包括以下两种情形：（1）销售者向生产者追偿。这时必须满足的条件是：①销售者已经向被侵权人承担赔偿责任；②该产品缺陷之形成原因在于生产者，而非因销售者自己过错行为所致。在举证责任分配上，笔者认为，考虑到"谁主张，谁举证"这一举证责任的基本规则和生产者对产品制造、设计等的实质控制，有关产品缺陷形成原因的举证责任，生产者和销售者应该予以分担。比如，生产者可以通过举证证明该缺陷是由销售者过错造成来免除自己的责任，对于其生产流程、产品设计方案等内容承担举证责任；销售者也要对该缺陷之形成是由于生产者的原因造成承担一定的举证责任。而且这时产品缺陷形成的原因通常会在销售者向产品缺陷受害人承担赔偿责任的诉讼中已经确认，从某种意义上讲，并不会加重销售者的举证责任负担。（2）生产者向销售者追偿。这时必须满足的条件是：①生产者已经向被侵权人承担赔偿责任；②该产品缺陷之形成是由于销售者的过错行为所致。如上所述，在这种情况下，销售者的责任应该是过错责任，即由生产者对销售者的过错以及因果关系的成立承担举证责任。对于销售者之间，比如，批发商与零售商之间的追偿关系，也要遵循上述规则，在举证责任上采用"谁主张，谁举证"规则，由主张追偿权的销售者承担举证责任。

3. 生产者之间的按份责任

现实生活中，往往会发生同类产品造成侵权后果，但是生产这种产品的不止一个生产者，但并不能确定具体是由哪个生产者生产的产品造成的损害。这就会涉及生产者之间责任如何承担的问题，《民法典》对此并没有作出明确规定，而对此最为科学有效的解决方案就是著名的"市场份额责任理论"。该理论是在美国加利福尼亚州上诉法院在辛德尔诉阿尔伯特制药厂一案[①]中确定的。其具体案情为：原告辛德尔的母亲在怀孕期间曾服用了DES（己烯雌酚），后生下了患乳腺癌的原告。至70年代初期人们发现乳腺癌的发病与DES有联系，于是，原告根据被告是在原告出生前几年中制造该药的八家药品制造商之一，就在加利福尼亚州法院起诉要求被告赔偿。加利福尼亚州上诉法院确认：法院在决定每一个被告所应承担的责任时，根据一定时期内各个被告作为个别制造者投入市场的某种产品的数量与同种产品的市场总量之比例，就可以确定被告应负的责任。笔者认为，数人生产的同类产品因缺陷造成损害，不能确定致害产品生产者的情形可以成立共同危险行为。一般而言，共同危险行为导致损害的责任承担规则是由共同危险行为人承担连带责任，但这一规则不宜适用于这种生产产品导致损害而不能确定具体生产者的情况，而是按照市场份额的规则进行处理，即按照其产品在市场份额中的比例承担民事责任。应当首先确定各个生产者在生产当时产品所占市场的具体份额，再根据这一份额确定自己应当分担的责任。如果某生产者能够证明自己的产品同被侵权人受到的损害之间没有因果关系，那么该生产者就推翻了产品责任构成要件中的因果关系要件，其也就不必承担相应的责任。[②]

[①] See Sindell v. Abbott Laboratories. p. 607, 2d, 924（1980）.
[②] 参见最高人民法院民法典贯彻实施工作领导小组主编：《中华人民共和国民法典侵权责任编理解与适用》，人民法院出版社2020年版，第325页。

二、预防型民事责任的承担

《民法典》第 1205 条规定:"因产品缺陷危及他人人身、财产安全的,被侵权人有权请求生产者、销售者承担停止侵害、排除妨碍、消除危险等侵权责任。"相较《侵权责任法》第 45 条的规定,本条增加了"停止侵害"这一责任承担方式。

关于侵权责任的承担方式,早在《民法通则》第 117 条(财产损失的赔偿)、第 134 条(民事责任的承担方式)中就有一般性规定。《产品质量法》第 44 条规定了产品责任的损害赔偿的责任承担方式。在传统民事救济方式中,损害赔偿居于最为重要的地位,在产品责任中也不例外。应该说,损害赔偿这一民事责任承担方式能够很好地填平受害人的损失,但现代侵权法不仅要注重损害的填补和救济,更应该在具体的侵权责任制度设计时注重损害预防功能的实现。"损害的预防胜于损害补偿",损害赔偿仅仅是在损害发生后的一种"亡羊补牢"的做法,而损害的预防则是防患于未然的做法。侵权法预防功能的实现,不仅要依靠有警示威慑作用的惩戒性措施,更要依赖诸如消除危险、停止侵害等积极的或具有事先预防性的救济措施。在总结以往经验做法的基础上,《侵权责任法》第 45 条规定了预防型民事责任的承担规则,该条规定:"因产品缺陷危及他人人身、财产安全的,被侵权人有权请求生产者、销售者承担排除妨碍、消除危险等侵权责任。"《民法典》第 1205 条规定基本沿用了这一规定,只是在具体责任承担方式上增加了"停止侵害"这一类型。

停止侵害,实际上是要求侵害人不实施某种侵害行为,即不作为,行为人实施的侵害行为仍在继续进行,受害人可以依法请求法院责令侵害人停止其侵害行为,这样可以及时制止侵害行为,防止扩大侵害后果。消除危险,则是在行为人的行为对他人人身和财产安全造成威胁或存在侵害他人人身和财产的可能时，他人有权要求行为人采取有效措施来消除此种危险。① 排除妨碍，则是指权利人行使其权利受到不法阻碍或妨害时，加害人负有排除该阻碍以保障权利正常行使的责任形式。停止侵害和消除危险、排除妨碍的责任承担形式，都是对民事权利积极的保护，都体现了对损害或者未来损害的预防。

随着经济科技的进步，现代工业社会也同样充斥着风险，环境污染、责任事故、产品致害，诸如"三鹿奶粉"事件等所造成的损害越来越触目惊心，发挥侵权法的预防功能就显得越加重要。由此，自然就有在产品责任的具体制度设计上体现侵权法预防功能的需求，《侵权责任法》第45条规定正是回应这一需求，明确规定了消除危险、排除妨碍等预防型民事责任的承担方式，同时在第46条又明确规定了缺陷产品售后警告以及产品召回制度，对停止侵害和消除危险等预防型民事责任方式进一步具体化。

生产者、销售者承担预防型民事责任，须满足以下条件：

第一，产品缺陷已经客观存在，这是生产者、销售者承担预防型民事责任的前提条件。也就是说，产品本身必须已经存在危及人身、财产的不合理危险，至于该缺陷为制造缺陷、设计缺陷还是警示缺陷，在所不问。

第二，产品缺陷会危及他人人身、财产安全。这包括两种情形：其一，产品缺陷并未导致实际损害，但具有危及他人人身、财产安全的高度盖然性；其二，产品缺陷已经导致实际损害的发生，但其有进一步加大他人、财产损害的高度盖然性。

第三，被产品缺陷危及人身、财产安全的人是权利主体，其可选择要求生产者承担预防型责任，也可以选择销售者为责任主体，也可以同时要求生产者和销售者承担责任。

生产者或销售者承担的责任形式有：

---

① 王利明、杨立新：《侵权行为法》，法律出版社1996年版，第100~101页。

1. 消除危险、排除妨碍

生产者、销售者在产品投入流通后，对于存在不合理危险的产品应当及时采用警示危险、维护修理、改进设计等方式来防止实际损害的发生。此外，尤其是生产者还应当系统地搜集产品投入实际使用后的可靠性、安全性等方面的具体信息，完备产品质量回访机制，在提取有效信息的基础上，对产品的设计、制造以及警示说明方面进行相应的改进，从而达到防患于未然的目的。[①]

2. 停止生产或销售

停止生产或销售实质上是停止侵害在产品责任承担方式中的具体表现。生产者、销售者在产品投入流通后，存在危及他人人身、财产安全的不合理危险时，被产品缺陷危及人身、财产安全的人有权要求其停止生产或销售。《食品安全法》（2009年）第53条也有关于"食品生产者发现其生产的食品不符合食品安全标准，应当立即停止生产"的明确规定。《民法典》第1205条规定在《侵权责任法》第45条的基础上增加了"停止侵害"这一责任承担方式，更符合实践发展的需要。

3. 产品召回

产品出售后，发现存在缺陷会致人严重损害的，生产者、经营者应当根据主管部门的指令或主动及时采取有效措施将该缺陷产品收回。

4. 其他预防型民事责任

《民法典》第1205条规定并没有严格限定生产者、销售者应该承担的限制预防型民事责任的类型，而是采用列举和概括相结合的立法技术进行规定，既规定了典型的责任承担方式，也保持了该预防型民事责任体系的开放性。

在此需要注意的是，由于产品缺陷致人损害往往不只会产生个别性的损害，产品责任多涉及公益，生产者、销售者应承担预防型民事责任，具有较强的社会公益色彩，属于其应该承担的社会责任，具有浓厚的公法责任属性。

[①] 参见最高人民法院民法典贯彻实施工作领导小组主编：《中华人民共和国民法典侵权责任编理解与适用》，人民法院出版社2020年版，第336页。

因此，有关部门（如市场监督管理部门或消费者协会）也可以责令生产者、销售者承担停止侵害、消除危险、排除妨碍等，以更为全面、有效地防止产品缺陷导致损害发生或扩大。

三、关于生产者、销售者采取召回等补救措施的规定

关于生产者、销售者采取补救措施的规则，《民法典》第1206条规定："产品投入流通后发现存在缺陷的，生产者、销售者应当及时采取停止销售、警示、召回等补救措施；未及时采取补救措施或者补救措施不力造成损害扩大的，对扩大的损害也应当承担侵权责任"。学理上也将此界定为关于生产者、销售者跟踪观察义务的规定。

（一）生产者、销售者采取补救措施的具体内容

关于产品的售后警示、跟踪监视、产品召回等内容，我国《民法通则》《产品质量法》等均没有规定。《缺陷汽车产品召回管理规定》第一次真正意义上确立了缺陷汽车召回制度。此后2007年出台的《儿童玩具召回管理规定》和《食品召回管理规定》在儿童玩具和食品领域又正式确立了缺陷产品召回制度。在药品领域，《药品召回管理办法》也对药品的召回作了具体规定。2009年2月28日通过的《食品安全法》第一次以法律的形式规定了缺陷食品的召回制度，其第53条规定："国家建立食品召回制度。食品生产者发现其生产的食品不符合食品安全标准，应当立即停止生产，召回已经上市销售的食品，通知相关生产经营者和消费者，并记录召回和通知情况。食品经营者发现其经营的食品不符合食品安全标准，应当立即停止经营，通知相关生产经营者和消费者，并记录停止经营和通知情况。食品生产者认为应当召回的，应当立即召回。食品生产者应当对召回的食品采取补救、无害化处理、销毁等措施，并将食品召回和处理情况向县级以上质量监督部门报告……"在总结相关立法经验的基础上，《侵权责任法》第46条正式确立了生产者、销售者对缺陷产品

采取售后警示、召回等补救措施的义务，该条规定："产品投入流通后发现存在缺陷的，生产者、销售者应当及时采取警示、召回等补救措施。未及时采取补救措施或者补救措施不力造成损害的，应当承担侵权责任"。《民法典》第1206条在此基础上，就产品召回、售后警示等内容作了更加完备的规定，比如，增加了"停止销售"这一补救措施，将原来的"造成损害"修改为"造成损害扩大"；新增第2款明确规定了"依据前款规定采取召回措施的，生产者、销售者应当负担被侵权人因此支出的必要费用"。依据该条规定，生产者、销售者在产品投入流通后发现存在缺陷的，应当采取的补救措施主要有：

1. 停止销售

生产者、销售者对投入流通的产品负有跟踪监视的义务：消极方面，生产者有必要建立完备的客户投诉和信息反馈机制，明确消费者投诉渠道，保存并报告消费者所反映的产品质量问题；积极方面，生产者应该完备产品质量回访机制，在提取有效信息的基础上，对产品的设计、制造以及警示说明方面进行相应的改进。在发现产品存在缺陷时，生产者、销售者要承担对产品存在缺陷的如实报告义务。一旦经营者提供的商品存在缺陷，可能对消费者人身、财产安全造成危害，应当停止该产品的销售。应该说，"停止销售"属于产品跟踪观察义务的重要内容，也是防止损害扩大的有力措施。该条规定在《消费者权益保护法》上述规定的基础上，将停止销售作为一项独立的补救措施类型予以规定是科学的。此外，生产者、销售者还应当将该产品存在缺陷的信息及时公告消费者，并立即向有关部门（比如，质检部门、消费者协会）报告，以便及时采取有效的损害防控措施。[①]

2. 售后警示

产品的售后警示义务，是指产品售出后发现存在致人损害的危险，生产者有义务以合理方式发出警示、避免损害。售后警示义务的成立要求具备以

[①] 参见最高人民法院民法典贯彻实施工作领导小组主编：《中华人民共和国民法典侵权责任编理解与适用》，人民法院出版社2020年版，第341页。

下四个要件：第一，生产者知道或应当知道该产品会对人身或财产造成损害的危险；第二，生产者能够认识到应当予以警示的对象，并可以合理地推断他们不知晓该损害的危险；第三，警示应当能够有效到达应予以警示的人，并且他们能够采取有效行动降低风险；第四，实际损害发生的危险大大超过实施售后警示的费用。产品售后警示义务是产品责任体系的一个重要内容。违反产品售后警示义务，造成产品使用人损害的，生产者应当承担损害赔偿责任。至于销售者的责任，销售者对于产品的售后警示应当负有协助的义务。其责任承担方面，受害人可以向产品的生产者要求赔偿，也可以向产品的销售者要求赔偿。至于销售者与生产者之间的追偿法律关系，应该适用《民法典》第1203条确定的规则。

3. 产品召回

产品召回制度是现代民法中的一项新制度，具有预防和消除缺陷产品对公民人身和财产的危害的独特功能。从法律性质上讲，产品召回是生产者或者销售者的法律义务，而不是法律责任。[①] 在此要注意的是，在《民法典》中确立产品召回制度最重要的意义就是明确产品召回义务不仅是一项公法上的义务，更是生产者等在私法上应当承担的义务，违反该项义务即可构成产品跟踪观察缺陷。

产品召回义务，是指因投放市场的产品存在缺陷，可能或已经对消费者的生命、健康造成严重损害，生产者依特定程序收回、退换缺陷产品并承担与此相关费用的义务。产品召回义务的特点主要表现在以下几方面：第一，已经投放市场的产品存在缺陷，可能或已经导致人身重大损害是召回义务的成立要件；第二，生产者是召回义务的主体，中间经销商是召回义务的履行辅助人；第三，产品召回义务履行程序包括指令召回和自主召回，有严格的

---

① 王利明：《关于完善我国缺陷产品召回制度的若干问题》，载《法学家》2008年第2期。

法定步骤和效果评估机制；① 第四，义务履行方式包括缺陷产品的回收、更换、退货以及相应的损害赔偿。

依据上述有关法律规定，2013年施行的《缺陷汽车产品召回管理条例》对于缺陷汽车的召回作了系统规定，比如其第18条规定："生产者实施召回，应当以便于公众知晓的方式发布信息，告知车主汽车产品存在的缺陷、避免损害发生的应急处置方法和生产者消除缺陷的措施等事项。国务院产品质量监督部门应当及时向社会公布已经确认的缺陷汽车产品信息以及生产者实施召回的相关信息。车主应当配合生产者实施召回。"第19条规定："对实施召回的缺陷汽车产品，生产者应当及时采取修正或者补充标识、修理、更换、退货等措施消除缺陷。生产者应当承担消除缺陷的费用和必要的运送缺陷汽车产品的费用。"此后，国家质量监督检验检疫总局发布的《缺陷汽车产品召回管理条例实施办法》又作了细化规定。在其他领域，比如，国家食品药品监督管理总局2017年发布了《医疗器械召回管理办法》、交通运输部于2018年修正了《铁路专用设备缺陷产品召回管理办法》、国家市场监督管理总局2019年发布了《消费品召回管理暂行规定》，自此我国已经建立起了较为完备的产品召回制度。

《民法典》第1206条第2款新增了有关采取补救措施费用承担的规则，即由生产者、销售者承担的规则，这符合国际通例，既体现了对消费者权益的保护，也属于公平合理的做法。当然，这里的费用承担要以"必要"为限。依照常理，如果超出必要限度的费用，则由被侵权人一方承担。

（二）关于生产者、销售者违反采取补救措施义务的侵权责任构成

如上所述，产品推向市场时的科学技术水平不能发现该产品是否存在缺陷的，生产者负有跟踪观察义务，发现缺陷应当及时召回，应当发现而没有发现或者已经发现而没有及时召回，即构成跟踪观察缺陷。② 关于产品跟踪缺

---

① 参见杨立新、陈璐：《药品召回义务的性质及其在药品责任体系中的地位》，载《法学》2007年第3期。

② 杨立新：《侵权损害赔偿》，法律出版社2008年版，第227页。

陷致害的归责原则，鉴于产品跟踪缺陷责任是由于违反跟踪观察这一注意义务导致的，应属于过失认定的范畴。其归责的基础应当是当事人的过错，即要以应当尽到相应的注意而没有尽到，具备道德上可责难性为基础。有观点认为，考虑到消费者和生产者之间的实力对比以及生产者在跟踪观察义务履行中的积极地位，应该实行过错推定责任，先推定其存在过错，而且可以由其相关行为表征直接认定其有过错，然后由其反证自己没有过错。从学理探讨的角度，笔者同意这一观点，但是考虑到《民法典》第1165条第2款关于过错推定责任要求必须法定化的前提下，在具体适用上不能适用过错推定责任。对此应当结合《民法典》第1206条第1款后半句的表述来进行确定，如果将产品投入流通后发现存在缺陷作为预设的前提条件，没有采取停止销售、警示、召回等补救措施就属于违反注意义务的范畴，按照过错认定标准客观化的思路，这里应该是适用过错责任原则。但对于预设条件中的产品缺陷的认定问题，又应该采取的是无过错责任。而且《民法典》第1206条规定情形也并不能为第1202条所囊括，在其条文表述非常明确的情况下，不宜"一刀切"式适用无过错责任，这里应当存在过错责任和无过错责任的并存或者交错的情况。据此，有关侵权责任的构成要件如下：

1. 行为违法

此即违反《民法典》第1206条第1款前段规定的义务为前提。以产品召回义务为例，产品存在致人重大损害的危险或该损害已实际发生时，应当召回而没有召回的，即为法定义务的违反，从而构成行为不法。不当召回，是指生产者实施召回，但行为违反该行业的通常标准，具体表现包括召回不及时、召回措施不当、召回方式不当，等等。

2. 损害后果

主要包括对生命、健康权的损害以及由此而生的财产损失和精神痛苦，这时的损害在性质与范围上与其他产品责任情形下的损害后果并无不同。当然，这里的损害还包括未采取补救措施造成的扩大损害部分。对此要注意与被侵权人防止损害扩大义务的衔接适用问题。

3.因果关系

考虑到生产者、销售者与消费者之间的信息偏差、经济实力不等等因素，要适用推定因果关系的规则，即受害人只要证明生产者违反了产品跟踪观察义务、自身因使用产品受到损害，不承担举证证明因果关系要件的责任。由被告负举证责任，证明自己行为与损害发生之间没有因果关系。

4.主观过错

这里的主观过错通常要根据行为表现来判断，即由行为来认定过失。考虑到双方经济实力不对等、信息不对称的问题，有必要对原告方实施举证责任缓和，较通常意义上适用过错责任的侵权责任纠纷类型对被告方科以更重的举证责任。即生产者、销售者应当对其已经采取补救措施的情形承担举证责任。同时要用好证明妨害规则。如果持有证据一方拒不提供相应证据或者隐匿、篡改、销毁相应证据，导致有关案件事实无法认定的，其应当承担相应的不利后果。当然，原告方也要就其他要件事实承担举证责任。

四、产品责任中的惩罚性赔偿

关于惩罚性赔偿，《民法典》第1207条规定："明知产品存在缺陷仍然生产、销售，或者没有依据前条规定采取补救措施，造成他人死亡或者健康严重损害的，被侵权人有权请求相应的惩罚性赔偿。"

在侵权法上，惩罚性赔偿不局限于补偿功能，也具有惩罚、震慑、激励等功能。惩罚性赔偿使不法行为人承担更重的责任，一方面惩罚不法行为，另一方面通过提高违法成本，产生示范效应，震慑其他潜在的不法行为。惩罚着眼于事后补救，震慑着眼于事前预防。[①] 原来的《消费者权益保护法》第

---

① 陈年冰：《中国惩罚性赔偿制度研究》，北京大学出版社2016年版，第28页。

49条（现第55条）规定，经营者提供商品或者服务有欺诈行为的，应当按照消费者的要求增加赔偿其受到的损失，增加赔偿的金额为消费者购买商品的价款或者接受服务的费用的一倍。《食品安全法》（2009年）第96条（现第148条）第2款规定，生产不符合食品安全标准的食品或者销售明知是不符合食品安全标准的食品，消费者除要求赔偿损失外，还可以向生产者或者销售者要求支付价款十倍的赔偿金。《侵权责任法》第47条则对产品责任中的故意行为，规定了惩罚性赔偿，使我国的惩罚性赔偿制度更为完善。该条规定："明知产品存在缺陷仍然生产、销售，造成他人死亡或者健康严重损害的，被侵权人有权请求相应的惩罚性赔偿。"《民法典》第1207条在这一规定的基础上对惩罚性赔偿的适用情形作了进一步细化，增加了"没有依据第一千二百零六条规定采取补救措施"的情形也要适用惩罚性赔偿规定。

（一）构成要件

惩罚性赔偿与补偿性赔偿相比，适用条件更为严格，对责任人的主观状态及其行为所造成的严重后果均有明确要求。具体要件如下：

1. 产品存在缺陷

产品缺陷就是指产品存在危及人身、他人财产安全的不合理的危险；产品有保障人体健康和人身、财产安全的国家标准、行业标准的，是指不符合该标准。其基本特征是存在危及人身、他人财产安全的不合理的危险。比如，医疗产品的设计缺陷如治疗仪不具有治疗功能；制造缺陷如钢板质量不合格，容易断裂；指示缺陷如药品说明书未标明药品对特定人群有副作用。此外，依据《民法典》第1207条的规定，生产者、销售者没有采取相应的补救措施的情况下，在符合其他构成要件时，也要承担惩罚性赔偿责任。

2. 主观要件是故意

惩罚性赔偿对生产者、销售者的主观要件有严格要求。产品责任是严格责任，被侵权人无需证明生产者、销售者是否存在故意还是过失，即可请求其承担补偿性赔偿（先行赔偿人有追偿权）。但是被侵权人要求生产者、销售者承担惩罚性赔偿责任，则应证明生产者、销售者存在故意。明知是指意识到某种事物，是一种意志活动。故意是指意识到某种事物，还积极去做。[1] 故意包括生产者、销售者有侵害被侵权人的利益的意图，还包括明知产品存在缺陷，但是无视受害人的人身或者财产利益仍然生产、销售。前者是直接故意，后者是间接故意。受害人能够证明生产者、销售者存在间接故意即可，即使生产者、销售者并不希望损害发生，但是由于其对损害持放任的态度，其行为应受惩罚。比如，《药品管理法》第28条规定，药品应当符合国家药品标准。其第98条规定，禁止生产（包括配制，下同）、销售假药。有下列情形之一的，为假药：（1）药品所含成份与国家药品标准规定的成份不符的；（2）以非药品冒充药品或者以他种药品冒充此种药品的……《医疗器械监督管理条例》第7条规定：医疗器械产品应当符合医疗器械强制性国家标准；尚无强制性国家标准的，应当符合医疗器械强制性行业标准。如果生产、销售企业违反法律规定，生产、销售假药、劣药，不符合国家标准、行业标准的医疗器械，应视为其明知产品存在缺陷，仍然生产、销售，存在主观故意。[2] 在某案例中，某药品生产企业违反规定，将"二甘醇"冒充辅料"丙二醇"用于"亮菌甲素注射液"的生产，而"二甘醇"在病人体内氧化成草酸，导致肾功能急性衰竭。即属于生产者明知生产的是不合格产品，仍然生产、销售。如果生产者明知自己没有生产某种产品的资格，仍然生产，或者销售者明知生产者不具备生产资格、产品没有合格证而销售，均可认定为存在故意。另外，生产者、销售者收到产品存在相关质量问题的反馈意见后，而不采取任何措施，仍然继续生产和销售，亦可认定存在故意。有学者建议生产者、销售者存在重大过失时，亦应承担惩罚性赔偿，[3] 如药品生产企业对原材料检验发生重大疏漏，导致生产的药品不符合国家标准，存在缺陷。生产者

---

[1] 朱广新：《惩罚性赔偿制度的演进与适用》，载《中国社会科学》2014年第3期。
[2] 参见最高人民法院民法典贯彻实施工作领导小组主编：《中华人民共和国民法典侵权责任编理解与适用》，人民法院出版社2020年版，第349页。
[3] 张晓梅：《中国惩罚性赔偿制度的反思与重构》，上海交通大学出版社2015年版，第114页。

虽不明知药品存在缺陷，但是存在重大过失，其行为亦应受谴责。但《民法典》第1207条仅是将生产者、销售者承担惩罚性赔偿的主观要件规定为故意，并不包括重大过失。

3. 后果上须造成受害人死亡、健康严重损害

惩罚性赔偿的适用排除了被侵权人仅遭受财产损害后果的情况。死亡的结果容易判断，但是如何认定健康严重损害，民事法律规范对此未进行界定，可以参考相关刑事规范。《最高人民法院、最高人民检察院关于办理生产、销售假药、劣药刑事案件具体应用法律若干问题的解释》（已失效）第2条、第3条规定，生产、销售的假药、劣药被使用后，造成轻伤以上伤害，或者轻度残疾、中度残疾，或者器官组织损伤导致一般功能障碍或者严重功能障碍，或者有其他严重危害人体健康情形的，应当认定为《刑法》第141条、第142条规定的"对人体健康造成严重危害"。可见，健康受到严重损害并不仅指重伤或者残疾，也可能是轻伤以及器官功能障碍。

根据《民法典》第1207条规定，损害应该是实际发生的，而非具有危险性。比如，如果药品含有超出国家标准的有毒有害物质，在患者未大量服用时，可能尚未造成功能障碍，则无法依据该条请求惩罚性赔偿。这与《食品安全法》和《消费者权益保护法》规定的惩罚性赔偿有所区别。《食品安全法》规定的惩罚性赔偿并未要求造成健康严重损害的后果，其第148条第2款规定："生产不符合食品安全标准的食品或者经营明知是不符合食品安全标准的食品，消费者除要求赔偿损失外，还可以向生产者或者经营者要求支付价款十倍或者损失三倍的赔偿金；增加赔偿的金额不足一千元的，为一千元。但是，食品的标签、说明书存在不影响食品安全且不会对消费者造成误导的瑕疵的除外。"生产不符合食品安全标准的食品或者经营明知是不符合食品安全标准的食品的，消费者即使未受到严重损害，亦可请求支付价款的十倍或者损失三倍的惩罚性赔偿金，这体现了国家对违反食品安全行为的严厉制裁。

在受害人未受到严重损害的情况下，如果经营者生产、销售产品的行为

构成欺诈，可依据《消费者权益保护法》第55条第1款[①]规定，请求惩罚性赔偿。此外，生产者、销售者应承担行政责任，情节严重的承担刑事责任，并不能逃脱法律的制裁。

4.产品缺陷与损害后果具有因果关系

因果关系是损害赔偿的归责要件之一。如果生产者、销售者虽然明知产品存在缺陷，但是受害人遭受损害并非产品缺陷所导致，被侵权人亦不能主张惩罚性赔偿。

（二）举证责任

《民事诉讼法解释》第91条规定，主张法律关系存在的当事人，应当对产生该法律关系的基本事实承担举证责任。就惩罚性赔偿的举证责任而言，需要将惩罚性赔偿责任和产品责任中的补偿性赔偿责任予以区分，医疗产品惩罚性赔偿责任本身是一种独立的责任，在责任形态上属于自己责任的范畴，此作为责任的加重，已经不属于充分救济受害人的填平责任的范畴，故有关严格责任的法理对于惩罚性赔偿部分不能适用，但惩罚性赔偿又要以构成产品责任为一般要件。因此，笔者认为，有关产品责任的惩罚性赔偿的举证责任问题，应当分为一般的产品责任的构成要件和惩罚性赔偿部分的构成要件，对于前者，应当适用产品责任举证责任的一般规则，对于后者，由于其已不存在对弱势一方进行充分救济的法理基础，也就不存在举证责任倒置的基础，且构成要件为故意，这时应该适用"谁主张，谁举证"的一般举证规则，即由原告方对于被告方的主观故意承担举证责任。

（三）责任承担

惩罚性赔偿责任的承担涉及其责任形态的认识、数额多少的确定等问题。现分别阐述如下：

[①] 《消费者权益保护法》第55条第1款："经营者提供商品或者服务有欺诈行为的，应当按照消费者的要求增加赔偿其受到的损失，增加赔偿的金额为消费者购买商品的价款或者接受服务的费用的三倍；增加赔偿的金额不足五百元的，为五百元。法律另有规定的，依照其规定。"

1. 惩罚性赔偿在责任形态上是自己责任

《民法典》第 1203 条及《消费者权益保护法》第 40 条[①]均规定产品责任的受害人可以向产品的生产者请求赔偿，也可以向产品的销售者请求赔偿。[②]先行赔偿人有追偿权，对产品缺陷负有责任的生产者或者销售者应承担最终责任。《食品安全法》规定生产者、销售者应承担首负责任。《食品安全法》第 148 第 1 款条规定，消费者因不符合食品安全标准的食品受到损害的，可以向经营者要求赔偿损失，也可以向生产者要求赔偿损失。接到消费者赔偿要求的生产经营者，应当实行首负责任制，先行赔付，不得推诿；属于生产者责任的，经营者赔偿后有权向生产者追偿；属于经营者责任的，生产者赔偿后有权向经营者追偿。生产者和销售者承担的不真正连带责任，能较好地保护受害人利益。但是，对于惩罚性赔偿是否属于不真正连带责任，则有不同认识，有必要予以厘清。笔者认为，惩罚性赔偿的适用不存在不真正连带责任的适用问题，惩罚性赔偿的功能在于惩罚、震慑抑或预防。而且惩罚性赔偿有严格的构成要件，只有某一责任主体符合惩罚性赔偿构成要件时才予以适用，对于其他责任主体，其不符合惩罚性赔偿构成要件的，不能判决其承担惩罚性赔偿责任后再由其向另一责任主体主张追偿。换言之，惩罚性赔偿的主张只存在是否符合构成要件的有无问题，不存在向生产者、销售者选择的问题。当然，如果生产者、销售者的行为分别都符合惩罚性赔偿的构成要件时，他们要各自承担相应的惩罚性赔偿责任。比如，就生产、销售缺陷产品的情形，对于生产者而言其关键要件就是明知缺陷存在而生产，而对于销售者而言，就是明知缺陷存在而销售。这也是惩罚性赔偿责任与更加体现救济性的作为不真正连带责任的产品缺陷责任最大的不同。惩罚性赔偿需审查生产者或者销售者应根据各自的过错承担责任。生产者或者销售者均存在故意

[①] 《侵权责任法》第 43 条规定，因产品存在缺陷造成损害的，被侵权人可以向产品的生产者请求赔偿，也可以向产品的销售者请求赔偿。《消费者权益保护法》第 40 条也有类似规定。

[②] 最高人民法院侵权责任法研究小组编著：《〈中华人民共和国侵权责任法〉条文理解与适用》，人民法院出版社 2010 年版，第 314 页。

的，均应承担惩罚性赔偿责任，不存在互相追偿的问题。如果销售者不存在主观故意，被侵权人不能要求其承担惩罚性赔偿后再向生产者追偿。

2.惩罚性赔偿数额的确定

（1）要对惩罚性赔偿数额作必要限制

惩罚性赔偿的数额问题是惩罚性赔偿制度的核心问题，也是司法实践中的难点。如果不对惩罚性赔偿的数额予以规范，会导致数额畸轻畸重，不利于法律适用的统一。

在我国《消费者权益保护法》修法过程中，惩罚性赔偿金额如何确定曾存在争论，有学者建议不设上限，但是最低不少于补偿性赔偿的两倍。全国人大宪法和法律委员会最终研究认为，在补偿性赔偿（人身、财产、精神损害赔偿）基础上，再明确两倍以下的惩罚性赔偿。其考虑是惩罚性赔偿金额应符合我国经济发展实际，从我国目前经济发展水平看，这个赔偿额是适当的。如果确定的比例过高，经营者会因为忌惮责任而不敢研发新产品，不利于增强产品竞争力及经济发展；如果确定的比例过低则不能起到遏制违法行为的作用。[1]从修法过程看，我国对惩罚性赔偿金额的态度比较谨慎，不会出现给予天价赔偿金额的情况。审判实践中应领会上述立法本意，根据案件情况确定适合的惩罚性赔偿数额。[2]

（2）惩罚性赔偿数额的计算基数

《民法典》第1207条规定并没有规定惩罚性赔偿的具体数额，一定程度上影响了该条的具体适用。通常而言，惩罚性赔偿数额需参考补偿性赔偿数额。例如，《最高人民法院关于审理医疗损害责任纠纷案件适用法律若干问题的解释》第23条就参照《消费者权益保护法》第55条第2款"经营者明知商品或者服务存在缺陷，仍然向消费者提供，造成消费者或者其他受害人死

---

[1] 贾东明主编：《中华人民共和国消费者权益保护法解读》，中国法制出版社2013年版，第284~285页。

[2] 参见最高人民法院民法典贯彻实施工作领导小组主编：《中华人民共和国民法典侵权责任编理解与适用》，人民法院出版社2020年版，第353页。

亡或者健康严重损害的，受害人有权要求经营者依照本法第四十九条、第五十一条法律规定赔偿损失，并有权要求所受损失二倍以下的惩罚性赔偿"的规定，确定了以下规定："医疗产品的生产者、销售者、药品上市许可持有人明知医疗产品存在缺陷仍然生产、销售，造成患者死亡或者健康严重损害，被侵权人请求生产者、销售者、药品上市许可持有人赔偿损失及二倍以下惩罚性赔偿的，人民法院应予支持。"

《消费者权益保护法》第49条规定的是人身损害赔偿范围，"经营者提供商品或者服务，造成消费者或者其他受害人人身伤害的，应当赔偿医疗费、护理费、交通费等为治疗和康复支出的合理费用，以及因误工减少的收入。造成残疾的，还应当赔偿残疾生活辅助具费和残疾赔偿金。造成死亡的，还应当赔偿丧葬费和死亡赔偿金"。第51条规定的是精神损害赔偿，"经营者有侮辱诽谤、搜查身体、侵犯人身自由等侵害消费者或者其他受害人人身权益的行为，造成严重精神损害的，受害人可以要求精神损害赔偿"。精神损害赔偿与惩罚性赔偿均有抚慰受害人的功能。实践中，精神损害赔偿应否计入惩罚性赔偿的计算基数，认识上有分歧。由于有关惩罚性赔偿的计算基数是以实际损失为基础，有观点认为，恶意产品或者食品侵权的惩罚性赔偿是"实际损失"，不包括精神损害赔偿。[①] 笔者认为，此见解有一定道理，由于精神损害本身具有不可量化的特点，有关精神损害赔偿实际上是精神抚慰金，并不是精神损害的对价。但是，从实质意义上讲，精神损害赔偿毕竟是针对被侵权人的精神损害进行的赔偿，其中蕴含着损失这一客观情况。故有关精神损害赔偿是否列入惩罚性赔偿的计算基数问题还有必要进一步研究探索，一个比较可行的路径是参考其他有关惩罚性赔偿的规则进行处理。

由于《民法典》第1207条没有规定惩罚性赔偿的具体标准，导致此惩罚性赔偿的具体倍数或者标准难以确定。对此，有意见认为，法院在裁判中可

---

① 参见杨立新：《侵权责任法（第四版）》，法律出版社2021年版，第396~397页。

以根据实际情况酌定，否则该条规定将无法适用，成为具文。笔者认为，这一观点有一定道理，但是在个案裁判中酌定很有可能出现同案不同判甚至畸轻畸重的问题。特别是连带责任作为一种责任加重的形态都必须由法律作出规定或者当事人明确约定，惩罚性赔偿作为责任负担更重的形态，更应该遵循上述思路。在第1207条没有规定惩罚性赔偿具体标准的情况下，不宜赋予该条规范单独作为裁判规范的功能，而应在此指引下依据有关法律规定的具体惩罚性赔偿的适用条件和相应标准来进行适用。同时，在不断积累审判实践经验的基础上，通过修改完善相应法律规定或者通过立法机关授权或者同意的情况下，由司法解释对此作出明确规定，以在统一法律适用的前提下更好地发挥惩罚性赔偿的制度功能。

从目前实务经验来看，在一定倍数之内具体确定惩罚性赔偿的数额时，还应考虑一些因素：如侵权人的主观过错程度；侵权行为的具体细节；所造成的后果；侵权人的获利情况；侵权人承担责任的经济能力；不法行为发生后的态度；原告或者潜在原告的数量；侵权人因其行为已经承担和将要承担的其他财产性责任。[①] 司法实践中应审查生产者、销售者是否存在主观故意，不法行为的方式、持续时间，发现被侵权人有损害后，是隐瞒还是积极补救，以此来推断生产者、销售者对损害后果是否积极追求或者放任。如果生产者、销售者的主观恶性大，不法行为持续时间长，已经知道产品缺陷造成实际损害仍然生产销售，采取各种措施隐瞒产品的缺陷，其应承担较重的惩罚性赔偿。惩罚性赔偿的数额也应与生产者、销售者的承受能力相适应，否则不能充分发挥惩罚性赔偿的功能，故应考量生产者、销售者是否有获利，本身的经济能力。惩罚性赔偿的目的是震慑不法行为，故生产者、销售者获利多的情况下，应承担较重的责任且惩罚性赔偿的数额还应考量原告的情况，原告所受损害的程度，受缺陷产品影响的原告数量等。原告死亡、重伤、残疾的，

---

① 张晓梅：《中国惩罚性赔偿制度的反思与重构》，上海交通大学出版社2015年版，第128页。

或者使众多受害人遭受损失的,惩罚性赔偿的数额应增多。但是在有多个原告就同一不法行为起诉或者存在多个潜在原告时,应考虑被告对所有原告承担的惩罚性赔偿总额是否会超出其承受范围,以确定被告对每个原告应承担的惩罚性赔偿数额。

此外,产品缺陷致人损害,生产者、销售者还可能承担行政责任、刑事责任。《产品质量法》第49条规定,生产、销售不符合保障人体健康和人身、财产安全的国家标准、行业标准的产品的,责令停止生产、销售,没收违法生产、销售的产品,并处违法生产、销售产品(包括已售出和未售出的产品,下同)货值金额等值以上三倍以下的罚款;有违法所得的,并处没收违法所得;情节严重的,吊销营业执照;构成犯罪的,依法追究刑事责任。《刑法》规定了生产、销售假药罪,生产、销售劣药罪,生产、销售不符合标准的医用器材罪。因惩罚性赔偿与行政责任、刑事责任的功能有相似性,均有惩罚、威慑功能,如果生产者、销售者承担了惩罚性赔偿,似应适当减少其行政责任、刑事责任。同样,如果已经承担了相应的行政责任或者刑事责任,也有必要考虑适当减少惩罚性赔偿的金额,避免对生产者、销售者进行双重惩罚。

五、产品责任审判实务中的其他重点、难点问题

产品责任纠纷是人民法院受理侵权责任纠纷的重要类型,结合《民法典》侵权责任编第4章关于产品责任的规定,现梳理有关产品责任纠纷审判实务中的重点、难点问题如下。

(一)产品责任的构成要件

产品责任,又称为产品侵权责任,是指产品制造商、销售者因生产、销售缺陷产品致使他人遭受人身伤害、财产损失或有致使他人遭受人身、财产

损害之虞而应当承担的赔偿损失、消除危险、停止侵害等责任。[1]要解决产品责任的法律问题，首先要对产品在法律上作出准确界定。

1. 产品的界定

（1）产品的内涵。我国《产品质量法》第2条第2款第一次对"产品"作了概括性的界定，产品侵权责任中的"产品"概念，是指"经过加工、制作，用于销售的产品"。

首先，关于"加工、制作"，我国法律法规以及司法解释对于"加工、制作"以及"用于销售"缺乏明确的界定，实践中对其理解存在争议。我们认为，仅将"加工、制作"理解为"机械化的、工业生产的加工、制作"不利于消费者权益的保护，有悖于产品责任法的立法宗旨。[2]应将"加工、制作"界定为包括机械化的，也包括手工业的加工、制作，乃至任何对产品质量实施的影响和控制行为都属于加工、制作。凡是改变原材料、毛坯或半成品的形状、性质或者表面形态，使之达到规定要求的各类工作都构成加工、制作。[3]生产者、销售者通过上述行为对产品质量实施了实际影响或控制，就应该是这类产品导致侵权责任的承担者。

其次，对于"用于销售"，有学者很早就主张，使用"销售"不如使用"流通"更为准确。[4]笔者认为，于现今法律框架下，应当将赠送、试用买卖等行为视为销售行为，并可以进一步考虑通过法律解释的方法将产品出租等行为准用"销售"的规定，来达到充分保护消费者的目的。

（2）产品的外延。从《产品质量法》第2条的规定中可以看出，我国将产品的范围限定在动产之上，不动产不适用产品责任，但就其中的具体类型或特殊形态并没有明确的列举，这会给实务操作带来很大不便。笔者认为，产品的外延有必要进一步明确，对于完全符合产品属性的物品，应该明确纳

---

[1] 杨立新：《类型侵权行为法研究》，人民法院出版社2006年版，第732页。
[2] 季义流：《论产品的范围》，载《当代法学》2002年第11期。
[3] 周新军：《关于中外产品责任法中农产品问题的思考》，载《国际贸易探索》2007年第8期。
[4] 朱克鹏、田卫红：《论我国产品责任的构成要件及其完善》，载《法学评论》1994年第6期。

入产品的范畴。比如，电已经被大多数国家的法律列入产品的范畴，对于其他无形工业产品，比如，利用管道输送的油品、天然气、热能等，其属性与电力相同，当然也应该属于产品的范畴。此外，随着科技进步与经济的繁荣，一系列新类型的产品相继出现，适当扩大产品责任中的产品范围对真正实现我国企业、消费者与外国企业、消费者的"内外平等"，切实维护我国消费者以及企业的合法权益，乃至有效推动我国产品责任保险业的发展，形成经济发展与权益保护的良性互动，具有重要意义。

在现代社会，服务已经日益与产品共同成为企业经营活动的主要内容，但各国家和地区的产品责任法一般都是将服务排除在外的，认为产品制造商应当承担严格责任，而服务提供者承担过错责任。[1] 笔者认为，考虑到服务涉及面较广，服务缺陷的准确界定也存有难度，服务致损责任与产品责任在责任承担上除了损害赔偿方面有相似点外，产品责任中的召回责任对于服务责任难以适用。进而言之，若对服务致损案件科以严格责任，甚至辅以相应的惩罚性损害赔偿，对于诸如医疗等公益服务行业的发展是非常不利的，这很容易会反过来伤及受害人的利益和整个社会的发展进步。

2. 关于"生产者"的界定

《民法典》和《产品质量法》均没有对生产者作出规定。笔者认为，生产者顾名思义应该是指制造、加工产品的人。但依照国际通例和实务做法，在产品上表示其姓名、商号、商标或者其他具有识别性标志表明自己为生产者的人，也要承担生产者的责任。另外，为出售、出租、转让等营业目的的进口商也视为生产者，这主要是为了避免生产者因管辖权的障碍无法对外国产品生产者起诉而蒙受损失。[2]

原则上产品的生产者包括产品之生产者、原料之生产者、零配件之生产者以及任何将其姓名、商标或者其他区别性标志标示于产品以表明自己是生

---

[1] 李胜利：《论产品责任法中的产品》，载《法商研究》2000 年第 6 期。
[2] 参见杨立新《侵权责任法（第四版）》，法律出版社 2021 年版，第 382 页。

产者的人。但是，在具体案件中，如果缺陷产品是由多个生产者合作生产的，这时从保护被侵权人利益出发，原则上以该产品的最终生产者为生产者。而提供配件、原料等厂家一般不属于该最终产品的生产者。之所以确定最终生产者为产品责任上的"生产者"，是因为其对于产品的质量有最终的也是最重要的控制力。[①] 另外，产品的进口商，通常要视为产品的生产者来承担产品责任。

3. 产品责任的归责原则

现代社会，各国家和地区经济得以长足发展，在科技进步、工商业繁荣、人们充分享受现代社会文明成果的同时，各种产品致害案件日渐增多和严重。消费者与经营者的经济实力、信息控制方面的差距也越来越悬殊。伴随着民法从注重抽象平等的形式正义向追求具体平等的实质正义的渐进，以严格责任为归责原则的富有现代气息的产品责任的时代随之而来。各国家和地区立法在产品责任的归责原则上也多是确立了严格责任。在我国，产品责任实行的也是严格责任。即产品责任之构成不必考察过错因素，无论其有没有过错，在所不论，只要产品存在缺陷，即可构成侵权责任。[②]

4. 产品责任的构成要件

在产品责任法律制度中，最重要的是确定承担责任的主体问题，而这第一位的责任主体就是生产者。通常而言，产品责任的构成，必须具备三个要件：

（1）产品具有缺陷。通常包括制造缺陷、设计缺陷和跟踪观察缺陷；鉴于产品缺陷在产品侵权责任构成中处于极为重要的地位，下面我们会对产品缺陷进行专门论述。

（2）缺陷产品造成了受害人的损害。即产品的使用人或者第三人的人身

[①] 参见张新宝：《中国民法典释解·侵权责任编》，中国人民大学出版社2020年版，第139页。

[②] 参见最高人民法院民法典贯彻实施工作领导小组主编：《中华人民共和国民法典侵权责任编理解与适用》，人民法院出版社2020年版，第313页。

损害或者财产损害、精神损害。其中,人身损害包括致人死亡和致人伤残等;财产损失,不是指缺陷产品本身的损失,而是指缺陷产品外的其他财产的损失,其范围包括直接损失和间接损失;精神损害,是指缺陷产品致人损害,给受害人所造成的精神痛苦和感情创伤。受害人应对损失之存在及其范围负举证责任。

(3)缺陷产品与造成的损害事实之间具有因果关系。即产品缺陷与受害人的损害事实之间存在引起与被引起的关系。产品责任中的因果关系具有特殊性,表现在它是产品缺陷与损害后果之间的相互关系,而不是某种具体行为与损害后果之间的关系。

简言之,产品缺陷导致他人损害,生产者应当承担相应的侵权责任,至于产品的生产者是否具有主观过错,在所不问。在上述三个构成要件中,产品缺陷是认定产品侵权责任的最关键要素,产品存在缺陷是消费者或用户向生产者主张任何权利的基础。

5. 产品责任的抗辩事由

《民法典》并没有规定产品责任的具体抗辩事由。因此,有关产品责任的抗辩事由则要适用侵权责任的一般抗辩事由和《产品质量法》所规定的特殊抗辩事由。对于前者,主要包括不可抗力、受害人自身原因或第三人过错行为等。至于不可抗力,自然不必多言,而受害人自身原因则是指受害人在使用产品的时候,没有按照产品所标示的使用说明加以使用,因而造成自己的人身或者财产损害。第三人过错行为则是指如果产品造成使用者或者第三人损害,是由第三人的原因引起,则应当由该第三人承担责任,不能由产品的生产者或者销售者承担责任。由于受害人自身原因或第三人过错引起的损害,产品的销售者或者生产者不承担损害赔偿责任。[①]对于后者,则主要是指《产品质量法》第41条第2款的规定。据此,产品生产者能够证明有下列情形之

---

① 参见最高人民法院民法典贯彻实施工作领导小组主编:《中华人民共和国民法典侵权责任编理解与适用》,人民法院出版社2020年版,第318页。

一的，不承担赔偿责任：其一，未将产品投入流通的。"投入流通"的含义是：任何形式的出售、出租、租赁、租买以及抵押、质押、典当。如果产品仍处于生产阶段或者紧接着生产完毕后的仓储阶段，则不认为已投入流通。[①] 其二，产品投入流通时，引起损害的缺陷尚不存在的。但是投入流通后如果是创造产品附加值的仓储者、运输者等第三人的过错造成产品缺陷的，产品的生产者、销售者仍然要对被侵权人承担赔偿责任，然后再向该第三人追偿。其三，将产品投入流通时的科学技术水平尚不能发现缺陷的存在的。这里强调的必须是投入流通时，而非产品设计时或者制造时。此科技水平的要求要以同行业同领域为限。凡是具有这些情形之一的，提供产品的一方能够证明属实的，都可以免除责任。

(二) 产品缺陷及其具体类型

产品缺陷对于产品责任构成具有决定性意义，即所谓"无缺陷，无责任"。以产品缺陷作为归责的核心，使得产品责任诉讼不再关注生产者、销售者的行为，而仅关注产品自身，这样可以在很大程度上减轻消费者的举证责任负担，增加其获得救济的可能性，有利于实现对消费者利益的保护。

1. 产品缺陷的内涵

《民法典》并没有对产品缺陷本身作出界定，其主要理由在于《产品质量法》对此已经作出明确规定。因此，对产品缺陷的具体把握，要以《产品质量法》为依据。对此，依照《产品质量法》第46条的规定，产品缺陷是指产品存在危及人身、他人财产安全的不合理的危险或产品不符合产品本身之保障人体健康和人身、财产安全的国家标准、行业标准。但现在学界通常认为，产品缺陷之实质要件即为产品存在危及人身、他人财产安全的不合理的危险，即使该产品符合相应的"国家标准、行业标准"，但如果可以通过证明该标准不能保证产品不存在缺陷，则仍要承担产品责任。换言之，产品符合"保障

[①] 张新宝：《中国民法典释解·侵权责任编》，中国人民大学出版社2020年版，第141页。

人体健康和人身、财产安全的国家标准、行业标准"并非产品缺陷的实质要件。[①]据此,缺陷的具体含义是:

(1)缺陷是一种不合理的危险,合理的危险不构成缺陷。"一定程度上讲,产品缺陷是指产品缺乏安全,但并非缺乏安全的产品都具有缺陷。许多产品因自身固有的不安全性,或属于危险品,如炸药;或虽不属于危险品,但在使用不当时也会具有危险,如刀具。因此这些具有众所周知的危险性的产品并不必然是缺陷产品。"[②]

(2)这种危险是危及人身和产品之外其他财产的安全。这也是产品缺陷与产品瑕疵区别的关键所在。产品瑕疵是指"标的物不具备该种物通常的价值、效用或契约预定效用或出卖人所有保证的品质"[③]。产品存在瑕疵仅意味着标的物本身存在物质性的欠缺,原则上仅会造成其价值的贬损。但缺陷则意味着产品缺乏通常所应具备的安全性,可能对人身、其他财产造成侵害。产品缺陷所导致的责任是产品责任、属于特殊侵权责任;产品瑕疵所导致的责任是违约责任。产品缺陷责任的主体为生产者和销售者,权利主体除了产品的买受者外,还有其他因为使用产品而受到损害的人;产品瑕疵的责任主体仅是产品的销售者,权利主体也仅限于产品的买受者。

2. 产品缺陷的判断标准

(1)《产品质量法》所规定的标准。依据《产品质量法》的规定,判断某一产品是否存在缺陷的标准分为"不合理危险"标准和"国家标准、行业标准"。具体而言,对于有保障人体健康,人身、财产安全的国家标准、行业标准的产品类型,产品不符合上述标准即为有缺陷。反之,如果产品符合上述保障人体健康,人身、财产安全的国家标准、行业标准,即产品合格就认定

---

① 杨立新主编:《中华人民共和国侵权责任法草案建议稿及说明》,法律出版社 2007 年版,第 226 页。

② 杨立新主编:《类型侵权行为法研究》,人民法院出版社 2006 年版,第 739 页。

③ 参见桂鞠平:《论出卖人瑕疵担保责任、积极侵害债权及产品责任之关系》,载梁慧星主编:《民商法论丛(第 2 卷)》,法律出版社 1994 年版,第 398 页。

为产品无缺陷。依照这种方法，原告可以直接通过证明产品不符合标准来确定产品缺陷；法官可以借助产品标准判断产品缺陷，为其审判提供客观清楚的依据，增加其可操作性；并可促使制造商严格依照标准制造产品，增加可预防性。[①]笔者认为，"国家标准、行业标准"可作为认定产品缺陷的"充分"条件，但不能作为充分必要条件。由于产品缺陷的本质在于产品存在危及人身和财产安全的不合理危险，而产品符合相应的国家标准、行业标准与产品是否存在不合理危险并非完全一致。产品符合相应的国家标准或行业标准未必就说明该产品不存在不合理危险。该产品符合相应的"国家标准、行业标准"，但如果可以证明该标准不能保证产品不存在缺陷，则生产者或销售者仍要承担侵权责任。

（2）消费者合理期待标准。在以严格责任为归责原则的产品责任体系中，产品缺陷的认定通常要采取消费者合理期待标准。"只要在正常的商业行为中，包括产品的制造、销售、出租或授权制造，因使用瑕疵所生损害，对使用人或消费者系属不相当且非可期待之危险，不问有无过失，均须负责。"这就是有关产品缺陷的判断标准采取的是一般消费者期待标准，即将一个正常的理性消费者的合理期待作为判断产品是否存在缺陷的依据。适用该标准，产品使用人必须证明：第一，商品生产者所生产的产品未符合一般消费者期待的标准；第二，产品缺陷确系商品制造者所制造；第三，产品缺陷与损害结果之间有因果关系；第四，其使用产品系采取该商品之正常的使用方法。适用消费者合理期待标准，使得对产品缺陷认定的关注点转移到了产品本身。其缺陷构成判断的基本逻辑是：只要产品不符合消费者的合理期待，该产品就存在缺陷，而产品存在缺陷，产品的制造商就要承担责任。

此外，在美国侵权法上还存在风险效益分析法则的标准，适用这一标准，必须考虑以下七项因素：第一，产品使用的利益与优点是否大于缺陷所造成

[①] 刘伟：《"强制性标准"与"缺陷"的若干法律思考》，载《财经政法资讯》2006年第2期。

的损害结果；第二，产品的安全性，即其危险所产生之损害的严重程度；第三，对不安全的产品，是否有可能替代的物品；第四，制造商是否能够在不减少产品用途或不大量增加成本的情况下，减少产品的危险性；第五，使用者是否在可能注意的情况下，可避免因使用而造成的损害；第六，使用者对损害是否有预见；第七，将赔偿列入成本或由保险公司承担之可行性。在符合上述七点要求的情况下，制造商就应该承担相应的赔偿责任，而不能以其产品技术已经达到当时科技之最高水准，而规避产品缺陷所造成的损害赔偿责任。

3. 产品缺陷的具体类型

《民法典》第1207条规定并未对产品缺陷进行类型化处理，通常在学理上产品缺陷包括四种类型：

（1）设计缺陷，是指产品因为设计方面的原因使得产品在结构、配方等方面存在不合理的危险。比如，在某案例中原告张某之夫黎某在被告处定做了一个多功能炉灶，在支付完价款后，将该多功能炉灶提走。此后，黎某在其开设的服装翻新店内使用该炉灶洗染衣服时炉灶发生爆炸，致使正在旁边为炉灶生火的原告张某眼睛、面部与颈部受伤。原告因此多次去医院治疗，花费医疗费用12000余元，经法医鉴定其伤残等级为八级。后查实被告制作的多功能炉灶属小型锅炉，根据国家质量技术监督局制定的《小型和常压热水锅炉安全监察规定》（已失效）的规定，生产小型锅炉的单位必须取得省级以上质量技术监督行政部门颁发的 E（下角）2 级以上（含 E（下角）2 级）《锅炉制造许可证》，且小型锅炉产品的设计文件（图样、强度计算书等）应当经省级质量技术监督行政部门锅炉压力容器安全监察机构审查批准；任何单位或者个人不得安装、销售和使用未取得《锅炉制造许可证》的单位制造的小型锅炉。本案中，被告未取得《锅炉制造许可证》，其制作的小型锅炉产品的设计文件（图样、强度计算书等）未经有权部门审查批准，在此情况下擅自制作、销售并安装小型锅炉的行为，违反了国家质量技术监督局《小型和常压热水锅炉安全监察规定》，即不符合该小型锅炉的"国家标准"，该小型锅炉存在缺陷，因此对此锅炉爆炸致伤原告的损害，被告应负赔偿责任。

（2）制造缺陷，是指产品在制造过程中产生的不合理危险，它可以发生在从原材料、零部件的选择到产品的制造、加工和装配工序等各个环节。制造缺陷的情形在实践中最为常见。

（3）警示缺陷，是指因产品提供者未对产品的危险性和正确使用作出必要的说明与警示所造成的不合理的危险。司法实务中，对于产品警示缺陷判断的通常标准是，当一个产品存在致害的危险，存在合理说明或者警示的必要性时，就必须进行充分的警示和说明。警示、说明是否充分的标准，应当根据产品的具体情况进行确定。一般而言，警示、说明要具备：正确说明产品存在的危险以及正确使用该产品、避免发生产品存在的危险，做到合理安全使用。

（4）跟踪观察缺陷，是指产品因为在投放市场以后未被及时跟踪观察而产生的不合理危险。这属于随着经济科技的发展应当确定的新的产品缺陷类型。产品制造商对于投放市场的新产品没有尽到跟踪观察义务，应当发现而没有发现新产品存在的缺陷，或者已经发现新产品的缺陷而没有及时召回，致使消费者受到侵害的，应当认定构成跟踪观察缺陷。[①]

（三）关于产品责任的举证责任问题

产品责任实行严格责任，即不论生产者、销售者是否有过错，只要符合产品责任的构成要件，其就应该向受害人承担侵权责任。而且在产品责任中，通常采取举证责任倒置的方法，由生产者、销售者承担更重的举证责任，其要证明产品没有缺陷，否则就要承担相应的责任。此外，有观点认为，确定产品责任因果关系通常要用因果关系推定的方法来实现，即运用"举证责任倒置"的方法，由受害人证明使用或消费某产品后即发生某种损害，且这种

[①] 参见最高人民法院民法典贯彻实施工作领导小组主编：《中华人民共和国民法典侵权责任编理解与适用》，人民法院出版社2020年版，第318页。

缺陷产品通常可以造成这种损害，可以推定因果关系成立，转由侵害人举证证明因果关系不成立。这一见解较有道理，但是在法律或者司法解释没有明确规定因果关系推定的情况下，还是应该由原告方对此承担举证责任，只是考虑到有关缺陷造成损害的专业性、复杂性问题，要对原告方实行必要的举证责任缓和，被告方也要依法提供相应的证据。同时，发挥好证明妨害规则的作用，对于控制证据一方拒不提供抑或篡改证据等行为导致相应案件事实无法认定的，应当承担相应的不利后果。

此外，产品责任主体还要对其免责或者减责事由承担举证责任。产品责任的免责或者减责事由通常又被称为产品责任的抗辩事由。从法律适用的角度讲，有关产品责任的免责或者减责事由要适用侵权责任的一般抗辩事由和《产品质量法》所规定的特殊抗辩事由。对于前者，主要包括不可抗力、受害人自身原因等。至于不可抗力，自然不必多言，而受害人自身原因则是指受害人在使用产品的时候，没有按照产品所标示的使用说明加以使用，因而造成自己的人身或者财产损害。对于后者，则主要是指《产品质量法》第41条第2款的规定。据此，产品生产者能够证明有下列情形之一的，不承担赔偿责任：其一，未将产品投入流通的；其二，产品投入流通时，引起损害的缺陷尚不存在的；其三，将产品投入流通时的科学技术水平尚不能发现缺陷的存在的。凡是具有以上情形之一的，提供产品的一方能够证明属实的，都可以免除责任。

当然，上述规则的确立并不意味着受害人就免于承担任何举证责任。受害人还要对下列事实承担举证责任：第一，缺陷在产品销售当时即已存在。第二，缺陷产品曾经被使用或消费，通常为其本人使用，但也不限于此。第三，所受损害情况。也就是说，受害人要对自己遭受的损失的具体范围，比如，误工费、医疗费、财产损失、精神痛苦承担举证责任。

（四）关于产品责任的诉讼时效期间如何计算的问题

这一问题涉及《产品质量法》的有关规定与《民法典》总则编关于诉讼

时效规定的衔接适用问题。《产品质量法》第 45 条规定:"因产品存在缺陷造成损害要求赔偿的诉讼时效期间为二年,自当事人知道或者应当知道其权益受到损害时起计算。因产品存在缺陷造成损害要求赔偿的请求权,在造成损害的缺陷产品交付最初消费者满十年丧失;但是,尚未超过明示的安全使用期的除外。"但是,《民法典》总则编将一般诉讼时效统一修改为三年,其第 188 条第 1 款规定了"向人民法院请求保护民事权利的诉讼时效期间为三年",同时还进一步规定了"法律另有规定的,依照其规定"。从这一修改的立法精神上看,将诉讼时效从二年改为三年,旨在延长有关民事请求权适用的诉讼时效期间。一种观点认为,这里的"法律另有规定的,依照其规定"应是指其他法律关于诉讼时效的规定长于三年的规定,可以继续适用,至于《民法总则》之前有关法律规定的二年的诉讼时效期间,都已与第 188 条第 1 款将一般诉讼时效期间统一延长规定为"三年"的初衷不符。这时应该遵循后法优于前法的规则,统一适用《民法典》规定的三年诉讼时效。虽然 2018 年修正《产品质量法》时这一诉讼时效期间的规则仍未改变,但由于《民法典》的施行时间在《产品质量法》之后,因此,此诉讼时效期间仍有必要统一适用"三年"的规则。笔者认为,这一见解有一定道理,但这涉及在先的特别规定与在后的一般规定如何适用的问题,应当适用《民法典总则编解释》第 1 条第 2 款的规定,"就同一民事关系,其他民事法律的规定属于对民法典相应规定的细化的,应当适用该民事法律的规定。民法典规定适用其他法律的,适用该法律的规定"。而《民法典》第 188 条明确规定了"法律另有规定的,依照其规定",在《产品质量法》明确规定了有关产品责任的诉讼时效时,就应当直接适用《产品质量法》的规定。

(五)运输者、仓储者等第三人承担责任的规则

对于这一问题,《民法典》第 1204 条规定:"因运输者、仓储者等第三人的过错使产品存在缺陷,造成他人损害的,产品的生产者、销售者赔偿后,有权向第三人追偿。"此内容与《侵权责任法》第 44 条规定一致。

产品的运输和仓储等行为通常会增加产品的附加值，但如果运输或仓储等行为不当，也会造成产品缺陷。通常而言，因为运输和仓储等行为都发生在产品营销环节，这也是在增加产品价值，可以认为是制造过程的延伸，而且运输或仓储等行为所导致的产品缺陷往往也是个别性地存在于产品之上，因此可将其划入制造缺陷的范畴。根据自己责任原则，行为人必须对自己的过错行为造成的损害负责，由此，因运输者和仓储者等第三人的行为导致的产品缺陷致使他人人身、财产受损的，该损害赔偿的责任最终就应该由运输者或者仓储者自己承担。[1]

在此需要注意的是，该条规定解决的仍然是生产者、销售者及运输者、仓储者等第三人之间的内部责任承担问题，或者说是承担产品责任的生产者、销售者向第三人的追偿权问题，这并不影响生产者及销售者向被侵权人承担侵权责任。也就是说，被侵权人在此时仍然可以起诉生产者或销售者，生产者、销售者承担赔偿责任后，才可以再向有过错的运输者、仓储者行使追偿权。具体而言，生产者、销售者向第三人主张赔偿责任，需要具备如下条件：

第一，生产者或销售者已向被侵权人承担了赔偿责任。即在产品责任纠纷发生后，被侵权人通过多种方式包括双方协商、调解、诉讼等方式解决争议，并且生产者、销售者已经向被侵权人履行了赔偿义务后，生产者、销售者才可以向有过错的运输者、仓储者等第三人行使追偿权。

第二，运输者或仓储者等第三人的行为是产品缺陷产生的原因。也就是说，该第三人的行为必须与某种产品缺陷的形成具有因果关系。经过运输、仓储、保管环节并且基于运输者或者仓储者的过错，形成了产品缺陷，该缺陷产品实际上已经造成他人人身、财产损害，即损害事实已经发生，才有可能产生运输者、仓储者的损害赔偿责任。[2]

---

[1] 参见最高人民法院民法典贯彻实施工作领导小组主编：《中华人民共和国民法典侵权责任编理解与适用》，人民法院出版社2020年版，第330页。
[2] 最高人民法院侵权责任法研究小组编著：《〈中华人民共和国侵权责任法〉条文理解与适用》，人民法院出版社2010年版，第320页。

第三，运输者或仓储者等第三人具有过错。该第三人的过错通常以过失为常见形式。比如，产品在仓储环节，保管人（仓储者）应当履行妥善保管仓储物的义务。保管人（仓储者）因故意或者过失行为，比如，保管不善造成仓储物毁损、灭失的，保管人（仓储者）应当承担侵权责任。

从责任性质上讲，运输者、仓储者等第三人承担的是过错责任。此责任构成的举证责任应该采用"谁主张，谁举证"的规则，即由主张权利的生产者或销售者对运输者、仓储者等第三人过错以及因果关系的成立承担举证责任。如果主张追偿权的生产者或销售者不能举证证明第三人过错的存在或不能证明该第三人的过错行为导致某种产品缺陷的产生，其对该第三人主张的追偿权就不能成立。[1]此外，在追偿金额上，如果生产者或者销售者与运输者、仓储者等第三人对此等责任的追偿事先约定的，依其约定；没有约定的，一般以追偿生产者或者销售者向被侵权人赔偿的金额为限，并可以考虑将其为解决相关纠纷支出的必要费用纳入追偿范围。[2]

关于"第三人"的范围问题。笔者认为，这里的第三人应当是与产品使用人相对应，与上述产品的运输者及仓储者相似，实质上是与产品生产者或销售者联系较为密切的人。实践中，有时候产品的缺陷是由于原材料或者零部件提供者的行为所造成。在这种情况下，要由最终造成产品缺陷的原材料或者零部件提供者承担责任。该条规定采用第三人的说法来进行概括性的兜底规定，使之更具有立法前瞻性和开放性，对符合上述"第三人"的实质条件的，只要因其过错行为导致产品缺陷的，生产者或销售者在承担责任后，都可以向其行使追偿权。但是，并非与产品价值的形成具有密切联系的产品使用人以外的人，不属于这里的"第三人"范畴，这时应属于一般意义上的第三人，如果其行为造成被侵权人损害的，则不能适用上述法律规则，而应

---

[1] 参见最高人民法院民法典贯彻实施工作领导小组主编：《中华人民共和国民法典侵权责任编理解与适用》，人民法院出版社2020年版，第332页。

[2] 参见张新宝：《中国民法典释评·侵权责任编》，中国人民大学出版社2020年版，第144页。

适用《民法典》第1175条规定的"损害是因第三人造成的,第三人应当承担侵权责任"的规则。在这种情况下,由于受害人的损害不是由于产品缺陷所致,二者之间没有因果关系,生产者、销售者无须对产品使用人承担侵权责任,当然也不会发生生产者、销售者向该第三人追偿的可能。这时的第三人原因造成损害的发生,也就成为生产者、销售者不承担产品责任的事由。

第十四章
机动车交通事故责任的创新发展与规则适用

▼

所谓机动车交通事故赔偿责任,是指机动车发生交通事故造成他人人身伤亡、财产损失而依法产生的赔偿责任。[①] 机动车交通事故责任纠纷是人民法院受理的具体侵权责任纠纷中数量最多的案件类型,[②] 其中涉及的法律适用问题也较为复杂。《民法典》侵权责任编在《侵权责任法》第6章以及《交通事故解释》有关规定的基础上,紧密结合实务经验,充分尊重各方意见,对机动车交通事故责任的法律适用规则作了系统完善。就编纂情况而言,机动车交通事故责任一章是《民法典》侵权责任编相较《侵权责任法》在具体侵权行为类型部分改动数量最多的一章。下面笔者就结合有关机动车交通事故责任的理论和实务情况,对有关新增和重要修改内容予以解读。

一、机动车挂靠经营时的连带责任

（一）机动车挂靠经营时连带责任的确立

挂靠是我国社会经济发展特定历史阶段的产物。在改革开放之初,由于

[①] 王利明主编：《中国民法典评注——侵权责任编》,人民法院出版社2021年版,第256页。
[②] 据统计：2016年审结一审机动车交通事故责任纠纷974286件,2017年为1006931件,2018年为936341件,2019年为864731件,2020年1月至11月为611116件。

国家在法律、政策上存在一些对私营经济、个体经济的限制性规定或者禁止性规定，一些个体工商户、个人合伙及私营企业，为了进入特定行业，与某些国有企业或集体企业签订挂靠协议，以该企业的名义从事生产经营活动，即由挂靠方使用被挂靠企业的经营资格和凭证等进行经营活动，并向被挂靠企业交纳挂靠费用的一种经营形式。司法实践中因挂靠经营形成的纠纷并不少见。① 目前，实践中挂靠经营纠纷，涉及的行业比较多，比如，旅游业、建筑业等。在实体民事责任承担方面，挂靠人和被挂靠人通常要承担连带责任。比如，《中华人民共和国建筑法》（以下简称《建筑法》）第66条对于建筑施工企业转让、出借资质证书或者以其他方式允许他人以本企业的名义承揽工程情形下的责任承担规则作出了明确规定，即"对因该项承揽工程不符合规定的质量标准造成的损失，建筑施工企业与使用本企业名义的单位或者个人承担连带赔偿责任"。对于旅游挂靠经营，《最高人民法院关于审理旅游纠纷案件适用法律若干问题的规定》（以下简称《旅游纠纷规定》，法释〔2010〕13号）第16条② 也规定："旅游经营者准许他人挂靠其名下从事旅游业务，造成旅游者人身损害、财产损失，旅游者请求旅游经营者与挂靠人承担连带责任的，人民法院应予支持。"实践中，客运货运的交通运输也是挂靠经营的典型领域。在此前的审判实务中，对于挂靠经营的机动车发生交通事故的责任承担问题，存在不同认识，有的认为，被挂靠单位应先行承担垫付责任，然后依据挂靠协议或约定向挂靠人追偿；③ 有的认为，被挂靠单位负有管理责任，并收取管理费用，应当承担连带责任。④ 在2001年，《最高人民法院关于实际车主肇事后其挂靠单位应否承担责任的复函》（〔2001〕民一他字第23

---

① 最高人民法院修改后民事诉讼法贯彻实施工作领导小组编著：《最高人民法院民事诉讼法司法解释理解与适用》，人民法院出版社2015年版，第230页。

② 对应《最高人民法院关于审理旅游纠纷案件适用法律若干问题的规定》（2020年修正）第14条。

③ 赵学玲：《被挂靠单位应承担垫付责任——对挂靠车辆交通肇事引起的人身损害赔偿责任承担的思考》，载《人民法院报》2005年7月19日。

④ 林薇：《道路交通事故中的车主责任解析》，载《公安学刊》2006年第2期。

号)认为,应依据被挂靠单位是否从挂靠车辆的运营中取得了利益确定,如取得了则承担责任,否则不承担责任。由于对这一问题争议较大,2009 年颁布的《侵权责任法》对此并未规定。由于这一问题的普遍性,亟须统一裁判尺度,最高人民法院在深入调研的基础上,在 2012 年颁布的《交通事故解释》第 3 条中对挂靠下的主体责任作了明确规定:"以挂靠形式从事道路运输经营活动的机动车发生交通事故造成损害,属于该机动车一方责任,当事人请求由挂靠人和被挂靠人承担连带责任的,人民法院应予支持。"这一规定符合上述有关挂靠情形的一贯做法,也符合运行支配说和运行利益说的法理,[①] 有利于强化对受害人的救济,也有利于规范挂靠经营乃至运输行业的健康发展,实践效果得到了社会的普遍认可。正因如此,《民法典》完全吸收了这一规定,在第 1211 条明确规定了机动车挂靠经营时的连带责任。

(二)关于机动车挂靠经营的具体法律适用

依据《民法典》第 1211 条的规定:"以挂靠形式从事道路运输经营活动的机动车,发生交通事故造成损害,属于该机动车一方责任的,由挂靠人和被挂靠人承担连带责任。"就该条规定的适用,需要注意以下问题:

1. 该条规定承担连带责任的前提条件是"以挂靠形式从事道路运输经营活动的机动车,发生交通事故造成损害"

机动车挂靠运营,通常是指没有相应运输经营资质的个人或单位将机动车挂靠在具有该运输经营资质的单位,以该单位名义对外进行运输经营的情

[①] 被挂靠人可对挂靠车辆的运行进行控制、支配,获取运行利益。首先,机动车运输是高度危险作业,因此,从事道路运输经营必须具备一定的条件,经行政许可才可进行。被挂靠人将其经营许可证租借给他人,允许挂靠人以其名义将机动车投入运行,就等于开启了危险作业的大门,并自愿承担了他人在运营中可能为其带来的风险,被挂靠人完全可以通过拒绝挂靠来避免这种风险。其次,被挂靠人可以通过对挂靠人的选择、管理、监督,对挂靠车辆的技术维护、检查和对各项管理制度的建立和健全来减少和防止交通事故的发生,这也属于支配机动车的一种表现形式。最后,被挂靠人通过挂靠车辆的运行获取利益,其获取的利益不限于管理费,也不限于经济方面的利益,如因接受挂靠而使单位规模扩大、市场占有比例提高、影响力增大等,均是其所获利益。所以,让其承担赔偿责任,符合《侵权责任法》第 49 条所确立的运行支配和运行利益的标准。参见最高人民法院民事审判第一庭编著:《最高人民法院关于道路交通损害赔偿司法解释理解与适用》,人民法院出版社 2012 年版,第 55 页。

形。至于经营的范围，既包括客运，也包括货运情形。其中，车辆所有人就是挂靠人，运输企业为被挂靠人。由此可见，挂靠的实质就是具有道路运输经营许可证的运输企业向不具备道路运输经营资格的挂靠人非法出借相应资质的行为。该行为是违背行政许可、规避国家有关行业准入制度的行为，在法律上应给予否定性评价。但是由于实践中这种情形比较多，特别是由此引发的纠纷不在少数，人民法院又必须处理此类纠纷，因此，有必要对这一挂靠情形下的责任承担规则予以明确。依据《民法典》第1211条规定，这里的连带责任的适用，一方面，只适用于挂靠情形，其他实际车辆运输经营人和名义经营人不一致的情形不适用上述关于连带责任的规定；另一方面，也并非所有情形下的挂靠都是如此。只有对道路运输经营资质的借用，即车主经运输企业同意，以运输企业名义从事道路运输经营活动的情形才可以适用本条规定。实践中，根据挂靠人是否向被挂靠人交纳一定的挂靠费为标准，挂靠可分为有偿挂靠和无偿挂靠。有偿挂靠又可以分为实质挂靠与形式挂靠，二者共同点是挂靠人向被挂靠人支付一定管理费用，区别在于前者中被挂靠人要向挂靠人提供相应的服务并从事一定的管理事务，而形式挂靠中被挂靠人仅是出借其资质名义，并无管理和服务的内容。从上述规定看，其并未区分有偿与无偿、形式与实质挂靠，而统一适用连带责任的规则，这也进一步彰显了《民法典》这一民法基本法明确对被挂靠人责任的加重，实际上也是对车辆挂靠现象的否定性态度。此外，针对现实中的套牌车现象，从被套牌机动车所有人或管理人同意他人套牌行为的违法性以及由此所导致的交通事故发生可能性和危害程度的增加、受害人的保护等角度考虑，[1]《交通事故解释》（2020年修正）第3条规定："套牌机动车发生交通事故造成损害，属于该机动车一方责任，当事人请求由套牌机动车的所有人或者管理人承担赔偿责任的，人民法院应予支持；被套牌机动车所有人或者管理人同意套牌的，

---

[1] 杜万华、贺小荣、李明义、姜强：《〈关于审理道路交通事故损害赔偿案件适用法律若干问题的解释〉的理解与适用》，载《法律适用》2013年第3期。

应当与套牌机动车的所有人或者管理人承担连带责任。"

2.挂靠人与被挂靠人承担连带责任与有关机动车保险赔付的关系

《民法典》第1211条规定的挂靠人与被挂靠人承担连带责任是在机动车一方责任的框架下进行的。因此，欲确定挂靠人与被挂靠人的责任，首先就要确定"机动车一方责任"，对此就要以适用《道路交通安全法》第76条[①]规定确定责任为前提。这里的"机动车一方责任"，既包括机动车与非机动车驾驶人、行人之间发生交通事故，也包括机动车之间发生的交通事故的情形。即在发生机动车交通事故后，存在机动车一方责任的情形，就要适用本条规定内容。在与机动车保险赔付的衔接适用上，要注意的是，首先要由保险公司在交强险责任限额内赔付，对于有机动车商业保险的，由保险公司按照保险合同的约定予以赔偿，这符合有关商业保险分散风险、补偿损失的基本法理，对此，《民法典》第1213条作了明确规定。至于超过保险限额部分或者挂靠人未投保机动车商业保险的，则要依法确定"机动车一方"承担责任比例的大小，并由此确定挂靠人与被挂靠人的连带责任。

3.关于诉讼主体的确定问题

在学理上，连带责任并非固有的必要共同诉讼，而是类似的必要共同诉讼。有关挂靠人与被挂靠人责任承担的纠纷即属于类似的必要共同诉讼。对此，《民事诉讼法解释》第54条规定："以挂靠形式从事民事活动，当事人请求由挂靠人和被挂靠人依法承担民事责任的，该挂靠人和被挂靠人为共同诉讼人。"概言之，是否将挂靠人和被挂靠人列为共同被告，要根据原告方的选择来确定。原告方如果只主张挂靠人或者只主张被挂靠人独立承担责任的，

[①] 该条规定："机动车发生交通事故造成人身伤亡、财产损失的，由保险公司在机动车第三者责任强制保险责任限额范围内予以赔偿；不足的部分，按照下列规定承担赔偿责任：（一）机动车之间发生交通事故的，由有过错的一方承担赔偿责任；双方都有过错的，按照各自过错的比例分担责任。（二）机动车与非机动车驾驶人、行人之间发生交通事故，非机动车驾驶人、行人没有过错的，由机动车一方承担赔偿责任；有证据证明非机动车驾驶人、行人有过错的，根据过错程度适当减轻机动车一方的赔偿责任；机动车一方没有过错的，承担不超过百分之十的赔偿责任。交通事故的损失是由非机动车驾驶人、行人故意碰撞机动车造成的，机动车一方不承担赔偿责任。"

人民法院应当只列挂靠人或被挂靠人一方为当事人；其主张挂靠人和被挂靠人共同承担民事责任的，人民法院应当将其列为共同诉讼人。人民法院在审查时可以对只列一方为被告的原告给予适当释明。[①] 如果原告在起诉时只列一方当事人的，人民法院经释明后仍未申请追加其他主体为共同被告的，在人民法院作出裁判后，其不能以遗漏诉讼当事人为由要求发回重审或者启动再审审理程序。

二、车辆所有人、管理人与使用人不一致时的责任承担规则

现代社会机动车的使用日益频繁和普及，但伴随着生产生活交往交易样态多元化、复杂化，机动车占有与所有不一致的情形时有发生，引发的纠纷也不在少数，亟须明确相应的法律适用规则。此次《民法典》在机动车交通事故责任一章对机动车所有与占有不一致的情形花了较多笔墨。具体而言，机动车所有与控制并不一致的情形，包括合法使用他人机动车的情形和非法使用该机动车的情形。对于前者，《民法典》第1209条有明确规定，即租赁、借用机动车等情形。这一规定基本保留了《侵权责任法》第49条的规定，但在责任主体上，吸收了2012年《交通事故解释》第2条的规定，增加了"管理人"这一情形，这符合实践中大量存在的对机动车管理与所有不一致的现象，有利于对被侵权人的救济，也有利于加强和规范机动车管理人的注意义务，从而预防和避免有关交通事故的发生。该条规定以所有人、管理人有过错作为承担责任的前提条件。依据《交通事故解释》（2020年修正）第1条的规定，认定他们有过错的情形包括："（一）知道或者应当知道机动车存在缺陷，且该缺陷是交通事故发生原因之一的；（二）知道或者应当知道驾驶人无驾驶资格或者未取得相应驾驶资格的；（三）知道或者应当知道驾驶人因饮

[①] 最高人民法院修改后民事诉讼法贯彻实施工作领导小组编著：《最高人民法院民事诉讼法司法解释理解与适用》，人民法院出版社2015年版，第232页。

酒、服用国家管制的精神药品或者麻醉药品，或者患有妨碍安全驾驶机动车的疾病等依法不能驾驶机动车的；（四）其它应当认定机动车所有人或者管理人有过错的。"这些内容属于对《侵权责任法》第49条的细化规定，与《民法典》第1209条的内容并不冲突，实践中可以继续适用。对于后者，则涉及情形较为复杂，相关内容主要体现在《民法典》第1212条和第1215条两条规定中。其中，第1212条就未经允许驾驶他人机动车的侵权责任、第1215条就盗抢机动车的侵权责任分别作了规定。现分述如下：

（一）未经允许驾驶他人机动车情形下的责任承担

《侵权责任法》对于未经允许驾驶他人机动车发生交通事故应当如何承担责任的问题并未规定。为统一裁判尺度，2012年《交通事故解释》在总结有关审判经验的基础上，在第2条专门规定："未经允许驾驶他人机动车发生交通事故造成损害，当事人依照侵权责任法第四十九条[①]的规定请求由机动车驾驶人承担赔偿责任的，人民法院应予支持。机动车所有人或者管理人有过错的，承担相应的赔偿责任，但具有侵权责任法第五十二条[②]规定情形的除外。"这一规定合理确定了未经允许驾驶他人机动车发生的交通事故相关责任人的责任承担规则，解决了实践中普遍存在的问题。也正因如此，《民法典》充分吸收了这一规定的基本内容和精神，在第1212条规定："未经允许驾驶他人机动车，发生交通事故造成损害，属于该机动车一方责任的，由机动车使用人承担赔偿责任；机动车所有人、管理人对损害的发生有过错的，承担相应的赔偿责任，但是本章另有规定的除外。"对于这一规定的适用，要注意以下问题：

[①] 该条规定："因租赁、借用等情形机动车所有人与使用人不是同一人时，发生交通事故后属于该机动车一方责任的，由保险公司在机动车强制保险责任限额范围内予以赔偿。不足部分，由机动车使用人承担赔偿责任；机动车所有人对损害的发生有过错的，承担相应的赔偿责任。"

[②] 该条规定："盗窃、抢劫或者抢夺的机动车发生交通事故造成损害的，由盗窃人、抢劫人或者抢夺人承担赔偿责任。保险公司在机动车强制保险责任限额范围内垫付抢救费用的，有权向交通事故责任人追偿。"

1. 关于这一规定适用的基本条件

该条规定适用的基本条件即为未经允许驾驶他人机动车,发生交通事故造成损害。未经允许驾驶他人机动车是指擅自驾驶他人机动车的情形,其核心要义是未经机动车所有人或者管理人的同意,这里的"同意"应包括明示的情形和根据日常生活经验法则可以推知的情形,比如,车辆保管人、维修人、质权人等在占有机动车期间发生的擅自驾驶行为。这些情形下,机动车所有人或者管理人并不知情,和驾驶人并不存在特定关系,驾驶行为是违背其意愿的。[1] 严格意义上讲,盗抢机动车后的使用行为,也属于擅自驾驶行为,但由于《民法典》第1215条对此已有明确规定,这里规定的"但是本章另有规定的除外"主要就是指第1215条规定的盗抢机动车的情形。此外,第1217条关于好意同乘减轻责任的规定也应属于此但书规定的范围。

2. "相应的赔偿责任"的责任性质

未经允许驾驶他人机动车情形下,机动车所有人或者管理人是否应当承担责任,理论和实务上一直存有争议。一种观点认为,根据危险责任理论,如果机动车所有人或管理人存在过失,应当与驾驶人承担连带赔偿责任;如果不存在过失,则不应承担责任。另一种观点认为,按照运行支配说和运行利益说,肇事时机动车所有人并没有对机动车享有运行支配权,也不享有运行利益,因此,不应就他人的擅自驾驶行为承担责任。[2]《交通事故解释》明确了机动车所有人或者管理人对于损害的发生有过错的,承担相应的赔偿责任的基本规则。但对于"相应的赔偿责任"到底是按份责任还是在特定情形下构成连带责任,抑或其他责任形态,仍有不同认识。当然,多数意见认为,在擅自驾驶他人车辆情形中,机动车所有人或管理人,对车辆的保管和管理

---

[1] 最高人民法院民事审判第一庭编著:《最高人民法院关于道路交通损害赔偿司法解释理解与适用》,人民法院出版社2012年版,第42页。

[2] 参见中国法学会"道路交通事故责任研究"课题组:《道路交通事故责任研究》,法律出版社2009年版,第187页。转引自最高人民法院民事审判第一庭编著:《最高人民法院关于道路交通损害赔偿司法解释理解与适用》,人民法院出版社2012年版,第44页。

负有必要的注意义务。如果所有人对机动车疏于保管或管理,并间接促成了交通事故的发生,则应承担相应的责任。这种责任以过错为构成要件,属于按份责任。[1]此基本法理依据在于,擅自驾驶从根本上说是违背所有人或管理人真实意愿的,该所有人或管理人与驾驶人之间没有共同的故意,甚至没有共同的过失,故不存在承担连带责任的法理基础。这一看法较有道理,也符合实务中的惯常做法。但此做法也有一定的问题:其一,过错责任并非按份责任的同义语。前者系与过错推定责任、无过错责任相对应而从归责原则角度衍生出来的基本类型,按份责任是与连带责任、补充责任等相对应的责任形态角度的基本类型。过错责任与按份责任也并非一一对应关系,适用无过错责任的侵权行为类型在责任形态上也可以适用连带责任,比如,环境侵权责任。同样,过错责任也并不当然产生按份责任。是故,在逻辑上,不能以"过错"这一要件径行得出在责任后果的多数人承担责任的形态上就是按份责任的结论。其二,适用按份责任似也与机动车交通事故责任整体上加强对受害人特别是对非机动车驾驶人、行人损害救济的目的会有出入:一方面,由机动车所有人、管理人承担按份责任实际上减轻了擅自驾驶机动车的使用人责任。在使用人驾驶自己所有或者管理的机动车时其都要在有关保险赔付之外承担全部责任,而擅自驾驶他人车辆时,只要该他人未尽到相应的保管、注意义务等,擅自驾驶者就可以只承担部分责任,与基本的公平观念不符。很明显,在其他参数不变的情况下,擅自驾驶的情形要比驾驶自己车辆导致他人损害的情形主观恶性更大,更应该得到否定性评价,如果按照按份责任的做法,则无法达到这一目的。另一方面,多个责任主体承担按份责任并不意味着必然会对受害人提供更有力的救济,相反,可能会在特定情形下无法实现对受害人的充分救济,比如,其中之一的按份责任人无赔偿能力或者下落不明而无法赔偿,这时被侵权人无法要求其他按份责任人履行超过其自身

---

[1] 最高人民法院民事审判第一庭编著:《最高人民法院关于道路交通损害赔偿司法解释理解与适用》,人民法院出版社 2012 年版,第 44 页。

责任份额的责任。而且相较连带责任，被侵权人要想得到充分救济，必须向所有按份责任人主张权利，从诉讼的角度讲也会增加其诉讼成本。是故，有关机动车所有人、管理人有过错时承担的"相应的赔偿责任"的性质问题，还有进一步探讨的必要。笔者倾向于认为，从行为引导的规范意义（对擅自驾驶行为的不提倡抑或否定态度）和充分救济受害人的立法目的，按照举轻以明重的基本逻辑（类比驾驶自己车辆的情形），擅自驾驶者应当承担全部责任更为妥当。① 被侵权人基于维护自身权利的需要，可以向所有人、管理人主张与其过错相适应的责任，这一责任的承担是为救济被侵权人所需，并非对擅自驾驶者的减责。基于这一考虑，在所有人、管理人承担完相应责任后，能否再向驾驶者主张一定数额的追偿权，似也有进一步探讨的空间，毕竟车主将钥匙放在某个明显位置，甚至遗忘在车上，也不是他人尤其是陌生人擅自驾驶该车辆的理由。杨立新教授认为，当机动车使用人构成侵权责任，机动车所有人有过错也应当承担相应责任的时候，这构成单向连带责任，与《侵权责任法》第9条第2款②的规定一样，受害人有权向机动车使用人主张损害赔偿责任，机动车使用人应当承担全部责任；在承担了全部责任之后，可以向机动车所有人追偿相应的责任。③

3. 机动车所有人、管理人过错的认定

机动车所有人、管理人过错的认定，要按照一般人的注意义务标准，根

---

① 在擅自驾驶他人机动车情形下，由驾驶人承担赔偿责任，其理由在于：（1）从自己责任角度讲，驾驶人的驾驶行为是造成交通事故，其应为自己的行为承担责任；（2）从运行支配角度讲，在擅自驾驶情形下，机动车已经脱离了所有人的控制，驾驶人从事实上控制、支配机动车，所以开启危险之源的主体是驾驶人；（3）从运行利益角度讲，在擅自驾驶情形下，驾驶人从机动车运行中获利，不仅包括经济利益，也包括精神利益，比如，驾驶人可以更快捷地到达某个地方，可以锻炼自己的开车技术，甚至包括可以体验开车的感觉，寻求开车的刺激等；（4）从法律规定的角度讲，根据《侵权责任法》第49条（基本精神同于《民法典》第1209条的规定，笔者注）的规定，租赁、出借等基于所有人的意思而使用他人机动车情形下，机动车使用人尚需要承担主要赔偿责任，未经过所有人同意的擅自驾驶行为，驾驶人更应承担赔偿责任。参见最高人民法院民事审判第一庭编著：《最高人民法院关于道路交通损害赔偿司法解释理解与适用》，人民法院出版社2012年版，第44页。

② 对应《民法典》第1169条第2款。

③ 参见杨立新：《侵权法论》，人民法院出版社2013年版，第681页。

据日常生活经验法则，并结合具体案件情况予以认定。一方面，从体系上看，《民法典》第 1212 条规定的情形为所有人、管理人非基于自身意思丧失对机动车的控制，而第 1209 条规定的借用、租赁的情形，乃是所有人、管理人自愿移转机动车占有的情形。二者相较，前者情形下所有人、管理人的注意义务应该低于后者，前者情形下，所有人、管理人对于车辆被他人擅自驾驶乃至发生交通事故的危险缺乏正常的预见，后者则否。故在发生他人擅自驾驶的情形下，不能以所有人、管理人未对擅自驾驶者具有相应的驾驶能力，比如，是否为无证驾驶、醉驾或者毒驾等影响机动车安全驾驶的因素进行审查作为认定其有过错的因素，否则将明显不符合一般的社会生活观念。通常认为，擅自驾驶情形下，机动车所有人、管理人的过错主要表现为未对机动车妥善保管、管理或者维护，当然，这还要结合具体案情来判决。对于是否妥善保管、管理或者维护的认定，要以一个普通人一般注意义务为标准，比如，未熄火、未拔钥匙或者人离开未锁车等。

所有人或者管理人过错程度的认定，要结合过错与损害后果的关系及具体案情综合判断。比如，在公共停车场、马路边等地方，对机动车未熄火、未拔钥匙或者未锁车等情形下，机动车被他人擅自驾驶，可以认定该所有人或者管理人有疏于管理的过错；但是将其车辆停放在自家院落或者专用车位上，即使没有锁车，也不宜认定其有上述过错。此外，有观点认为，擅自驾驶者与机动车所有人、管理人之间的关系也会影响过错的认定问题。如果驾驶人是陌生人，则所有人或者管理人过错主要体现在未对车辆妥善保管。如果驾驶人是机动车所有人或者管理人的朋友、同事等特定关系的人，因其驾驶行为不违背所有人或者管理人可推知的意思，故一般不存在妥善保管问题。但明知驾驶人无驾驶资格或者处于醉酒状态等仍将车钥匙交其保管，应认定其存在一定过错。[①] 如上所述，实践中情况比较复杂，有关机动车所有人、管

[①] 最高人民法院民事审判第一庭编著：《最高人民法院关于道路交通损害赔偿司法解释理解与适用》，人民法院出版社 2012 年版，第 45 页。

理人的过错要根据案件具体情况来判断,但这里有一个关键因素就是要按照一般人的注意义务标准来审视机动车所有人、管理人对于他人擅自驾驶机动车以及由此引发损害后果的发生有无预见可能性的问题。比如,车辆所有人事先对机动车刹车失灵的情形并不知情或者此前并未发生过刹车失灵的问题,他人擅自驾驶后因刹车失灵导致损害后果的发生,这时不宜认定该所有人有过错。

在此应当注意的是,《民法典》第1212条规定的所有人、管理人责任在本质上是过错责任,从条文文义上看,也不存在过错推定的问题,故在举证责任分配上宜采取"谁主张,谁举证"的一般规则,但考虑被侵权人对于车辆本身的危险性并不了解等客观情况,有必要对其进行必要的举证责任缓和,适当增加机动车所有人、管理人一方的举证责任,他们也应提供证明自身并无过错的相应证据。

4. 实践中应注意的其他问题

擅自驾驶机动车的情形,在实务中经常存在的情形是工作人员擅自驾驶用人单位车辆的情形和未成年人擅自驾驶机动车的纠纷案件。对于前者的情形,应当区分两种情况:一是擅自驾驶用人单位车辆执行工作任务的情形,这时适用《民法典》第1191条第1款规定,由用人单位承担替代责任,应无争议。二是擅自驾驶用人单位车辆执行非工作任务的情形,这时在法律适用上也不能一概适用所有人、管理人有过错而承担相应赔偿责任的规则,而是要坚持司法实践中的客观主义标准,即便擅自驾驶未经授权,但如果客观上表现为履行职务或与履行职务有内在联系,应认定为与工作任务有关,应当适用替代责任。此外,还应当根据工作性质、工作岗位,考虑擅自驾驶是否属于单位能够预见并可以避免的风险。比如,擅自驾驶人本身就是用人单位司机,其未经许可擅自驾驶单位车辆,即便其用途为私人目的而非为单位利益,但该风险属于可以预见、可以避免的风险,且外观上受害人也无从判断其是否为执行工作任务,此种情况下根据客观主义标准,应适用替代责任。[①]若按照日常生活经验法则,擅自驾驶的行为并不具备执行工作任务的外观,则应根据《民法典》第1212条的规定确定责任。

对于未成年人擅自驾驶机动车的责任承担问题,除了要适用《民法典》第1212条的规定之外,还应当适用《民法典》有关监护责任的规定。对此,《民法典》第1188条第1款规定确立了"无民事行为能力人、限制民事行为能力人造成他人损害的,由监护人承担侵权责任"的一般规则。同时该条第1款后段还规定,监护人尽到了监护职责的,可以减轻其侵权责任。鉴于未成年人依法不能取得驾驶证,不具备驾驶许可条件,对于监护人在未成年人擅自驾驶他人机动车的情形下尽到监护职责的认定应当采取适当从严的态度,这也有利于对被侵权人一方的保护。如果机动车所有人、管理人同时也是未成年人的监护人,则其构成责任主体的混同,应当依据《民法典》第1212条的规定,在承担监护人责任后能够填补被侵权人损害的,则不必再承担所有人、管理人的相应赔偿责任。但若存在监护人尽到监护职责而适当减轻其责任等原因而不能全部填补被侵权人损害的情形,该监护人作为机动车的所有人或者管理人仍应在其过错范围内(此过错通常表现为未尽到对机动车管理、维护的注意义务)承担相应的赔偿责任。

(二)盗抢机动车情形下的责任承担

从法理上讲,在机动车被盗窃、抢劫或者抢夺的情形下,所有人、管理人失去了对该车辆的控制,也无法在车辆被盗窃、抢劫、抢夺期间获取利益,因此,在机动车被盗抢期间仍由车辆的所有人、管理人承担责任,不仅有失公平,也不利于对盗抢机动车行为的制裁。正因如此,《侵权责任法》第52条中规定,"盗窃、抢劫或者抢夺的机动车发生交通事故造成损害的,由盗窃人、抢劫人或者抢夺人承担赔偿责任。保险公司在机动车强制保险责任限额

[①] 最高人民法院民法典贯彻实施工作领导小组主编:《中华人民共和国民法典侵权责任编理解与适用》,人民法院出版社2020年版,第383~384页。

范围内垫付抢救费用的,有权向交通事故责任人追偿。"由此排除了机动车盗抢情形下所有人、管理人承担责任的问题。《民法典》对这一内容作了保留,同时新增加了"盗窃人、抢劫人或者抢夺人与机动车使用人不是同一人,发生交通事故后属于该机动车一方责任的,由盗窃人、抢劫人或者抢夺人与机动车使用人承担连带责任"的规定,这不仅有利于对被侵权人的救济,也体现了对盗抢机动车行为的制裁。

依据这一规定,在发生盗抢机动车的情形下,机动车的原所有人、管理人并不承担责任,但实践中,有关盗抢机动车的情形属于案件事实认定问题,被侵权人一方对此通常并不知情,其通常会将机动车的所有人、管理人作为被告予以起诉,这时有关盗抢机动车的举证责任不能由被侵权人一方承担,而应当由该机动车的所有人、管理人承担,他们可以通过提供相应的报案记录或者其他证据予以证明,这实质上是他们对其自身不承担侵权责任这一主张的举证。

实践中还存在一个问题,即在发生机动车被盗抢后,被侵权人能否向保险人主张责任的问题。对此,《民法典》第1215条第2款保留了《侵权责任法》第52条的有关内容,明确了保险人在机动车强制保险责任限额范围内垫付抢救费用的,有权向机动车事故责任人追偿。这有利于交通事故中的被侵权人能够及时得到救助。此与《机动车交通事故责任强制保险条例》第22条第1款[①]第2项的规定相同。关于诉讼主体确定的问题,2012年《交通事故解释》第25条第1款规定:"人民法院审理道路交通事故损害赔偿案件,应当将承保交强险的保险公司列为共同被告。但该保险公司已经在交强险责任限额范围内予以赔偿且当事人无异议的除外。"据此,被盗抢机动车发生交通事故后,受害人可以将承保交强险的保险公司作为被告,要求其承担相应的

[①] 该款规定:"有下列情形之一的,保险公司在机动车交通事故责任强制保险责任限额范围内垫付抢救费用,并有权向致害人追偿:(一)驾驶人未取得驾驶资格或者醉酒的;(二)被保险机动车被盗抢期间肇事的;(三)被保险人故意制造道路交通事故的。"

赔偿责任。此外，该条第 2 款还规定："人民法院审理道路交通事故损害赔偿案件，当事人请求将承保商业三者险的保险公司列为共同被告的，人民法院应予准许。"笔者认为，虽然在发生盗抢机动车的情形下承保商业三者险的保险公司并不承担责任，但是如前所述，有关盗抢机动车的问题属于案件事实认定问题，在被侵权人对此并不知情的情况下，其将相应的承保商业保险的保险公司作为被告起诉，也并非不合法理和情理。如同该机动车的所有人、管理人一样，该保险公司也有必要对该机动车被盗抢的事实予以举证证明。

在此需要注意的是，该款规定的"使用人"应属于广义的概念，既包括不知为盗抢车辆而使用的人，也包括明知是盗抢车辆而使用的人；不仅包括有权使用的人，也包括擅自使用的人。只要存在机动车使用人与盗抢机动车的人非为同一人的情形，就要依据该款规定承担连带责任，这才符合上述该款规定的立法目的。此外，在发生该款规定与其他条文适用情形竞合的情况下，比如，在盗抢后又发生《民法典》第1212条规定的擅自驾驶的情形，也不影响这里所说的盗抢者连带责任的承担。但在发生擅自驾驶行为后又发生盗抢行为，此后发生交通事故的，则与上述连带责任的适用前提条件不符，因为此擅自驾驶者已非车辆的"使用人"，而且车辆被盗抢后发生交通事故也超出了其预见可能性，对其欠缺归责的基础。至于该款规定的其他适用条件，比如，确定责任的前提必须是属于"机动车一方责任"，这与上述《民法典》第1211条、第1212条等规定一致，在此不再赘述。

三、交强险与商业险衔接时的责任承担规则

机动车交通事故的赔偿问题与保险密不可分。应该说，交强险、商业险的存在，对于弥补被侵权人损失、合理分散风险发挥了不可替代的作用，但由此也引发了法律适用上的一个重要问题，就是交强险、商业险、侵权责任

的赔偿次序确定问题，在此前的司法实践中裁判尺度不一，亟须统一相应规则。有鉴于此，最高人民法院在理论检视和总结实践经验的基础上，在《交通事故解释》第13条第1款规定："同时投保机动车第三者责任强制保险（以下简称交强险）和第三者责任商业保险（以下简称商业三者险）的机动车发生交通事故造成损害，当事人同时起诉侵权人和保险公司的，人民法院应当依照民法典第一千二百一十三条的规定，确定赔偿责任。"该解释施行后，很好地解决了交强险、商业三者险、侵权责任的赔偿次序问题，取得了良好的法律效果和社会效果。

对于上述次序问题，《民法典》第1213条确立的基本规则是，先由交强险保险公司赔付，再由商业三者险保险公司赔付，最后由侵权人赔偿。该赔偿顺序，符合我国交强险和商业三者险的制度设计，也与实践中的理赔规则一致。首先，《道路交通安全法》和《机动车交通事故责任强制保险条例》对交强险的责任性质、内容、范围等，都作出了较明确的规定。纵观交强险制度的产生、发展，不难发现该制度由最初的分散转移被保险人的风险、增加其责任财产范围，演变发展为侧重保障受害人利益救济，其公益性、社会性随着承保损失范围的扩大、受害人权利地位得到强化等变化而日益凸显。道路交通事故损害赔偿案件中，权利人向侵权人主张权利，直接将承保交强险的保险公司一并作为被告，让其作为第一顺位的赔偿义务人在责任限额范围内承担责任，完全符合立法本义。其次，由于交强险责任限额总额及分项限额等都是固定的，数额也不高。当今社会经济高速发展，一旦发生交通事故，人身损失和财产损失往往数额巨大，从更好保护受害人合法权益角度出发，一味固守合同相对性不能突破的观点是行不通的。最后，由于商业三者险是当事人自愿购买的，当侵权人未购买或者保额较低无法完全弥补权利人所受损失时，基于侵权法律关系，加害人有义务依法在其应承担的责任范围内进行赔偿。① 对于这一规定的适用要注意以下问题：

一是承保商业险的保险公司能否直接向被侵权人赔付的问题。笔者认为，这应该是没有问题的，而且也符合实践中的惯常做法。从法律依据上讲，《保险法》第65条第1款和第2款规定："保险人对责任保险的被保险人给第三者造成的损害，可以依照法律的规定或者合同的约定，直接向该第三者赔偿保险金。责任保险的被保险人给第三者造成损害，被保险人对第三者应负的赔偿责任确定的，根据被保险人的请求，保险人应当直接向该第三人赔偿保险金。被保险人怠于请求的，第三者有权就其应获赔偿部分直接向保险人请求赔偿金"。根据该条款规定，在一定情况下，受害人（第三人）对于商业三者险保险公司有直接请求权。其实，从《民法典》第1213条规定的文义上也能得出这一结论。这一做法也有利于及时救济被侵权人，经济高效解决纠纷。在此需要注意的是，在发生该条规定情形时，承保商业险的保险公司也并非无条件赔付或者说绝对赔付。因为该保险公司承担赔付责任的基础是保险合同。作为签订合同一方的当事人，保险公司只需要承担合同约定内的义务。通常，商业保险合同中会就被保险人发生事故的情况、种类、损失认定等问题作出明确约定，而且要在事故成因、就损害赔偿数额应当负担的责任比例等都有结论的基础上，保险公司才会就被保险人的出险予以赔付。②

二是这一规定是否需要以被侵权人同时起诉承保交强险、商业险的保险公司和侵权人为前提的问题。对此，《交通事故解释》第13条规定了"当事人同时起诉侵权人和保险公司"的限定条件，但《民法典》第1213条删除了这一内容。由此可能会对是否必须先有交强险赔付以及是否必须同时起诉上述几个主体的问题产生不同认识。笔者倾向于认为，从保险合同的角度言之，

---

① 最高人民法院民事审判第一庭编著：《最高人民法院关于道路交通损害赔偿司法解释理解与适用》，人民法院出版社2012年版，第205~206页。

② 最高人民法院民事审判第一庭编著：《最高人民法院关于道路交通损害赔偿司法解释理解与适用》，人民法院出版社2012年版，第217页。

其基本理念仍在于意思自治，而且实践中投保商业保险合同的保险数额大小不一，有时通过商业险的赔付即可直接实现救济目的，故不宜限定为必须由交强险进行赔付，这时应肯定被侵权人或者被保险人的选择权。在诉讼中，当事人主张适用这一规定的，似也不必硬性要求被侵权人同时起诉承保交强险、商业险的保险公司及侵权人，但毫无疑问，同时起诉上述主体为被告，对于充分救济被侵权人损失是更有利的，这也有利于实现纠纷的一次性解决，被侵权人通常也会选择这一方式。

三是关于精神损害的优先赔付问题。对这一问题，《交通事故解释》第13条第2款规定："被侵权人或者其近亲属请求承保交强险的保险公司优先赔偿精神损害的，人民法院应予支持。"但《民法典》第1213条对此并未吸收，容易产生不同理解。笔者倾向于认为，《交通事故解释》的这一规定与《民法典》相关规定并不冲突，可以认定为系针对实践中的情形对《民法典》第1213条内容的细化规定，在没有新的司法解释规定前，该款内容可以继续适用。其实，这一规则在2012年《交通事故解释》出台前，就有类似案件采用了这一裁判规则，《最高人民法院关于财保六安市分公司与李福国等道路交通事故人身损害赔偿纠纷请示的复函》（〔2008〕民一他字第25号）指出："精神损害赔偿与物质损害赔偿在强制责任保险限额中的赔偿次序，请求权人有权进行选择。请求权人选择优先赔偿精神损害，对物质损害赔偿不足部分由商业第三者责任险赔偿。"再比如，在洪某良诉中华联合财产保险股份有限公司上海分公司财产保险合同纠纷案[①]中，法院裁判就认为对精神损害抚慰金与物质损害赔偿在机动车交通事故责任强制保险限额中的赔偿次序，被保险人有权进行选择。如果选择优先赔偿精神损害抚慰金，对于机动车交通事故责任强制保险不足赔偿的物质损害部分，被保险人在赔付受害人后可以依据商业第三者责任险向保险公司行使相应的保险金请求权。从法理上讲，允许被

---

① 参见上海市第一中级人民法院（2009）沪一中民三（商）终字第720号民事判决书。

侵权人就精神损害赔偿的问题选择保险赔付的次序，有利于被侵权人获得更充分的赔偿，在价值判断和衡量上更有利于社会公平正义。而且承保商业险的保险人并不能要求交强险的被保险人或被侵权人按照特定的次序行使债权，因为从保险合同的角度讲，这应属于合同当事人的权利而非义务，特别是在商业险和交强险的保险人同一的场合，商业险的保险人作出上述要求，则无异于限定了对方当事人的权利，不仅违背了诚信原则，更可以作为不公平的格式合同条款而认定为无效。

四、好意同乘时的减责规则

好意同乘，通常是指机动车驾驶人基于友情帮助而允许他人无偿搭乘的行为，比如，顺路搭载朋友等。对于好意同乘的性质，学界有不同认识，但多数意见认为，好意同乘是一种具有利他性质的情谊行为。所谓情谊行为，是指行为人以建立、维持或者增进与他人相互关切、爱护的感情为目的而从事的，不具有受法律拘束意思，后果直接无偿利他的行为。情谊行为虽然不会产生合同上的义务，却不能完全排除侵权责任。[1]

好意同乘属于人们日常交往中的互惠互助行为，对于维持人际关系的和谐、倡导助人为乐的社会风尚、减少交通拥堵、倡导绿色出行都具有积极意义。在《民法典》编纂过程中，立法机关吸收各方面意见建议，在《民法典》第1217条规定："非营运机动车发生交通事故造成无偿搭乘人损害，属于该机动车一方责任的，应当减轻其赔偿责任，但是机动车使用人有故意或者重大过失的除外。"这一规定的法律依据在于，好意同乘属于乐于助人的行为，不宜对行为人要求过高，否则将不利于人们日常的互助互惠，但机动车使用人基于其对机动车的控制和机动车本身的危险性，其对于同乘者的生命、财

---

[1] 程啸：《中国民法典侵权责任编的创新与发展》，载《中国法律评论》2020年第3期。

产安全，负有一定的保护义务。好意同乘者搭乘他人车辆并不意味着同乘者自己甘愿承担风险，机动车驾驶人也不能置好意同乘者的生命、财产安全于不顾。是故，好意搭乘他人可以减轻赔偿责任，而不是免除责任。

这一规定有两个重要的适用条件：一是好意同乘的车辆必须是非营运机动车；二是必须是免费搭乘。这里的免费搭乘应当理解为没有金钱对价关系。在符合这两个条件的情况下，就可以减轻机动车使用人的赔偿责任，但是如果机动车使用人存在故意或者重大过失的则不能适用该减责条款。当然，机动车使用人是否完全不能减责，也不可一概而论。对此，存在与自甘风险的衔接适用问题。比如，明知他人醉酒，仍然搭乘其驾驶的车辆，发生交通事故时，受害人的行为即属自甘风险行为，应当减轻或者免除加害人的赔偿责任。在梁某等二人诉覃某夺等五人侵权责任案中，乘车人韦某周明知驾驶人覃某夺饮酒驾车而乘坐，在如何确定驾驶人覃某夺对于乘车人韦某周因交通事故受到损害的赔偿责任问题上，法院判决认为，受害人在明知他人酒后驾驶，仍搭乘其车辆的情况下，受害人的行为构成自甘风险，应由其对酒后驾驶行为引发的损害后果适当承担责任，减轻赔偿义务人的责任。[1] 换言之，在符合《民法典》第1217条规定的"机动车使用人有故意或者重大过失"的情形下，有关案件事实同样符合第1176条关于自甘风险的规定时，也可以减轻机动车使用人的责任。这时双方当事人都存在明显过错，有关损害完全交给其中任何一方都有失公平，适用减责规则较为妥当。同样的情形可以适用于有关案件事实符合第1217条规定和第1173条[2]关于过失相抵的规定或者第1174条[3]关于受害人故意的规定。

---

[1] 参见广西壮族自治区柳州市柳江县人民法院（2011）江民初字1301号民事判决书。
[2] 该条规定："被侵权人对同一损害的发生或者扩大有过错的，可以减轻侵权人的责任。"
[3] 该条规定："损害是因受害人故意造成的，行为人不承担责任。"

五、其他责任承担规则

相较《侵权责任法》第 6 章的规定，《民法典》侵权责任编第 5 章就机动车交通事故责任的规定，还有以下重要修改：

（一）《道路交通安全法》第 76 条的适用问题

《民法典》第 1208 条规定："机动车发生交通事故造成损害的，依照道路交通安全法律和本法的有关规定承担赔偿责任。"相较《侵权责任法》第 48 条的规定，将原来的"依照道路交通安全法"修改为"依照道路交通安全法律和本法"。这一修改，一方面，在逻辑上更加严密，避免产生在发生机动车交通事故造成损害的情形中，只需依据《道路交通安全法》的有关规定处理而不必适用《侵权责任法》的误读；另一方面，也对机动车交通事故纠纷的处理提供了法律依据上的指引。这里的道路交通安全法律主要还是《道路交通安全法》。此外，在法律适用上，此"法律"是要作广义解释的，应当将行政法规包括在内，比如，《机动车交通事故责任强制保险条例》。就具体适用层面，用得最多的就是《道路交通安全法》第 76 条的规定。有关该条的适用，需要注意的是：

1. 关于赔偿顺序问题

依据该条规定，机动车发生交通事故造成人身伤亡、财产损失的，首先由保险公司在机动车第三者责任强制保险责任限额范围内予以赔偿，不足的部分，则区分机动车交通事故的具体情形确定承担赔偿责任的规则。这样的做法确保交通事故受害人能够得到及时救济，也符合《保险法》有关分散风险、分担损失的一般规则。

2. 有关机动车一方责任的确定问题

在机动车与机动车发生交通事故时适用过错责任原则，在机动车与非机动车驾驶人、行人之间发生交通事故时适用的应该是无过错责任，即机动车一方的责任构成并不以其自身有过错作为构成要件。但是机动车一方能够证明相关特定事由的，可以减责、免责，比如，《道路交通安全法》第76条第1款第2项规定的"有证据证明非机动车驾驶人、行人有过错的，根据过错程度适当减轻机动车一方的赔偿责任"。至于《民法典》侵权责任编乃至总则编规定的其他免责事由的适用问题，有关举证责任也要由机动车一方来承担。在此需要注意的是，非机动车驾驶人、行人的过错仅是机动车一方的减责事由，而非免责事由，由此体现了机动车交通事故责任确立的一个重要基础是机动车本身的危险性。特别是在机动车一方没有过错的情况下，也要承担不超过百分之十的赔偿责任，更加鲜明地导向对受害人一方的补偿和积极引导机动车一方投保以分散风险。

3. 关于免责事由的问题

《道路交通安全法》第76条第2款规定了交通事故的损失是由非机动车驾驶人、行人故意碰撞机动车造成的，机动车一方不承担赔偿责任。对这一规定的适用需要注意的是：(1)这里的"故意"必须是存在对损害结果有预见而追求或者放任这一损害后果发生的"故意"，比如，受害人的"自杀"行为、"碰瓷"行为等，单纯的故意行为，比如，故意闯红灯等，不宜适用该款规定。(2)存在该款规定的受害人故意碰撞机动车的行为，机动车一方也非绝对免责。比如，在机动车一方存在过错，尤其是重大过失甚至故意的情况下，则应当依法承担适当赔偿责任，以符合道路交通事故责任中更倾向于救济受害人损害的基本价值取向，在体系上也正好可以与上述机动车一方没有过错也要承担一定赔偿责任的规则相呼应。(3)至于其他免责事由能否适用的问题，笔者倾向于认为，该款规定并非明确限制或者排除了其他免责事由的适用，在《民法典》侵权责任编乃至总则编有关规定与该款规定所规范的具体案件情形并非同一范畴，有关案件事实符合相关免责事由规定的，则可以依法适用。但从规范对象上看，该款规定与《民法典》第1174条[1]规定是一致的，而且就受害人故意的问题上，该款规定构成了对第1174条规定的细化，在适用上应当直接适用该款规定，而不能再适用第1174条。同样，《道路交通安全法》第76条第1款第2项的内容也构成了对《民法典》第1173条[2]规定的"被侵权人对同一损害的发生有过错"的细化，有关减责事由的问题也要直接适用该项规定，但若存在受害人对损害的扩大也有过错的情形，则仍有适用第1173条规定的空间。

（二）交付机动车但未办理登记情形下的责任承担问题

对于这一问题，《民法典》第1210条规定："当事人之间已经以买卖或者其他方式转让并交付机动车但是未办理登记，发生交通事故造成损害，属于该机动车一方责任的，由受让人承担赔偿责任。"此基本法律适用规则并未改变《侵权责任法》第50条的规定，但也有些具体修改：（1）将原来的"买卖等方式"修改为"买卖或者其他方式"，避免将"等"后的情形与买卖对等解释，可以将赠与等情形包括在内，更符合实际情况也更加严谨科学。（2）将原来的"发生交通事故后"修改为"发生交通事故造成损害"，更符合侵权责任构成要件的表述。（3）删除了原来的"由保险公司在机动车强制保险责任限额范围内予以赔偿"和"不足部分"的内容，在法律适用上统一适用《民法典》第1208条以及《道路交通安全法》第76条等规定。对该条的适用需要注意以下问题：

1. 明确该条适用的前提是现实交付机动车的情形

在法理上，这与机动车的风险控制及利益支配的原理要求一致。由此可以明确，有关简易交付的情形，即在双方达成所有权移转合意之前，该机动车已归买方实际占有的情形，应当包括在内，但是有关占有改定的情形应当排除在外，因为在这两种情形下，机动车的所有权人（机动车作为动产，仍

---

[1] 该条规定："损害是因受害人故意造成的，行为人不承担责任。"
[2] 该条规定："被侵权人对同一损害的发生或者扩大有过错的，可以减轻侵权人的责任。"

是以交付作为所有权移转的要件，登记仅是确定其对抗效力的要件）并未实际控制该机动车，由其承担相应损害后果与上述法理不符，此也属于实务中的共识。① 但是如果已将该车辆交给其代理人（包括构成表见代理的情形）、执行其相应工作任务的被雇用人员或者其单位工作人员时，这时应认定为现实交付已经完成，而由受让人承担责任。在指示交付的情形下，也有必要适用上述风险控制及利益支配的原理来确定发生交通事故损害时的赔偿规则，比如，甲将车辆借给或者租给乙使用后，又以指示交付的形式将车辆所有权转让给丙，此时对该机动车的控制以及使用利益仍在乙，其应当依据《民法典》第1209条承担相应责任，而丙则不承担此责任。

2.该条规定情形下的赔偿责任规则仍要首先适用《道路交通安全法》第76条的规定

如上所述，该条规定删除了《侵权责任法》第50条有关交强险赔偿的问题，但其删除之理由在于本章规定进行编纂的体系化考虑，并非对有关损害赔偿规则的否定。

（三）有关拼装车、报废车转让情形下的责任承担问题

对此，《民法典》第1214条规定："以买卖或者其他方式转让拼装或者已经达到报废标准的机动车，发生交通事故造成损害的，由转让人和受让人承担连带责任。"这一规定基本沿用了《侵权责任法》第51条的规定，主要是将原来的"买卖等方式"修改为"买卖或者其他方式"，在表述上更加严谨科学，在体系上与《民法典》第1210条的修改一致。这一规定明确了买卖或者

---

① 关于机动车多次转让而未办理登记的情形，《道路交通解释》第2条也作了明确，该条规定："被多次转让但未办理转移登记的机动车发生交通事故造成损害，属于该机动车一方责任，当事人请求由最后一次转让并交付的受让人承担赔偿责任的，人民法院应予支持。"

其他方式转让拼装车①或者报废车②的转让人和受让人对于该车发生交通事故造成的损害承担连带责任的规则，在导向上体现了对这种行为的否定，实务中也得到了普遍适用。实务中，对于这一规定的适用，需要把握的是此转让行为的认定须与现实交付是否发生相挂钩，但要考虑收益问题。该条规定的"转让"应当以现实交付作为认定标准，如果车辆并未交付给受让人，车辆所有权并未转移，这时发生交通事故由出让人承担相应的赔偿责任。如果该车辆以占有改定的方式进行交付，有关车辆使用的收益归受让人的，这时也应适用该条关于连带责任的规则。当然，对于符合《民法典》第1214条情形的，不能适用第1210条的规则，受让人也不能以不知道该车具体情形为由主张免责。此外，对于多次转让拼装车或者报废车的情形，《交通事故解释》第4条规定："拼装车、已达到报废标准的机动车或者依法禁止行驶的其他机动车被多次转让，并发生交通事故造成损害，当事人请求由所有的转让人和受让人承担连带责任的，人民法院应予支持。"此规定体现了对转让上述车辆否定评价的统一性规则，既有利于对损害的救济，也有利于预防和惩戒此类行为的发生。

---

① 根据国务院《报废汽车回收管理办法》（国务院令第307号）第2条第2款的规定，所谓拼装车，是指使用报废汽车发动机、方向机、变速器、前后桥、车架（以下统称五大总成）以及其他零配件组装的机动车。又根据该办法第2条第1款，报废汽车包括摩托车、农用运输车的扩充解释进行类推适用可知，拼装车除了一般意义上的拼装汽车外，还包括拼装摩托车和拼装农用运输车。该办法虽已失效，但对于拼装车的界定仍具有借鉴意义。另外，根据1996年国务院批准（国函〔1996〕69号），由国家工商行政管理局、公安部、海关总署、国家计委、机械工业部、对外贸易经济合作部、国家机电产品进出口办公室等七部门联合颁布的《关于禁止非法拼（组）装汽车、摩托车的通告》可知，以下两种情形也属于拼装车："一、未经国家有关部门批准，利用进口汽车车身（含驾驶室）拼（组）装生产汽车的，属于非法拼（组）装车辆行为。二、未经国家有关部门批准，利用进口摩托车发动机（含全套发动机散件）、车架拼（组）装生产摩托车的，属于非法拼（组）装车辆行为。"

② "已达报废标准的机动车"的认定问题，根据2012年《机动车强制报废标准规定》第4条规定，已注册机动车有下列情形之一的应当强制报废：（1）达到本规定第5条规定使用年限的；（2）经修理和调整仍不符合机动车安全技术国家标准对在用车有关要求的；（3）经修理和调整或者采用控制技术后，向大气排放污染物或者噪声仍不符合国家标准对在用车有关要求的；（4）在检验有效期届满后连续三个机动车检验周期内未取得机动车检验合格标志的。

（四）道路交通事故社会救助基金的垫付问题

对此，《民法典》第1216条规定："机动车驾驶人发生交通事故后逃逸，该机动车参加强制保险的，由保险人在机动车强制保险责任限额范围内予以赔偿；机动车不明、该机动车未参加强制保险或者抢救费用超过机动车强制保险责任限额，需要支付被侵权人人身伤亡的抢救、丧葬等费用的，由道路交通事故社会救助基金垫付。道路交通事故社会救助基金垫付后，其管理机构有权向交通事故责任人追偿。"这一规定基本保留了《侵权责任法》第53条的规定，只是增加了"抢救费用超过机动车强制保险责任限额"这一由道路交通事故社会救助基金垫付的情形。对这一问题，《机动车交通事故责任强制保险条例》第24条规定："国家设立道路交通事故社会救助基金（以下简称救助基金）。有下列情形之一时，道路交通事故中受害人人身伤亡的丧葬费用、部分或全部抢救费用，由救助基金先行垫付，救助基金管理机构有权向道路交通事故责任人追偿：（一）抢救费用超过机动车交通事故责任强制保险责任限额的；（二）肇事机动车未参加机动车交通事故责任强制保险的；（三）机动车肇事后逃逸的。"这一规定与《民法典》第1216条规定并不冲突。对《民法典》这一规定的适用，要注意的是，该条规定的由道路交通事故社会救助基金垫付，此非终局责任，相应的侵权人仍然要承担最终的赔偿责任。此外，《交通事故解释》第16条规定："未依法投保交强险的机动车发生交通事故造成损害，当事人请求投保义务人在交强险责任限额范围内予以赔偿的，人民法院应予支持。投保义务人和侵权人不是同一人，当事人请求投保义务人和侵权人在交强险责任限额范围内承担连带责任的，人民法院应予支持。"此规定与上述关于道路交通事故社会救助基金垫付的规定也不冲突，二者可以结合起来一并适用。如果道路交通事故社会救助基金已经先行垫付的，则投保义务人在前者垫付范围内向道路交通事故社会救助基金的管理机构承担返还义务，剩余部分损失仍然要向受害人承担赔偿责任；投保义务人和侵权人不是同一人的，要对上述损害赔偿承担连带责任。

第十五章
医疗损害责任的创新发展与规则适用

▼

《民法典》侵权责任编关于《侵权责任法》医疗损害责任一章的内容修改并不多，但有关修改集中体现了"以实践需求指引立法方向，提高民事法律制度的针对性、有效性、适应性"①的要求，充分考虑了诊疗活动的公益性、专业性、风险性等特点和规律，充分考虑了医疗卫生事业的科学发展和维护广大人民群众生命健康权益的有机平衡。

一、关于医务人员说明义务的修改

（一）基本修改情况

随着医学的不断发展进步，现代的医患关系模式已经从将患者视为孩童、以医学判断之优位而自居的"父权主义"模式发展成为一种以医患之间的契约关系为基础的利益信赖型医患模式，医生的说明义务正是基于这一医患关系模式应运而生。在这一模式下，医生与患者之间的地位平等，在尊重医生专业判断的基础上，患者的自主决定权也越来越受到重视。医务人员的说明义务应运而生。赋予医务人员相应的说明义务是保护患者自主决定权的前提，

---

① 引自全国人民代表大会副委员长王晨 2020 年 5 月 22 日在第十三届全国人民代表大会第三次会议上《关于〈中华人民共和国民法典（草案）〉的说明》。

是意思自治原则的具体体现，也是医疗风险在医患双方之间进行有机的分配，平衡双方利益的需要。一方面，医生的说明义务要求医生不得任意凭借自己的专业判断将医疗行为的不良后果转嫁到患者身上，而是给予患者对医疗风险说"不"的权利和机会。另一方面，医生的说明义务也为医方提供了减轻或免除责任的机会，若医生将医疗方案及医疗风险等信息告知了患者，而患者依然选择进行治疗时，患者就要自行承担相应的不利后果，医方便可以其告知义务的履行而主张减轻或免除对患者的侵权责任。[1] 在综合此前相关法律规定[2]的基础上，《侵权责任法》第55条第1款规定："医务人员在诊疗活动中应当向患者说明病情和医疗措施。需要实施手术、特殊检查、特殊治疗的，医务人员应当及时向患者说明医疗风险、替代医疗方案等情况，并取得其书面同意；不宜向患者说明的，应当向患者近亲属说明，并取得其书面同意。"《民法典》第1219条[3]在内容上基本沿用了这一规定，但在有关说明义务的要求上作了重大修改：一是有关说明义务的履行，必须是"具体说明"，这是新增的要求，即相关说明内容要针对病情，事项要具体，不宜采取笼统的含糊

---

[1] 武慧琴：《论违反医疗告知义务的侵权责任》，载《南华大学学报（社会科学版）》2014年第4期。

[2] 比如，《医师法》第25条规定，医师在诊疗活动中应当向患者说明病情、医疗措施和其他需要告知的事项。需要实施手术、特殊检查、特殊治疗的，医师应当及时向患者具体说明医疗风险、替代医疗方案等情况，并取得其明确同意；不能或者不宜向患者说明的，应当向患者的近亲属说明，并取得其明确同意。《医疗事故处理条例》第11条规定，在医疗活动中，医疗机构及其医务人员应当将患者的病情、医疗措施、医疗风险等如实告知患者，及时解答其咨询；但是，应当避免对患者产生不利后果。《医疗机构管理条例》第32条规定，医务人员在诊疗活动中应当向患者说明病情和医疗措施。需要实施手术、特殊检查、特殊治疗的，医务人员应当及时向患者具体说明医疗风险、替代医疗方案等情况，并取得其明确同意；不能或者不宜向患者说明的，应当向患者的近亲属说明，并取得其明确同意。因抢救生命垂危的患者等紧急情况，不能取得患者或者其近亲属意见的，经医疗机构负责人或者授权的负责人批准，可以立即实施相应的医疗措施。《医疗机构管理条例实施细则》第62条规定，医疗机构应当尊重患者对自己的病情、诊断、治疗的知情权利。在实施手术、特殊检查、特殊治疗时，应当向患者作必要的解释。因实施保护性医疗措施不宜向患者说明情况的，应当将有关情况通知患者家属。

[3] 《民法典》第1219条规定："医务人员在诊疗活动中应当向患者说明病情和医疗措施。需要实施手术、特殊检查、特殊治疗的，医务人员应当及时向患者具体说明医疗风险、替代医疗方案等情况，并取得其明确同意；不能或者不宜向患者说明的，应当向患者的近亲属说明，并取得其明确同意。医务人员未尽到前款义务，造成患者损害的，医疗机构应当承担赔偿责任。"

的说明,这对说明义务的规范化具有积极作用。二是取得患者或者患者近亲属的同意不再硬性要求书面形式,但应当取得其"明确"同意,即此"同意"的意思表示应该是清楚明确的,有关证据的证明也要达到此要求。三是对须向患者近亲属说明的情形在不宜向患者说明的基础上增加"不能"向患者说明的情形,更加符合客观实际,也更加全面可行。

(二)说明义务的主要内容及法律适用

依据《民法典》第1219条及有关法律法规等的规定,医务人员的说明义务主要包括:

其一,纯粹的说明义务。在这种情况下,医务人员需要说明的信息主要为病情和医疗措施。具体说来,病情包括疾病的性质、严重程度、发展变化趋势等信息,还包括诊断信息,即疾病名称、诊断依据等;医疗措施包括可供选择的医疗措施、各种医疗措施的利与弊、根据患者的具体情况拟采用的医疗措施、该医疗措施的治疗效果和预计大致所需的费用、可能出现的并发症和风险以及不采取医疗措施的危险性等。

其二,取得患者或者其近亲属明确同意的义务。在这种情况下,医务人员除了履行向患者说明病情和医疗措施的义务以外,还应当及时向患者说明医疗风险、替代医疗方案等情况。所谓医疗风险,是指医疗措施可能出现的并发症、后遗症、不良反应等风险,替代医疗方案信息包括可选择的几种手术方案及其利弊等信息。这种特殊说明义务适用的条件是患者需要实施手术、特殊检查、特殊治疗。[①]对于特殊检查、特殊治疗,依据《医疗机构管理条例实施细则》第88条的规定,包括:(1)有一定危险性,可能产生不良后果的检查和治疗;(2)由于患者体质特殊或者病情危笃,可能对患者产生不良后果和危险的检查和治疗;(3)临床试验性检查和治疗;(4)收费可能对患者造成较大经济负担的检查和治疗。依据该条的规定,不宜向患者说明的情形,

---

[①] 最高人民法院侵权责任法研究小组编著:《〈中华人民共和国侵权责任法〉条文理解与适用》,人民法院出版社2010年版,第396页。

例如，将会造成患者悲观、恐惧、心理负担沉重，不利于治疗的，应当向患者近亲属说明，并取得其明确同意。

在此需要注意的是，有些医事法规所规定的医务人员取得明确同意的对象与《民法典》第1219条的规定不尽一致。笔者认为，如果医事法规与《民法典》第1219条的规定在文本含义上相冲突的，则不能再予以适用；但如果仅是规定不一致，或者有关医事法规规定的内容更加具体细化，则不能认定为是相冲突的规定，可以按照特别法优于一般法的规则，适用特别法的规定。比如，《民法典》已经采用了近亲属的概念，《医疗机构管理条例》等关于"家属"的提法，则不宜再予适用，而应统一适用《民法典》的规定。但是在情况非紧急即不属于《民法典》第1220条规定情形时，仍找不到患者近亲属的，这时不仅不能认为《病例书写基本规范》第10条规定的"患者无近亲属的或者患者近亲属无法签署同意书的，由患者的法定代理人或者关系人签署同意书"与《民法典》规定相冲突，而恰恰是《民法典》第1219条的没有规定的情形，应当继续适用。

当然，并不是在一切情况下医疗机构都需要履行说明义务。依学理上的界定，不需要医务人员加以说明的情况有：一是依据法律给予医生强制治疗的权限；二是危险性极其轻微，发生的可能性几乎没有；三是患者非常清楚自己的症状；四是患者自愿放弃接受医生的说明；[①]五是由于事态紧急无法取得患者的承诺；六是如果加以说明可能给患者招致不良影响。[②]这些见解较有道理，当然也有进一步研究探讨的必要，比如，当患者得了绝症的时候，医务人员采取相应治疗措施就有必要在适当时间以适当方式具体告知患者的近亲属，并取得其同意，或者根据实际情况决定是否告知患者，从而体现对患者尊严与自由的尊重。

[①] 关于放弃知悉权的规定仅见于《荷兰民法典》第7.449条："倘若病人明示不愿接受信息，则就不应当提供信息，除非不提供信息对病人或其他人的不利后果超过了病人放弃信息的利益。"[德]冯·巴尔：《欧洲比较侵权行为法》，焦美华译，张新宝校，法律出版社2001年版，第389页。转引自杨立新：《侵权法论（第五版）》，人民法院出版社2013年版，第578页。

[②] 参见段匡等：《医生的告知义务和患者的承诺》，载梁慧星主编：《民商法论丛》（第12卷），法律出版社1999年版，第162页。

履行说明义务，医务人员基于自身专业判断有一定的自由裁量权，但对此也不可过度解读。笔者认为，除非对患者履行说明义务对患者的健康有损害，否则都应当对患者善尽告知义务。一方面，告知说明的内容要明确具体；另一方面，如果不能或者不宜向患者履行说明义务的，医务人员应当向患者的近亲属说明。违反这两方面的要求，造成患者损害的，医疗机构就要承担相应的侵权责任。这类纠纷在审判实务中具有一定的普遍性。这类案件中，医务人员未尽说明义务，首先侵害的是患者的自主决定权，同时也可能造成患者人身财产损失。

（三）关于举证责任的分配

依据《民事诉讼法解释》第91条[①]、《医疗损害解释》第5条[②]的规定，医务人员是否尽到说明义务的举证责任，通常应当由患者一方承担，因为这实质上是医疗机构及其医务人员是否有过错的问题，由患者一方来举证，符合诊疗损害责任采过错责任原则的基本法理。而且要求医疗机构承担过重的举证责任，也可能引发医疗机构的保守治疗、过度检查等问题。给医疗机构过重的负担，也不利于医学的进步，最终影响的是全体患者的利益。当然，医疗机构主张自己免责或者减责的，医疗机构也要承担相应的举证责任，这在《医疗损害解释》第4条[③]有明确规定。此外，由于医疗机构的说明义务问题非常复杂，往往涉及医学专业判断的问题，患者一方或者医疗机构可以通过申请鉴定的方式完成相应的举证证明。

[①] 该条规定："人民法院应当依照下列原则确定举证证明责任的承担，但法律另有规定的除外：（一）主张法律关系存在的当事人，应当对产生该法律关系的基本事实承担举证证明责任；（二）主张法律关系变更、消灭或者权利受到妨害的当事人，应当对该法律关系变更、消灭或者权利受到妨害的基本事实承担举证证明责任。"

[②] 该条规定："主张医疗机构承担赔偿责任的，应当按照前条第一款规定提交证据。实施手术、特殊检查、特殊治疗的，医疗机构应当承担说明义务并取得患者或者患者近亲属书面同意，但属于《侵权责任法》第五十六条规定情形的除外。医疗机构提供患者或者患者近亲属书面同意证据的，人民法院可以认定医疗机构尽到说明义务，但患者有相反证据足以反驳的除外。"

[③] 该条第3款规定："医疗机构主张不承担责任的，应当就民法典第一千二百二十四条第一款规定情形等抗辩事由承担举证证明责任。"

二、关于药品上市许可持有人责任的承担

相较《侵权责任法》第 59 条的规定,《民法典》第 1223 条[①]在医疗产品责任的规定中,增加了"药品上市许可持有人"这一责任主体。另外,将"消毒药剂"修改为"消毒产品",以与现行有关规定衔接。

(一)药品上市许可持有人的界定

药品上市许可持有人制度(Marketing Authorization Holder, MAH),通常是指拥有药品技术的药品研发机构、科研人员、药品生产企业等主体,通过提出药品上市许可申请并获得药品上市许可批件,并对药品质量在其整个生命周期内承担主要责任的制度。在该制度下,上市许可持有人和生产许可持有人可以是同一主体,也可以是两个相互独立的主体。上市许可持有人可以自行生产,也可以为其他生产企业进行生产。如果采取委托生产的形式,上市许可持有人要对要求的安全性、有效性以及质量可控性承担责任。

2015 年发布的《全国人民代表大会常务委员会关于授权国务院在部分地方开展药品上市许可持有人制度试点和有关问题的决定》(已失效)中明确:"授权国务院在北京、天津、河北、上海、江苏、浙江、福建、山东、广东、四川十个省、直辖市开展药品上市许可持有人制度试点,允许药品研发机构和科研人员取得药品批准文号,对药品质量承担相应责任。"国务院在此基础上对于药品上市许可持有人制度试点工作做了细化,2016 年发布的《国务院办公厅关于印发药品上市许可持有人制度试点方案的通知》(已失效)中明确:"试点行政区域内的药品研发机构或者科研人员可以作为药品注册申请人(以下简称申请人),提交药物临床试验申请、药品上市申请,申请人取得

---

① 该条规定:"因药品、消毒产品、医疗器械的缺陷,或者输入不合格的血液造成患者损害的,患者可以向药品上市许可持有人、生产者、血液提供机构请求赔偿,也可以向医疗机构请求赔偿。患者向医疗机构请求赔偿的,医疗机构赔偿后,有权向负有责任的药品上市许可持有人、生产者、血液提供机构追偿。"

药品上市许可及药品批准文号的,可以成为药品上市许可持有人(以下简称持有人)。法律法规规定的药物临床试验和药品生产上市相关法律责任,由申请人和持有人相应承担。持有人不具备相应生产资质的,须委托试点行政区域内具备资质的药品生产企业(以下称受托生产企业)生产批准上市的药品。持有人具备相应生产资质的,可以自行生产,也可以委托受托生产企业生产。"药品研发机构或者科研人员成为申请人和持有人的条件必须是"属于在试点行政区域内依法设立且能够独立承担责任的药品研发机构,或者在试点行政区域内工作且具有中华人民共和国国籍的科研人员"。有关义务责任承担的要求,《国务院办公厅关于印发药品上市许可持有人制度试点方案的通知》明确:"履行《中华人民共和国药品管理法》(以下简称《药品管理法》)以及其他法律法规规定的有关药品注册申请人、药品生产企业在药物研发注册、生产、流通、监测与评价等方面的相应义务,并且承担相应的法律责任。"关于责任承担,"批准上市药品造成人身损害的,受害人可以向持有人请求赔偿,也可以向受托生产企业、销售者等请求赔偿。属于受托生产企业、销售者责任,持有人赔偿的,持有人有权向受托生产企业、销售者追偿;属于持有人责任,受托生产企业、销售者赔偿的,受托生产企业、销售者有权向持有人追偿。具体按照《中华人民共和国侵权责任法》等的规定执行"。但是,按照该通知内容,试点时间截至2018年11月4日。故在此日之后,该通知已失效。2019年修订的《药品管理法》在吸收上述试点通知的基础上专门对药品上市许可持有人作出了规定。该法第30条规定:"药品上市许可持有人是指取得药品注册证书的企业或者药品研制机构等。药品上市许可持有人应当按照本法规定,对药品的非临床研究、临床试验、生产经营、上市后研究、不良反应监测及报告与处理等承担责任。其他从事药品研制、生产、经营、储存、运输、使用等活动的单位和个人依法承担相应责任。药品上市许可持有人的法定代表人、主要负责人对药品质量全面负责。"该法第3章针对药品上市许可持有人制度作出了细化规定。在《民法典》对于药品上市许可持有人相关制度有明确规定的情况下，应当适用《民法典》的规定。《药品管理法》对药品上市许可持有人制度的细化规定在不与《民法典》冲突的情况下，可以继续适用。

（二）药品上市许可持有人承担责任的性质

医疗产品责任采用不真正连带责任，在患者一方选择其中一个责任主体主张权利的情形下，人民法院认定其责任大小及承担方式并无争议，这对于药品上市许可持有人也无例外，即药品上市许可持有人可以独立的向患者一方承担全部责任，也可以根据患者一方的主张，承担部分责任。至于在诉讼中，患者一方能否将医疗机构、药品上市许可持有人、药品生产者一并起诉或者追加其他主体为共同被告的问题，依据《医疗损害解释》第3条第1款、第2款的规定，"患者因缺陷医疗产品受到损害，起诉部分或者全部医疗产品的生产者、销售者、药品上市许可持有人和医疗机构的，应予受理。患者仅起诉医疗产品的生产者、销售者、药品上市许可持有人、医疗机构中部分主体，当事人依法申请追加其他主体为共同被告或者第三人的，应予准许。必要时，人民法院可以依法追加相关当事人参加诉讼"。该条款关于追加共同被告规定的主要考虑在于实现纠纷的一次性解决，不仅便于查明案件事实，也有利于对有关当事人程序权利甚至实体权利的保护。笔者认为，在实务中这一规则对于药品上市许可持有人同样可以适用。

（三）关于医疗产品责任承担后追偿权问题

在产品责任中，追偿权问题通常被认为是产品生产者与销售者之间内部责任关系的一体两面的内容，医疗产品责任中的追偿权关系也是如此，只是增加了医疗机构这一责任主体或者追偿权主体。由于《民法典》第1223条仅规定了医疗机构对医疗产品生产者、药品上市许可持有人的追偿权，并没有规定对医疗产品销售者的追偿权，也没有规定医疗产品生产者、药品上市许可持有人、销售者以及对有过错医疗机构的追偿权问题，对此，《医疗损害解释》第21条第2款、第3款明确了医疗机构承担责任后，向医疗产品生产者、销售者的追偿权以及医疗产品生产者、销售者及血液提供机构向有过错医疗机构追偿的内容，这对于药品上市许可持有人也同样可以适用。至于医疗产品生产者、销售者之间追偿权的规则[①]，也可以适用于药品上市许可持有人。

三、关于病历资料规定的修改

病历资料是医务人员、医疗信息管理人员收集、整理、加工后形成的具有科学性、逻辑性、真实性的医疗档案。[②]关于病历的修改，较《侵权责任法》的规定，《民法典》主要在两个方面作了修改：一是《民法典》第1222条[③]相较《侵权责任法》第58条的规定，将"销毁"修改为"违法销毁"，这也更符合实际情况，依照有关规范有些病历保存一定期限后就可以合法销毁，此行为不具备违法性，当然不能作为推定过错的事由；新增了"遗失"病历资料作为推定医疗机构过错的情形。二是在第1225条第1款关于病历范围的规定中，删除了《侵权责任法》第61条规定的"医疗费用"，避免表述上的分歧和实践中可能的误读；同时在第2款明确了患者要求查阅、复制病历资料的，医疗机构应当"及时"提供，这对于解决实务中少数医疗机构不及时、不配合提供病历资料的问题具有重要意义。

关于遗失病历资料的情形，早在《第八次全国法院民事商事审判会议（民事部分）纪要》中就明确规定："因当事人采取伪造、篡改、涂改等方式改变病历资料内容，或者遗失、销毁、抢夺病历，致使医疗行为与损害后果之间的因果关系或医疗机构及其医务人员的过错无法认定的，改变或者遗

[①] 对此可以直接适用《民法典》第1203条第2款的规定。该款规定："产品缺陷由生产者造成的，销售者赔偿后，有权向生产者追偿。因销售者的过错使产品存在缺陷的，生产者赔偿后，有权向销售者追偿。"

[②] 王利明主编：《中国民法典评注——侵权责任编》，人民法院出版社2021年版，第316页。

[③] 《民法典》第1222条规定："患者在诊疗活动中受到损害，有下列情形之一的，推定医疗机构有过错：（一）违反法律、行政法规、规章以及其他有关诊疗规范的规定；（二）隐匿或者拒绝提供与纠纷有关的病历资料；（三）遗失、伪造、篡改或者违法销毁病历资料。"

失、销毁、抢夺病历资料一方当事人应承担相应的不利后果；制作方对病历资料内容存在的明显矛盾或错误不能作出合理解释的，应承担相应的不利后果；病历仅存在错别字、未按病历规范格式书写等形式瑕疵的，不影响对病历资料真实性的认定。"《民法典》吸收这一情形实际上是有关审判经验的总结。有关遗失、伪造或者篡改病历的法律后果主要有二：一是存在这一情形即推定医疗机构有过错，这一推定在学理上认为是不能通过反证推翻的推定；二是在证据法上构成当事人举证不能的一种形式，从而要承担相应的不利后果。同伪造、篡改病历一样，关于遗失病历的适用，还要注意结合《医疗损害解释》的相关规定。该解释第6条第2款规定："患者依法向人民法院申请医疗机构提交保管的与纠纷有关的病历资料等，医疗机构未在人民法院指定期限内提交的，人民法院可以依照民法典第一千二百二十二条第二项规定推定医疗机构有过错，但是因不可抗力等客观原因无法提交的除外。"笔者认为，不仅"隐匿""拒绝提供"病历的情形可以适用这一规定，对于"遗失"病历的情形同样可以适用。因为这一规定主要就是为了解决"隐匿"或者"拒绝提供"病历认定难的问题，"遗失"病历同样存在这一问题。

关于《民法典》第1225条第2款规定的医疗机构是否"及时"提供病历的认定问题：一方面，有必要通过其他法律法规或者业务规范予以明确，在没有具体规定的情况下，则要根据日常生活经验法则予以确定；[①]另一方面，这一"及时"提供的义务，也应包括在诉讼中人民法院责令医疗机构提供相关病历资料的情形。此外，审判实践中还经常会遇到篡改病历甚至抢夺病历导致病历毁损的情况。关于篡改病历的问题，通常情况下"病历仅存在错别字、未按病历规范格式书写等形式瑕疵的，不影响对病历资料真实性的认

[①] 这一规定涉及患者查阅、复印病历资料的规则，《医疗纠纷预防和处理条例》第16条第2款、第3款规定："患者要求复制病历资料的，医疗机构应当提供复制服务，并在复制的病历资料上加盖证明印记。复制病历资料时，应当有患者或者其近亲属在场。医疗机构应患者的要求为其复制病历资料，可以收取工本费，收费标准应当公开。患者死亡，其近亲属可以依照本条例的规定，查阅、复制病历资料。"

定",表明病历资料仅有形式瑕疵的,不能认定为对病历资料的"篡改"。关于抢夺病历资料的问题。按照《第八次全国法院民事商事审判会议(民事部分)纪要》的规定,因当事人抢夺病历,致使医疗行为与损害后果之间的因果关系或医疗机构及其医务人员的过错无法认定的,抢夺病历资料一方当事人应承担相应的不利后果。这里抢夺病历的主体既包括患者还包括医疗机构,当然,也包括患者近亲属以及接受患者或者其近亲属指示的人所进行的抢夺病历行为。这一规则的限定条件也必须是导致因果关系或者诊疗过错等案件事实无法认定的才由抢夺一方承担相应的证据法意义上的不利后果。

四、关于"诊疗活动中"的界定

《民法典》第1222条、第1224条将《侵权责任法》第58条、第60条原来的"患者有损害"修改为"患者在诊疗活动中受到损害",这一表述使得有关条文规范更加严谨,将有关医疗损害责任的构成与否限定在"诊疗活动中",这更加符合医疗损害责任的本质。其实,《民法典》第1218条沿用了《侵权责任法》第54条的规定,明确了诊疗损害责任适用过错责任的一般规则,在该条强调了患者的损害系发生在"诊疗活动中"。《民法典》的上述修改也是在行文上保持了整体的一致性。在司法适用上,患者在医疗机构受到的损害并不能与医疗损害责任完全画等号,关键区别点就在于损害是否为"在诊疗活动中"所受到的。

根据《医疗机构管理条例实施细则》第88条的规定,诊疗活动是指通过各种检查,使用药物、器械及手术等方法,对疾病做出判断和消除疾病、缓解病情、减轻痛苦、改善功能、延长生命、帮助患者恢复健康的活动。一般而言,诊疗活动的基本特征是:第一,诊疗行为是以治疗、矫正或预防人体疾病、伤害残缺或保健为直接目的的行为,直接表现为使患者尽快恢复健康,延长寿命;第二,诊疗行为是借助于医学的方法和手段的行为,包括检查、药品、器械、手术等方法进行预防、判断和治疗；第三，诊疗行为是医疗机构组织，由医务人员实施的行为。[1]从目前的审判实践看，上述关于诊疗行为的界定模式较为妥当，诊疗活动的范围可以作较为宽泛的界定，应当包括诊断、治疗、护理等环节。《民法典》中采用的"患者在诊疗活动中受到损害"的表述，从文义上讲，要比"患者因诊疗活动受到损害"的范围更加宽广，即患者受到的损害即使非因诊疗活动本身所导致，但损害发生在诊疗活动中，也属于医疗损害责任纠纷的范畴。尤其是涉及医疗机构在管理、后勤等方面存在过错行为，这虽不属于诊疗活动本身，但因这方面的行为作用于医疗机构的诊疗活动，并最终反映为医疗机构的延误治疗或者错误治疗，而导致患者损害情形，这时仍应属于医疗损害责任纠纷。比如，某患者到某医院治疗，正在进行心脏手术时，因医疗机构工作人员脱岗导致停电未及时供电无法进行手术而死亡的案件应属于医疗损害责任纠纷。

对于医院管理有瑕疵导致损害，如抱错婴儿的情况，这通常存在医疗机构或者其医务人员的护理过失情形，应当属于医疗损害责任纠纷案件。笔者认为，对于医院管理方面的瑕疵导致损害案件是否属于医疗损害责任纠纷的问题，仍然要看其是否符合医疗损害责任纠纷的基本要素。一方面，应当看主体是否适格，即受害人是否属于患者或者患者近亲属、侵权人是否是医疗机构的问题，这里就隐含着双方之间存在医疗关系或者医疗服务合同关系的要求。若不存在这一医疗关系，当然不能构成医疗损害责任纠纷。另一方面，要看患者一方是否系"在诊疗活动中"遭受的损害。对此应作适当从宽解释，既包括诊断、治疗、护理活动各个环节，也包括与对患者诊疗活动密切相关的管理或者后勤事项等，这样既符合广大人民群众运用一般社会经验或者常理判断，老百姓会将此类纠纷认为是医疗损害责任纠纷，不至于给老百姓如何主张权利带来困惑，又符合运用医疗损害的法律适用规则能够更好地平衡

---

[1] 参见杨立新：《医疗损害责任构成要件的具体判断》，载《法律适用》2012年第4期。

兼顾医患关系的立法目的。但是，不符合上述要求的医疗机构因管理瑕疵（如与诊疗活动无关的管理事务）导致他人（如非患者）损害的情形，则不宜界定为医疗损害责任纠纷。

有意见认为，司法实践中，一般可以运用排除法来明确哪些情形不属于在诊疗活动中受到的损害。以下四种情形可以认定为非医疗行为：一是医院设施有瑕疵导致患者摔伤或在医院自残、自杀；二是医院管理有瑕疵导致损害，如抱错婴儿；三是医生故意伤害患者，如拿患者做试验；四是非法行医致人伤害。[1]这一方法对于界定诊疗活动的范围具有积极意义，有关行为类型需要进一步探索。比如，单纯的在医院自残、自杀行为并不是医疗损害责任，因为这与诊疗活动并无关系。而医院设施有瑕疵导致患者摔伤的情形，则需要根据不同案件情况作具体分析。比如，这时存在医务人员违反护理规范的情形，也应属于医疗损害责任纠纷；在接受医学影像诊疗过程中由于医疗器械本身的缺陷或者安装、维护不及时等导致患者摔伤或者砸伤等情形，应当属于医疗损害责任纠纷。至于单纯的发生在医院内的物件致人损害，比如，高空坠物等，并不存在医疗机构违反诊疗规范或者与诊疗活动密切相关的情形，这与一般的物件致人损害无异，则不宜界定为医疗损害责任纠纷。换言之，患者在医院受到的与诊疗活动无关的损害，比如，患者在取药时不慎在楼梯滑倒等情形，或者虽为医院工作人员甚至医务人员实施但与诊疗活动无关的行为造成他人（包括患者）损害的，则不宜认定为医疗损害责任纠纷，在法律适用上也不应适用《民法典》关于医疗损害责任的规定。至于医院工作人员实施的伤害他人行为，则要看是否属于执行用人单位工作任务导致他人损害的情形，属于这一情形，则应当认定为用人单位责任纠纷；若不属于这一情形，则应认定为一般的侵权责任纠纷，适用过错责任的一般规定。比如，某医院的驾驶员驾驶救护车将已经在该医院就诊完毕走出医院的患者撞

---

[1] 最高人民法院侵权责任法研究小组编著：《〈中华人民共和国侵权责任法〉条文理解与适用》，人民法院出版社2010年版，第386页。

伤，这与普通交通事故无异，当然不属于医疗损害责任纠纷案件，即使这时交通事故发生地在医院内，也不属于医疗损害责任纠纷案件，因为这与诊疗行为无关，在这种情况下虽然都发生医院对该工作人员的替代责任，但此并非医疗损害责任意义上的替代责任，而是适用用人者责任以及交通事故责任的一般性规定。

五、其他需要注意的问题

除了上述内容外，《民法典》侵权责任编在医疗损害责任一章，还作了以下重要修改：

（一）新增了患者个人信息保护及相应的责任承担规则

《民法典》总则编在民事权利一章明确了对个人信息的保护，[①]人格权编则专章规定了个人信息的保护。自然人的个人信息涉及的是自然人的身份、地位等信息，具有人身属性，属于人格权益的范畴。患者的患病信息往往属于敏感信息，对此进行泄露等，会给患者造成极大伤害。为此，《民法典》第1226条在《侵权责任法》第62条规定基础上，明确规定："医疗机构及其医务人员应当对患者的隐私和个人信息保密。泄露患者的隐私和个人信息，或者未经患者同意公开其病历资料的，应当承担侵权责任。"一方面，该条增加了患者个人信息保护的规则；另一方面，在责任承担规则上，删除了"造成患者损害的"这一要件，使得对患者个人信息保护在侵权责任承担方式上更加多元，不必再局限于损害赔偿的方式，这对于侵害个人信息问题的预防具有重要意义。因为侵害个人信息的民事责任承担方式主要有：停止侵害、赔礼道歉和赔偿损失，而且停止侵害的适用往往较为常见。特别是《民法典》

[①] 《民法典》第111条规定："自然人的个人信息受法律保护。任何组织或者个人需要获取他人个人信息的，应当依法取得并确保信息安全，不得非法收集、使用、加工、传输他人个人信息，不得非法买卖、提供或者公开他人个人信息。"

第1226条第二句规定的"泄露患者的隐私和个人信息,或者未经患者同意公开其病历资料的,应当承担侵权责任",实际上是一个完备的法律责任规范,其侵权行为样态是"泄露患者的隐私和个人信息"或者"未经患者同意公开其病历资料",从违法行为反映主观过错的角度讲,意味着医疗机构及其医务人员往往具有"泄露"或者"未经患者同意而公开"的故意,但实际情况中也可能是"过失"导致这一情形的发生。因此,涉及医疗机构或者其医务人员侵害患者隐私权和个人信息情形的,就要适用该条规定。但从侵权责任构成上讲,这里规定的侵权行为类型属于过错侵权的范畴,应当遵循过错责任的主观过错、违法行为、损害后果、因果关系的构成要件。从实质上讲,这一侵权行为与其他领域的侵害个人信息和隐私权的情形并无区别。尤其是,这里并不直接涉及医疗机构实施诊疗活动的问题,应该也不涉及医学本身专业性的问题,因此在法律适用上就应该适用过错责任的一般规则,即直接适用《民法典》侵权责任编第1165条第1款关于过错责任的规定。

(二)将"医疗机构及其医务人员"修改为"医疗机构或者其医务人员"

在责任形态上,医疗损害责任属于替代责任的范畴。所谓替代责任,是指责任人为他人的行为和责任人自己管领下的物件所致损害负有的侵权赔偿责任。构成替代责任赔偿法律关系的要件是:替代责任人与致害人或致害物之间须有特定关系。这种特定关系,在责任人与致害人之间,表现为隶属、雇佣、监护、代理等身份关系。[①] 在医疗损害案件中,医务人员与医疗机构存在相应的隶属、劳动合同关系。直接实施医疗损害行为的通常是医务人员,但在责任承担上,则非按一般侵权行为"为自己行为负责"的规则,由医务人员对受害人承担民事责任,而是由医务人员所在的医疗机构承担赔偿责任。《民法典》第1218条、第1224条第2款将《侵权责任法》第54条、第60条第2款规定的"医疗机构及其医务人员"修改为"医疗机构或者其医务人

---

① 王利明主编:《侵权责任法新制度理解与适用》,人民法院出版社2010年版,第330页。

员",看似是简单的文字修改,实则不然。这一方面可以避免产生诊疗损害责任的构成必须同时要求医疗机构和医务人员均有过错才可以的误读,使得表述更加严谨科学。另一方面,也进一步明确了医务人员的过错诊疗行为造成患者损害的,由医疗机构承担赔偿责任的替代责任规则。

实务中,按照替代责任的基本规则,应当由替代责任人对行为人的行为后果负责,在涉及相关纠纷时,应以该替代责任人为适格被告。在医疗损害责任纠纷中,则应当以该医疗机构为被告提起诉讼,比如,在叶某某等与三明市某医院、游某某医疗损害责任纠纷案[①]中,游某某是三明市某医院的医务人员,叶某某等将三明市某医院、游某某作为共同被告提起诉讼,法院在查明案件事实后认为,游某某作为三明市某医院的医务人员,其实施的诊疗行为属于职务行为,不应由其个人向原告承担赔偿责任,故原告要求游某某承担赔偿责任无法律依据。在此应当注意的是,医疗损害责任属于替代责任的范畴,在法律适用上形成了与用人单位责任规定的法条竞合关系。对此,《民法典》第1218条[②]关于医疗机构替代责任的规定应当属于第1191条第1款[③]规定在医疗损害责任领域的具体化规定,上述两条规定应属于特别规定与一般规定的关系,在法律适用上应当坚持优先适用特别规定的基本规则。尤为重要的是,第1191条第1款还规定了用人单位对有故意或者重大过失的工作人员的追偿权,而第1218条关于诊疗损害责任的规定中并无追偿权的规则。依据上述法理,再结合鼓励和保障医疗卫生事业发展及保护医务人员相关权益的价值导向,有关医疗机构承担责任的规则不宜适用第1191条第1款的规定,这当然也包括追偿权规则,即医疗机构承担责任后不能向有故意或者重大过失的医务人员追偿。

---

① 参见福建省三明市梅列区人民法院(2015)梅民初字第1892号民事判决书。
② 该条规定:"患者在诊疗活动中受到损害,医疗机构或者其医务人员有过错的,由医疗机构承担赔偿责任。"
③ 该款规定:"用人单位的工作人员因执行工作任务造成他人损害的,由用人单位承担侵权责任。用人单位承担侵权责任后,可以向有故意或者重大过失的工作人员追偿。"

此外，在第 1228 条关于维护医疗机构及其医务人员合法权益的规定中，一是将《侵权责任法》第 64 条的规定分为两款，第 1 款规定依法保护医疗机构和医务人员合法权益，第 2 款规定法律责任；二是在第 2 款新增了"侵害医务人员合法权益"的内容，并将"妨害"修改为"妨碍"，更加彰显对医务人员合法权益保护的强化。实务中，侵害医疗机构和医务人员合法权益的行为类型多样，侵害医务人员合法权益所承担法律责任也不限于民事责任，还包括行政责任和刑事责任。

第十六章
环境污染和生态破坏责任的创新发展与规则适用

▼

良好的生态环境是最普惠的民生福祉。随着社会经济的发展，在对大自然进行开发利用的同时也给生态环境带来了破坏。党的十八大以来，习近平总书记多次强调生态环境保护的重要性，对环境保护提出了更高的要求。为更好贯彻落实习近平生态文明思想，不断满足人民群众对于环境和生态保护的期待，《民法典》侵权责任编第7章在《侵权责任法》的基础上，结合《环境保护法》《最高人民法院关于审理环境民事公益诉讼案件适用法律若干问题的解释》(以下简称《环境民事公益诉讼解释》)等相关规定，将原来的"环境污染责任"拓展为"环境污染与生态破坏责任"，增补"破坏生态"这一侵权形态，扩大了环境侵权责任的适用范围，并新增了有关环境侵权的环境修复责任、惩罚性赔偿，细化了损害赔偿的具体范围。下面笔者结合有关理论和实务情况，对新增和重要修改内容予以解读。

一、环境污染责任的拓展

《民法典》侵权责任编第7章将《侵权责任法》中的"环境污染责任"修

改为"环境污染与生态破坏责任",相对应地,在第1229条、第1230条、第1231条、第1233条"污染环境"之后增加"破坏生态",并将"污染者"修改为"侵权人"或者"行为人"。这一修改丰富了环境侵权行为的类型,具有鲜明的立法导向和深远的实践影响。

(一)贯彻落实习近平生态文明思想的必然要求

作为民事领域的基本法,《民法典》贯彻落实习近平生态文明思想,将"破坏生态"作为与"污染环境"并列的侵权形态,拓展了环境侵权的类型,弥补了《侵权责任法》只规定污染环境侵权责任而未规定破坏生态侵权责任的缺陷,有利于加大对环境的保护力度,有效贯彻绿色发展理念。

(二)对加强生态环境治理的立法回应

一段时间以来,我国环境立法一直将环境侵权的原因限定为污染环境,但实践中破坏生态的行为客观存在。污染环境和破坏生态在某种程度上存在共同之处,同时也存在明显区别。其中,污染环境,主要指向环境排放物质或能量超过了环境的自净能力,从而导致环境质量降低;生态破坏,大多是对自然资源的不合理开发利用行为,导致环境要素的数量减少或质量降低,破坏环境效能和生态平衡。[1]前者的核心特征是"过度排放",后者的核心特征则为"过度索取"。《侵权责任法》尚未规定"破坏生态"这一侵权行为。2014年修订《环境保护法》[2],才将破坏生态纳入了《侵权责任法》的调整范围。其实,将环境问题区分为环境污染和生态破坏,无论在环境科学上,还是各国和地区的研究和实践中,目前都取得了广泛的认同。[3]继2014年《环境保护法》修订之后,2015年《环境民事公益诉讼解释》将污染环境和破坏生态并列作为承担侵权责任的原因行为。《民法典》对环境污染责任的规

---

[1] 黄薇主编:《中华人民共和国民法典释义》,法律出版社2020年版,第2385页。
[2] 《环境保护法》第64条规定:"因污染环境和破坏生态造成损害的,应当依照《中华人民共和国侵权责任法》的有关规定承担侵权责任。"
[3] 余耀军、张宝、张敏纯:《环境污染责任:争点与案例》,北京大学出版社2014年版,第11页。

定，保持了与《环境保护法》及相关司法解释的体系一致，是基于此作出的必要修改，对于落实绿色原则、促进资源合理利用、保护生态环境具有积极意义。

二、数人环境侵权如何确定责任份额

实践中，经常发生数人共同或分别排放污染物、破坏生态的情形。对于责任份额的划分，《侵权责任法》第67条作出了规定，即根据污染物的种类、排放量等因素确定。与《侵权责任法》相比，《民法典》第1231条增加了认定责任份额的原因力判断因素，从仅列举"污染物的种类、排放量"增加为"污染物的种类、浓度、排放量，破坏生态的方式、范围、程度，以及行为对损害后果所起的作用"等因素。从《民法典》第1231条文字表述可以看出，该条规定是规范各侵权人之间的内部责任份额，而非数人环境侵权一概适用按份责任。为了准确适用该条规定，需要厘清数人环境侵权的责任及份额承担规则。

（一）数人环境侵权的外部责任

数人环境侵权，根据有无意思联络，可以区分为共同环境侵权行为和无意思联络的数人环境侵权行为。此种情形下的责任承担是实践中的突出问题。

如果数个侵权人，存在共同意思联络，在同一相对集中的时间和地点共同实施污染环境、破坏生态行为，造成损害的，为共同侵权行为。此时，应当适用《民法典》第1168条关于"二人以上共同实施侵权行为，造成他人损害的，应当承担连带责任"的规定。由此可见，共同侵权人对外应对被害人承担连带责任，然后再按照《民法典》第1231条规定确定各侵权人之间的责任份额。在此需要注意的是，在适用无过错责任的环境侵权中，只要数个环境污染、生态破坏者之间存在共同故意或者共同过失，则构成共同侵权，就应当承担连带责任。这种情形下，判断行为人承担连带责任的基础在于他们主观上的意思联络。对于此种类型的环境共同侵权行为的认定,遵循共同侵权的一般规则即可。①

两个以上侵权人分别实施污染环境、破坏生态行为,因不存在共同意思联络,仅在损害后果上具备同一性,构成无意思联络数人环境侵权。《最高人民法院关于审理生态环境侵权责任纠纷案件适用法律若干问题的解释》对此种情形下的责任承担作出了规定。根据该解释的规定,两个以上侵权人分别实施污染环境、破坏生态行为,如果每个侵权人的行为都足以导致全部损害的,行为人应承担连带责任;如果每个侵权人的行为不足以造成全部损害,能够确定责任大小的,各自承担相应的责任,难以确定责任大小的,平均承担责任;如果部分侵权人的行为足以造成全部损害,部分侵权人的行为只造成部分损害,则足以造成全部损害的侵权人与其他侵权人就共同造成的损害部分承担连带责任,并对全部损害承担责任,只造成部分损害的侵权人承担部分责任。

(二)数人环境侵权的内部责任

从理论上讲,每个侵权人承担责任大小的依据是侵权人的污染行为在导致损害的结果中所占的原因力的比例大小。②《民法典》第1231条列举了确定侵权人责任份额的若干因素,司法实践中,要综合考虑这些因素。环境污染中,要综合考虑污染物的种类、浓度和排放量以及行为对损害后果所起的作用。其中,污染物的种类,是指导致环境污染损害结果发生的污染物的具体类型,比如,是单一种类污染物还是多种污染物,是普通污染物还是高致害性污染物,是水污染物还是固体废弃物污染物;污染物的浓度,是指单位体积环境介质中污染物质的含量;污染物的排放量,是指污染物的排放总量乘以排放浓度。一般来讲,在其他因素大体相当的情况下,浓度越高,排放量

---

① 参见最高人民法院民法典贯彻实施工作领导小组主编:《中华人民共和国民法典侵权责任编理解与适用》,人民法院出版社2020年版,第525~526页。
② 黄薇主编:《中华人民共和国民法典释义》,法律出版社2020年版,第2394页。

越大,承担的责任份额也越大。至于破坏生态的方式、范围、程度以及行为对损害后果所起的作用也要结合实践进行具体分析。概括来讲,不同方式和程度的生态破坏,承担的责任大小不同。破坏方式越恶劣、范围越广、程度越严重,承担的责任份额越大。

在此应当注意的是,《民法典》第 1231 条规定的"因素",是指所有影响环境污染、生态破坏程度或者侵害原因力的各种因子,并不局限于所列举的范围。例如,有无排污许可证、是否超过污染物排放量标准、是否超过重点污染物排放总量等,均为确定责任承担大小要考虑的因素。此外,排放物的致害性、侵权行为发生地与损害发生地的距离、侵权行为的持续时间、实施频率、污染环境或者破坏生态的方式、是否及时采取修复措施等,均为综合考量的因素。[①]

三、环境侵权的惩罚性赔偿

惩罚性赔偿制度的设立可以在填补损害的同时,起到惩罚和遏制不法行为的作用,通过设立高于实际损失一定倍数的赔偿金,可以增加违法成本,有效预防同类损害行为的发生。

(一)环境侵权惩罚性赔偿规则的设立

良好的生态环境可以改善和促进人们的身体健康,提高人们生活的幸福指数,促进经济的长久发展。党的十八大以来,越来越强调对环境的保护。党的十八届三中全会提出"对造成生态环境损害的责任者严格实行赔偿制度"。党的十九大报告明确要求"加大生态系统保护力度"。

---

① 参见最高人民法院民法典贯彻实施工作领导小组主编:《中华人民共和国民法典侵权责任编理解与适用》,人民法院出版社 2020 年版,第 529 页;黄薇主编:《中华人民共和国民法典释义》,法律出版社 2020 年版,第 2394 页。

由于环境侵权具有侵害方式的复合性、侵害过程的复杂性、侵害后果的隐蔽性和长期性等特点,且一旦环境被破坏,很难恢复。目前,我国环境污染问题突出,雾霾、沙尘、水体污染、固体废弃物污染等,对人们的日常生活和经济发展产生了一定的负面影响。因此,实践中存在对环境侵权适用惩罚性赔偿规则的迫切需求。

《民法典》颁布前,惩罚性赔偿规则主要适用于消费者权益保护、产品责任、食品安全等领域,都取得了较好的实践效果。面对环境侵权领域的突出问题,最高人民法院在提炼总结司法实践问题时,对建立生态环境惩罚性赔偿制度进行了有益的探索,在多个文件中均指出要在环境侵权领域探索建立惩罚性赔偿制度。[①]

基于社会治理需求与司法实践的呼声,《民法典》在第1232条增加规定了环境侵权惩罚性赔偿责任,进一步完善了环境侵权的民事责任体系。

(二)环境侵权惩罚性赔偿的适用条件

根据《民法典》第1232条规定,如果侵权人系违反法律规定故意污染环境、破坏生态,且造成严重后果,被侵权人有权请求相应的惩罚性赔偿。

1. 主观要件

侵权人主观上存在故意,是适用惩罚性赔偿规则的前提条件。环境侵权责任是无过错责任,不要求侵权人主观上具有过错。但是,在适用惩罚性赔偿规则的情形下,被侵权人必须证明侵权人具有故意。此处的"故意",包

[①] 2014年6月23日,《最高人民法院关于全面加强环境资源审判工作为推进生态文明建设提供有力司法保障的意见》(法发〔2014〕11号)第5条"基本原则"提出,"要坚持损害担责。落实全面赔偿规定,探索建立环境修复、惩罚性赔偿等制度,依法严肃追究违法者的法律责任"。2015年9月16日,《最高人民法院关于充分发挥审判职能作用切实维护公共安全的若干意见》(法发〔2015〕12号)第11条提出,"落实全面赔偿规定,探索建立环境修复、惩罚性赔偿等制度,依法严肃追究违法者的法律责任"。2016年5月26日,《最高人民法院关于充分发挥审判职能作用为推进生态文明建设与绿色发展提供司法服务和保障的意见》(法发〔2016〕12号)第23条提出,"探索适用惩罚性赔偿责任"。2018年10月23日,《最高人民法院印发〈关于为实施乡村振兴战略提供司法服务和保障的意见〉的通知》(法发〔2018〕19号)第19条提出,"探索惩罚性赔偿制度在环境污染和生态破坏纠纷案件中的适用,积极营造不敢污染、不愿污染的法治环境"。

括直接故意和间接故意,不包括重大过失,这与过错责任包括重大过失有所区别。

2.行为要件

根据《民法典》第1232条规定,侵权人实施的污染环境、破坏生态行为必须是违反法律规定的。相比普通环境侵权,惩罚性赔偿规则的适用条件更为严苛,这是为了避免规则的滥用。如果是合法的排污行为,则不应受到法律的惩罚。

3.结果要件

只有造成严重后果,才可以适用惩罚性赔偿规则。对于何为"严重后果",《民法典》并没有作出具体规定。产品责任中,适用惩罚性赔偿要求造成他人死亡或者健康严重损害。类比产品责任,实践中,应当依法合理限定《民法典》第1232条的适用范围。只有在造成严重的生态环境损害或者严重的人身损害和财产损害时,结合具体情况,才可以适用惩罚性赔偿规则。具体适用标准需要实践的不断探索。

四、生态环境损害修复责任的确立

《民法典》第1234条规定了生态环境修复责任,明确把生态环境公共利益纳入保护对象,强调环境修复的重要性,为环境民事公益诉讼提供了实体法依据。这是贯彻落实习近平生态文明思想,践行绿色发展的要求,体现了修复在先和注重修复的立法目的。

(一)关于生态环境损害修复责任请求权的行使主体

根据《民法典》第1234条规定,生态环境损害修复责任请求权的行使主体为"国家规定的机关"和"法律规定的组织"。其中,"国家规定的机关"是指我国现有实体法、程序法以及国家政策性文件等规定的可以行使环境公益请求权的各类主体。主要包括:一是《民事诉讼法》第58条第1款规定的

"法律规定的机关",比如,《森林法》第68条规定的"县级以上人民政府自然资源主管部门、林业主管部门",《固体废物污染环境防治法》第122条第1款规定的"设区的市级以上地方人民政府或者其指定的部门、机构",《海洋环境保护法》第114条第2款规定的"依照本法规定行使海洋环境监督管理权的部门"等;二是《民事诉讼法》第58条第2款所规定的人民检察院;三是根据《生态环境损害赔偿制度改革方案》的规定,国务院授权的省级、市地级政府(包括直辖市所辖的区县级政府),作为本行政区域内生态环境损害赔偿权利人。

"法律规定的组织"是指符合我国法律规定的可以提起环境民事公益诉讼的组织。例如,《民事诉讼法》第58条第1款规定的法律规定的有关组织,《环境保护法》第58条规定的依法在设区的市级以上人民政府民政部门登记,专门从事环境保护公益活动连续五年以上且无违法记录的社会组织等。《环境民事公益诉讼解释》第2条对于环境保护法规定的社会组织的条件予以了进一步细化,即"依照法律、法规的规定,在设区的市级以上人民政府民政部门登记的社会团体、基金会(以及社会服务机构)等,可以认定为环境保护法第五十八条规定的社会组织"。

(二)承担环境修复责任的方式

1. 侵权人在合理期限内修复

环境修复是一个综合治理工程,具有复杂性和专业性。如果侵权人自身具备修复环境的专业能力,可以由侵权人在合理期限内自行修复,并自行承担修复费用。如果侵权人不具备修复环境的能力,可以委托专业机构完成修复。侵权人承担修复责任的合理期限,要具体情况具体分析,综合考虑环境自净能力、污染或破坏范围大小、环境修复难易程度等多种因素,并结合生态环境损害评估鉴定的意见、专家意见等合理确定。

2. 国家规定的机关或者法律规定的组织自行或者委托修复

如果侵权人在合理期限内未采取修复措施,为了更好地维护生态环境,权利主体可以自行或者委托修复,由侵权人负担所需费用。

五、生态环境损害赔偿范围

《民法典》颁布以前,《环境民事公益诉讼解释》《最高人民法院关于审理生态环境损害赔偿规定案件若干规定(试行)》等都对环境侵权的赔偿范围作出了规定。在此基础上,《民法典》第1235条回应了生态环境损害赔偿的现实需要,充分吸收司法实践经验,对生态环境损害赔偿范围从法律层面作了明确规定,具体包括以下几方面:

(一)生态环境受到损害至修复完成期间服务功能丧失导致的损失

生态环境受到损害至修复完成期间服务功能丧失导致的损失,被称为期间损失。[1]生态系统在调节气候、提供服务、文化服务等方面都发挥着不可或缺的作用,具有独立的价值。在受损期间内,生态系统的服务功能是不完整的,因此受到的损害应当得到赔偿。根据《环境损害鉴定评估推荐方法(第Ⅱ版)》,"期间损害"可以界定为,生态环境损害发生至生态环境恢复到基线状态期间,生态环境因其物理、化学或生物特性改变而导致向公众或其他生态系统提供服务的丧失或减少,即受损生态环境从损害发生到其恢复至基线状态期间提供生态系统服务的损失量。《民法典》第1235条第1项指明了修复期间的范围,即受损到修复完成期间,并突出了修复的目的是达到原有的生态功能水平。

(二)生态环境功能永久性损害造成的损失

实践中,并非所有的生态破坏都可以修复,有些对生态环境的损害是无法逆转的,是永久性的。因此,针对此种损害,只能通过司法鉴定或者专业

---

[1] 最高人民法院民法典贯彻实施工作领导小组主编:《中华人民共和国民法典侵权责任编理解与适用》,人民法院出版社2020年版,第568页。

评估等方式，对损失进行估算。《环境损害鉴定评估推荐方法（第Ⅱ版）》从技术规范的角度对永久性损害作出了定义，即"受损生态环境及其功能难以恢复，其向公众或其他生态系统提供服务能力的完全丧失"。此类损害修复极其困难，既要考虑修复手段可行性，又要进行成本分析。赔偿资金不应当支付给原告，亦不直接支付给修复机构，而是作为公共利益的损失支付到国库或者公益诉讼基金、专项基金账户、土壤污染省级修复基金等，统筹用于生态环境保护工作。①

（三）生态环境损害调查、鉴定评估等费用

环境侵权事件发生后，为了及时了解情况并固定证据，相关主管部门往往会对损害情况进行全面调查，收集相关信息和证据，通过各种检验、检测和评估等方式，来认定污染种类、范围和原因，评估损失大小，损害是否可以修复，这需要由专门的鉴定机构出具鉴定意见。因此产生的调查、鉴定评估费用都是因生态环境遭受破坏产生的费用，应当纳入生态环境损害赔偿范围。

（四）清除污染、修复生态环境费用

清除污染、修复生态环境费用是为修复环境和生态而支出的合理费用。其中，清除污染费用是为了及时清除污染物或消除污染行为采取的必要、合理措施产生的费用；修复生态环境费用是在侵权人不履行修复义务的基础上承担的修复环境所需的费用，除此之外，还包括制定、实施修复方案的费用，修复期间的监测、监管费用以及修复完成后的验收费用、修复效果后评估费用等。②

---

① 江必新主编：《中华人民共和国民法典适用与实务讲座》，人民法院出版社2020年版，第1177页。
② 最高人民法院民法典贯彻实施工作领导小组主编：《中华人民共和国民法典侵权责任编理解与适用》，人民法院出版社2020年版，第570页。

（五）防止损害的发生和扩大所支出的合理费用

环境侵权事件发生后，应当及时采取防范性措施，防止损害的发生和扩大，将损害尽可能控制在最小范围内。为此而支出的合理、必要费用应当纳入生态环境损害的赔偿范围。根据《环境民事公益诉讼解释》第 19 条规定，为停止侵害、排除妨害、消除危险采取合理预防、处置措施而发生的费用属于合理费用。

第十七章
高度危险责任的发展完善与规则适用

▼

高度危险责任是伴随着现代工业革命的进程，随着人类科学技术发展进步而不断发展的。科技进步带给人类巨大方便和福祉的同时，也给人们的生存和发展带来无时不在的危险。[①] 如何处理这类高度危险作业给人们的人身和财产造成的损害，是继续沿用过去的过错责任原则，还是提出新的责任归责原则以迎接新的挑战？如果固守传统的过错责任，从事危险活动者往往会以没有过失为借口，使受害人难以甚至无法获得财产上的赔偿。在此背景下，当时的普鲁士在1838年通过了《普鲁士铁路企业法》。该法规定："铁路公司所运输的人及物，或者因转运之事故对他人人身和财物造成损害，应当承担赔偿责任。容易致人损害的企业的企业主即使没有任何过失，也不得以无过失为由请求免除赔偿。"后来，该规定扩大适用于包括铁路公司在内的一切容易致人损害（即从事高度危险作业）的企业。通常认为这是首次确立高度危险作业无过错赔偿责任原则的法律规定。[②] 此后，德国的许多法律，如《铁路及电车对物品损害赔偿法》（1940年）、《原子能法》（1959年）、《航空法》（1966年）等，分别规定了火车、电车、核能、航空器等致人损害的危

[①] 最高人民法院侵权责任法研究小组编著：《〈中华人民共和国侵权责任法〉条文理解与适用》，人民法院出版社2010年版，第473页。
[②] 王胜明主编：《中华人民共和国侵权责任法释义》，法律出版社2010年版，第347页。

险责任。英美法近代无过错责任也是从危险责任开始的，1868年的Rylands V.Fletcher一案确立了"持有或者使用危险物质者，对逸出危险物质致人损害的，无论有无过失都应当承担损害赔偿责任"的无过失责任原则。自此以来，以危险责任为基础的严格责任乃得以成为过错责任之外的独立责任形态，几乎主导了《侵权责任法》近一个世纪的发展。法国则通过法院对《法国民法典》第1384条第1款"任何人不仅对因自己的行为造成的损害负赔偿责任，而且对应由其负责之人的行为或由其照管之物造成的损害负赔偿责任"的扩大解释而形成了危险责任的一般规则。[①] 此后的《日本民法典》等，均对高度危险责任的内容有所规定。特别是近年来，《俄罗斯民法典》《荷兰民法典》等都对危险责任作了规定，且危险责任的范围正有日益扩大的趋势。

我国自《民法通则》施行以来，也明确规定了高度危险作业致害责任。《民法通则》第123条[②]规定："从事高空、高压、易燃、易爆、剧毒、放射性、高速运输工具等对周围环境有高度危险的作业造成他人损害的，应当承担民事责任；如果能够证明损害是由受害人故意造成的，不承担民事责任。如果能够证明损害是由受害人故意造成的，不承担民事责任。"此后，在《民用航空法》《铁路法》《民用爆炸物品管理条例》《化学危险物品安全管理条例》《放射性同位素与射线装置放射防护条例》《国内航空运输旅客身体损害赔偿暂行条例》等许多法律、法规中都具体规定了不同类型的高度危险作业致害责任。《侵权责任法》在总结以往立法和实践经验的基础上，在第69条[③]确立了高度危险责任规则的一般条款，并专章规定高度危险责任。该条规定："从事高度危险作业造成他人损害的，应当承担侵权责任。"《民法典》承袭了这一做法，并在本条原文保留了高度危险责任一般条款的规定，这也明确了高度危险责任为无过错责任。

---

① 中国人民大学法律系民法教研室编：《外国民法论文选》（一），中国人民大学出版社1984年版，第305~307页。
② 对应《民法典》第1239条、第1240条。
③ 对应《民法典》第1236条。

概言之，高度危险责任具有以下特征：第一，行为的高度危险性。高度危险责任中危险的"高度性"是指某一种危险转变为现实损害的可能性很大，主要表现为高度危险物如易燃、易爆物品，剧毒、放射性物品，高速运输工具等造成他人损害的几率很大；或者虽然可能性不大，但一旦造成损害，其后果将会非常严重，如民用核设施一旦发生事故、民用航空器一旦失事，往往体现为受害人人数众多，且侵害对象多是生命健康权。第二，受害人特别保护的必要性。与行为的高度危险性相伴随的是受害人特别保护的必要性。高度危险责任是与现代高科技的发展密切相关的。科技的高度发达，各种构造极其紧密而复杂的机械及其成品，相继广泛运用于人类社会各种生活领域，而对此种机械及其成品的操作或使用，如关于核能的利用、航空器的操作等，都是人力所不能完全控制的，这是高度危险责任得以产生的背景。与高科技密切相关的是，受害人虽然遭受了严重的损害，却很难举证加害人具有过失，若遵循传统的"无过错便无责任"的过错责任法理，则受害人很难得到应有的救济。受害人不仅难以证明危险作业人具有过失，甚至连因果关系都很难举证，因为高度危险行为的高科技性、多环节性等特点，使得因果关系的认定变得异常困难。诸此种种，都要求跳出传统过错责任的窠臼，而设立新的责任方式，加重行为人的责任，以实现对受害人的救济，高度危险责任由是而生。[①] 第三，责任的无过错性。过错责任以行为人或责任人具有过错为必要，"无过错便无责任"。但高度危险责任却不同，其构成要件并不需要考虑加害人的过错，只要发生一定的损害后果，行为人就要承担相应的责任，此即无过错责任。第四，责任的受限性与分散性。高度危险责任的高度危险性、行为的无过错性以及损害后果的严重性决定了既需要对受害人给予救济，又需要限制、分散加害人的责任，于是两个与高度危险责任相伴生的制度便产生了：一是责任限额制度，一方面表现为责任范围的限制，即其赔偿范围一

[①] 参见最高人民法院民法典贯彻实施工作领导小组主编：《中华人民共和国民法典侵权责任编理解与适用》，人民法院出版社2020年版，第581页。

般限于财产损害，而不及于精神损害赔偿；另一方面表现为责任数额的限制，即便是财产损害，也不实行全部赔偿原则，而是实行限额赔偿原则。二是责任保险制度。从实践情况来看，责任保险与高度危险责任是互相促进、相互伴生的。[①]"责任保险与侵权行为法的发展，具有相互推展的作用。侵权责任的加重，促进了责任保险的发展，而责任保险的建立也使侵权行为法采取较严格的责任原则。"[②]

相较《侵权责任法》的有关规定，《民法典》侵权责任编有关高度危险责任的重要修改主要有以下几点：

1.《民法典》第1237条关于民用核设施或运入运出核设施的核材料致害责任的规定。《侵权责任法》第70条规定："民用核设施发生核事故造成他人损害的，民用核设施的经营者应当承担侵权责任，但能够证明损害是因战争等情形或者受害人故意造成的，不承担责任。"第1237条基本沿用了这一规定，其中修改了三点：（1）将"民用核设施"拓展为"民用核设施或者运入运出核设施的核材料"，这样和相关法律法规的规定相吻合，按照核事故的定义涵盖了所有环节；（2）责任主体上将原来的"民用核设施的经营者"修改为"民用核设施的营运单位"；（3）将"战争"拓展为"战争、武装冲突、暴乱"，涵盖更广，也是基于对审判实践经验的总结。

2.《民法典》第1240条关于从事高空、高压、地下挖掘活动或者使用高速轨道运输工具致害责任的规定。《侵权责任法》第73条规定："从事高空、高压、地下挖掘活动或者使用高速轨道运输工具造成他人损害的，经营者应当承担侵权责任，但能够证明损害是因受害人故意或者不可抗力造成的，不承担责任。被侵权人对损害的发生有过失的，可以减轻经营者的责任。"第1240条将"过失"修改成了"重大过失"，从而限缩了经营者减轻责任的条件。

[①] 参见陈现杰主编：《中华人民共和国侵权责任法条文精义与案例解析》，中国法制出版社2010年版，第240页。

[②] 王泽鉴：《侵权行为法·基本理论·一般侵权行为》，中国政法大学出版社2002年版，第8~9页。

3.《民法典》第 1243 条关于未经许可进入高度危险活动区域或者高度危险物存放区域致害责任的规定。《侵权责任法》第 76 条规定："未经许可进入高度危险活动区域或者高度危险物存放区域受到损害，管理人已经采取安全措施并尽到警示义务的，可以减轻或者不承担责任。"相较这一规定，《民法典》第 1243 条对这一侵权行为情形作了保留，但有关内容作了重大修改：（1）将原来的"管理人已经采取安全措施并尽到警示义务的，可以减轻或者不承担责任"修改为"管理人能够证明已经采取足够安全措施并尽到充分警示义务的，可以减轻或者不承担责任"，明确了《民法典》第 1243 条规定适用举证责任倒置的规则，实际上是过错推定责任，较以前表述采取了更为严格的责任；（2）将"已经采取安全措施并尽到警示义务"修改为"已经采取足够安全措施并尽到充分警示义务"，提高了对管理人的注意义务标准。

4.《民法典》第 1244 条关于高度危险责任赔偿限额的规定。《侵权责任法》第 77 条规定："承担高度危险责任，法律规定赔偿限额的，依照其规定。"第 1244 条增加了可进行免责抗辩的情形："但是行为人有故意或者重大过失的除外。"

一、关于民用核设施、核材料致害责任

《民法典》第 1237 条规定："民用核设施或者运入运出核设施的核材料发生核事故造成他人损害的，民用核设施的营运单位应当承担侵权责任；但是，能够证明损害是因战争、武装冲突、暴乱等情形或者受害人故意造成的，不承担责任。"

所谓核设施，依据《放射性污染防治法》第 62 条第 1 款规定："核设施，是指核动力厂（核电厂、核热电厂、核供汽供热厂等）和其他反应堆（研究堆、实验堆、临界装置等）；核燃料生产、加工、贮存和后处理设施；放射性废物的处理和处置设施等。"依据《核安全法》第 93 条规定："核事故，是指

核设施内的核燃料、放射性产物、放射性废物或者运入运出核设施的核材料所发生的放射性、毒害性、爆炸性或者其他危害性事故，或者一系列事故"。依据《民法典》第1237条规定，核事故责任这类高度危险作业造成的损害应适用无过错责任原则。由此，核事故责任的构成要件为：（1）民用核设施或者运入运出核设施的核材料发生核事故；（2）发生了损害后果；（3）核事故与损害后果之间具有因果关系。

关于免责事由，依据《民法典》第1237条的规定，民用核设施的营运单位能够证明损害是因战争、武装冲突、暴乱等情形或者受害人故意造成的，不承担责任。对此要注意的问题是：（1）《民法典》第1237条规定限缩了不可抗力的适用范围。并非所有的不可抗力都可以作为核事故责任的免责事由，而是仅限于"战争、武装冲突、暴乱等情形"，这与国际上通行做法也是一致的。从解释论角度出发，战争、武装冲突、暴乱等情形属于不可抗力的范畴，故就不可抗力的免责事由而言，应该理解为《民法典》第1237条属于《民法典》第180条的特别规定，故《民法典》第1237条所限免责事由应该仅限于上述不可抗力情形。（2）与其他法律规定衔接适用问题。《核安全法》第90条规定："因核事故造成他人人身伤亡、财产损失或者环境损害的，核设施营运单位应当按照国家核损害责任制度承担赔偿责任，但能够证明损害是因战争、武装冲突、暴乱等情形造成的除外。为核设施营运单位提供设备、工程以及服务等的单位不承担核损害赔偿责任。核设施营运单位与其有约定的，在承担赔偿责任后，可以按照约定追偿。核设施营运单位应当通过投保责任保险、参加互助机制等方式，作出适当的财务保证安排，确保能够及时、有效履行核损害赔偿责任。"这一规定与《民法典》第1237条规定属于有关核事故赔偿责任的特别法与一般法的关系。《核安全法》细化了一些内容，比如有关约定追偿的问题，《民法典》第1237条并没有规定，应该适用《核安全法》规定。但在免责事由方面，《民法典》第1237条规定增加了"受害人故意"这一情形。对此，由于《核安全法》是2018年实行的，《民法典》这一规定在后，且又增加了适用情形，这时应当遵循"后法"优于"前法"的规则，适用《民法典》第1237条规定，即"受害人故意"属于核事故责任的法定免责事由。关于举证责任。在适用无过错责任情形下，被告方应负有更重的举证责任，被告方要对"损害是因战争、武装冲突、暴乱等情形或者受害人故意造成的"承担举证责任；受害人仅需对发生了核事故，其受到了损害承担举证责任，至于因果关系，应当遵循推定的做法，由被告方对于没有因果关系承担举证责任。而且被告方只有证明损害是由战争、武装冲突、暴乱等情形或者受害人故意造成的，才可以否定该因果关系的存在，从而免责。[1]

民用核设施或核材料致害责任主体是民用核设施的经营者，也就是所谓民用核设施的营运者。按照2007年《国务院关于核事故损害赔偿责任问题的批复》（国函〔2007〕64号）的规定，民用核设施的营运者应当对核事故造成的人身伤亡、财产损失或者环境受到的损害承担赔偿责任。营运者以外的其他人不承担赔偿责任。我国境内依法取得法人资格，营运核电站、民用研究堆、民用工程实验反应堆的单位或者从事民用核燃料生产、运输和乏燃料贮存、运输、后处理且拥有核设施的单位，为该核电站或者核设施的营运者。因民用核设施的设计人、建筑人的过错，导致该民用核设施发生核事故造成他人人身、财产损害的，按照上述批复的规定，也应当由该民用核设施的经营者向受害人承担责任，然后由经营者依照合同的约定，向设计人或者施工人等责任人追偿。核事故损害涉及两个以上营运者，且不能明确区分各营运者所应承担的责任的，相关营运者应当承担连带责任。

关于责任承担方式。由于核事故对周围环境带来很大的危害，往往会带来次生危害，在发生核事故后，民用核设施的运营者不仅要进行损害赔偿，而且要在事发时积极采取停止侵害、消除危险等措施。就损害赔偿而言，国际通行做法是通过立法规定民用核设施的赔偿限额。如上述批复中规定："核

---

[1] 参见最高人民法院民法典贯彻实施工作领导小组主编：《中华人民共和国民法典侵权责任编理解与适用》，人民法院出版社2020年版，第593页。

电站的营运者和乏燃料贮存、运输、后处理的营运者，对一次核事故所造成的核事故损害的最高赔偿额为三亿元人民币；其他营运者对一次核事故所造成的核事故损害的最高赔偿额为一亿元人民币。核事故损害的应赔总额超过规定的最高赔偿额的，国家提供最高限额为八亿元人民币的财政补偿。对非常核事故造成的核事故损害赔偿，需要国家增加财政补偿金额的由国务院评估后决定。"

二、高度危险作业致人损害责任

《民法典》第1240条规定："从事高空、高压、地下挖掘活动或者使用高速轨道运输工具造成他人损害的，经营者应当承担侵权责任；但是，能够证明损害是因受害人故意或者不可抗力造成的，不承担责任。被侵权人对损害的发生有重大过失的，可以减轻经营者的责任。"相较《侵权责任法》第73条的规定，该条将"过失"修改成了"重大过失"，限缩了经营者减轻责任的条件。

（一）基本范畴的界定

1. 关于高空作业

高空作业，是从相对高度概念出发的。这里需要说明的是，高空作业与高处作业的区别。根据GB/T3608《高处作业分级》的规定，凡在有可能坠落的高处进行施工作业，当坠落高度距离基准面在2米或2米以上时，该项作业即被称为高处作业。此处的高处作业不仅是指对作业人，也包括高空作业人之外的人，如对地面的行人造成的损害。高空作业指的是在建筑、设备、作业场所、工具、设施等高部位作业。首先，可能造成作业人坠落、伤亡，这种造成作业的工人人身伤亡的，属于工伤事故，一般按照工伤事故的规定请求赔偿；其次，高空作业对地面或其他地方造成损害。例如，高空作业中，建筑物顶部安装广告牌作业时工具、材料脱落或人员坠落等，造成地面行人或其他建筑物、财产的损害。应当注意的是，民用航空运输不属于高空作业，在民用航空器飞行中因坠落物体造成地面人员损害的，应当适用《民用航空法》和《民法典》第1238条关于民用航空器致人损害责任。如果是高空缆车造成他人损害的，则属于高空作业，适用高度危险作业致人损害责任的相关规则。①

2.关于高压作业

高压，是指高于通常标准的压力。工业上通常利用高压方式制造、运输、储藏特殊能量或者物质，工业上的高压极具危险性，对周围环境和人身安全具有重大危害。"高压作业"造成他人损害，应指高压输电线路和高压设施致人损害。王利明教授主编的《中国民法典学者建议稿及立法理由：侵权行为编》中将高压致害规定为："以高压制造、储藏、运送电力、液体、煤气、蒸汽等气体，因高压作用造成他人损害的，其所有人、占有人或管理人应当承担民事责任。"② 可见，"高压"应当包括高压力（计量单位为"帕"）和高压电。其中高压设施致人损害是从事利用高压力设施的作业时造成的损害和高压电作业造成的损害。

《最高人民法院关于审理触电人身损害赔偿案件若干问题的解释》③第1条规定，"高压"包括1千伏（KV）及其以上电压等级的高压电；1千伏（KV）以下电压等级为非高压电。即1千伏定为对周围环境具有高度危险电压的起点。日常家用电器额定电压为220伏，三相380伏适用于小型动力用电。对人体而言，无论是380伏还是220伏，都不是安全电压，都可以致人死亡。但是人体接触220伏或380伏的电，都有自救的可能。1千伏及以上的电压等级的电，对人体会有严重的伤害，没有自救的可能。该

---

① 参见王胜明主编：《中华人民共和国侵权责任法释义》，法律出版社2010年版，第367页。
② 王利明主编：《中国民法典学者建议稿及立法理由：侵权行为编》，法律出版社2005年版，第193页。
③ 该解释已被《最高人民法院关于废止1997年7月1日至2011年12月31日期间发布的部分司法解释和司法解释性质文件（第十批）的决定》废止。

解释虽然已经被废止，但上述关于高压的界定，仍具有参考意义。我国以前电力设计规程明确1千伏就是高压电，现在仍沿用1千伏为高压电的起点。1千伏以下的常见电压等级为220伏或380伏，其他电压等级如500伏或600伏也可能存在，但一般人接触不到，通常在发电厂或有特殊需要的场所。《供电营业规则》第6条规定："供电企业供电的额定电压：（1）低压供电：单相为220伏，三相为380伏；（2）高压供电：为10、35（63）、110、220千伏。"对高压输电线路及高压设施致损案件适用无过错责任原则的根据，在于高压电致人损害的特殊性。当人体与高压输电线路或者高压设施的距离低于安全距离时，高压输电线路或高压设施发生放电现象，一旦巨大能量的高压电流击中或者贯穿人体，即使幸免于死亡，也将造成严重残疾，其后果非常严重。而低压电致人伤害，是电流流经心脏造成心脏停止跳动致人死亡，如果电流未流经心脏，一般不会导致死亡，更不会造成残疾。因此，低压电致人损害属于一般侵权责任，应当适用过错责任原则，而高压输电线路和高压设施致人损害，属于高度危险责任，应当适用无过错责任原则。[①]

3. 地下挖掘活动

地下挖掘活动就是在地表下一定深度进行挖掘的行为，主要包括地下挖煤、采矿，以及地下建筑、地下管道铺设等具有高度危险性的地下挖掘、开采活动。近年来，因地下采矿、地下施工造成的损害日益增多，特别是城市隧道（主要是地铁工程及各类市政地下工程）施工往往处于建筑物、道路和地下管线等设施的密集区，城市隧道建设中出现塌陷事件，对他人造成伤害。如北京、上海、深圳、杭州等地都出现过在建地铁隧道塌陷，造成多人伤亡事件。因此，在《民法典》第1240条中明确规定，地下挖掘活动造成他人损害的，由经营者承担侵权责任，明确将地下挖掘活动列入高度危险作业侵权

[①] 最高人民法院侵权责任法研究小组编著：《〈中华人民共和国侵权责任法〉条文理解与适用》，人民法院出版社2010年版，第502页。

责任当中。[1]

4.高速轨道运输工具

高速的界定，通常以火车速度为标准。我国通常以最高时速作为对交通工具的定性标准，只要最高时速达到高速标准，就可以称之为"高速轨道运输工具"。铁路运输是高速轨道运输，是具有危险性的运输活动。高速轨道运输工具致人损害的情形包括：铁路行车事故，列车在运行中发生的人身损害事故或者财产损害事故，也包括从列车上坠落、投掷物品、列车排放能量，造成他人人身损害或者财产损害的事故。[2]《民法典》第1240条将适用范围限于高速轨道运输工具，主要指的是铁路，包括通常所谓的铁路、城铁、轻轨。在我国，铁路有快车、慢车之分，但此种区分主要着眼于停靠车站的多寡，就慢车本身的新车速度而言，仍具有高速性特征，因此仍然适用《民法典》第1240条。[3]

（二）责任构成与免责事由

高度危险致人损害责任的主体为经营者，是指对从事高压、高空、地下挖掘活动或者高速轨道运输工具享有运行支配和运行利益的人，即对高度危险作业的设备拥有支配权并享受运行利益的人为经营者。经营者是向消费者提供其生产、销售的商品或者提供服务的自然人、法人或者非法人，它是以营利为目的从事生产经营活动并与消费者相对应的另一方当事人。之所以规定经营者承担赔偿责任，是由于在我国绝大多数从事高度危险作业的公司为国有企业，如铁路、航空、油气、核电等，即所有者为国家，经营者为国有公司。对于这种情形，对高度危险作业的致人损害承担民事责任的责任人应当是作业的经营者（即国有公司）而不是任何国家机关，包括其主管机关。

---

[1] 参见最高人民法院民法典贯彻实施工作领导小组主编：《中华人民共和国民法典侵权责任编理解与适用》，人民法院出版社2020年版，第613页。

[2] 最高人民法院侵权责任法研究小组编著：《〈中华人民共和国侵权责任法〉条文理解与适用》，人民法院出版社2010年版，第503页。

[3] 陈现杰主编：《中华人民共和国侵权责任法条文精义与案例解析》，中国法制出版社2010年版，第257页。

这既符合高度危险作业适用无过错责任的理论基础，也反映了我国公有制为主导地位的条件下国有企业作为法人独立承担民事责任的现状。① 比如，从事高压活动造成他人损害的，经营者应当承担侵权责任。如果是使用高压容器造成损害的，经营者就是高压容器的使用者。如果是高压电造成损害的，作为责任主体的经营者则依具体情况而定。因为电必须有一定的载体才能存在，高电压对周围环境的危害是以电的载体衡量的。高电压的载体应当包括高电压变压器、高电压电力线路、高电压电力设备等。从过程上看，发电、输电、配电、用电等环节必须以一个网络联系起来，并且同时进行。而发电、输电、配电和用电一般情况下分属于不同主体。如果是在发电企业内的高压设备造成损害的，作为责任主体的"经营者"就是发电企业。如果是高压输电线路造成损害的，责任主体就是输电企业，在我国主要是电网公司。如果是在工厂内高压电力生产设备造成损害的，责任主体就是该工厂的经营者。② 具体到高速轨道运输工具而言，经营者就是从事高速轨道运输的运输企业。

1. 关于构成要件

高度危险作业致人损害的侵权责任适用无过错责任原则，即不以侵权人是否有过错作为承担责任的要件。据此，关于高度危险作业侵权责任的构成要件包括：（1）加害人实施了高度危险作业的行为：一是从事高空、高压或地下挖掘活动；二是使用高速轨道运输工具。从事以上两类活动给他人造成人身或财产方面的损害的，经营者应当承担赔偿责任。高度危险作业只是对他人人身、财产构成严重危险，损害事实尚未发生，则不能根据要求行为人承担赔偿责任。（2）发生了损害后果。损害后果的要件是侵权责任的共性要件，在此不再赘述。（3）高度危险作业和损害后果之间具有因果关系。即受害人的损害是因为行为人从事的高空、高压、地下挖掘活动，或是因为高速

---

① 最高人民法院侵权责任法研究小组编著：《〈中华人民共和国侵权责任法〉条文理解与适用》，人民法院出版社2010年版，第504页。

② 王胜明主编：《中华人民共和国侵权责任法释义》，法律出版社2010年版，第369页。

轨道运输工具造成的。

对于上述构成要件事实，被侵权人应当对受到损害的事实以及高度危险作业的事实承担举证责任，至于因果关系，则应采取推定的方式，由侵权人就高度危险作业与损害后果的发生没有因果关系承担举证责任。至于诉讼中侵权人举证证明其并非高度危险作业的经营者的，即不是该侵权责任的适格主体，当然也就无须承担相应侵权责任。

2. 关于免责事由

高度危险作业侵权责任中的免责事由包括受害人故意和不可抗力两种情形。受害人的故意包括直接故意和间接故意两种情形：直接故意，即受害人明知其行为会导致损害后果，而追求或希望损害结果的发生；间接故意，受害人明知其行为可能导致损害后果，而放任这种后果的发生。实践中，受害人的故意有：（1）自杀或自伤，行为人利用高度危险作业实施自杀或自伤行为，这是直接故意，经营者不承担赔偿责任；（2）从事与高度危险作业有关的犯罪活动。盗窃或破坏高度危险作业的设施；受害人的故意作为免除侵权人责任的法定条件，应由侵权人一方承担证明受害人的故意，证明其故意的行为与损害结果之间的因果关系。在此要注意的是，第三人的过错并非本条规定的免责条件，作业人因高空作业导致他人损害后应对无辜的受害者直接承担赔偿责任，在承担赔偿责任后，有权向因过错造成此损害的第三人追偿。

3. 关于不可抗力

"不可抗力"通常包括：（1）自然灾害，即因自然原因引起的不可抗力，如地震、台风、海啸等，一般性自然灾害不应当认为是不可抗力。（2）社会事件，即因社会原因引起的不可抗力，如战争、武装冲突、社会暴乱等。不可抗力作为高度危险作业致人损害责任的免责条件，已在《侵权责任法》时期即作了明确规定。就举证责任而言，侵权人应当就该损害是由不可抗力造成（即包含因果关系要件）承担举证责任。

高度危险作业减责事由为：被侵权人对损害的发生有重大过失的，可以减轻侵权人的责任。这一规定体现了高度危险作业侵权责任与高度危险物致害责任的一致性，也体现了它们与民用核设施发生核事故致害责任的不同，民用核设施导致损害的后果通常更为严重，其责任承担更为严格，不论受害人有无过失，过失程度如何，民用核设施的经营者都不能减轻责任。而高度危险作责任减轻责任的情形严格限定为受害人的"重大过失"，受害人有一般过失的，不能减轻占有人或者使用人的赔偿责任。同时，"重大过失"也仅是本条规定情形的减轻责任的事由，并非免责事由。

《民法典》第1240条规定的高速轨道运输工作致害责任的内容与《铁路法》第58规定的衔接适用问题。在免责事由上，《铁路法》第58条规定："因铁路行车事故及其他铁路运营事故造成人身伤亡的，铁路运输企业应当承担赔偿责任；如果人身伤亡是因不可抗力或者由于受害人自身的原因造成的，铁路运输企业不承担赔偿责任。违章通过平交道口或者人行过道，或者在铁路线路上行走、坐卧造成的人身伤亡，属于受害人自身的原因造成的人员伤亡。"而《民法典》第1240条规定的免责事由仅限于不可抗力和受害人故意两种情形，比《铁路法》的上述规定要窄一些。从法理上说，《铁路法》第58条的规定与《民法典》第1240条之间属于特别法与一般法的关系，根据特别法优于一般法的规则，应该优先适用特别法。但《铁路法》系2015年修正（该条规定实际上保留了2009年修正时的相关内容），而《民法典》又属于新法的范畴，因此，又涉及在先的特别法与在后的一般法的适用问题。一种观点认为，应考察此前的相关规定与高度危险责任的一般原理或明确规定是否一致，在《民法典》第1240条明确规定只有受害人故意或不可抗力方可免除责任的情况下，《铁路法》的规定因其明显违反新法，而不应予以适用。[①]这一见解具有一定的合理性。笔者认为，此首先涉及法律解释问题，即在后

[①] 陈现杰主编：《中华人民共和国侵权责任法条文精义与案例解析》，中国法制出版社2010年版，第258页。

的一般法与在先的特别法规定的一致性的认识及解释问题。对此，有关《民法典》第1240条规定适用的条件为"使用高速轨道运输工具"造成他人损害的情形，若是其他有关铁路事故的情形，则应当适用《铁路法》第58条的规定，因为该条规定的"因铁路行车事故及其他铁路运营事故"以及"违章通过平交道口或者人行过道"发生的事故，在外延上也与《民法典》第1240条规定的"使用高速轨道运输工具"不尽一致，实际上更加宽泛。在综合《民法典》及《铁路法》相关规定精神的基础上，《最高人民法院关于审理铁路运输人身损害赔偿纠纷案件适用法律若干问题的解释》（2021年修正）第5条规定："铁路行车事故及其他铁路运营事故造成人身损害，有下列情形之一的，铁路运输企业不承担赔偿责任：（一）不可抗力造成的；（二）受害人故意以卧轨、碰撞等方式造成的；（三）法律规定铁路运输企业不承担赔偿责任的其他情形造成的。"第6条规定："因受害人的过错行为造成人身损害，依照法律规定应当由铁路运输企业承担赔偿责任的，根据受害人的过错程度可以适当减轻铁路运输企业的赔偿责任，并按照以下情形分别处理：（一）铁路运输企业未充分履行安全防护、警示等义务，铁路运输企业承担事故主要责任的，应当在全部损害的百分之九十至百分之六十之间承担赔偿责任；铁路运输企业承担事故同等责任的，应当在全部损害的百分之六十至百分之五十之间承担赔偿责任；铁路运输企业承担事故次要责任的，应当在全部损害的百分之四十至百分之十之间承担赔偿责任；（二）铁路运输企业已充分履行安全防护、警示等义务，受害人仍施以过错行为的，铁路运输企业应当在全部损害的百分之十以内承担赔偿责任。铁路运输企业已充分履行安全防护、警示等义务，受害人不听从值守人员劝阻强行通过铁路平交道口、人行过道，或者明知危险后果仍然无视警示规定沿铁路线路纵向行走、坐卧故意造成人身损害的，铁路运输企业不承担赔偿责任，但是有证据证明并非受害人故意造成损害的除外。"有关铁路运输人身损害赔偿纠纷要适用上述规定。

三、关于未经许可进入高度危险活动区域或者高度危险物存放区域致害责任的免责或者减责问题

高度危险责任中除了这一类对周围环境实施积极、主动危险活动的高度危险作业外,还包括另一类,它并非积极、主动实施对周围环境造成高度危险的活动,而是因其管理控制的场所、区域具有高度危险性,如果未经许可擅自进入该区域,则易导致损害的发生,即高度危险活动区域或者高度危险物存放区域责任。如果将对高度危险场所、区域的控制和管理也视为高度危险活动,这一类高度危险活动是静态的,不像高度危险作业活动一样对周围环境实施了积极、主动的危险。虽然二者都属于高度危险责任,但在免责和减责事由上,二者应有所区别。[①]正因如此,《侵权责任法》第76条规定:"未经许可进入高度危险活动区域或者高度危险物存放区域受到损害,管理人已经采取安全措施并尽到警示义务的,可以减轻或者不承担责任。"相较这一规定,《民法典》第1243条对这一侵权行为情形作了保留,但对有关内容作了重大修改:一是将原来的"管理人已经采取安全措施并尽到警示义务的,可以减轻或者不承担责任"修改为"管理人能够证明已经采取足够安全措施并尽到充分警示义务的,可以减轻或者不承担责任",即明确了适用举证责任倒置的规则,实际上是过错推定责任,较以前表述采取了更为严格的责任。二是将"已经采取安全措施并尽到警示义务"修改为"已经采取足够安全措施并尽到充分警示义务",提高了对管理人的注意义务标准。

关于构成要件。依据《民法典》第1243条规定,所有人、管理人承担侵权责任的构成要件有:

1. 受害人未经许可进入高度危险活动区域或者高度危险物存放区域而受到损害。受害人进入该高度危险区域或者高度危险物存放区域未得到许可,

---

① 王胜明主编:《中华人民共和国侵权责任法释义》,法律出版社2010年版,第379页。

属于擅自进入的情形，这时受害人对于损害后果的发生具有过错。当然，高度危险活动区域或者高度危险物存放区域应当属于依法依规设定的区域。

2. 管理人未采取足够安全措施或者并未尽到充分警示义务。判断管理人是否尽到了安全保护和警示义务的问题，首先要依据相应的法律法规的规定，其次在实务上还要依危险活动或者危险物的危险性程度的高低来确定其安全保护或者警示义务的高低，同时还要根据受害人的情况来判断该种安全保护或者警示是否足以起到相应作用，而不宜按照一般注意义务为判断标准。比如，管理人采取的警示措施，对受害人不能起到警告作用，如在爆破现场，只是通过高音喇叭提示人们不得进入现场，对于聋哑人来说就不能认为已经起到了充分警示义务。[①] 关于减轻或者免除管理人责任的规定是基于过失相抵的原理而设定的。受害人未经许可进入高度危险区域，同时管理人已经采取了足够安全的措施并尽到了充分警示义务，则表明受害人明知是危险区域或者因其自身重大过失而进入，对因此而受到的损害有重大过错。这一重大过错包括故意和重大过失。比如，受害人明知是高度危险区域而进入，对于相应的损害结果是积极追求或者放任的态度，则为受害人故意的情形，这时管理人应当免责。如果是受害人因为重大过失没有注意到警示误入高度危险区域的，一般只是减轻管理人的责任。

3. 高度危险物或者高度危险作业与损害后果之间有因果关系。进入高度危险活动区域或者高度危险物存放区域，是受害人遭受损害的基本条件，如果受害人不进入危险区域，则会避免损害的发生。同时，此损害后果必须是高度危险物或者高度危险作业造成的，这也是管理人承担侵权责任的基本要件。[②]

应该说，《民法典》第1243条突出规定了所有人、管理人举证证明其尽到相应的高度注意义务而免责的规定，有观点认为，这是关于抗辩事由或者

---

① 最高人民法院侵权责任法研究小组编著：《〈中华人民共和国侵权责任法〉条文理解与适用》，人民法院出版社2010年版，第517页。

② 参见最高人民法院民法典贯彻实施工作领导小组主编：《中华人民共和国民法典侵权责任编理解与适用》，人民法院出版社2020年版，第632页。

免责事由的规定。笔者认为，此从法律适用的角度讲有一定道理，但是有混淆适用过错推定责任的侵权责任构成和免责事由之嫌。《民法典》第1243条规定的是须举证证明自身尽到特定的高度注意义务而免责的过错推定责任，而并未涉及有关受害人故意或者不可抗力等免责事由的内容。有关免责事由的规定应当体系化地考虑《民法典》总则编民事责任部分以及侵权责任编一般规定中有关免责事由的规定。在举证责任上，《民法典》第1243条明确了采取举证责任倒置的规则，即由侵权人一方对其尽到相应注意义务，即采取足够安全措施并且充分警示的义务承担举证责任。至于不可抗力，对于该条情形也具有一般适用的效力。至于第三人过错，则要考虑损害后果是否为该第三人过错行为百分之百原因造成，这时可以阻却该条规定的侵权责任构成，而由第三人承担相应的侵权责任。如果不是这一情形，则有必要仍然由所有人、管理人承担责任，然后再根据过错及原因力大小向该第三人追偿。至于进入有关高度危险区域同时涉及与其他高度危险物损害责任以及高度危险作业的情形，有关免责事由的规定应当适用各自相应的规定。对此，可以理解为有关具体高度危险责任的规定是特别规定，而该条规定同《民法典》第1236条一样，具有一般规定的功能，应当遵循特别法优先适用的规则，比如，《民法典》第1239条对占有、使用高度危险物侵权责任的免责事由有明确规定，涉及此类侵权责任时，就要直接适用该条规定。

四、关于高度危险责任的赔偿限额

高度危险责任，属于无过错责任，其本质特点就在于不论行为人对损害的发生是否具有过错，高度危险责任人都必须对损害承担责任，除非法律另有规定。因此，法律对于高度危险责任人的要求非常严格。但是，从行业的发展和权利义务平衡的角度看，法律必须考虑在这种严格责任的前提下，有相应责任限额的规定,这也是许多国家在高度危险责任立法上的一致态度。[①]我国现行法律对于高度危险责任赔偿限额问题也有比较明确的规定。《侵权责任法》第 77 条规定:"承担高度危险责任,法律规定赔偿限额的,依照其规定。"相较这一规定,《民法典》第 1244 条沿用了有关赔偿限额的一般规则,但是增加了一个但书条款,即"但是行为人有故意或者重大过失的除外",这也属于重大修改,即在行为人有故意或者重大过失的情形下,不再适用法律特别规定的限额责任规则。

对于适用无过错责任的情形,现行法律关于责任限额的规定主要集中在航空运输、核设施等领域。《民用航空法》第 128 条规定:"国内航空运输承运人的赔偿责任限额由国务院民用航空主管部门制定,报国务院批准后公布执行。旅客或者托运人在交运托运行李或者货物时,特别声明在目的地点交付时的利益,并在必要时支付附加费的,除承运人证明旅客或者托运人声明的金额高于托运行李或者货物在目的地点交付时的实际利益外,承运人应当在声明金额范围内承担责任;本法第一百二十九条的其他规定,除赔偿责任限额外,适用于国内航空运输。"第 129 条对此又作了具体规定:"国际航空运输承运人的赔偿责任限额按照下列规定执行:(一)对每名旅客的赔偿责任限额为 16600 计算单位;但是,旅客可以同承运人书面约定高于本项规定的赔偿责任限额。(二)对托运行李或者货物的赔偿责任限额,每公斤为 17 计算单位。旅客或者托运人在交运托运行李或者货物时,特别声明在目的地点交付时的利益,并在必要时支付附加费的,除承运人证明旅客或者托运人声明的金额高于托运行李或者货物在目的地点交付时的实际利益外,承运人应当在声明金额范围内承担责任。托运行李或者货物的一部分或者托运行李、货物中的任何物件毁灭、遗失、损坏或者延误的,用以确定承运人赔偿责任限额的重量,仅为该一包件或者数包件的总重量;但是,因托运行李或者货

[①] 王胜明主编:《中华人民共和国侵权责任法释义》,法律出版社 2010 年版,第 380 页。

物的一部分或者托运行李、货物中的任何物件的毁灭、遗失、损坏或者延误，影响同一份行李票或者同一份航空货运单所列其他包件的价值的，确定承运人的赔偿责任限额时，此种包件的总重量也应当考虑在内。（三）对每名旅客随身携带的物品的赔偿责任限额为332计算单位。"关于民用核设施发生核事故致人损害的赔偿限额。《国务院关于核事故损害赔偿责任问题的批复》第7项规定，核电站的营运者和乏燃料贮存、运输、后处理的营运者，对一次核事故所造成的核事故损害的最高赔偿额为三亿元人民币；其他营运者对一次核事故所造成的核事故损害的最高赔偿额为一亿元人民币。核事故损害的应赔总额超过规定的最高赔偿额的，国家提供最高限额为八亿元人民币的财政补偿。对非常核事故造成的核事故损害赔偿，需要国家增加财政补偿金额的由国务院评估后决定。

在学理上通常认为，高度危险责任一般条款在适用过程中，会发生无过错责任与过错责任的竞合。高度危险责任一般条款在适用过程中，也可能会与过错责任发生竞合。在比较法上，关于过错责任和严格责任的竞合关系的处理，除了波兰采用严格责任优先于其他归责原则之外，大多数国家都允许受害人同时请求侵权人承担过错责任或者严格责任。虽然在美国法上要求受害人在行为人故意或者过失的情况下，必须采用特殊的归责原则。但是，这并不影响比较法上呈现的允许自由竞合的趋势。根据德国法，危险责任规定一般会具有最高赔偿数额限制，但是原则上这些规定仍然保持了《民法典》一般规定的有效性，也就是说，受害人可以依据《民法典》中的过错责任条款而请求超过最高赔偿数额限制的其他损失。笔者认为，采取在高度危险限额赔偿与过错责任非限额赔偿竞合的做法，不仅与当前国际做法相符，也有利于对受害人的充分救济。[①]

在行为人有故意或者重大过失的情形下可以不适用限额赔偿责任。对于

[①] 参见最高人民法院民法典贯彻实施工作领导小组主编：《中华人民共和国民法典侵权责任编理解与适用》，人民法院出版社2020年版，第637页。

当事人而言,其可以选择适用过错责任或者高度危险责任的无过错责任。从二者的对比看,在适用高度危险责任时,并不需要证明责任主体的过错。对受害人而言,在危险责任中,举证责任较轻,更容易获得赔偿,而适用过错责任,受害人就要对行为人的过错进行举证。在赔偿的范围上,在高度危险责任中,法律有时设立了最高赔偿限额。而适用过错责任,则采取完全赔偿原则,在符合责任构成的情况下,受害人所遭受的全部损害都要给予赔偿。基于《民法典》第1244条的规定,应由受害人根据具体情况作出对自己有利的判断,选择其中之一作为请求权基础来救济其损害,如果选择了适用过错责任的规则,就不存在上述赔偿限额的限制,但受害人应当对行为人的故意或者重大过失承担举证责任。这一规则的法理依据在于,在《侵权责任法》中,加害人的过错对确定赔偿责任范围是有重大影响的,[1]它表明的是法律对加害人行为的谴责程度。在无过错责任场合,无过错责任原则仅仅表明对某种危险性特别严重的侵权领域,要给予受害人更为妥善的保护,即使加害人没有过错也要承担侵权责任,也要对受害人承担赔偿责任,使受害人的损害得到赔偿。但是,即使在这样的场合,根据加害人主观上有无过错,法律对其的谴责程度也是不同的。那就是,无过错的加害人在无过错责任的场合应当承担侵权责任,而有过错的加害人在这样的场合应当承担更重的赔偿责任,这种赔偿责任轻重的区别,体现的是法律对主观心理状态不同的加害人的不同谴责和制裁的程度要求。也只有这样,才能够体现侵权法的公平和正义。[2]

按照该条但书规定内容的文义看,如果行为人有故意或者重大过失时,即可排除前面的限额赔偿的规则。但从法理上看,应该认为这时赋予了受害人以选择权,允许其基于自身利益判断作出合理选择。此外,该但书条款的适用范围目前主要针对的是现有法律规定的有关限额责任的情形,在今后有关法律对高度危险责任类型的限额赔偿作出规定后,此但书条款同样适用,

---

[1] 张新宝:《侵权责任构成要件研究》,法律出版社2008年版,第438页。
[2] 杨立新:《侵权法论》,人民法院出版社2013年版,第766页。

这可以理解为此但书条款属于高度危险责任限额赔偿的例外规定，在后的法律即使仅写明限额赔偿而无例外规定，也要一并适用该条但书条款的规定。同时，在行为人具有一般过错的情形下，当事人选择适用过错责任的问题，也可以在审判实践中作有益探索。

五、高度危险责任中其他需要注意的重点难点问题

关于高度危险责任，审判实务中需要注意以下问题：

（一）关于高度危险作业致害责任的一般条款

《民法典》第1236条规定："从事高度危险作业造成他人损害的，应当承担侵权责任。"据此，高度危险作业致害责任的构成要件包括加害行为、损害后果及二者之间的因果关系三个要件。

1. 须有高度危险作业。高度危险作业，即是对"周围环境"具有较高危险性的活动。《民法典》关于高度危险责任一章既规定了高度危险责任的一般条款，也对当前典型的具体高度危险责任类型分别作了规定，先后对民用核设施、民用航空器，易燃、易爆、剧毒、放射性等高度危险物，高空、高压、地下挖掘等规定了具体条文；既有危险物的责任，也有危险活动责任。这些危险活动本身的存在是社会发展所必需，但此危险活动超出法律允许的界限则就具有了行为的违法性。[1]

2. 发生了损害事实。损害后果是构成高度危险责任的结果条件，如果没有损害产生，不会构成高度危险责任的承担，对有无损害发生，受害人负举证责任。这里的损害后果与其他侵权行为类型造成的损害后果并无区别。"他人"是指一切因高度危险作业而受害的人，还是限定于某一特定的范围，是必须予以明确的问题。从审判实践来看，高度危险作业的受害人主要包括三

---

[1] 参见最高人民法院民法典贯彻实施工作领导小组主编：《中华人民共和国民法典侵权责任编理解与适用》，人民法院出版社2020年版，第583页。

类：（1）与高度危险作业本身无关的第三人，如飞机坠落时，在农田耕作的因之受伤的村民。（2）与高度危险作业有特定法律关系的人，如在飞机事故中死亡的飞机上的乘客、铁路事故中死伤的乘客等。（3）高度危险作业的作业人，作业人一般为直接操作者，如直接进行爆破作业的工人、飞机的驾驶员、火车司机等。高度危险责任中的"他人"应当指前两种人员，不包括高度危险作业的直接作业者。虽然对于高度危险作业中，乘客等是否包括在高度危险责任的他人范围法律规定不明确，实践中也多有争议。但从高度危险责任的立法本意来讲，凡是受高度危险责任作业损害的，都应当列入"他人"范围，"他人"主要是与"作业人"相对应的。① 我国关于高度危险责任的法律，如《铁路法》《电力法》和《民用航空法》等，对于乘客的财产和人身损害，也都采用了无过错责任原则，抗辩事由也多限于"受害人故意""不可抗力"，符合高度危险责任的一般构成要件。对于"作业人"，不能作为高度危险作业致害的相对方，不能构成此类侵权案件的受害人。② 他们因此而受到的损害，可以适用用人单位责任、工伤事故责任等进行救济。

3.高度危险作业与损害后果之间具有因果关系。受害人的损害须是高度危险作业的行为所造成的，才能成立高度危险作业致害责任。有关举证责任的问题，一般而言，这类侵权案件中致害行为与损害后果之间的因果关系往往较为明显，原则并没有规定因果关系举证责任倒置的迫切需要。但是有一些高度危险行为中，最明显的例子是民用核设施致人损害。核辐射是无形的，有时导致什么范围内的损害极难确定。对于这类案件应该综合考虑民法典关于污染环境侵权责任的相关规定而作出综合认定。③ 笔者认为，考虑到高度危险责任产生和发展的背景，对于因果关系有必要采用推定的方法，切实保护

---

① 最高人民法院侵权责任法研究小组编著：《〈中华人民共和国侵权责任法〉条文理解与适用》，人民法院出版社 2010 年版，第 478 页。
② 参见最高人民法院民法典贯彻实施工作领导小组主编：《中华人民共和国民法典侵权责任编理解与适用》，人民法院出版社 2020 年版，第 584 页。
③ 参见张新宝：《侵权责任构成要件研究》，法律出版社 2008 年版，第 240 页。

受害人的利益,即由高度危险作业人证明作业活动与损害后果没有因果关系。如果作业人不能证明,则要推定该因果关系成立。

在此需要注意的是,《民法典》第1236条是关于高度危险责任的一般条款,就此一般条款的适用应当遵从《民法典》1165条第1款规定同样的逻辑,当然,该条规定同样构成了对第1165条第1款的特别规定。其他法律对于高度危险责任有特别规定的,根据特别法优于一般法的规则,应该优先适用特别法。但如前所述,一般条款往往是在具体立法之后出现的,此时一般条款是新法,而具体立法是旧法,于是"新法优先于旧法"与"特别法优先于一般法"的规则之间就产生了矛盾。这时应当适用《民法典》总则编第1条第2款的规定:"就同一民事关系,其他民事法律的规定属于对民法典相应规定的细化的,应当适用该民事法律的规定。民法典规定适用其他法律的,适用该法律的规定。"在《民法典》未明确规定适用其他法律的情况下,适用单行法的前提是单行法的规定属于对《民法典》相应规定细化的规定,且不能违反《民法典》的规定,如此才能体现出《民法典》基础性法律的地位。[①] 同时,根据《立法法》第94条第1款的规定,法律之间对同一事项的新的一般规定与旧的特别规定不一致,不能确定如何适用时,由全国人民代表大会常务委员会裁决。在高度危险责任领域,涉及大量特别法的具体适用问题,比如《铁路法》《电力法》等的规定。《电力法》第60条规定:"因电力运行事故给用户或者第三人造成损害的,电力企业应当依法承担赔偿责任。电力运行事故由下列原因之一造成的,电力企业不承担赔偿责任:(一)不可抗力;(二)用户自身的过错。"早在2000年,《最高人民法院关于从事高空高压对周围环境有高度危险作业造成他人损害的应适用民法通则还是电力法的复函》(〔2000〕法民字第5号)就指出,"民法通则规定,如能证明损害是由受害人故意造成的,电力部门不承担民事责任;电力法规定,由于不可抗力或用户

[①] 郭锋、陈龙业、蒋家棣、刘婷:《〈关于适用民法典总则编若干问题的解释〉的理解与适用》,载《人民司法》2022年第10期。

自身的过错造成损害的,电力部门不承担赔偿责任。这两部法律对归责原则的规定是有所区别的。但电力法是民法通则颁布实施后对民事责任规范所作的特别规定,根据特别法优于普通法,后法优于前法的原则,你院所请示的案件应适用电力法。"这一复函虽然针对的是《民法通则》和《电力法》之间的适用效力问题,但对于后续的《侵权责任法》以及《民法典》中的有关规定与《民法通则》的相关规定精神是一致的,有关电力作业致损的情形在高度危险责任一章中仍然没有具体规定,故仍应适用《电力法》的规定。当然,《民法典》第1236条作为一般条款,能够单独适用。一方面,一般条款在功能上以能够单独适用作为前提,如果该条无法单独适用,则一般条款的功能无法得到发挥。另一方面,该条本身也包含了特定的责任构成要件和责任后果,从而形成了完全性法条,因此可以单独适用。但是,对于《民法典》第1236条的单独适用要作严格限制。必须在无其他特别规定的前提下才能够予以适用,否则将会架空立法者通过特别规定所要实现的特殊立法意图。在有具体的责任类型作为请求权基础时,要谨防"向一般条款逃逸"现象的发生。

(二)关于高度危险责任的免责事由

有关条文对于免责事由有专门规定的,特别是在内容范畴、规范对象、功能作用方面属于对《民法典》总则编民事责任部分以及侵权责任编一般规定部分有关免责事由规定的特别规定的,应当直接适用有关具体规定。在有关具体规定对于免责事由并没有专门规定的,则应当适用免责事由的一般规定,比如《民法典》第1243条关于进入高度危险区域损害责任的规定。概言之,关于高度危险责任的免责事由,主要包括不可抗力以及受害人故意两种情形。

1. 关于不可抗力

在高度危险责任中,不可抗力通常是作为完全的免除责任事由的,但例外情况下,不可抗力的抗辩或免责效果仍然要受到限制,比如《民法典》第1238条关于民用航空器致害责任的规定中,仅规定受害人故意可以免责,并未规定不可抗力可以免责。此外,不可抗力的范围受到限制。虽然允许被告以不可抗力作为抗辩事由主张减责或免责，但对不可抗力的范围严加限制，比如《民法典》第 1237 条规定的民用核设施致害责任仅将不可抗力限于战争等情形，则战争以外的其他不可抗力不能作为免责事由。再比如，就高度危险责任的一般条款而言，《民法典》第 1236 条并没有规定具体的免责事由，就应当适用免责事由的一般规定。

2. 关于受害人故意

受害人对损害的发生具有故意，足以表明受害人的行为是损害发生的唯一原因，因而与加害人的行为无关，从而免除行为人的责任。在高度危险责任中，受害人故意具有普适性的免责事由。

关于受害人重大过失能否作为免除或减轻加害人责任的事由的问题，在高度危险责任的规定中，对于重大过失的情形与故意还是作了明确区别，比如前述第 1238 条规定的仅有受害人故意作为免责事由。第 1239 条规定："占有或者使用易燃、易爆、剧毒、高放射性、强腐蚀性、高致病性等高度危险物造成他人损害的，占有人或者使用人应当承担侵权责任；但是，能够证明损害是因受害人故意或者不可抗力造成的，不承担责任。被侵权人对损害的发生有重大过失的，可以减轻占有人或者使用人的责任。"即在重大过失情形下，被侵权人的重大过失仅是减责事由。

关于受害人的一般过失的情形，原则上不能作为免责事由，但本章或者有关法律另有规定的除外。在此需要注意的是，根据《侵权责任法》第 73 条的规定："从事高空、高压、地下挖掘活动或者使用高速轨道运输工具造成他人损害的，经营人应当承担侵权责任，但能够证明损害是因受害人故意或者不可抗力造成的，不承担责任。被侵权人对损害的发生有过失的，可以减轻经营者的责任。"但是与此对应的《民法典》第 1240 条则将其中的"被侵权人对损害的发生有过失的，可以减轻经营者的责任"修改为"被侵权人对损害的发生有重大过失的，可以减轻经营者的责任"。据此，受害人的一般过失在该条中已不能再予以适用。

关于第三人过错能否成为高度危险责任免责事由的问题，存在一定争议。笔者倾向于认为，鉴于高度危险责任之高度危险的特质，在具体侵权行为类型中已经明确相应免责事由的，其他与之处于同一范畴或者同一位阶的免责事由应当排除适用。但是，如果存在损害后果就是由于第三人原因造成，即第三人原因对于损害后果的发生有百分之百的作用力时，此时高度危险物或者高度危险作业与损害后果的发生已不存在因果关系，即其根本不符合相应的侵权责任构成，这时已不再是高度危险责任，而应该直接适用第三人符合相应侵权责任构成的法律规定。

（三）民用航空器致害责任的承担

所谓航空器，依据1967年国际民航组织的定义，是指能从空气的反作用而不是从空气对地（水）面的反作用在大气中获得支撑的任何机器。[①] 航空器主要包括固定翼飞机、滑翔机、直升机等飞机。1944年国际民用航空公约首次引用国家航空器和民用航空器的概念。公约并未对国家航空器进行明确定义，而是采用排除法规定了国家航空器的范围，即包括用于执行军事、海关和警察飞行任务的航空器。我国《民用航空法》也采用了这个标准，其第5条规定："本法所称民用航空器，是指除用于执行军事、海关、警察飞行任务外的航空器。"本条所称的航空器，是指经国家有关部门批准而投入营运的民用航空器，例如各类民用的飞机、飞船、卫星、热气球等。[②] 民用航空器的主要特征在于其是高速运载工具，而非高空作业意义上的高度危险物。因此，飞艇、热气球等飞行物除非具备高速运载工具的特征，否则不能认为构成"民用航空器"而适用本条规定。《民用航空法》第158条规定："本法第一百五十七条规定的赔偿责任，由民用航空器的经营人承担。前款所称经营

[①] See Annex 1, 2, 3, 6/I/II/III, 7, 8, 11, 13, 16/I of the Chicago Convention. 转引自最高人民法院侵权责任法研究小组编著：《〈中华人民共和国侵权责任法〉条文理解与适用》，人民法院出版社2010年版，第490页。

[②] 王利明主编：《中国民法典学者建议稿及立法理由：侵权行为编》，法律出版社2005年版，第191页。

人,是指损害发生时使用民用航空器的人。民用航空器的使用权已经直接或者间接地授予他人,本人保留对该民用航空器的航行控制权的,本人仍被视为经营人。经营人的受雇人、代理人在受雇、代理过程中使用民用航空器,无论是否在其受雇、代理范围内行事,均视为经营人使用民用航空器。民用航空器登记的所有人应当被视为经营人,并承担经营人的责任;除非在判定其责任的诉讼中,所有人证明经营人是他人,并在法律程序许可的范围内采取适当措施使该人成为诉讼当事人之一。"这属于对民用航空器致害责任中责任主体的细化规定,在实务中应当遵循。此外,该条的适用范围应当限定在民用航空器在使用中造成他人损害。这里的"使用中"应理解为"飞行中"。对此,依据《民用航空法》第157条第2款的规定,"前款所称飞行中,是指自民用航空器为实际起飞而使用动力时起至着陆冲程终了时止;就轻于空气的民用航空器而言,飞行中是指自其离开地面时起至其重新着地时止"。如果该航空器未在使用中,即不存在"高度危险"的情形,不能适用高度危险的规定,此时若存在造成他人损害情形,应当适用物件致人损害的规则。

1. 关于民用航空器致害责任,《民法典》第1238条规定:"民用航空器造成他人损害的,民用航空器的经营者应当承担侵权责任;但是,能够证明损害是因受害人故意造成的,不承担责任。"发生该条规定的民用航空器造成他人损害的情形时,民用航空器的经营者应当承担无过错责任,这与国际公约和世界上通行做法是一致的。具体而言,民用航空器造成他人损害的,民用航空器的经营者应当承担侵权责任。关于不承担责任的情形,能够证明损害是因受害人故意造成的,民用航空器经营者不承担责任;即使是因为自然原因引起的不可抗力事件,造成他人损害的,民用航空器的经营者也要承担责任。[①]据此,适用《民法典》第1238条规定的构成要件包括民用航空器在使用中,发生损害后果,此损害后果的发生与民用航空器的使用有因果关系。

---

① 王胜明主编:《中华人民共和国侵权责任法释义》,法律出版社2010年版,第361页。

此因果关系也采取推定的形式，要由民用航空器的经营者承担证明无因果关系的举证责任，而且其只能举证相应的免责事由才可以否定该因果关系的存在。

2. 关于免责事由的问题。《民法典》第1238条仅规定了"受害人故意"这一种情形。据此，加害人主张该免责事由的，应举证证明受害人的故意，其故意的行为与损害后果之间的关系。由于第三人的过错不能成为加害人的免责条件。如果受害人某甲的故意导致损害结果的发生，某甲和第三人某乙均受到损害，加害人得证明某甲的故意及其行为与损害结果之间存在因果关系，而免除对某甲的赔偿责任，但不得因此而免除对某乙的赔偿责任，尽管加害人有权向第三人承担赔偿责任之后向故意造成损害的受害人追偿。① 但有关免责事由，《民用航空法》还作了其他规定。《民用航空法》第160条规定："损害是武装冲突或者骚乱的直接后果，依照本章规定应当承担责任的人不承担责任。依照本章规定应当承担责任的人对民用航空器的使用权业经国家机关依法剥夺的，不承担责任。"第161条又对过失相抵规则作了规定："依照本章规定应当承担责任的人证明损害是完全由于受害人或者其受雇人、代理人的过错造成的，免除其赔偿责任；应当承担责任的人证明损害是部分由于受害人或者其受雇人、代理人的过错造成的，相应减轻其赔偿责任。但是，损害是由于受害人的受雇人、代理人的过错造成时，受害人证明其受雇人、代理人的行为超出其所授权的范围的，不免除或者不减轻应当承担责任的人的赔偿责任。一人对另一人的死亡或者伤害提起诉讼，请求赔偿时，损害是该另一人或者其受雇人、代理人的过错造成的，适用前款规定。"《民法典》第1238条与《民用航空法》有关第三人责任的规定属于一般法与特别法的关系，根据特别法优先于一般法的法律适用规则，应优先适用特别法的规定。但《民法典》第1238条规定较之于《民用航空法》又属于新法，在新的一般

---

① 最高人民法院侵权责任法研究小组编著：《〈中华人民共和国侵权责任法〉条文理解与适用》，人民法院出版社2010年版，第492页。

法与旧的特别法出现不一致时,如果不冲突,属于细化或者新增规定情形的,则应继续适用。从立法者角度考虑,《民法典》第1238条没有如《民用航空法》一样,把所有的不承担责任情形都一一写明,是因为《民法典》侵权责任编作为处理侵权纠纷的基本法,对民用航空器致害责任的基本原则作出规定,对《民用航空法》中关于不承担责任情形的具体规定,仍然适用。[①] 除此之外,《民用航空法》第十二章关于对地面第三人损害的赔偿责任中的一系列规定,都可以继续适用。比如,第157条第1款规定:"因飞行中的民用航空器或者从飞行中的民用航空器上落下的人或者物,造成地面(包括水面,下同)上的人身伤亡或者财产损害的,受害人有权获得赔偿;但是,所受损害并非造成损害的事故的直接后果,或者所受损害仅是民用航空器依照国家有关的空中交通规则在空中通过造成的,受害人无权要求赔偿。"第159条规定:"未经对民用航空器有航行控制权的人同意而使用民用航空器,对地面第三人造成损害的,有航行控制权的人除证明本人已经适当注意防止此种使用外,应当与该非法使用人承担连带责任。"第162条规定:"两个以上的民用航空器在飞行中相撞或者相扰,造成《民用航空法》第157条规定的应当赔偿的损害,或者两个以上的民用航空器共同造成此种损害的,各有关民用航空器均应当被认为已经造成此种损害,各有关民用航空器的经营人均应当承担责任。"另外,由于民用航空器致害的后果往往非常严重,各国多采取责任保险的形式来分散风险,填补损失,我国也是如此。《民用航空法》对有关保险内容作了规定,其第166条规定:"民用航空器的经营人应当投保地面第三人责任险或者取得相应的责任担保。"

关于《民法典》第1238条的适用,还需要注意以下问题:

1.《民法典》第1238条中的"他人"不宜包括机上人员,比如旅客等。这在实务中很容易混淆。有观点认为,民用航空器造成他人损害的,包括两

[①] 参见王胜明主编:《中华人民共和国侵权责任法释义》,法律出版社2010年版,第361页。

种情形：一种情形是，民用航空器在从事旅客、货物运输过程中，对所载运的旅客、货物造成的损害。按照《民用航空法》的规定，在从事公共运输航空中，因发生在民用航空器上或者在旅客上、下民用航空器过程中的事件，造成的旅客人身伤亡和其随身携带物品毁灭、遗失或者损坏的，承运人应当依法承担侵权责任。对托运的行李、货物而言，因发生在航空运输期间的事件，造成货物毁灭、遗失或者损坏的，承运人应当依法承担侵权责任。这里的"航空运输期间"是指在机场内、民用航空器上或者机场外降落的任何地点，托运行李、货物处于承运人掌管之下的全部期间。另一种情形是，民用航空器对地面第三人的人身、财产造成的损害。具体说来，就是飞行中的民用航空器或者从飞行中的民用航空器上落下的人或者物，造成地面（包括水面）上的人身伤亡和财产损害。[1]《民用航空法》对此已经作了明确区分。比如，有关旅客损失问题，这主要是违约责任的问题，而且《民用航空法》在第九章第三节有专门的"承运人责任"的规定，可以直接适用。而有关对此外的其他人的责任承担问题，《民用航空法》第十二章专章规定了"对地面第三人损害的赔偿责任"，此类责任承担的问题，涉及与《民法典》第1238条规定的衔接适用，应遵循上述特别法优先适用的规则。特别是《民用航空法》第172条规定："本章规定不适用于下列损害：（一）对飞行中的民用航空器或者对该航空器上的人或者物造成的损害；（二）为受害人同经营人或者同发生损害时对民用航空器有使用权的人订立的合同所约束，或者为适用两方之间的劳动合同的法律有关职工赔偿的规定所约束的损害；（三）核损害。"这在实务中要严格遵循。同样，有关承运人责任限额问题，这属于承运人与旅

---

[1] 王胜明主编：《中华人民共和国侵权责任法释义》，法律出版社2010年版，第360页。

客之间的关系范畴，属于承运人责任的范畴。[1] 从法理上讲也是为了公平救济受害人损失，与高度危险责任适用责任限额的原理有相似性，但从法律关系上讲，这并非高度危险作业的责任形式，与《民法典》第1244条关于责任限额的规定并非特别法与一般法的关系。[2]

2. 关于诉讼时效的适用问题。《民用航空法》第171条规定："地面第三人损害赔偿的诉讼时效期间为二年，自损害发生之日起计算；但是，在任何情况下，时效期间不得超过自损害发生之日起三年。"但《民法总则》第188条规定："向人民法院请求保护民事权利的诉讼时效期间为三年。法律另有规定的，依照其规定。诉讼时效期间自权利人知道或者应当知道权利受到损害以及义务人之日起计算。法律另有规定的，依照其规定。但是自权利受到损害之日起超过二十年的，人民法院不予保护；有特殊情况的，人民法院可以根据权利人的申请决定延长。"有观点认为，鉴于《民法总则》统一将一般诉讼时效从两年改为三年，以解决过去诉讼时效期间过短的问题，因此有关民用航空器致害责任的诉讼时效应当适用《民法总则》的规定。另有观点认为，考虑到《民法总则》是2017年10月1日施行，而上述《民用航空法》是根据2018年12月29日第十三届全国人民代表大会常务委员会第七次会议《关于修改〈中华人民共和国劳动法〉等七部法律的决定》第五次修正，即使《民用航空法》第171条关于诉讼时效的规定较此前并未修正，但在此次修正对该条规定予以了保留，也就意味着在适用时间上，该条规定仍然在《民法

---

[1] 《国务院关于〈国内航空运输承运人赔偿责任限额规定〉的批复》（国函〔2006〕8号）明确了对每名旅客的赔偿责任限额为人民币40万元，这主要考虑公民收入水平和航空公司承受能力。国务院1989年2月20日发布《国内航空运输旅客身体损害赔偿暂行规定》（以下简称《暂行规定》）确定的2万元人民币赔偿限额，是以1986年我国城镇居民人均收入为828元人民币、农村劳动力收入为777.8元人民币为依据，按照遇难者平均30年收入计算的；《暂行规定》在1993年11月29日修订时，考虑了1992年我国城镇居民年平均收入增长到2031.53元人民币，因而将旅客伤亡的最高赔偿限额提高到7万元人民币。2004年我国城镇居民年人均可支配收入为9421.6元人民币，2005年预计为10450元人民币。新规定以此为依据，按照遇难旅客30年的收入计算，再加上遇难旅客丧葬费、家属往返食宿费等，所以将航空运输承运人对每名旅客的赔偿责任限额规定为40万元人民币。

[2] 参见最高人民法院民法典贯彻实施工作领导小组主编：《中华人民共和国民法典侵权责任编理解与适用》，人民法院出版社2020年版，第602页。

总则》之后，这时《民用航空法》的规定相较《民法总则》的规定，既是特别法的规定，又属于后法的规定，在法律适用上，应当适用《民用航空法》的规定，即有关民用航空器致地面第三人损害责任的诉讼时效应当适用《民用航空法》第 171 条的规定。[①] 笔者认为，这一分析有一定合理性，但《民法典》总则编又沿用《民法总则》的上述规定，其规定又构成了后法的规定，在法律适用上，又成为了"后法"。因此，笔者认为，对此时效的问题适用《民用航空法》的规定，是因为《民法典》第 188 条明确规定了"法律另有规定的，依照其规定"，且这一法律适用规则也符合《民法典总则编解释》第 1 条第 2 款的规定。

（四）占有或者使用高度危险物致害责任的承担

关于占有或者使用高度危险物致害责任，《民法典》第 1239 条规定："占有或者使用易燃、易爆、剧毒、高放射性、强腐蚀性、高致病性等高度危险物造成他人损害的，占有人或者使用人应当承担侵权责任；但是，能够证明损害是因受害人故意或者不可抗力造成的，不承担责任。被侵权人对损害的发生有重大过失的，可以减轻占有人或者使用人的责任。"该条规定也是来源于《民法通则》第 123 条的规定。《民法通则》把高空、高压、高速运输工具与易燃、易爆、剧毒、放射性等高度危险物都作为典型的高度危险作业形式规定了高度危险责任的一般原则。《侵权责任法》第 72 条规定："占有或者使用易燃、易爆、剧毒、放射性等高度危险物造成他人损害的，占有人或者使用人应当承担侵权责任，但能够证明损害是因受害人故意或者不可抗力造成的，不承担责任。被侵权人对损害的发生有重大过失的，可以减轻占有人或者使用人的责任。"《民法典》第 1239 条基本沿用了这一规定，二者相较，该条的修改主要有：一是将"放射性"修改为"高放射性"；二是新增"强腐蚀性"的形态；另作了个别文字修改。

[①] 参见最高人民法院民法典贯彻实施工作领导小组主编：《中华人民共和国民法典侵权责任编理解与适用》，人民法院出版社 2020 年版，第 603 页。

如上所述，高度危险责任适用无过错责任原则，《民法典》第1239条规定情形也不例外。高度危险物品导致他人损害的，应当由控制或者应当控制该危险的人承担侵权责任，这也契合无过错责任原则的基本法理。依据《民法典》第1239条规定，高度危险物致害责任的构成要件包括占有和使用高度危险物，发生损害后果，损害后果的发生与高度危险物的影响或者危害有因果关系，即该损害后果是由高度危险物造成的。在此需要注意的是，对于易燃、易爆、剧毒、放射性等高度危险物的占有，并未进行使用，也有可能因为物的本身危险性而造成他人的人身损害或者财产损失。对于未进行使用，仅由自己占有的易燃、易爆、剧毒、放射性等高度危险物因其固有的危险性质造成他人损害的，赔偿责任主体为高度危险物的所有人。[①] 至于高度危险物，目前有关国家标准中有《危险货物分类和品名编号》(GB6944)、《危险货物品名表》(GB12268) 有所体现，可以参照。比如，《危险货物分类和品名编号》(GB6944) 第3条第1款规定的危险货物为"具有爆炸、易燃、毒害、感染、腐蚀、放射性等危险特性，在运输、储存、生产、经营、使用和处置中容易造成人身伤亡、财产损毁或环境污染而需要特别防护的物质和物品"。从行为形态上，上述的"占有"和"使用"应当包括生产、储存、运输高度危险品以及将高度危险品作为原料或者工具进行生产等行为。特别是对于运输高度危险物的问题，应当适用《民法典》第1239条规定，不能适用第1240条的规定，因为该条列举是封闭性列举，且相关内容在性质上也有根本差异，运输高度危险物造成损害的原因在于高度危险物，而高速运输工具致害的原因在于高速。换句话说，运输高度危险品虽然存在运输行为，但是运输行为并不是该类案件中危险的主要来源。该类案件中危险的主要来源是物品的高度危险性。因此，该类型为应当受《民法典》第1239条关于高度危险品侵权责

---

① 最高人民法院侵权责任法研究小组编著：《〈中华人民共和国侵权责任法〉条文理解与适用》，人民法院出版社2010年版，第497页。

任的规范。①

从举证责任的角度讲，被侵权人要对损害后果和侵权人占有、使用高度危险物承担举证责任。有关因果关系的问题，应当适用推定的规则，即由被侵权人证明不存在因果关系，而且必须完成对法定的免责事由的举证，才可以阻却因果关系的成立。此外，从诉讼的角度讲，被侵权人证明其非高度危险物的占有人或者使用人，即其并非高度危险物致害责任的侵权责任主体，当然也可以免责。至于侵权责任方式，也不应限于赔偿损失，还要包括停止侵害，采取其他补救措施等，比如在事故发生后，占有人或者使用人应当迅速采取有效补救措施，防止事故扩大，减少人员伤亡和财产损失。

1. 关于免责事由。依据《民法典》第1239条规定，高度危险物的占有人或者使用人能够证明损害是因受害人故意或者不可抗力造成的，占有人或者使用人不承担责任。高度危险物虽然本身具有危险属性，但危险程度要低于民用核设施和民用航空器，因此，在免责事由上增加了不可抗力免责的一般规则，而且同比相当类型的侵权责任形态，根据《环境保护法》《水污染防治法》等法律规定，因不可抗力造成高度危险物污染损害的，也不承担侵权责任。依据《民法典》第1239条规定，关于受害人故意和不可抗力免责的举证责任应由高度危险物的占有人或者使用人承担，其只有证明损害是因为受害人故意或者不可抗力引起的，才能依法不承担责任。

2. 关于第三人原因造成损害的，高度危险物的占有人、使用人能否免责的问题。从免责事由看，并不包括第三人原因造成损害的情形，据此应当认定第三人原因不属于《民法典》第1239条规定的免责事由。有意见认为，如果第三人原因是造成损害的唯一原因时，即第三人原因构成了对损害发生百分之百的原因力，这时第三人原因就阻却了高度危险物致害责任因果关系的成立，高度危险致害责任在这一情形下就不能成立。当然，在绝大多数情况

---

① 张新宝：《侵权责任构成要件研究》，法律出版社2008年版，第252页。

下，该第三人原因都是与高度危险物结合造成的损害后果，这时不应将第三人原因作为高度危险物占有人或者使用人对被侵权人减责的事由，但可以作为他们内部追偿的一个标准。即如果因第三人原因导致高度危险物泄露等，最终造成损害，这时也应由高度危险物的占有人或者使用人承担侵权责任，此后高度危险物的占有人或者使用人可以向该第三人行使追偿权。[1]笔者认为，对此的法律适用可以考虑与之具有同质性的侵权行为类型的法律适用规则。高度危险物损害责任的归责基础在于物本身之高度危险性以及对该物之风险的控制，而动物损害责任的归责基础在于动物本身的危险性以及对该动物之风险的控制。对于第三人原因导致动物致人损害的情形，《民法典》第1250条规定："因第三人的过错致使动物造成他人损害的，被侵权人可以向动物饲养人或者管理人请求赔偿，也可以向第三人请求赔偿。动物饲养人或者管理人赔偿后，有权向第三人追偿。"这一赋予被侵权人选择侵权主体同时单向赋予动物饲养人或者管理人对第三人追偿权的做法，既能很好地实现对被侵权人的救济，体现侵权责任编救济法本质属性，又能公平合理地确定侵权人之间的内部责任。鉴于《民法典》第1239条关于占有或者使用高度危险物责任的规定中并没有对涉及第三人导致高度危险物造成他人损害的情形作出规定，直接适用关于第三人原因造成相应损害后果的一般规定（《民法典》第1175条）又会产生不公平的结果，也有高度危险责任的本质，笔者认为，对此应该参照适用上述与之类似的第三人行为导致动物造成他人损害的侵权责任承担规则，即允许被侵权人选择第三人或者高度危险物的占有人、使用人承担侵权责任，但高度危险物的占有人、使用人承担责任后可以向该第三人追偿。当然，实务中这种情况会比较复杂，也有意见探讨这时如果第三人行为是损害后果发生的主要原因的，也应当由第三人直接承担相应的责任。笔者认为，一方面，上述参照适用的规则可以直接解决这一问题，此也符合体系解释的

---

[1] 参见最高人民法院民法典贯彻实施工作领导小组主编：《中华人民共和国民法典侵权责任编理解与适用》，人民法院出版社2020年版，第609页。

一般规则。当然，出现这种情况，也可能构成其他情形的高度危险责任，比如非法占有高度危险物的责任等，这时应当直接适用相应的规定（《民法典》第1242条）即可。另一方面，从高度危险责任本身就是要加强对受害人的救济的角度考量，采取上述由危险物占有人或者使用人先承担责任的做法似既不违反法理，不会影响对受害人的救济，也不至于使得法律关系过于复杂。当然，此有必要通过立法或者司法解释等在相应的价值考量指引下，在一定审判实践经验积累后作相应的明确。

（五）遗失、抛弃高度危险物致害责任的承担

关于遗失、抛弃高度危险物造成他人损害的侵权责任，《民法典》第1241条规定："遗失、抛弃高度危险物造成他人损害的，由所有人承担侵权责任。所有人将高度危险物交由他人管理的，由管理人承担侵权责任；所有人有过错的，与管理人承担连带责任。"该条规定的高度危险物侵权责任主体主要集中在所有人以及管理人。对于物的损害责任，由所有人以及管理人承担赔偿责任。危险物被遗失的，所有人对遗失物虽然丧失了占有，但是对该物并没有丧失所有权，仍然是自己的财产。这种遗失的危险造成受害人的损害，应当由物的实际权利人承担责任。危险物被抛弃，所有人就丧失了该危险物的所有权，如果被抛弃之后，该危险物由于其自身的危险性而致害他人，仍然产生侵权责任，虽然抛弃危险物的人已经丧失对该物的所有权，但是造成损害的原因还是抛弃者的责任，对自己抛弃的危险物所造成的损害，只要这个危险没有被别人所占有或者别人没有对此产生所有权，还要由抛弃物的所有人承担责任。[①]

遗失高度危险物，是指高度危险物的所有权人（管理人）非基于自己的意愿对高度危险物丧失占有，高度危险物又无人占有且非为无主的动产的情形下的一种状态。抛弃高度危险物，是指所有人基于明确放弃对该危险物所

[①] 杨立新：《中华人民共和国侵权责任法草案建议稿及说明》，法律出版社2007年版，第239页。

有权的意思表示，丧失对高度危险物的占有。依据物权法原理，构成抛弃须满足两个条件：一是放弃对物的占有，二是所有人作出放弃所有权的意思表示。原则上，在遗失物与抛弃物难以区分的情况下，应推定为遗失物。

依据《民法典》第1241条规定，遗失或者抛弃高度危险物的侵权责任，作为高度危险责任的具体情形，其归责基础仍在于高度危险物本身的危险特性，因此这里的侵权责任也要适用无过错责任原则。据此，构成抛弃或者遗失高度危险物侵权责任的构成要件为：（1）所有人或管理人遗失或者抛弃了高度危险物。（2）被侵权人受到损害。（3）该损害后果与高度危险物的危险性具有因果关系，即由于所有人或者管理人遗失、抛弃高度危险物，被侵权人因为高度危险物自身的危险性质遭受损害。从因果关系判断上，首先要强调的是，被侵权人的损害是由该高度危险物造成的，这一举证责任应采取倒置的方法。至于所有人或者管理人抛弃或者遗失高度危险物，就被侵权人而言，其只需证明侵权人是该高度危险物的所有人或者管理人即可，该所有人或者管理人应该对其妥善保管高度危险物或者未遗失、抛弃高度危险物承担举证责任。就损害后果而言，当然要由被侵权人举证。

遗失或者抛弃高度危险物致害责任的承担规则如下：

1.遗失、抛弃高度危险物造成他人损害的，以该高度危险物的所有人承担侵权责任为原则。按照有关高度危险物的生产、储存和处置的安全规范，所有人应当采取必要的安全措施保管或者处置其所有的高度危险物。其抛弃或者遗失高度危险物的，该高度危险物造成他人损害的，就应当承担侵权责任。"侵权责任"不仅包括对受害人的损害赔偿责任，也包括停止侵害，及时采取补救措施等，比如发生事故后，应立即将抛弃的高度危险物妥善回收，防止损害进一步扩大。

2.所有人将高度危险物交由他人管理的，应由管理人承担侵权责任。这里的管理人是指根据所有人的委托，对高度危险物进行占有并管理的单位，如专业的危险化学品仓储公司、危险化学品运输公司等。高度危险物的管理人应当具有相应的资质,并应当按照国家有关安全规范,妥善管理他人所交付的高度危险物。在此情形下,如果因为管理不善,遗失、抛弃高度危险物的,管理人应当承担侵权责任。①

3.所有人有过错的,与管理人承担连带责任。所有人将高度危险物交由他人管理的,应当选择有相应资质的管理单位。如果所有人未选择符合资质的管理人,或者未如实说明有关情况,应当认定所有人存在过错。依据本条规定,在所有人有过错的情形下,管理人抛弃、遗失高度危险物造成他人损害的,所有人与管理人承担连带责任。之所以对有过错的所有者课以这一十分严苛的法律责任,其目的是尽量降低发生损害后果的可能性,对损害风险进行最大程度的控制。②在此情形下,被侵权人可以要求所有人承担侵权责任,或者要求管理人承担侵权责任,也可以要求所有人和管理人共同承担侵权责任。在诉讼主体上,此二者可以成为共同被告,尤其是被侵权人往往选择将他们作为共同被告起诉,这时人民法院就应当审查该所有人有无过错,是否需要承担责任。在此要注意的是:(1)人民法院可以根据当事人的申请,甚至必要时根据案件实际情况依法追加被告;(2)该所有人过错的有无问题,不能适用过错责任的举证责任规则。在外部责任上,仍要坚持无过错责任的规则,即被侵权人一方无须就所有人的过错程度承担举证责任,而应由所有人就其没有过错承担举证责任。但如果管理人主张所有人承担责任的,这在本质上应属于所有人与管理人之间的关系,与充分救济受害人的危险责任规则无涉,这种情况应当由管理人对所有人的过错承担举证责任。其三,在内部责任划分上,应当适用《民法典》总则编中的第178条关于连带责任的一般规则,即所有人和管理人根据各自的责任大小确定相应的赔偿数额;难以确定的,平均承担赔偿责任。承担超出自己部分赔偿数额的连带责任人,有

---

① 王胜明主编:《中华人民共和国侵权责任法释义》,法律出版社2010年版,第375页。
② 张新宝:《侵权责任构成要件研究》,法律出版社2008年版,第258页。

权向其他连带责任人追偿。[①]

关于免责事由问题。《民法典》第1241条并未明确规定了免责事由，由此会导致适用上的争议，比如是适用侵权责任编或者总则编的一般免责事由规则，还是作为一项绝对责任，认定为没有免责事由。对此，我们认为，对此应当作体系解释。一方面，该条规定在高度危险责任这一适用无过错责任原则的章节下，对高度危险物造成的损害，所有人承担无过错责任，只有在法律规定了免责条件而且符合免责条件的情形下才能免除责任。另一方面，从该条规定情形看，与第1239条规定的情形类似，高度危险物的范围一致，有关归责原则也是相同的，但不同之处在于该条中对抛弃或者遗失高度危险物的行为就应当尽到妥善的安全保管义务的所有权人或者管理人而言，其本身存在过错，更具有可归责性。因此，在免责事由上应该更严于第1239条的规定。再比较免责事由要严于第1239条规定的高度危险责任的情形，比如第1237条规定的民用核设施致害责任、第1238条规定的民用航空器致害责任均将受害人故意作为免责事由，而对不可抗力是否免责的问题作了不同情形的限缩，这可以对免责事由的适用提供有益参考。[②]

在此需要注意的是，《民法典》第1241条规定情形会与环境污染侵权责任的相关规定发生竞合。即某一遗失或者抛弃高度危险物的行为会造成环境污染或者生态破坏，从而也符合环境污染和生态破坏责任的构成要件。有观点认为，基于保护受害人的政策考量，在既构成环境污染侵权责任又构成高度危险行为责任时，两种责任各自对于受害者的保护规定，可以一并适用。[③] 笔者认为，这一情形应当构成请求权基础规范的竞合关系，从有利于对受害人的救济出发，应当允许当事人选择其中之一来主张权利。

[①] 参见最高人民法院民法典贯彻实施工作领导小组主编：《中华人民共和国民法典侵权责任编理解与适用》，人民法院出版社2020年版，第623页。

[②] 参见最高人民法院民法典贯彻实施工作领导小组主编：《中华人民共和国民法典侵权责任编理解与适用》，人民法院出版社2020年版，第624页。

[③] 张新宝：第240页。

（六）关于非法占有高度危险物致害责任

《民法典》第1242条规定："非法占有高度危险物造成他人损害的，由非法占有人承担侵权责任。所有人、管理人不能证明对防止非法占有尽到高度注意义务的，与非法占有人承担连带责任。"高度危险物品的所有人和管理人应当严格按照有关安全生产规范，对其占有、使用的高度危险物进行保管。但实践中由于有些储存、使用高度危险物的所有人或者管理人的安全措施不到位或者其他原因，导致高度危险物遗失、被盗甚至被抢，对周围的人民群众的生命健康和财产产生巨大威胁，并造成人员伤亡事故。因此，有必要对被非法占有的高度危险物造成损害的侵权责任作出明确规定。《侵权责任法》第75条规定："非法占有高度危险物造成他人损害的，由非法占有人承担侵权责任。所有人、管理人不能证明对防止他人非法占有尽到高度注意义务的，与非法占有人承担连带责任。"《民法典》基本沿用了这一规定，只是将原来的"对防止他人非法占有尽到高度注意义务"修改为"对防止非法占有尽到高度注意义务"，即删除了"他人"二字。

依据《民法典》第1242条规定，危险物被他人非法占有期间，危险物致人损害的，无论是人身损害还是财产损害，都由该非法占有人承担民事责任。非法占有人承担侵权责任的归责原则是无过错责任原则。所谓非法占有，就是指没有合法根据的占有，通常而言就是无权占有，所谓非法占有，是指明知自己无权占有，而通过非法手段将他人的物品占为己有。从这一界定看，非法占有就是指无权占有。据此，非法占有高度危险物侵权责任构成要件包括：（1）侵权人非法占有高度危险物；（2）发生了损害后果；（3）受害人的损害是由于非法占有人非法占有的高度危险物所造成的。如果涉及所有人和管理人承担责任的，还需增加一个要件，即所有人、管理人不能证明对防止非法占有尽到高度注意义务。

就举证责任而言，被告应承担较重的举证责任。从救济损害的角度讲，原告方仅需对其受到损害的情形以及被告方占有高度危险物的实施承担举证责任，因为无论被告方是非法占有还是合法占有，只要是高度危险物导致损害后果发生的，被告方就要依法承担侵权责任。被告方要对高度危险物与损害后果的发生无因果关系承担举证责任。涉及所有人和管理人承担责任的，所有人、管理人要就其对防止非法占有尽到高度注意义务承担举证责任。通常而言，是否尽到高度注意义务属于过错责任的判断范畴，所有人、管理人承担责任的归责原则已属于过错推定责任的范畴。即使涉及所有人、管理人与非法占有人内部责任的承担问题或者追偿权的问题时，该所有人、管理人仍应就其对防止非法占有尽到高度注意义务承担举证责任。实践中，把握高度注意义务通常可以参考以下几方面内容：（1）所有人、管理人要对高度危险物的风险性有充分的认识；（2）所有人、管理人要采取充分的、谨慎的措施保证高度危险物的安全，依法依规避免丧失对高度危险物占有；（3）如果发生丧失占有情形，所有人和管理人能够及时采取措施防止损害发生。[①]

所有人、管理人不能证明对防止非法占有尽到高度注意义务的，要与非法占有人承担连带责任。如果是所有人自己占有保管高度危险物的情形下发生了他人对高度危险物的非法占有的，由所有人与非法占有人承担连带责任。如果所有人依法将高度危险物交由他人管理的，则由管理人与非法占有人承担连带责任。如果所有人和管理人都有过错的，这时所有人、管理人和非法占有人一起承担连带责任。所有人、管理人承担连带责任的法理依据在于，按照有关高度危险物安全规范，所有人或者管理人对其占有的高度危险物要尽到高度注意义务，采取严格的安全措施，妥善保管高度危险物，将高度危险物放置在特定的区域，并由专人看管，防止高度危险物被盗或者非法流失。如果所有人或者管理人未尽到高度注意义务，一旦导致高度危险物被非法占有，将对社会产生巨大危害，严重威胁周围人民群众的人身财产和公共安全。因此，应当加重所有人、管理人的责任，使其对自己的过失行为负责。此外，

---

① 参见最高人民法院民法典贯彻实施工作领导小组主编：《中华人民共和国民法典侵权责任编理解与适用》，人民法院出版社2020年版，第629页。

考虑到非法占有人可能没有赔偿能力，如果仅让其承担侵权责任，受害人得不到合理的赔偿，对受害人保护不力，也不利于促使高度危险物的所有人或者管理人加强管理，采取有效的安全措施。所以，所有人、管理人不能证明对防止他人非法占有尽到高度注意义务的，与非法占有人承担连带责任。[①] 至于连带责任的具体规则，应当适用《民法典》第1178条关于连带责任的规定。在此需要注意的是，如果是所有人自己占有保管高度危险物的情形下发生了他人对高度危险物非法占有的，由所有人与非法占有人承担连带责任。如果所有人依法将高度危险物交由他人管理的，则由管理人与非法占有人承担连带责任。如果所有人和管理人都有过错的，这时所有人、管理人和非法占有人一起承担连带责任。

关于免责事由问题。和《民法典》第1241条规定情形一样，《民法典》第1242条也未规定免责事由。笔者认为，对此也应当遵从与第1241条相同的适用逻辑，非法占有人相较于合法占有人而言，更具有可归责性，其免责事由也要更加严格，这有必要在今后的审判实践中通过司法解释或者其他形式予以细化。

[①] 王胜明主编：《中华人民共和国侵权责任法释义》，法律出版社2010年版，第377页。

第十八章
饲养动物损害责任的创新发展与规则适用

所谓饲养动物致人损害，是指饲养的动物造成他人人身或财产损害。从广义上来说，动物致人损害包括饲养的动物、野生动物以及遗弃的动物（如流浪狗）、逃逸的动物等致害的情形。从狭义上说，动物致人损害主要限于饲养的动物。①关于动物致害责任，早在公元前20世纪的《苏美尔法典》中就规定："倘牛伤害栏中之牛，则应以牛还牛。"约公元前18世纪的《汉穆拉比法典》第251条规定："倘自由民之牛有抵触之性，邻人以此告之，而此人既未钝其角，又未系其身，如牛抵自由民之子而致死，则彼应赔偿银二分之一。"到罗马法时期，立法者将动物致害作为准私犯的一种形式，规定动物的所有人对动物造成的损害承担赔偿或投役责任。②1804年《法国民法典》第1385条规定："动物的所有人或使用人在使用期间，对动物所造成的损害，不问该动物是否在其管束下，或在走失或逃脱时所造成的损害，均应负赔偿的责任。"1900年施行的《德国民法典》第833条规定："1. 在动物杀害人或伤害人的身体或健康，或损坏财物时，动物的占有人有义务对受害人赔偿因此而造成的损害。2. 如果损害系由于维持动物占有人的职业、营业或生计的

---

① 王利明：《侵权责任法（第二版）》，中国人民大学出版社2021年版，第363页。
② 最高人民法院侵权责任法研究小组编著：《〈中华人民共和国侵权责任法〉条文理解与适用》，人民法院出版社2010年版，第522页。

动物所造成的，而动物占有人已为相当注意的管束，或纵然已为相当注意的管束也难免发生损害者，不负赔偿的责任。"以后各国或者地区对于动物致害责任多在《民法典》中作出了规定。我国《民法通则》第 127 条[①]规定："饲养的动物造成他人损害的，动物饲养人或者管理人应当承担民事责任；由于受害人的过错造成损害的，动物饲养人或者管理人不承担民事责任；由于第三人的过错造成损害的，第三人应当承担民事责任。"《侵权责任法》在此基础上，紧密结合中国实际，专章规定了饲养动物损害责任。这一章规定较为成熟，也契合了实务需要，所以在《民法典》侵权责任编编纂过程中，对相关内容基本予以了保留。最主要的修改在《民法典》第 1246 条关于未对动物采取安全措施造成他人损害的责任承担的规定中。《侵权责任法》第 79 条规定："违反管理规定，未对动物采取安全措施造成他人损害的，动物饲养人或者管理人应当承担侵权责任。"而《民法典》侵权责任编第 1246 条增加了可进行减责抗辩的情形，"能够证明损害是因被侵权人故意造成的，可以减轻责任。"在文字表述方面，根据《民法典》整体一致的表述，在第 1248 条关于动物园动物致害责任的规定中将《侵权责任法》第 81 条规定的"但"修改为"但是"，将"不承担责任"修改为"不承担侵权责任"。另外，《民法典》第 1249 条关于遗弃、逃逸动物致害责任的规定中将《侵权责任法》第 82 条规定的"原动物饲养人"修改为"动物原饲养人"。《民法典》第 1251 条将《侵权责任法》第 84 条规定的"妨害"修改为"妨碍"。鉴于饲养动物致人损害的侵权责任纠纷在实践中经常发生，笔者将结合上述《民法典》侵权责任编对《侵权责任法》的修改情况，就审判实践中具有一定普遍性的问题作以下探讨。

---

① 现为《民法典》第 1245 条。

一、关于未对动物采取安全措施造成他人损害的责任承担规则

如上所述,《侵权责任法》第 79 条规定:"违反管理规定,未对动物采取安全措施造成他人损害的,动物饲养人或者管理人应当承担侵权责任。"而《民法典》侵权责任编中的第 1246 条增加了可进行减责抗辩的情形,"能够证明损害是因被侵权人故意造成的,可以减轻责任"。这一修改在法律适用上明确了受害人故意是侵权责任的减责事由。在适用《民法典》第 1246 条时要注意以下几点:

1. 这里的受害人故意仅是减责事由,而非免责事由。而且被侵权人的过失,包括重大过失不是减轻责任的抗辩事由。这里的故意应当包括直接故意和间接故意。受害人盗抢动物过程中被动物所伤害应当认定为是故意造成自己的损害。[①] 但对于故意违反管理规定、无视警告进入饲养动物的危险区域,通常而言不能认定为"故意",应该根据有关故意的认定,特别是间接故意认定的一般规则判断。在具体案件中只有是受害人认识到此行为必然会造成其自身伤害后果的发生而仍然放任此行为的进行才可以认定为间接故意。对于其心存侥幸、损害后果发生不具备必然性等情形则至多认定为重大过失,这在某种意义上也有利于对受害人的救济。

2. 对于这一修改的适用,要结合《民法典》第 1246 条规定以及《民法典》第 1245 条作体系化理解和适用。第 1246 条适用的前提条件是动物饲养人或者管理人违反管理规定、未对动物采取安全措施造成被侵权人损害。实践中,为防止饲养的动物造成他人损害,法律法规等对于饲养的动物有严格的管理规定,比如《上海市养犬管理条例》《南京市限制养犬条例》《西安市限制养犬条例》等地方性法规都明确规定,禁止携带犬只进入医院、机关、学校、幼儿园、疗养院等场所,携犬乘坐电梯的,应该避开人们乘坐电梯的高

---

① 参见王利明主编:《中国民法典评注——侵权责任编》,人民法院出版社 2021 年版,第 387 页。

峰时间。动物饲养人或者管理人必须遵守这些规定，采取相应的安全措施，避免损害他人。如果饲养人或者管理人违反规定，不采取安全措施，造成他人损害的，因其具有严重过错，所以即便受害人对于损害的发生有重大过失，也不能减轻责任。① 而且从该条的立法目的看，其重点是对动物饲养人或者管理人的行为加以规范，而科其以较重责任符合此立法宗旨。从另一个角度看，法条文义表明，立法者并无此情形下可以进行过失相抵的意图；相反，从第1245条与第1246条的前后联系看，恰恰说明立法者对此问题的态度是否定的。因此，在因未对动物采取安全措施导致的致害情形中，进行过失相抵没有法律依据。② 如果动物的饲养人或者管理人对该动物已经按照管理规定采取了必要的安全措施，仍然造成他人损害，应当按照《民法典》侵权责任编第1245条规定确定赔偿责任，因受害人故意或者重大过失，可以减轻或者免除责任。③ 换言之，从有利于救济被侵权人损害的角度出发，被侵权人主张饲养动物损害责任的，可以选择适用上述两条的规定，不宜简单认为第1246条是第1245条的特殊规定而优先适用，甚至排除第1245条的适用。另外，第1246条规定的重心在于动物饲养人或者管理人是否已经履行了对动物采取安全措施的义务，如果其已尽到此项义务，但仍存在违反行政管理规定的行为，这时应当承担相应的行政处罚责任，而非第1246条规定的侵权责任。

3. 对于其他免责事由，从规范体系上看，《民法典》第1246条规定构成了对《民法典》第1245条关于饲养动物损害责任规定的特别规定，只要符合该条规定，就要优先适用，即相同规范情形下要排除适用第1245条，包括有关免责、减责事由的规定。但对于其他免责、减责事由的适用，则要一并体系化考虑饲养动物损害责任一章的有关规定以及《民法典》侵权责任编的有关规定乃至《民法典》总则编民事责任部分的相关规定（如不可抗力等），不

---

① 程啸：《侵权责任法》，法律出版社2015年版，第625页。
② 最高人民法院侵权责任法研究小组编著：《〈中华人民共和国侵权责任法〉条文理解与适用》，人民法院出版社2010年版，第534页。
③ 杨立新：《侵权责任法》，法律出版社2021年版，第635页。

可一概而论。

4.至于举证责任,从第1246条规定内容看,有关责任构成的举证责任应由原告方承担,但该条规定的关键点在于违反管理规定,这与医疗过错责任中关于违反法律、法规及诊疗规范的规定,推定为医护人员有过错的情形类似,这时原告方的举证责任较低,只要找到有关法律法规予以对照即可。当然,对受害人故意这一免责事由的举证责任,应当由动物饲养人或者管理人承担。

二、饲养动物损害责任的其他重要法律适用问题

（一）关于饲养的动物致人损害的一般规则

《民法典》第1245条规定:"饲养的动物造成他人损害的,动物饲养人或者管理人应当承担侵权责任;但是,能够证明损害是因被侵权人故意或者重大过失造成的,可以不承担或者减轻责任。"该条明确了饲养动物致人损害的归责原则适用无过错责任原则,在适用范围上是针对饲养的动物致人损害的情形,并不包括野生动物以及动物园的动物;在构成要件上不以动物饲养人或者管理人有过错为要件。就饲养动物损害责任的法律适用而言,梳理总结实务中的需求,有关基本范畴的明确界定尤为重要,需要重点把握以下问题:

（二）关于基本范畴的界定

1.关于饲养人和管理人的认定

对动物饲养人、管理人的界定,在饲养动物损害责任纠纷中居于基础性地位,且由于没有明确的定义,实践中的争议也不少,有必要予以厘清。饲养动物损害责任的理论基础虽然有所有权、占有的因素,但并不是依此确定饲养动物损害责任的。饲养动物损害责任的确定应当根据权利与义务一致的原则,根据动物危险控制的理论,由动物的保有者（实际上就是动物的利益享受者）对饲养动物损害责任负责,将动物管理人理解为保有人就可以解决

这个问题。① 应该说，饲养动物损害责任之规范目的在于使对动物未为相当注意的管束者负无过错责任，因此，饲养人或管理人应首先为实际占有、控制该动物之人。② 笔者认为，上述观点都有一定道理，对此界定应该依据法律规定之基本文义，结合立法目的予以阐释。考虑到饲养动物损害责任适用无过错责任的基本法理，即由控制危险之人承担该危险产生的责任。是故，该责任主体必须是对该动物具有现实的管理、控制之人来承担相应的责任。

（1）饲养、管理之人的界定离不开要对动物进行饲养、管理，虽然所有人是作为动物的饲养人、管理人属于实践中的常态，但这里并没有强调"所有"。这里的饲养人、管理人在责任承担上通常作为单一责任主体的情形存在，此并非当事人可以选择的竞合关系，而是基于对动物现实管理控制的单一性所决定的。在饲养的动物出租或者出借给他人的情形中，所有人无法对动物进行现实的管理控制，而是由承租人实施管理控制行为，这时应当由作为承租人的管理人承担责任。在出借的场合，也应当由实际管理、控制动物的借用人承担责任。有观点认为，这时的出借人或者出租人作为动物的所有人应当与实际的管理人（承租人、实际使用人）承担连带责任。③ 有的主张"在管理人承担民事损害赔偿责任的前提下，饲养人承担连带责任，目的在于对受害人的民事权益增加一种保护措施，以便当管理人无经济能力支付全部或一部分赔偿金时，受害人能从饲养人处得到赔偿金，从根本上预防了受害人的民事权益得不到保护，或受害人民事利益得不到足额补偿情况的发生。"④ 这一见解有一定道理，但在《民法典》第178条明确规定连带责任法定的情况下，动物的所有人与管理人承担连带责任必须符合《民法典》侵权责任编有关连带责任规定情形。除此之外，在法律没有具体规定的情况下，对于这一情形，动物的所有人应该是在自己过错范围内承担相应的责任，此责任属

---

① 杨立新：《侵权责任法》，法律出版社2021年版，第776页。
② 参见王利明：《侵权责任法研究》（下卷），中国人民大学出版社2011年版，第660页。
③ 参见王利明主编：《中国民法典评注——侵权责任编》，人民法院出版社2021年版，第385页。
④ 牛德：《动物致人损害民事责任之研讨》，载《安阳师范学院学报》2002年第6期。

于自己责任的范畴。

（2）这里的"饲养、管理"必须是基于自己的意思或者为自己的意思进行的"饲养、管理"。特别是，对于"管理"的界定，必须是具有现实的管领、控制。至于履行单位工作任务进行"饲养、管理"的人员不能构成本条规定的饲养人、管理人，该用人单位才是相应的责任主体，这也符合《民法典》第1191条第1款规定的用人单位责任之规范目的。同样，对于提供劳务的内容为饲养、管理动物的情形，以及帮助他人饲养、管理动物的情形，责任主体应为动物的所有人，即提供劳务或者帮助者不能成为侵权责任主体。当然，这里的提供劳务或者帮助必须以形成合法有效的法律关系为前提，比如委托关系中存在的明确帮助或者被帮助的主体。至于基于爱心收留流浪动物而该动物致人损害的情形，则要作具体分析，如果仅是一时的照顾、喂养，在道德层面属于值得提倡至少是值得肯定的范畴，不宜对其科以过重的责任。如果属于遗弃、逃逸的动物，则应该依据《民法典》第1249条的规定由动物原饲养人或者管理人承担责任。如果对该流浪动物的饲养、照顾已经形成了实际上的"管领、控制"，则应当承担相应的侵权责任。姜某中与何某丽饲养动物损害责任纠纷案[①]中，姜某中的妻子承认为抓伤何某丽的流浪猫提供食宿，其是姜某中家收养的猫。法院生效裁判认为，姜某中虽可能确实出于爱心而提供流浪猫的食物和活动爬架，客观上会吸引流浪猫甚至有主的家猫聚集，实际履行了动物原管理人的管理义务，基于无因管理理论，姜某中应当履行与动物所有人或者管理人同样的管理责任，具有流浪猫管理人的主体身份，对其管理的动物造成他人损害的，应当承担侵权责任。

2. 关于饲养的动物的界定

对于饲养的动物的理解，有学者提出了四个基本条件：（1）它为特定的人所有或占有，换言之，它为特定的人饲养或管理；（2）饲养或管理者对动

---

① 参见四川省成都市中级人民法院（2017）川01民终11263号民事判决书。

物具有适当程度的控制力；（3）该动物依其自身的特性，有可能对他人的人身或财产造成损害；（4）该动物为家畜、家禽、宠物或驯养的野兽、爬行类动物。[1]一直以来，这一界定对审判实务具有重要参考意义。通常而言，处于野生状态的虎、豹等不属于饲养的动物；自然保护区（或野生动物保护区）的野兽，虽可能为人们在一定程度上所饲养或管理（如定期投放食物），但人们对它的控制力较低，而不能认为是"饲养的动物"；动物园里驯养的猛兽，同时符合上述四个条件时，属于"饲养的动物"；人们家养的狗、猫等当然也属于"饲养的动物"。有观点认为，那些本身不具有对他人人身或财产造成可能的危险的动物，如家养的金鱼，则不构成本条规定的饲养的动物造成他人损害责任意义上的"饲养的动物"。[2]这一见解较有道理，但从文义或者常理上看，也可以理解为是饲养的动物，只是其没有对他人造成损害而不符合饲养动物损害责任的侵权责任构成要件。

笔者认为，对于"饲养的动物"的界定需要结合基本文义和饲养动物损害责任一章的体系进行解读。从文义上讲，饲养的动物重在人工饲养，且为生物学意义上的"动物"。因此，非人工饲养或者在生物分类上不属于动物的都不能界定为《民法典》第1245条规定的"饲养的动物"，比如细菌。"加害者须为动物，此之所谓动物非动物学上之动物，乃一般社会通念上之动物，因而细菌于动物学虽不失为动物，但于此则不包括在内。"[3]从体系上讲，《民法典》在第1245条中规定的动物是一般动物，即包括所有的动物。在第1246条至第1249条规定了"特殊动物"，即须采取安全措施才能饲养的动物、禁止饲养的动物、动物园饲养的动物和遗弃、逃逸的动物。须采取安全措施才能饲养的动物与一般的动物不同，是必须按照管理规定采取安全措施才能够饲养，例如大型犬等必须按照管理规定饲养；禁止饲养的烈犬等动物，实际

---

[1] 参见张新宝：《饲养动物致人损害的赔偿责任》，载《法学研究》1994年第2期。
[2] 参见王利明主编：《中国民法典评注——侵权责任编》，人民法院出版社2021年版，第381页。
[3] 郑玉波：《民法债编总论（修订二版）》，陈荣隆修订，中国政法大学出版社2004年版，第163页。

上就是禁止饲养的烈性动物、凶猛动物，包括野生动物；动物园的动物是在动物园管束下供人观赏的野生动物。这三种动物是特殊规定的动物。而《民法典》第1245条和第1250条规定的动物是一般动物，是不用采取特定安全措施、也不是禁止饲养或动物园饲养的动物，例如小型狗、猫，农村饲养的鸡、鸭、鹅、猪、牛、羊等家畜家禽。①

（三）在侵权责任构成方面需要注意的问题

如上所述，饲养动物损害责任适用无过错责任原则，侵权责任的构成要件有动物致害的举动（此不宜称为"行为"，可以称为"举动"）②、损害后果、因果关系三个要件。通常情况下，此按照侵权责任的一般规则处理即可，但结合饲养动物损害责任自身的特点，实务中有些问题还需要进一步明确。

1.因果关系的认定要考虑到动物自身的危险性是此侵权归责类型的基础。动物的撕咬、抓挠等行为造成受害人损害为典型，但此并不能绝对化地要求以动物与受害人存在接触作为因果关系认定的必要条件。对于并未接触但客观上由于某特定动物自身的危险性、攻击性等，造成他人恐慌甚至人身伤害，也应当根据案件具体情况认定侵权责任成立。在欧某珍诉高某饲养动物损害责任纠纷案③中，法院裁判就认为，饲养动物损害责任纠纷案件中，饲养动物虽未直接接触受害人，但因其追赶、逼近等危险动作导致受害人摔倒受伤的，应认定相应的因果关系成立。动物饲养人或管理人不能举证证明受害人对损害的发生存在故意或者重大过失的，应当承担全部的侵权责任。

2.损害后果认定要适当从宽。对此，不应局限于动物导致受害人人身伤害的情形，动物造成的财产损害，比如践踏庄稼、撕破衣服，甚至造成其他动物的伤害也应包括在内。在符合《民法典》第1183条规定的情形下，也应当包括精神损害。此外，有学者认为，饲养动物损害责任的损害，比如，学

---

① 参见杨立新：《侵权责任法》，法律出版社2021年版，第772页。
② 参见王利明主编：《中国民法典评注——侵权责任编》，人民法院出版社2021年版，第383页。
③ 参见广东省江门市中级人民法院（2018）粤07民终2934号民事判决书。

第十八章 饲养动物损害责任的创新发展与规则适用

童因恶犬常立于其赴校必经之路而不敢上学等,[1]是一种对他人合法权益的侵害,对此应当适用排除妨害的责任承担方式。

至于饲养动物损害责任的损害是否包括精神性人格权损害的问题,有学者认为,动物独立的动作使他人人格尊严受到侵害,也产生饲养动物损害责任,如鹦鹉辱骂客人或揭露他人隐私,致受害人名誉受损、社会评价降低,受害人可依法提起侵权之诉。[2]有学者认为,鹦鹉辱骂客人或揭露他人隐私,实为动物饲养人利用动物侵害他人人格权的行为,属于一般侵权行为,而非饲养动物损害责任行为;动物无人的思维可言,故不可能实施侵害他人人格权的行为。[3]由于动物没有人类的发达意识,不能像侵害人的人身那样有明确的认知,因此不会依靠自己的独立行为为之。鹦鹉辱骂他人或揭露他人隐私的行为,并不是动物加害造成损害,与利用动物伤害他人一样,是人在利用动物致人损害,是人的直接行为,而不是间接行为,属于一般侵权行为,应当适用侵权责任一般条款确定责任,不适用关于饲养动物损害责任的法律规定。[4]笔者认为,上述见解较有道理,这也符合实际情况。一方面,从过错认定标准客观化的角度讲,适用过错责任原则一方面可以体现对行为人的谴责或者道德上的否定;另一方面,亦可通过日常生活经验法则认定行为人的过错存在,不至于加重被侵权人一方的举证责任负担。但对于当事人以饲养的动物为工具造成他人损害的情形,学界也多主张按照过错责任规则处理。对此,笔者认为,虽然这与刑法理论上的间接正犯理论具有一致性。但从此侵权行为类型看,不可否认也存在动物自身具有危险性这一基础,以及侵权责任重在救济损害,此与刑罚之不同,从适用无过错责任原则以减轻被侵权人一方举证责任负担的角度讲,应该认为这一情形也符合《民法典》第1245条

---

[1] 王家福主编:《中国民法学·民法债权》,法律出版社1991年版,第525页。
[2] 参见潘同龙等主编:《侵权行为法》,天津人民出版社1995年版,第226页。
[3] 郭明瑞、房绍坤、唐广良:《民商法原理(三)债权法·侵权行为法·继承法》,中国人民大学出版社1999年版,第485~486页。
[4] 参见杨立新:《侵权责任法》,法律出版社2021年版,第777页。

规定的饲养动物损害责任的规定，由此可以构成规范竞合关系，当事人可以择一行使。

（四）在免责事由方面应当注意的问题

在免责事由上，需要动物饲养人或者管理人证明损害是因被侵权人故意或者重大过失造成方可免责，此在法律适用上构成了对《民法典》第1245条规定的特别规定，即在饲养动物致害责任方面，要优先适用《民法典》第1245条的规定，仅在被侵权人具有故意或者重大过失时方可免责或者减责。至于免责还是减责的判断，则仍要在已认定被侵权人有故意或者重大过失的前提下，通过原因力规则来进行判断，如果受害人的故意或者重大过失的行为对于损害后果的发生有百分之百的原因力则应当免责，否则就应根据案件具体情况减轻动物饲养人或者管理人的责任。至于故意或者重大过失的情形，如主动挑逗、投打、追赶动物、被侵权人不听警告或者无视明显的警示私自进入危险动物饲养区域等，也属于具有重大过失的行为。[①] 比如，在陈某达诉福建某电器有限公司饲养动物损害责任案[②]中，法院生效裁判认为，在陈某达于晚上11点多酒后到福建某电器有限公司要求看狗，在保安阻止后仍然进入公司门内以致被狗咬伤，且咬伤后陈某达没有马上就医，而是等第二天早上9点多才去打狂犬疫苗，陈某达自身存在严重过错，应减轻福建某电器有限公司的赔偿责任，酌情认定陈某达自行承担80%的责任；福建某电器有限公司保安黄某华明知狗会咬人，却没有告知陈某达，存在一定过错，酌定其承担20%的责任。又如在蒋某青与李某诚饲养动物损害责任纠纷案[③]中，李某诚在未经蒋某青许可及注意安全之情形下，将自身置于牛圈之中并招致损害事实的发生，其行为属于自甘风险，应属重大过失。李某诚虽然在侵权事件中存在重大过失，但并不能以此简单认定为划分双方责任比例的依据，应当结合

---

① 参见王利明主编：《中国民法典评注——侵权责任编》，人民法院出版社2021年版，第381页。
② 参见福建省莆田市涵江区人民法院（2016）闽0303民初3357号民事判决书。
③ 参见北京市第三中级人民法院（2015）三中民终字第02310号民事判决书。

案情具体分析。李某诚为蒋某青送炉灰并轻易地进入牛圈，说明蒋某青并未尽到必要的管理义务，也为李某诚的自甘风险行为埋下了隐患，且从证据高度盖然性上亦可认定李某诚受伤系蒋某青饲养的牛所致，因此，原审法院认定李某诚自担30%的责任份额并无不当。从这个案例看，审理法院在适用过失相抵原则时，既考虑了被侵权人李某诚存在的重大过失，又考虑了饲养人本身存在的过错情况，从而综合认定并作出了适当的责任划分。也就是说，在适用无过错责任原则的情形下，当考虑到被侵权人的重大过失后，还有必要再反向考虑侵权人一方对此有无过失，由此可以更加公平地划定侵权人承担的责任大小。

至于被侵权人因该动物接近引发的恐慌、逃跑进而摔伤等受到伤害的事实，或者遭到动物攻击进行相应的防卫而被动物进一步侵害等都不能认为被侵权人有故意或者重大过失。比如，在欧某珍诉高某饲养动物损害责任纠纷案中，法院裁判就认为，一般人在陌生犬只尤其是未被约束的犬只进入自身安全界线内的时候，本能会产生恐惧的心理，故欧某珍在看到未被采取任何约束措施的涉案犬只突然起立并向其逼近的时候，因本能的恐惧而避跑进而摔倒受伤。一审法院认定欧某珍由于过度惊慌导致摔倒受伤，本身存在重大过失，并认定欧某珍自身承担70%的责任，法律适用有误，二审法院予以纠正。

实务中存有争议的是《民法典》总则编中的第180条关于不可抗力免责的规则对于饲养动物损害责任能否适用的问题。从文义上讲，《民法典》第1245条并未规定不可抗力可以作为动物饲养人或者管理人免除责任的事由。有学者认为，发生不可抗力造成动物损害他人的，动物饲养人或者管理人已尽管束义务，实际上损害的发生与是否尽了管束义务没有因果关系，无须承担责任。但如果动物饲养人或者管理人确有过失的，则应当依照原因力的原理和规则，根据动物饲养人或者管理人的过失程度与不可抗力的原因力，适当减轻动物饲养人或者管理人的赔偿责任，而不是免除责任。[①] 这一见解较有道理。笔者认为，基于《民法典》的体系化适用规则，在具体条文的文义或者规范目的并未排除《民法典》总则编相关规定适用的情况下，仍可以适用不可抗力的免责事由。对此，应当按照风险分担的基础考虑，充分认识到饲养动物损害责任的归责基础，即动物本身的危险性，同时考虑不可抗力对于损害后果造成的原因力大小，以及动物饲养人、管理人的有关行为，比如对动物的约束、散养等措施或多因一果的情形下的原因力规则判断侵权人应当承担责任的大小，合理分担损害，避免一方全部免责而另一方承受全部损害后果的不公平局面出现。换言之，即从不可抗力对于损害后果的造成有多大原因力的角度，同时结合被侵权人的过错行为对于损害后果的作用大小，来认定动物饲养人或者管理人承担责任的具体份额。特别是在符合《民法典》第 1246 条规定条件下，动物饲养人或者管理人违反管理规定，未对动物采取安全措施造成他人损害的情形，首先应当认定其责任构成，然后再判断即使动物饲养人或者管理人不违反管理规定而采取了相应的安全措施仍不能避免全部或者部分损害发生的情形是否构成不可抗力，来判断相应的减责、免责情形。

三、其他情形的动物损害责任主要法律适用问题

对此，依据《民法典》第 1247 条至第 1250 条的规定，结合实务中的有关情形，主要有以下问题：

（一）关于饲养的烈性犬等危险动物致人损害的责任承担问题

《民法典》第 1247 条规定："禁止饲养的烈性犬等危险动物造成他人损害的，动物饲养人或者管理人应当承担侵权责任。"该条规定近乎绝对责任，并

[①] 参见杨立新：《侵权责任法》，法律出版社 2021 年版，第 780 页。

未规定免责事由。对于本条规定情形是否适用免责事由的问题，学界存在不同认识。有观点认为，对于禁止饲养的烈性犬等凶猛动物造成他人损害的，即使构成不可抗力，动物饲养人或者管理人也应当对损害承担责任，不能免责，也不能减责，因为该责任实行绝对责任，不允许免责。如果受害人故意引起损害，由于动物饲养人或者管理人违反禁止饲养的规定，可以构成过失相抵，但不能免除责任。受害人具有过失或者重大过失，则不为免责事由也不应当减轻责任。[①]但也有观点认为，这时被侵权人的过失包括重大过失造成损害的，不减轻饲养人、管理人的侵权责任；被侵权人的故意造成损害是否减轻饲养人、管理人的侵权责任，则不确定。对此，一方面是因为《民法典》第1174条规定了受害人故意是行为人不承担责任的一般抗辩事由，《民法典》第1247条并没有明文排除该条的适用；另一方面，第1246条仅是将被侵权人故意造成损害作为减轻责任的抗辩事由，而第1247条规定的侵权人方面的情况更为恶劣：饲养禁止饲养的烈性犬等危险动物。依照"举轻以明重"的解释方法，第1247条中被侵权人故意造成损害也不足以成为饲养人、管理人不承担侵权责任的抗辩事由。但是《民法典》总则编规定的不可抗力等抗辩事由仍然能够适用于第1247条规定情形。笔者认为，上述观点都较有道理，对此问题的分析仍然有必要从本条规定的价值导向、规范目的和体系解释出发。从文义上看，禁止饲养的危险动物造成他人损害的，饲养人或管理人承担严格的无过错责任，即被侵权人无须证明饲养人或管理人存在过错，即可请求饲养人或管理人承担责任，侵权人也无免责事由。这种无过错责任类似于罗马法上的结果责任，是最严格的无过错责任。因此，该责任较之《民法典》第1245规定的无过错责任，更为严格，因为即使饲养人或管理人按照管理规定采取了安全措施，或被侵权人有重大过失，饲养人仍应承担责任。法律作出如此严格的规定，原因在于，虽然危险性是多数动物本身固有的特性，

---

① 参见杨立新：《侵权责任法》，法律出版社2021年版，第781页。

但危险动物具有超出一般社会公众可承受程度的异常危险性,比如狮、虎、豹,其致人损害的可能性以及造成损害后果的严重性较其他动物更大。饲养禁止饲养的危险动物本身即是违法行为,将社会公众人身财产安全置于异常的风险中,即应承担更为严格的责任。[①] 其导向就在于强化对此类情形的惩戒,加强对相应受害人的救济。从体系解释上看,本条规定的免责事由,首先应当保持与饲养动物损害责任这一特殊侵权责任类型的内部体系和谐一致。而在免责或者减责事由方面,第1245条规定了被侵权人有故意或重大过失的情形而第1246条规定了被侵权人故意的情形,第1247条则对于受害人故意并没有涉及,这一免责、减责事由递减的逻辑与上述"举重以明轻"的推理具有高度契合性。因此,在被侵权人主观状态能否减责、免责的问题上,应当理解为第1247条排除了被侵权人故意或者重大过失的适用。但是,对于不可抗力的问题,由于上述三条都没有涉及,且其又为《民法典》总则编所规定的一般抗辩事由,如何具体适用则值得进一步研究。笔者倾向于认为,基于《民法典》体系逻辑的一致性,《民法典》侵权责任编具体规定中没有明确排除适用《民法典》总则编一般抗辩事由的,则该抗辩事由都具有适用的空间,但依照其性质或者客观上不可能发生的除外。但是,上述有关具体条文规定的规范目的以及对相关章节内部体系逻辑的阐释,对于不可抗力在第1247条规定情形的适用也具有参考意义。对此,有必要按照原因力的规则探索适用,但必须明确对禁止饲养的动物导致他人损害情形的否定性评价,同时结合不可抗力是否足以导致被侵权人损害的发生进行判断,不宜将不可抗力作为免责事由,而只能作为减责事由。

(二)关于动物园的动物造成他人损害的责任承担问题

《民法典》第1248条规定:"动物园的动物造成他人损害的,动物园应当承担侵权责任;但是,能够证明尽到管理职责的,不承担侵权责任。"关于该

---

① 陈现杰主编:《中华人民共和国侵权责任法条文精义与案例解析》,中国法制出版社2010年版,第273页。

条的适用要注意的是，动物园的动物实施加害行为的地点应该限制在动物园这种管理主体所实际控制的范围之内。[①] 而且动物园对于动物造成他人的损害之所以要承担责任，是因为动物园没有尽到管理职责。从归责原则上看，是过错推定责任，即动物园如果能够"证明其尽到管理职责的"，则不承担责任。

在谢某阳诉上海动物园饲养动物致人损害纠纷案[②]中，原告谢某阳与其父母至被告上海动物园游玩，当日 15 时许，原告及其家人行至灵长类动物展区时，原告穿过笼舍外设置的防护栏，给猴子喂食食物时，右手中指被猴子咬伤。案涉笼舍是铁制网状，在笼舍 2 米处悬挂"禁止跨越栏杆""禁止敲打""禁止嬉弄"等图文并茂的警示牌，距笼舍外 1.50 米处建有高 1.12 米的金属防护栏，金属防护栏栏杆间距 15 厘米左右。经现场试验，原告谢某阳及十周岁以下（偏瘦小）儿童可以通过栏杆间隙钻入。上海动物园作为专门饲养管理动物的机构较一般动物饲养人有着更高的注意和管理义务。金属隔离护栏除警示的作用外亦应负担着一定的隔离作用，而护栏之间 15 厘米的间距，存在着不能杜绝幼童钻入的可能性。另外，本案事发时上海动物园无工作人员在场。事发后，上海动物园又缺乏有效的紧急联系方式供需要帮助的游客与园方取得联络，致使谢某阳一方不能及时进行手指被咬伤后的紧急善后处理，只能自行至医院求治。基于以上原因，原审法院认为上海动物园未尽到管理职责，并无不当。受害人事发时仅四周岁，不具有民事行为能力，对喂食猴子可能存在的危险情况没有认知能力和处置能力，其监护人在被告已书面告知警示的情况下，仍放松对原告危险警示教育和看护，导致原告穿过防护栏产生损害后果，故原告法定代理人有重大过失，应减轻被告的民事责任。

[①] 最高人民法院侵权责任法研究小组编著：《〈中华人民共和国侵权责任法〉条文理解与适用》，人民法院出版社 2010 年版，第 538 页。

[②] 参见《最高人民法院公报》2013 年第 8 期。

对于《民法典》第1248条规定中的"他人"如何理解的问题。通常认为,此"他人"应当包括游人,但不限于游人,属于泛指的他人。有观点认为,动物园的管理人员、工作人员(兽医、研究人员、技术人员、饲养员等),不应属于本条规定的"他人"。此类人员如果遭受动物伤害,适用其他法律法规的规定以及劳动合同、劳务合同的约定救济其所受到的损害。[①] 这一见解较有道理,符合实际情况,但有必要再作进一步细化,将此类人员明确为并非履行职务行为而是以游人的身份游览,比如和家人一起参观时遭受伤害的情形适用于该条规定。同时,这里的"他人"不仅包括遵守相关规定购票或者使用赠票、免票入园的人员,也应包括其他进入动物园的人员,甚至逃票等擅自进入动物园的人员。只是对于后者受到损害的情形,动物园的相应注意义务不同,因为不能科以动物园以预见擅自进入者而为其专门设定相应安全保护措施的义务,其安全措施的采取符合通常情形下保护一般人的措施即可。在责任承担上要通过充分考虑其是否知道或者应当知道擅自进入后会遇到相应危险而仍然进入、园区是否尽到了相应的警示说明义务以及其他必要的安全保障措施等来判断。通常而言,在动物园已有相应警示的情况下,对于一个成年人而言,其擅自进入动物园,尤其是进入猛兽区,应当认定其至少具有重大过失。如果动物园应该采取通常意义上的安全措施,甚至稍加注意即可采取安全措施但没有采取的,应当认定为其未尽到管理职责,比如围墙塌陷长时间未予维修,出现险情长时间未采取相应急救保护措施等。但是在动物园采取的安全措施符合相关规定,或者即使有关措施存在一定瑕疵但与损害后果的发生并无因果关系的情况下,应当免除动物园的责任。在八达岭野生动物园老虎伤人事件中,事故调查报告认定事件原因是游客一方"未遵守严禁下车的规定"。法院判决认为,动物园一方通过签订书面协议、设置安全警示牌和全程广播、巡逻车来回巡视并以喇叭等方式告诫游客在猛

[①] 参见王利明主编:《中国民法典评注——侵权责任编》,人民法院出版社2021年版,第391页。

兽区不要停车、下车，在游客下车时，巡逻车警告游客赶紧上车，在事发后巡逻车迅速驱赶老虎，防止损害进一步扩大，尽到了管理职责，因此判决动物园无责，无需赔偿，游客一方自行承担损失。①

关于免责事由的适用。从体系上看，《民法典》对于动物园动物导致他人损害的情形，适用的是过错推定责任，而一般意义的饲养动物损害责任是无过错责任，某种意义上讲，动物园作为责任主体在责任构成方面门槛更高，免责事由的设定自然也更加宽泛。从适用过错推定责任的侵权行为类型看，只要没有明确否定被侵权人一方过错或者第三人原因乃至不可抗力等客观事由导致损害发生可免除侵权人责任，则其都应属于此类侵权行为的免责事由，这也符合《民法典》总则编与侵权责任编以及侵权责任编一般规定与具体侵权行为类型的内在体系逻辑要求。因此，在受害人有过失的情况下，即如果动物园能够证明被侵权人或者被害人对于损害的发生也有过错的，则可以减轻或免除动物园的责任；如果动物园能够证明损害是由受害人故意造成的，则动物园不承担责任。

至于动物园的动物逃脱造成园外人员人身损害或者财产损失的情形，有观点认为这时仍然要适用《民法典》第1248条的规定。笔者认为，从文义上看，第1248条表述的"动物园的动物"并没有苛求必须是正在动物园的动物，当然也没有强调必须是动物园所有的动物。因此，对于动物园管理、控制的动物逃逸甚至被遗弃的，此动物仍然属于动物园的动物，故可适用第1248条的规定；但同时也应该看到，此种情形也符合《民法典》第1249条规定的遗弃、逃逸动物致人损害的情形，因为该条也没有明确将动物园的动物遗弃等情形排除在外。故此已构成法条竞合关系，理论上应当允许当事人择一行使。考虑到遗弃逃逸动物致人损害的情形，在归责原则上是无过错责任，动物的饲养人、管理人包括动物园不能以证明其已经尽到管理职责而免

---

① 参见北京市高级人民法院（2021）京行终445号行政判决书。

责,故对于救济被侵权人而言更为有利。因此,从《侵权责任法》作为救济法的本质出发,有必要将《民法典》第1249条作为第1245条至第1248条的补充规定或者特殊规定,对于动物园的动物逃逸、遗弃等造成他人损失的情形,优先适用第1249条的规定。

(三)关于因第三人的过错致使动物造成他人损害的责任承担问题

《民法典》侵权责任编中的第1250条规定:"因第三人的过错致使动物造成他人损害的,被侵权人可以向动物饲养人或者管理人请求赔偿,也可以向第三人请求赔偿。动物饲养人或者管理人赔偿后,有权向第三人追偿。"该条沿用了《侵权责任法》第83条的规定。对于该条的适用要注意的是:一方面,该条规定的内容包括第三人的故意和重大过失,而且该第三人的故意或者重大过失并非动物饲养人或者管理人减免或者免责的事由;另一方面,动物饲养人或管理人与第三人对被侵权人承担的是不真正连带责任,被侵权人可以单独向动物饲养人或管理人主张权利,也可以单独向第三人主张权利。在诉讼中,动物饲养人或管理人与存在过错的第三人并不是必要共同诉讼人,被侵权人可以单独起诉动物饲养人或管理人,也可以单独起诉第三人。[①] 同时,对于该条规定的适用,要做好与《民法典》第1175条的衔接。《民法典》第1175条规定:"损害是因第三人造成的,第三人应当承担侵权责任。"据此,在第三人侵权的情况下,由第三人承担侵权责任。而根据《民法典》第1250条规定,因第三人的过错致使动物造成他人损害的,第三人与动物饲养人或者管理人承担不真正连带责任。二者对第三人侵权的责任承担并不一致。由于前者是关于第三人侵权的一般规定,第1250条是对动物侵权中第三人侵权的规定,二者是一般法与特别法的关系,因此,在适用上可以认为第1250条是对第1175条的例外规定。毫无疑问,对于动物侵权中的第三人原因,应适用第1250条规定。在追偿权方面,第1250条规定的是单向追偿,即因第三

[①] 陈现杰主编:《中华人民共和国侵权责任法条文精义与案例解析》,中国法制出版社2010年版,第281页。

人的过错行为激发了动物相应的举动造成被侵权人损害的，动物的饲养人或者管理人承担责任后有权向该第三人追偿，但该第三人直接承担赔偿责任后无权向动物的饲养人或者管理人追偿。在适用本条规定时还要注意以下几点：

1. 在第三人过错致使动物造成他人损害的情形中，从规范对象上看第1250条与第1245条至第1247条、第1249条存在竞合关系。从实际适用看，又会存在与上述规定的聚合关系。究其原因，主要是在动物致人损害时融入了第三人过错的情形。就竞合关系层面，如果存在第三人过错情况，动物管理人、饲养人仍然要承担侵权责任，其承担责任的规范基础是第1245条或者其他有关动物饲养人、管理人承担责任的规定，适用无过错责任；但如果被侵权人向该有过错的第三人主张损害赔偿的，则应适用第1250条的规定，要举证证明第三人的过错。就聚合适用的问题，比如，既存在动物饲养人或者管理人违反管理规定的情形，又存在第三人过错的情况，这时虽然在他们承担的外部责任上不产生影响，但在内部追偿权份额上应该有所影响，要适用比较过错和原因力规则。同样，如果是因为动物的管理人或者饲养人违反管理规定导致动物逃逸以及遗弃动物的，这时在内部追偿权份额方面也应当有所体现。

2. 从规范体系上讲，第1250条规定应当也可以与第1248条规定的动物园动物致人伤害的情形衔接适用。在被侵权人选择不同主体承担责任时，要分别以第1248条和第1250条规定作为规范基础，当然也要以满足各自相应的侵权责任构成要件为前提。在内部追偿权问题上，也要考虑各自的过错大小，适用比较过错与原因力规则确定相应的追偿权份额。

3. 从目前实务中的做法看，这里的"第三人"通常并不包括被侵权人的监护人。如果监护人存在过错的，通常认为其未尽到监护职责，而适用第1245条以及第1248条等规定减轻动物的饲养人、管理人以及动物园的责任。笔者认为，对于监护人未尽监护职责的情形，作为被侵权人一方的过失，依法减轻对方当事人责任在理论上具有可行性（当然，也有观点认为此对于被监护人的保护未必有利）。但是被监护人未尽到监护职责与第三人的过错致使动物造成他人损害是否系一个层面的问题，值得研究。通常而言，第1250条规定第三人过错是激发动物危险性的原因，动物的内在危险之所以爆发，是由于第三人的过错行为所致。[1] 此与监护人未尽监护职责在行为样态上应该是完全不同的，前者为积极行为状态，后者从法律意义上讲属于不作为性质，因此在责任承担上应该有所区分。虽然实践中比较少见，但对于监护人通过其"积极"的过错行为而非单纯"消极"地未尽监护职责致使动物造成被监护人损害的，应当适用第1250条规定。对此需要注意的是做好与《民法典》第190条等关于无民事行为能力人或者限制民事行为能力人对其法定代理人的请求权的诉讼时效期间起算的规定相衔接，以切实保护作为被侵权人的被监护人的合法权益。

---

[1] 参见王利明主编：《中国民法典评注——侵权责任编》，人民法院出版社2021年版，第395页。

第十九章
建筑物和物件损害责任的创新发展和规则适用

▼

物件损害责任是为自己管领下的物件造成他人损害，应当由物件的所有人或者管理人承担侵权责任的特殊侵权责任。这种为自己管领下的物件损害承担的侵权责任，也称为对物的替代责任。物件损害责任不是指责任人使用物件或者以自己的意志支配物件致害他人，而是指物件本身对受害人的权利的侵害，责任人只是对物件的管理、管束等具有过失，因而承担赔偿责任的侵权行为类型。比较法上，《法国民法典》第1384条第1款规定："任何人不仅对其自己行为所致的损害，而且对应由其负责的他人的行为或在其管理之下的物件所致的损害，均应负赔偿的责任。"同时，《法国民法典》第1386条确认建筑物致害责任，承认建筑物本身对他人的损害，规定："建筑物的所有人，对于因缺乏维护或因建筑物缺陷所发生的坍塌而引起的损害，应负赔偿的责任。"《德国民法典》在第836条、第837条和第838条分别规定土地占有人、建筑物占有人和建筑物保养义务人对因建筑物或与土地相连的工作物倒塌或一部分脱落致人损害，应负赔偿责任。《日本民法典》第717条规定："因土地工作物的设置或保存有瑕疵，致他人产生损害时，工作物占有人对受害人负损害赔偿责任。但是，占有人为防止损害发生已尽了必要注意时，损害应由所有人赔偿。""前款规定,准用于竹木的栽植或支撑有瑕疵情形。""于前二款情形,就损害原因另有责任者时,占有人或所有人可以对其行使求偿权。"

在我国的立法沿革中,《民法通则》第126条规定:"建筑物或者其他设施以及建筑物上的搁置物、悬挂物发生倒塌、脱落、坠落造成他人损害的,它的所有人或者管理人应当承担民事责任,但能够证明自己没有过错的除外。"第125条对地面施工致人损害的民事责任作了规定,该条规定:"在公共场所、道旁或者通道上挖坑、修缮安装地下设施等,没有设置明显标志和采取安全措施造成他人损害的,施工人应当承担民事责任。"学理上通常将该条规定内容称之为建筑物致人损害责任或者建筑物责任。《侵权责任法》在总结有关立法经验、实务做法的基础上,专章规定了建筑物和物件损害责任。《民法典》侵权责任编对此大部分作了保留,同时根据经济社会发展情况作了相应修改。主要修改:(1)将"物件损害责任"修改为"建筑物和物件损害责任",将不动产致人损害责任的情形包括在内,逻辑体系上也更加严谨。(2)明确规定了建筑物、构筑物或者其他设施倒塌、塌陷造成他人损害的,建设单位与施工单位的举证免责的情形,同时将《侵权责任法》第86条第2款规定的"其他责任人"修改为"所有人、管理人、使用人或者第三人"。(3)第1254条系统细化规定了高空抛物、坠物责任,为切实保护人民群众头顶上的安全提供法律依据。对此笔者将予以专题探讨。(4)第1256条完善了妨碍通行物中公共道路管理人的责任。(5)第1258条明确了地下工作物责任适用过错推定责任原则。另外,吸收司法解释中的经验做法,对于堆放物致害责任的情形作了细化,增加了"滚落"和"滑落"的情形(第1255条);林木损害责任增加了"倾倒"和"果实坠落"的情形(第1257条);将不动产倒塌和不动产脱落物、坠落物损害责任的顺序进行了调整,按照先重后轻的侵权责任类型顺序排列。现就有关主要法律适用问题阐释如下:

一、建筑物倒塌致人损害责任的承担

《民法典》第 1252 条规定："建筑物、构筑物或者其他设施倒塌、塌陷造成他人损害的，由建设单位与施工单位承担连带责任，但是建设单位与施工单位能够证明不存在质量缺陷的除外。建设单位、施工单位赔偿后，有其他责任人的，有权向其他责任人追偿。因所有人、管理人、使用人或者第三人的原因，建筑物、构筑物或者其他设施倒塌、塌陷造成他人损害的，由所有人、管理人、使用人或者第三人承担侵权责任。"就此内容，《侵权责任法》第 86 条规定："建筑物、构筑物或者其他设施倒塌造成他人损害的，由建设单位与施工单位承担连带责任。建设单位、施工单位赔偿后，有其他责任人的，有权向其他责任人追偿。因其他责任人的原因，建筑物、构筑物或者其他设施倒塌造成他人损害的，由其他责任人承担侵权责任。"相较《侵权责任法》第 86 条的规定，《民法典》第 1252 条主要进行了三处修改：（1）第 1 款增加了免责抗辩的情形："但是建设单位与施工单位能够证明不存在质量缺陷的除外"；（2）第 2 款对"其他责任人"进行了明确界定，改为"所有人、管理人、使用人或者第三人"；（3）增加了"塌陷"这一情形，更符合实际情况。

关于建筑物致人损害的责任问题，此前《民法通则》第 126 条对此问题有所规定，条文内容为："建筑物或者其他设施以及建筑物上的搁置物、悬挂物发生倒塌、脱落、坠落造成他人损害的，它的所有人或者管理人应当承担民事责任，但能够证明自己没有过错的除外。"可见，《民法通则》在立法时，是将建筑物致人损害的三种表现形式即倒塌、脱落和坠落共同规定于同一条文之中，有关归责原则、赔偿义务主体等，三者都是完全相同的。而且，当时在民法领域尚未明确提出关于构筑物的概念用语。2003 年《人身损害解释》出台后，其第 16 条作出了进一步较为明确的规定："下列情形，适用民法通则第一百二十六条的规定，由所有人或者管理人承担赔偿责任，但能够证明自己没有过错的除外：（一）道路、桥梁、隧道等人工建造的构筑物因维护、管理瑕疵致人损害的；（二）堆放物品滚落、滑落或者堆放物倒塌致人损害的；（三）树木倾倒、折断或者果实坠落致人损害的。前款第（一）项情形，因设计、施工缺陷造成损害的，由所有人、管理人与设计、施工者承担连带责任。"该司法解释的贡献在于明确了构筑物倒塌导致他人损害的责任，同时也对《民法通则》规定的情形予以了细化。在《侵权责任法》立法过程中，对于建筑物倒塌造成他人损害的，是否应当明确规定建设单位、施工单位等承担侵权责任，曾有不同意见。有的意见认为，建筑物倒塌严重危害人民群众的人身、财产安全，应当对此作出严格规定，从而促使建设单位等提高建设工程质量，杜绝"豆腐渣"工程，保障人民群众的生命财产安全。有的意见认为，造成建筑物、构筑物或者其他设施倒塌的原因复杂，建议依照《建筑法》《建设工程质量管理条例》等法律、法规的规定追究责任，没有必要在侵权责任法中专门规定。经同有关部门研究，《侵权责任法》区分了建筑物倒塌与脱落、坠落的不同责任，规定建筑物、构筑物或者其他设施倒塌造成他人损害的，由建设单位与施工单位承担连带责任。建设单位、施工单位赔偿后，有其他责任人的，有权向其他责任人追偿。因其他责任人的原因，建筑物、构筑物或者其他设施倒塌造成他人损害的，由其他责任人承担侵权责任。[①]《民法典》侵权责任编中的第1252条在此基础上对于建筑物倒塌、关于本条的适用要注意以下几点：

《民法典》第1252条第1款第一句规定了建设单位与施工单位承担连带责任。我国一些法律和司法解释都对相关问题作了规定。根据《建筑法》第55条、第56条的规定，建筑工程实行总承包的，工程质量由工程总承包单位负责，总承包单位将建筑工程分包给其他单位的，应当对分包工程的质量

[①] 王胜明：《中华人民共和国侵权责任法释义》，法律出版社2010年版，第419页。

与分包单位承担连带责任。分包单位应当接受总承包单位的质量管理。建筑工程的勘察、设计单位必须对其勘察、设计的质量负责。根据《民法典》第1252条第1款第一句的规定，建筑物、构筑物或者其他设施倒塌、塌陷造成他人损害的，由建设单位与施工单位承担连带责任。建筑物倒塌、塌陷造成他人损害的，被侵权人既可以要求建设单位承担侵权责任，也可以要求施工单位承担侵权责任，还可以要求二者共同承担侵权责任。同时该句中明确了建设单位和施工单位的免责要件，即他们能够证明不存在质量缺陷时可免责。这一但书条款既是免责要件的规定，也是对举证责任的明确。有关建筑物、构筑物或者其他设施是否存在缺陷的问题，要依据有关法律、行政法规的规定以及有关国家标准、行业标准来确定。有观点认为，《民法典》第1252条第1款规定的建筑物、构筑物或者其他设施是指在建的建筑物、构筑物或者其他设施，不包括已建成交付给所有人（业主）使用的建筑物、构筑物或者其他设施。[1]笔者认为，在建的建筑物或已建成建筑物如果存在质量缺陷的，应当由建设单位、施工单位承担责任。而且从《民法典》第1252条这两款规定的体系关系看，第2款并没有涉及质量缺陷这种情形，也没有规定有关建筑物所有人、管理人、使用人等承担责任后有关的追偿问题。由支付相应对价而取得建筑物等的所有人来承受建设单位等施工造成的建筑物质量缺陷带来的不利后果，也有失公平。

《民法典》第1252条第1款第二句规定，建设单位、施工单位赔偿后，有其他责任人的，有权向其他责任人追偿。建筑物、构筑物或者其他设施倒塌的，除了建设单位、施工单位以外，可能还存在其他责任人。这里的其他责任人应当限于对于建筑物、构筑物或者其他设施存在质量缺陷有过错的主体，比如勘察单位、设计单位或者监理单位等。《建筑法》第56条规定："建筑工程的勘察、设计单位必须对其勘察、设计的质量负责。勘察、设计文件

---

[1] 参见王利明主编：《中国民法典评注——侵权责任编》，人民法院出版社2021年版，第285页。

应当符合有关法律、行政法规的规定和建筑工程质量、安全标准、建筑工程勘察、设计技术规范以及合同的约定。设计文件选用的建筑材料、建筑构配件和设备，应当注明其规格、型号、性能等技术指标，其质量要求必须符合国家规定的标准。"《建筑法》第35条规定："工程监理单位不按照委托监理合同的约定履行监理义务，对应当监督检查的项目不检查或者不按照规定检查，给建设单位造成损失的，应当承担相应的赔偿责任。工程监理单位与承包单位串通，为承包单位谋取非法利益，给建设单位造成损失的，应当与承包单位承担连带赔偿责任。"《建设工程质量管理条例》第36条规定："工程监理单位应当依照法律、法规以及有关技术标准、设计文件和建设工程承包合同，代表建设单位对施工质量实施监理，并对施工质量承担监理责任。"这一规定中的其他责任人不能包括其行为并没有导致建筑物等存在质量缺陷而直接使得建筑物等倒塌、塌陷等情形，这属于《民法典》第1252条第2款规定的"第三人"的范畴。对此，可以直接适用《民法典》第1175条的规定。

因所有人、管理人、使用人或者第三人的原因，建筑物、构筑物或者其他设施倒塌造成他人损害的，由所有人、管理人、使用人或者第三人承担侵权责任。《侵权责任法》第86第2款规定的"其他责任人"，与第1款规定的"其他责任人"的概念完全不同，该款使用"其他责任人"这个概念不够严谨，故《民法典》对此作了修改并进一步明确。这时建筑物、构筑物或者其他设施的所有人、管理人或者使用人因管理不善造成的损害。例如，在使用建筑物的时候，进行破坏性的装修、改建，结果造成建筑物倒塌致人损害，必须由所有人、管理人或者使用人承担赔偿责任。本款规定并没有规定适用过错推责原则原则和无过错责任原则，故从体系上讲应属于适用《民法典》第1165条第1款规定的过错责任的范畴，该所有人、管理人、使用人或者第三人在有过错的情况下方可承担侵权责任，此过错要件事实要由被侵权人承担举证责任。同时，这一规定既是所有人、管理人、使用人或者第三人承担建筑物等倒塌、塌陷责任的法律依据，也是建筑物等的建设单位和施工单位主张免责的一个重要依据,即他们只要能够证明造成建筑物倒塌或者塌陷是由上述其他责任人造成的,即可免责。当然,这并非建设单位或者施工单位的唯一免责事由,只要其能够证明其行为不符合相应的侵权责任构成,就可以阻却侵权责任的成立,从而免责。而且,基于体系解释,《民法典》总则编民事责任部分规定的免责事由,比如不可抗力,侵权责任编一般规定中的有关免责事由对于建筑物损害责任同样可以适用。

实务中,有争议的是此所有人、管理人或者使用人承担的赔偿责任的关系。一种意见认为,物件在谁的管理之下,就由谁作为责任主体;另一种意见认为,受害人可以择一作为责任主体;还有意见认为,此三者之间是不真正连带责任的关系,所有人、管理人或者使用人都是责任主体,分为中间责任人和最终责任人,受害人可以选择其中任何一个责任人起诉,其承担了责任之后,只要他不是最终责任人,就可以向最终责任人追偿。[1]笔者认为,从逻辑上讲,第三种意见能够在公平确定责任的基础上更有利于对受害人的救济。但要考虑到实践情况通常就是所有人、管理人或者使用人单独对该建筑物等进行管理、控制,此也符合占有、使用的排他性特点。因此,在这种情形下,发生建筑物倒塌或者塌陷时责任主体应该是单一的现实对该建筑物占有、使用或者控制的人,除非其他主体,比如所有人有相应的过错,则应该在其过错范围内承担相应的责任。

此外,对于实践中存在有质量缺陷的建筑物已经交付使用的情形,如果建筑物的倒塌、塌陷是由于该质量缺陷造成的,但此有必要通过案件审理才可以认定。因此,只要是建筑物倒塌、塌陷等导致损害发生的,被侵权人在起诉时以建筑物的所有人、管理人或者使用人为被告进行起诉,人民法院应当依法予以受理。但是通过审理认定是因建筑物存在质量缺陷的,人民法院应当予以释明,被侵权人追加建筑物的建设单位或者施工单位作为被告并就

---

[1] 参见杨立新:《侵权责任法》,法律出版社2021年版,第651页。

其主张相应损害赔偿的，人民法院应予准许。在此情况下，从纠纷的彻底解决角度讲，应该判决该建筑物的建设单位或者施工单位承担赔偿责任。但是对于原告坚持不予追加被告或者变更相应诉讼请求的，这时在裁判处理方面存有争议。一种意见认为，此应该驳回原告方的诉讼请求，告知其另行起诉；另一种意见则认为，这时应当判决建筑物的所有人、管理人或者使用人承担赔偿责任，并告知其可以向该建筑物的建设单位或者施工单位追偿。笔者倾向于第二种意见，但还可以进一步细化处理。主要理由是：（1）从《民法典》第1252条第2款并不能得出已交付建筑物因质量缺陷造成损害的情形就可以排除建筑物所有人、管理人或者使用人责任的问题。换言之，这一情形也属于在条文文义上建筑物所有人、使用人或者管理人承担责任的情形；（2）从规范目的上看，建筑物损害责任的本质在于对具有危险性的建筑物造成损害的"替代责任"，其归责基础在于物本身的危险性和责任主体对物本身的管领、控制，以及以此为基础的对该物所产生危险的合理分配。因此，即使存在建筑物建设缺陷，而从《民法典》第1252条第2款规范内容出发，这一缺陷当然也属于建筑物本身存在危险的情形，因此应该适用该款规定由建筑物的所有人、管理人、使用人等向被侵权人承担赔偿责任。（3）对于建筑缺陷是最终造成损害原因的问题，应当将此作为建筑物所有人、管理人或者使用人与建设单位、施工单位的内部关系，建设单位、施工单位作为终局责任人，其应当承担最终的损害赔偿责任，故根据公平原则，结合对《民法典》第1252条第1款的体系解释，这时应该存在该条第1款与第2款规定的竞合适用关系，当事人可以选择，但在选择由建筑物所有人、管理人或者使用人承担赔偿责任的，因为建筑物建设单位、施工单位有其独立的侵权责任构成，应当赋予建筑物所有人、管理人或者使用人对建设单位或者施工单位相应的追偿权。此于施工单位或者建设单位而言，并没有额外加重其负担。如果对于损害后果的造成既有建筑物质量缺陷又有建筑物的所有人、管理人或者使用人相应的过错行为，这时情况更为复杂，首先要围绕当事人的主张，如果此为一并向建筑物所有人、管理人或者使用人主张的,则在其承担责任后向建设单位或者施工单位追偿时,只能就质量缺陷所造成损害的部分予以追偿,即将其自身过错行为造成损害大小按照原因力规则确定的份额作相应扣除;如果被侵权人分别向所有人、管理人或者使用人以及建设单位或是施工单位主张,这时可以按照原因力规则,确定建筑物所有人、管理人或者使用人与建设单位、施工单位作为终局责任人承担责任的具体份额。至于在此情形下的所有人、管理人、使用人承担责任的形态,则应该与《民法典》侵权责任编明确规定的两种补充责任情形(第1198条关于安全保障义务的规定和第1201条关于学校责任的规定)存在本质不同,不存在适用余地;至于不真正连带责任,似也欠缺相应的法律依据;应该说这时应当以按份责任为常态(上述分析即是以此情形作为分析基础),但考虑到社会生活的复杂性不排除在具体个案中存在符合《民法典》第1168条关于共同侵权的规定以及第1171条关于原因叠加侵权行为的规定,在此个别情形下,有必要按照连带责任的规则先行确定外部责任,然后再按照原因力规则确定其内部追偿份额。

二、公共场所或者道路上施工致人损害责任的承担

关于在公共场所或者道路上施工等造成他人损害责任和窨井等地下设施造成他人损害责任的问题,《侵权责任法》第91条规定:"在公共场所或者道路上挖坑、修缮安装地下设施等,没有设置明显标志和采取安全措施造成他人损害的,施工人应当承担侵权责任。窨井等地下设施造成他人损害,管理人不能证明尽到管理职责的,应当承担侵权责任。"《民法典》第1258条基本沿用了这一规定,修改有两点:(1)将"挖坑"修改成"挖掘",对侵权行为的范围进行了扩展;(2)将"没有设置明显标志和采取安全措施造成他人损害的,施工人应当承担侵权责任"修改为"施工人不能证明已经设置明显标志和采取安全措施的,应当承担侵权责任",明确了施工人根据过错推定原则

举证证明自己免责。概言之，地面施工致人损害侵权责任的承担，是以施工人没有设置明显标志和采取安全措施为条件的，也就是说，如果施工人已设置明显标志和采取安全措施，客观上已尽其应有的注意义务，即可以免除责任。对此，应由施工人来证明自己已按规定设置明显标志和采取安全措施；举证不能或举证不足的，应承担赔偿责任。[1] 对于《民法典》第 1258 条第 2 款规定的窨井等地下设施致人损害的问题。通常而言，管理人对此要承担安全保障义务，但其承担义务一方面是要采取一定的防护措施，足以起到正常安全防护的作用，另一方面这一义务也是有一定界限的，不能上升为绝对义务。只要管理人能够证明已经尽到了合理注意义务，即管理职责的，就可以免除责任。

在此需要注意的是，《民法典》第 1258 条第 1 款仅是规定了施工人在此情形下的责任，对于有无定作人即该地下设施抑或地下工作物的所有人是否要承担侵权责任的问题，本款并未涉及，对此不应该理解为排除定作人责任的适用，而应作体系化适用。此前，《人身损害解释》第 10 条规定的定作人指示过失责任的规则并不违反《侵权责任法》的基本原则，应当在审判实践中继续适用。《民法典》吸收了这一经验做法，在第 1193 条明确规定了定作人的过错责任，即"定作人对定作、指示或者选任有过错的，应当承担相应的责任"。如果是施工人在施工中，甚至管理人在管理中致使地下工作物造成他人损害，存在地下工作物所有人的上述过错行为，则完全符合定作人指示过失责任的规则要求，其应当承担相应的损害赔偿责任。

实务中对于施工人设置明显标志和采取安全措施后，因第三人行为或自然原因造成标志和安全措施被破坏的，施工人能否免责的问题。一种意见认为，施工人不仅负有明显标志和安全措施的设置义务，还有维持相应的安全的义务，一般不允许其以第三人行为或不可抗力作为抗辩理由；在第三人有

---

[1] 最高人民法院侵权责任法研究小组编著：《〈中华人民共和国侵权责任法〉条文理解与适用》，人民法院出版社 2010 年版，第 603 页。

过错的情况下，施工人只能在向受害人承担民事责任后向第三人追偿；但是，如施工人能证明其已设置明显标志和采取安全措施的除外。王利明教授亦持此观点。另有观点认为，如果地下工作物造成的损害完全是由于第三人过错或不可抗力造成的，免除其施工人、管理人的赔偿责任。笔者认为，上述观点在本质上有共通之处，关键看第三人过错或者不可抗力对于损害后果造成的原因力大小，如果施工人已经尽到相应的设置上述明显警示标志和采取相应安全措施仍不能避免损害的发生，这时就应当免除其赔偿责任。同时，从体系解释上，遵从法律适用的一致性，在有关物件损害责任的侵权行为类型中，相关具体法律规定并没有排除有关侵权责任的一般免责、减责事由的适用。而且，从类比的角度，如果允许受害人自身过错作为此类侵权行为的免责或者减责事由，即适用《民法典》第1173条，则同样应该允许就第三人过错行为造成损害的情形予以免责或者减责，即适用《民法典》第1175条，至于是减责还是免责关键看相应的原因力的大小。

三、障碍通行物损害责任

与上述情形相类似的情形还有，《民法典》第1256条关于在公共道路上堆放、倾倒、遗撒妨碍通行物造成他人损害责任的规定。相较《侵权责任法》第89条规定，增加了"公共道路管理人不能证明已经尽到清理、防护、警示等义务的，应当承担相应的责任"，即采取过错推定原则，公共道路管理人举证证明其已尽到相应责任，即可免责。学理上将该条规定概括为障碍通行物损害责任，从上述修改情况来看，本条规定明确了在公共道路上堆放、倾倒、遗撒妨碍通行的物品的行为承担的是过错责任，而对于公共道路管理人的责任适用过错推定责任原则。由此相应的侵权责任构成和举证责任承担适用上述归责原则下的共通性规则。在以往的审判实践中，有多起公报案例对此作了有益探索。王某凤诉千阳县公路管理段人身损害赔偿案（1989年）的裁判规则明确，道路两旁的物件致人损害的，应由对道路两旁物件具有管理及保护责任的单位或个人承担赔偿责任。尽管该案中道路两旁的物件具体指被虫害蛀朽的护路树，严格来讲应属于林木损害责任，但其确立了对道路两旁物件具有管理及保护责任的单位或个人应承担赔偿责任的裁判规则。江苏省南京市江宁县东山镇副业公司诉江苏省南京机场高速公路管理处损害赔偿案（1999年）的裁判规则明确，高速公路管理处未及时清除散落物导致交通事故的，应承担赔偿责任。范某生等诉淮安电信分公司淮阴区电信局、淮安市淮阴区公路管理站人身损害赔偿纠纷案（2008年）的裁判规则明确，物的所有人或管理人因维护、管理瑕疵致人损害应承担赔偿责任，除非其能够证明自身无过错。该案中，江苏省淮安市中级人民法院二审认为，上诉人范某生等的亲属范某金晚上醉酒后驾车，车辆驶入道路北侧，撞上路边电杆，经医院抢救无效死亡。范某金本人未能在确保安全的原则下通行，是造成此事故的直接和主要原因，对损害后果应当承担主要责任。根据有关规定，在公路、公路用地范围内禁止设置电杆及其他类似设施。上诉人电信局作为涉案电杆的产权单位，在区委、区政府召开公路建设的有关会议上，确定将十二米路基范围的供电、邮电、广电杆线由供电、邮电、广电部门各自负责迁移，该责任界分符合"谁所有、谁管理、谁收益、谁负责"的精神，符合权利义务相一致和公平的法律原则，故而不论与其管理规范是否矛盾，均能够作为判定本案的事实依据；且在公路通车后，电信局明知该涉案电杆位于公路用地范围内，应及时迁移而未迁移存在危害人民利益的安全隐患，却怠于履行义务，这无疑也是造成范某金死亡的原因，其应当承担相应的民事赔偿责任。范某金酒后驾车，直接导致本案损害后果的发生，对此应承担主要责任。原审依据查明的案件事实，结合过错程度及原因力大小，确定被告电信局承担40%的赔偿责任并无不当。这一案例的裁判分析放在当下仍具有参考指导意义。

在承担责任的形态上，依据《民法典》第1256条的规定，行为人和公共道路管理人的是单向连带责任。一方面,行为人应当对全部损害后果承担赔偿责任,公共道路管理人是否应当承担责任在所不问;另一方面,公共道路管理人不能举证证明其已尽到相应的管理维护义务的,应当在其未尽到相应义务范围内承担相应责任。理论界和实务界对此能否在体系解释上参照适用《民法典》第1197条规定有关安全保障义务人的规则赋予公共道路管理人对行为人的追偿权,有一定争议。笔者认为,追偿权从权利主体而言是一种权利或者利益的享有,但权利与义务相对应,此对于义务人而言就是一种不利益,是一种负担,因此除非法律对此明确规定,否则此责任就应当属于自己责任的范畴,不存在再向行为人追偿的问题。但是,对此仍要作体系化考量,本条中规定的公共道路管理人承担清理、防护、警示等义务,在本质上与《民法典》第1198条所规定的安全保障义务具有一致性,或者说,上述义务内容属于安全保障义务的范畴,在有关责任主体违反安全保障义务要承担补充责任而享有对直接侵权人追偿权的情况下,没有理由不赋予公共道路管理人享有的追偿权。应该说,这在某种意义上讲存在一定的"漏洞"。解决这一问题的思路,仍然是按照体系解释,遵从法律适用上的一致性,对该条规定的"相应的责任"这一集合概念作限缩解释,明确为与第1198条有关违反安全保障义务承担相一致的责任,即"补充责任"。这样也可以避免在后面有关第三人在经营场所或者公共场所有关内部道路遗撒妨碍通行的物品造成他人损害时,因被侵权人选择相应的请求权基础的不同而使得该经营场所或者公共场所的经营者、管理者出现是否享有对直接侵权第三人追偿权的天壤之别。

关于《民法典》第1256条规定的具体适用,还需要把握以下两个问题:

1.关于公共道路的界定要适当从宽,对此可以参考《道路交通安全法》的规定做法。当然,对于居住小区或者有关公共场所、经营场所的内部道路上存在上述情形,直接适用《民法典》第1165条以及《物业管理条例》或者《民法典》第1198条关于安全保障义务等的规定也可以进行救济,此应构成规范竞合关系，允许当事人选择适用。

2. 要注意此类侵权行为与机动车交通事故责任的衔接适用关系。实务中，因为障碍通行物导致损害的情形通常会与机动车交通事故责任的情形发生聚合。对此，首先需要明确的是此种情形属于多数人侵权的范畴，因此要适用有关多数人侵权的规则，在符合相应规定，比如《民法典》第1168条关于共同侵权行为规定时，就应当适用连带责任的规则确定各侵权人的责任，而对此的适用要采取共同侵权的一般规则，即在解释论上能够构成共同侵权相应情形的，就应该适用连带责任，以实现对受害人的充分救济。其次，在不符合连带责任的情形下，则要依法准确适用有关按份责任以及上述的单项连带责任乃至有关安全保障义务下的补充责任的有关规定，不宜动辄简单化适用按份责任的规则。由此再按照相应的法律规定确定相应的追偿权的有无及份额。最后，在有关行政机关，比如交警部门对事故责任的认定存在不符合法律规定或者不符合实际情况、明显不合理的情形，应该依法通过复议等程序进行救济。即使进入诉讼程序，由于上述侵权行为的集合导致有关责任认定比较复杂，人民法院应当准许适用有关公文书证的规则，在当事人有相反证据足以推翻的情况下，不应绝对化地采信上述公文书证认定的责任划分比例，特别是要准确理解和适用有关单项连带责任、补充责任等情形，依法公平判定责任。

四、其他需要注意的问题

结合《民法典》对《侵权责任法》有关修改情况以及审判实践中的突出问题，除了上述内容外，还需注意以下情况：

1. 关于堆放物损害责任。堆放物是指堆放于土地上或者某处的物品。堆放物致害责任，是指由于堆放物倒塌、滚落、滑落，致使他人人身或财产权益受到损害,由所有人或管理人承担赔偿责任的建筑物和物件损害责任。[1] 从物的属性上,应属于动产。应当适用《民法典》第 1255 条是关于堆放物倒塌、滚落或者滑落造成他人损害责任的规定。《侵权责任法》第 88 条规定:"堆放物倒塌造成他人损害,堆放人不能证明自己没有过错的,应当承担侵权责任。"《民法典》第 1255 条基本沿用了这一规定,仅把"倒塌"修改为"倒塌、滚落或者滑落",根据司法实践和其他相关法条对侵权行为情形进行了细化,更能满足审判实践的需要。在归责原则上,《民法典》第 1255 条沿续了原来的规定,适用过错推定责任原则。有关免责规则的适用,要体系化适用《民法典》总则编民事责任部分以及侵权责任编一般规定中所规定的免责事由,包括不可抗力、受害人过错、第三人过错等,对此,应该由侵权人即堆放人承担举证责任。比如对于不可抗力,在有关规范性文件中也作了明确。《关于处理涉及汶川地震相关案件适用法律问题的意见(二)》第 9 条规定:"因地震灾害致使堆放物品倒塌、滚落、滑落或者树木倾倒、折断或者果实坠落致人损害的,所有人或者管理人不承担赔偿责任。"

2. 关于林木损害责任。《民法典》第 1257 条是关于折断、倾倒或者果实坠落等造成他人损害责任的规定。《侵权责任法》第 90 条规定:"因林木折断造成他人损害,林木的所有人或者管理人不能证明自己没有过错的,应当承担侵权责任。"第 1257 条基本沿用了这一规定,仅把"折断"修改为"折断、倾倒或者果实坠落等",根据司法实践和其他相关法条对侵权行为进行了明确列举,更有利于指导具体的审判实践。在归责原则上,该条延续了原来的规定,适用过错推定责任原则。有关免责适用的适用,也要体系化适用《民法典》总则编民事责任部分以及侵权责任编一般规定中所规定的免责事由,由侵权人即林木的所有人或者管理人承担举证责任。一般来说,对公共场所的林木等的养护、管理要求更高一些;对私人场所的林木的养护、管理要求会

---

[1] 杨立新:《侵权责任法》,法律出版社 2021 年版,第 671 页。

更低。受害人无视法规规定和相应的警示，进入禁止进入的林区受到损害，林木的所有人或者管理人没有过错不承担侵权责任。① 同样，对于私自进入他人果园采摘，如果被坠落的果实砸伤，这时也应当属于根据日常生活经验法则林木所有人或者管理人没有过错的情形，因为作为果树的所有人，不能苛求其对任何人负有损害防免的义务，包括其好意施惠的人甚至是非法闯入的人。而且，作为正常成长的果实坠落而非其人为设定危险的情形，不能苛求该所有人能够预见其可能造成对采摘者的伤害而限制其合理选择采摘时间的权利，否则将不符合常理，也会伤及此无辜所有人的法感情。

3. 关于建筑物、构筑物或者其他设施及其搁置物、悬挂物损害责任。《民法典》第1253条规定："建筑物、构筑物或者其他设施及其搁置物、悬挂物发生脱落、坠落造成他人损害，所有人、管理人或者使用人不能证明自己没有过错的，应当承担侵权责任。所有人、管理人或者使用人赔偿后，有其他责任人的，有权向其他责任人追偿。"建筑物、构筑物或者其他设施实际上就是不动产。搁置物、悬挂物分为两种不同的类型，一是人工搁置物、悬挂物，二是自然悬挂物，比如自然悬挂于建筑物上的冰柱。依据该条规定，建筑物、构筑物或者其他设施及其搁置物、悬挂物脱落、坠落造成他人损害的，适用过错推定责任原则，由其所有人或者管理人对受害人的损害承担侵权责任，但是所有人或者管理人能够证明自己没有过错的，不承担责任。自然搁置物、悬挂物，是由于自然的而非人为的原因，在建筑物、构筑物或者其他设施上形成的搁置物或者悬挂物。至于责任主体，包括所有人、管理人或者使用人。需要指出的是，就一个具体案件而言，责任主体原则上只能是其中之一，不大可能二者或者三者同时成为责任主体。在所有人、管理人和使用人之间，也鲜有可能对《民法典》第1253条规定的责任承担连带责任或者按份责任。若一旦存在需要在所有人、管理人和使用人中确定责任的情形，可

---

① 参见王利明主编：《中国民法典评注——侵权责任编》，人民法院出版社2021年版，第303页。

以按照上述有关建筑物倒塌、塌陷损害责任中的规则确定相应的责任。实务中，所有人也可以与管理人约定此类责任的承担问题，但其约定一般不能对抗第三人。至于使用人，原则上不对建筑物或者其他设施发生脱落、坠落造成他人损害承担赔偿责任，此类责任应由所有人或者管理人承担。使用人要对其在建筑物上的搁置物、悬挂物发生倒塌、脱落、坠落造成的损害承担赔偿责任。[1]但也有观点认为，此"所有人、管理人或者使用人"应当理解为建筑物或者其他设施的所有人、管理人或者使用人，以其作为建筑物、构筑物或者其他设施及其搁置物、悬挂物损害责任的赔偿责任主体，以便于被侵权人的损害得到及时救济。[2]笔者认为，上述见解都较有道理，从审判实践看，可以将上述两种意见予以综合。一方面，实务中建筑物上的搁置物、悬挂物通常情况下与该建筑物的所有人、管理人或者使用人的权属是一致的。以搁置物为例，如果该搁置物是建筑物所有人的，此搁置物掉落导致他人损害的，应当由该搁置物所有人承担赔偿责任。如果该搁置物是使用人的，则应当由使用人承担赔偿责任，在具体案件中所有人或者管理人若存在过错的，承担相应的责任。这里强调的是所有人或者使用人等对该搁置物的占有、使用或者控制，至于该搁置物是由该使用人借用他人的等情形在所不问。这样操作有利于纠纷的一次性彻底解决，也不至于额外增加有关责任主体的责任负担。但是在诉讼程序中由于被侵权人并不知晓该搁置物或者悬挂物的权利主体，起诉建筑物的所有人、管理人或者使用人的，人民法院应当依法受理。在诉讼中通过相应的诉讼程序规则、举证责任规则来确定相应的赔偿责任的承担。

---

[1] 参见张新宝：《中国民法典释评·侵权责任编》，中国人民大学出版社2020年版，第290页。
[2] 参见杨立新：《侵权法论（第五版）》，人民法院出版社2013年版，第660页。

第二十章
高空抛物侵权责任规则的发展完善与规则适用

▼

一、高空抛物侵权责任规则在《民法典》中的完善发展

"高空抛物侵权责任"是为便于表述,对抛掷物、坠落物致人损害侵权责任的统称。在起草《侵权责任法》过程中,对如何规定这种侵权责任类型就有不同意见。主张由可能加害的建筑物使用人予以补偿的意见认为,如果对此不加以规定,受害人受到损害就无法得到救济。反对该意见者则认为,这是对所谓的可能加害的建筑物使用人的不公平,甚至有人认为这是一个"连坐"的规则。[1] 经过折中考量,《侵权责任法》第 87 条确立了在具体侵权人难以确定时由可能加害的建筑物使用人承担补偿责任的一般规则。该条规定:"从建筑物中抛掷物品或者从建筑物上坠落的物品造成他人损害,难以确定具体侵权人的,除能够证明自己不是侵权人的外,由可能加害的建筑物使用人给予补偿。"这一规定对于统一法律适用,填平受害人损害发挥了积极作用,但仍然存在打击面过广、对受害人救济不及时、不利于有效打击高空抛物行

---

[1] 参见杨立新:《侵权法论(第五版)》,人民法院出版社 2013 年版,第 702 页。

为等问题，从而受到一定争议。为切实维护人民群众"头顶上的安全"，最高人民法院为贯彻落实党中央部署，于2019年发布了《最高人民法院关于依法妥善审理高空抛物、坠物案件的意见》（以下简称《高空抛物意见》），针对上述问题，提出了具体措施和要求，明确了"区分坠落物、抛掷物的不同法律适用规则""依法确定物业服务企业的责任"等内容，为预防和惩治高空抛物、坠物行为发挥了积极作用，也为立法上进一步完善高空抛物侵权责任提供了有益参考。

在《民法典》编纂过程中，特别是在《民法典》草案二次审议之后，立法机关对于高空抛物侵权责任规则作了进一步研究论证，在总结实务经验、综合各方意见的基础上，最终形成了第1254条[①]的规定。相较《侵权责任法》第87条的规定，《民法典》第1254条的重大修改主要有：一是新增规定"禁止从建筑物中抛掷物品"，旗帜鲜明地否定并禁止高空抛物行为，也为认定高空抛物行为的违法性提供了明确的法律依据。二是明确规定从建筑物中抛掷物品或者从建筑物上坠落的物品造成他人损害的，由侵权人依法承担侵权责任的一般规则，改变了《侵权责任法》第87条规定的由可能加害的建筑物使用人给予补偿作为一般规则的做法。三是新增可能加害的建筑物使用人的追偿权，明确"可能加害的建筑物使用人补偿后，有权向侵权人追偿"的规则。四是新增物业服务企业等建筑物管理人的责任，由此引申出与《民法典》第1198条关于安全保障义务的体系化适用问题。五是新增有关部门查找责任人职责的规定，这对于解决实践中难以查找高空抛物侵权人的问题具有积极意义。综上，《民法典》第1254条开宗明义禁止高空抛物、明确直接侵权人责任、限缩可能加害的建筑物使用人范围、引入物业服务企业等建筑物管理

[①] 该条规定："禁止从建筑物中抛掷物品。从建筑物中抛掷物品或者从建筑物上坠落的物品造成他人损害的，由侵权人依法承担侵权责任；经调查难以确定具体侵权人的，除能够证明自己不是侵权人的外，由可能加害的建筑物使用人给予补偿。可能加害的建筑物使用人补偿后，有权向侵权人追偿。物业服务企业等建筑物管理人应当采取必要的安全保障措施防止前款规定情形的发生；未采取必要的安全保障措施的，应当依法承担未履行安全保障义务的侵权责任。发生本条第一款规定的情形的，公安等机关应当依法及时调查，查清责任人。"

人安全保障义务、确立相关追偿权规则、强化有关机关查找职责，形成了逻辑脉络清晰、实体程序兼顾、预防救济并重的高空抛物侵权责任规则体系。

二、高空抛物侵权责任的一般规则

准确把握高空抛物侵权责任，需要从《民法典》第1254条规定的基本文义和这一侵权责任所针对的侵权行为基本样态进行分析论证。既要理解《民法典》第1254条规定对《侵权责任法》第87条规定的传承与创新，又要厘清高空抛物侵权责任与相关制度规则的区别。对此需要注意以下两个问题：

（一）区分高空抛物侵权责任与共同危险行为侵权责任

高空抛物、坠物行为不属于共同危险行为，与共同危险行为有本质区别。第一，一般情况下，从建筑物中抛掷或坠落的物品致人损害，是某一个人抛掷物品或者其管理的物品坠落，共同危险行为是多个人实施危害他人安全的行为。第二，从建筑物中抛掷物品或者从建筑物上坠落的物品造成他人损害，经调查难以确定具体侵权人的，由可能加害的建筑物使用人给予补偿，尽管这些建筑物使用人实际上并没有抛掷物品或者其物品并没有坠落；共同危险行为中，不能确定具体侵权人的，因为共同危险行为人都实施了危及他人安全的行为，因此由全部危险行为人共同承担责任。第三，从建筑物中抛掷物品或者从建筑物上坠落的物品造成他人损害，难以确定具体侵权人的，由可能加害的建筑物使用人对受害人给予补偿；共同危险行为中，不能确定具体侵权人的，各行为人承担连带责任。[①]

（二）区分"抛物"与"坠物"的侵权责任

就高空抛物侵权责任而言，实务中有必要区分抛物和坠物的情形，尤其是抛物和坠物在其责任主体主观恶性、社会危害性方面有很大不同，不可一

[①] 黄薇主编：《中华人民共和国民法典释义》，法律出版社2020年版，第2457页。

概而论。[①]《民法典》第 1254 条对这一规则进行了彻底地改变，规定了全面的高空抛掷物、坠落物损害责任的基本规则。[②] 从《民法典》第 1254 条第 1 款的表述来看，也区分了抛物和坠物，规定了从建筑物中抛掷物品造成他人损害和从建筑物上坠落的物品造成他人损害两种情形。这一区分符合侵权责任可归责性的基本法理。高空抛物的行为人在主观方面通常有抛物的故意，在危害后果上既可能是希望相应的损害后果发生，也可能是放任这一损害后果的发生，主观上具有明显的可归责性。高空坠物则通常存在建筑物上坠落物品的所有人、管理人或者使用人未尽到相应的管理、维护义务，才导致相应坠物致人损害的结果发生，主观上也具有可归责性。

1.关于坠物责任。在归责原则上，《民法典》第 1254 条并未规定过错要件，而是规定了"依法承担侵权责任"的指引性条款。但从《民法典》关于建筑物和物件损害责任一章的体系上讲，物件致人损害的责任属于过错推定责任。第 1254 条规定的从建筑上坠落的物品造成他人损害的，应当适用第 1253 条的规定，坠物管理义务人不能证明自己没有过错的，应当承担侵权责任。

2.关于抛物责任。对于高空抛物行为，《民法典》第 1254 条对高空抛物的侵权责任构成也无明确规定。一种意见认为，鉴于实施抛物行为的人在过错形态上应属于故意的范畴，应当适用第 1165 条第 1 款关于过错责任的一般条款规定。这在逻辑体系上有一定道理，但完全适用过错责任，在举证责任上无疑会加重受害人一方的负担。特别是相较坠物的情形，抛物行为人主观恶性更重，社会危险性更大，举轻以明重，此种情形更有必要减轻受害人的举证责任。故依照体系解释，在抛物责任上，也应适用过错推定责任。

[①] 这一点在刑事制裁方面尤为突出。通常而言，高空抛物行为的社会危害性更为严重，行为人主观方面通常是故意；而高空坠物的行为人主观方面通常为过失，一般以造成相应结果作为入罪要件。

[②] 杨立新、李怡雯：《〈民法典〉侵权责任编实务疑难问题指引》，中国人民大学出版社 2023 年版，第 571 页。

三、可能加害的建筑物使用人补偿责任

《民法典》第1254条第1款后段规定了"经调查难以确定具体侵权人的，除能够证明自己不是侵权人的外，由可能加害的建筑物使用人给予补偿"。这一规则在《侵权责任法》中就存在，由可能加害的建筑物使用人对被侵权人进行补偿，这有利于合理分散损失，及时救济受害人，实现社会公平正义，促进社会和谐稳定。① 在强化有关部门查找事故负责人和明确物业服务企业等建筑物管理人责任的大背景下，受害人的救济能够得到较好解决，但是仍然不能排除具体侵权人无法查找等情形，也就仍然存在进一步完善对受害人救济的空间。需要注意的是，对于这一问题，《民法典》第1254条虽然沿用了《侵权责任法》第87条的内容，但从体系上讲，此二者已有重大区别，《民法典》仅是将难以确定具体侵权人时可能加害的建筑物使用人承担补充责任作为例外规则，实际上是改变了《侵权责任法》将此作为一般规则的做法。

（一）补偿责任的构成

高空抛物侵权责任中可能加害的建筑物使用人的补偿责任不是共同侵权责任，其基础只是让没有实施致害行为而仅仅具有嫌疑的人基于公平原则承担的补偿责任。这一补偿责任的承担不具有道德上的可责难性，仅是基于救济无辜受害人而公平分担损失的需要。这一补偿责任更多地是出于道义、公平的理念的，不应被理解为赔偿责任，更不能理解为可以被归责的过错责任。有观点认为，就可能加害的建筑物使用人而言，从该建筑物中抛掷物的可能性角度看，他们大致具有同等的概率。按照该概率，确定所有可能抛掷该物的人承担责任。因此，抛掷物致害责任的基础不是过错推定，而是将实施行

---

① 王胜明主编：《中华人民共和国侵权责任法释义》，中国法制出版社2010年版，第430页。

为的可能性推定为确定性。[①] 需要注意的是,这种补偿责任不是连带责任,而是由每一个有可能造成损害的建筑物使用人承担补偿的按份责任。

可能加害的建筑物使用人承担责任应当满足以下要件:首先,造成损害的物品是从"建筑物"而非"构筑物或其他设施"中抛掷或坠落的物品。其次,责任主体是"可能加害的建筑物使用人"而非建筑物的"所有人"。再者,可能加害的建筑物使用人承担的是公平责任,虽与过错问题无涉,但仍要证明行为与损害结果之间存在因果关系。只是在高空抛物的情形中,规则推定了数个可能造成损害的抛(坠)物行为作为损害发生的原因,且其中之一必有因果关系。[②] 最后,经调查难以确定具体侵权人,且可能加害的建筑物使用人不能证明自己不是侵权人。

(二)可能加害的建筑物使用人的确定问题

通常而言,对于"可能加害"的建筑物区分所有权范围内的侵权人确定问题,要综合运用民事诉讼证据规则,依靠科技手段、侦查措施、鉴定评估和日常生活经验法则等方法来进行。此处"可能加害的建筑物使用人的范围",应是一个基于科学方法确定的合理范围,不可任意扩大。比如,在一楼的住户显然不能属于高空抛物可能的加害人范围。同时,依据《高空抛物意见》第10条的规定,人民法院要加大依职权调查取证力度,积极主动向物业服务企业、周边群众、技术专家等询问查证,加强与公安部门、基层组织等沟通协调,充分运用日常生活经验法则,最大限度查找确定直接侵权人并依法判决其承担侵权责任。在赵某诉苏州市吴中区木渎镇灵某村经济合作社等物件脱落、坠落损害责任纠纷案[③]中,通过公安机关实地排查和法院主动勘查、走访,认定了致害坠落物的权属并适用过错推定责任确定了相应的责任主体,取得了良好法律效果和社会效果。实践中,如果通过鉴定可以确定坠

[①] 参见陈现杰主编:《中华人民共和国侵权责任法条文精义与案例解析》,中国法制出版社2010年版,第292页。

[②] 参见张新宝:《"公平责任"的再定位》,载《法商研究》2021年第5期。

[③] 参见江苏省苏州市中级人民法院(2019)苏05民终2440号民事判决书。

落物来源超过一定高度的楼层，则该楼层以下建筑物区分使用人也可以免除责任。如果不能确定为坠落物，则应当由可能抛掷物品的窗户所在建筑物区分使用人承担责任，这主要是因为抛掷物品来源的范围比坠落物的大。如果有证据证明抛掷物来自特定楼层或者区域，即可以确定一定范围内的"可能加害的建筑物使用人"，则应该尽量缩小责任人的范围。①

（三）举证责任的倒置

根据《民法典》第1254条第1款的规定，经调查无法确定具体侵权人的，由被侵权人证明自己是被建筑物上的抛掷物、坠落物伤害的，而由建筑物使用人证明自己不是侵权人。建筑物使用人不能证明自己不是侵权人的，要对被侵权人受到的损害进行补偿。确立举证责任倒置制度，并非为了造成对被告的不公平，而是为了平衡当事人之间的利益，合理救济受害人，实现实质意义上的公平。建筑物抛掷物、坠落物造成他人损害，难以确定具体加害人时，让可能加害的建筑物使用人举证证明自己不是真正的加害人，符合民法公平正义的精神。②

通常而言，可能加害的建筑物使用人"证明自己不是侵权人"，应当证明以下事实之一：（1）损害发生时，证明人不在该建筑物之中；（2）损害发生时，证明人所处建筑物位置无法实施该特定行为；（3）证明人无法完成该行为；（4）证明人实际没有致损之物。当然，如果有证据能够确定具体的侵权人，则其他可能加害的建筑物使用人无须再举证证明自己不是侵权人。③

（四）公安等机关的及时调查职责与高空抛物民事案件的审理

如上所述，在高空抛物侵权纠纷中，查人、找人对于案件的公平、妥善解决意义十分重大。特别是对于抛物的情形，由于抛物行为本身发生的突然性以及无死角监控的客观不现实性等原因，多会存在难以查找具体侵权人的

---

① 王竹：《侵权责任法疑难问题专题研究（第二版）》，中国人民大学出版社2018年版，第338页。
② 王胜明主编：《中华人民共和国侵权责任法释义》，法律出版社2010年版，第430页。
③ 王胜明主编：《中华人民共和国侵权责任法释义》，法律出版社2010年版，第429页。

问题。为此,《民法典》第1254条第3款专门规定了"公安等机关应当依法及时调查,查清责任人"。这一规定在导向上有利于推动公安等机关,根据自身职责权限及时调查,确定具体侵权人,进而实现民事责任的公平承担、民事纠纷的实质性解决。这一规定整体上对于后续发生或者正在审理的民事案件责任人确定与责任准确划定都会有积极作用。然而,在案件处理中还需要结合具体情况能动把握,比如要考虑受害人遭受侵害的危重程度、需要予以救济的紧迫程度、具体侵权人找到的可能性大小乃至其赔偿能力等因素进行综合考量。

四、物业服务企业等建筑物管理人的补充责任

物业服务企业在维护写字楼、住宅区等各类建筑物的正常秩序,在履职范围内保护广大人民群众人身财产安全方面具有不可替代的作用。同样,物业服务企业在预防和规制高空抛物、坠物行为方面也能够发挥重要作用。《物业管理条例》第46条明确规定了物业公司有协助进行安全防范的义务,《高空抛物意见》第12条也在总结当前审判经验的基础上,依法明确了物业服务企业在未尽到法定或者约定义务的情况下,依法承担相应的侵权责任。为了从法律层面更好地明确责任主体,加强对受害人的救济,引导物业服务企业更加注重采取安全保障措施、提高自身服务水平,进而在诉源治理层面更好地预防高空抛物事件的发生,《民法典》最终明确规定了物业服务企业等建筑物管理人的责任。

(一)物业服务企业等建筑物管理人侵权责任的责任形态

依据《民法典》第1254条第2款的规定,物业服务企业等建筑物管理人承担侵权责任的前提是其未采取必要的安全保障措施,即未履行相应的安全保障义务。有观点认为,物业服务企业等建筑物管理人违反安全保障义务所应承担的法律责任是侵权责任而不是违反合同的违约责任,也就是说,此责

任是由法律直接加以规定的,不依赖于物业服务合同等是否有约定。①笔者认为,这一观点较有道理,但从实务操作上看,有必要对物业服务企业等建筑物管理人的安全保障义务的规范基础采取适当从宽的认定,包括不履行或者不完全履行物业服务合同约定或者法律法规规定、相关行业规范确定的维修、养护、管理义务。而此行为违反的义务所造成的后果与造成建筑物及其搁置物、悬挂物发生脱落、坠落并最终致使他人损害具有因果关系。②从责任形态上讲,物业服务企业等建筑物管理人承担违反安全保障义务的法律后果。对此,第1254条第2款采用了"依法承担未履行安全保障义务的侵权责任"的表述,将有关责任承担规则引致第1198条关于违反安全保障义务的侵权责任的规定,而该条第1款规定了违反安全保障义务的直接侵权责任,第2款规定了安全保障义务人的补充责任。

结合该条规定,就物业服务企业等建筑物管理人承担的侵权责任而言,包括两种形态:

1.作为直接侵权人依照其过错大小承担的按份责任,归责原则应当依据《民法典》第1253条的规定,适用过错推定责任。实践中也有判定物业服务企业作为直接侵权人承担相应侵权责任的案例。比如,在姜某诉凤某物业服务有限公司、刘某琼等物件损害责任纠纷案中,因坠落致害的冰柱系自然原因所致,法院依法排除了对此坠落物没有管理维护义务的相关业主的责任,同时根据坠落物形成的天气原因、物业费的交费数额、其履行管理责任的客观情况及其未设明显警示标志的过错程度,判定物业公司承担部分赔偿责任。

2.存在高空抛物、坠物行为的具体侵权人,物业服务企业等建筑物管理人承担相应补充责任的情形。因第三人,即具体侵权人从建筑物中抛(坠)物品致人损害的,由第三人承担侵权责任;未尽到安保义务的物业服务企

---

① 参见张新宝、张馨天:《从〈侵权责任法〉第87条到〈民法典〉第1254条:"高空抛(坠)物"致人损害责任的进步》,载《比较法研究》2020年第6期。

② 参见王利明:《论高楼抛物致人损害责任的完善》,载《法学杂志》2020年第1期。

作为建筑物管理者承担相应的补充责任。[①]物业服务企业等建筑物管理人承担相应的补充责任的情形，既包括经调查难以确定具体侵权人的，也包括具体侵权人逃逸或不具有赔偿能力的情形。也就是说，具体侵权人如果在承担刑事责任的同时并不具备赔偿的能力，则由物业服务企业承担相应的补充责任，这种补充责任的承担不受具体侵权人承担刑事责任的影响。物业服务企业可在承担相应补充责任之后，根据《民法典》第1198条向具体侵权人追偿。

（二）物业服务企业等建筑物管理人在证据法上可能承担的相应后果

从证据法角度来看，《民事诉讼法解释》第112条规定："书证在对方当事人控制之下的，承担举证证明责任的当事人可以在举证期限届满前书面申请人民法院责令对方当事人提交。申请理由成立的，人民法院应当责令对方当事人提交，因提交书证所产生的费用，由申请人负担。对方当事人无正当理由拒不提交的，人民法院可以认定申请人所主张的书证内容为真实。"物业服务企业隐匿、销毁、篡改或者拒不向人民法院提供相应证据，导致案件事实难以认定的，应当承担相应的不利后果。在此需要注意的是，物业服务企业承担相应的不利后果，必须是其作为案件当事人，存在隐匿、销毁、篡改或者拒不向人民法院提供相应证据的情形，至于是否存在这一情形，应当贯彻"谁主张，谁举证"的一般规则。同时，还必须因上述情形的存在导致案件事实不能认定。如果存在上述情形，但是案件事实能够认定，则物业服务企业也不必承担相应的不利后果。在缑某祥与廊坊市博某工程项目管理有限公司生命权、健康权、身体权纠纷案中，事发当日的视频资料是证实案件事实的直接证据。庭审中，原告申请调取被告事发当日的监控视频，但被告以事发当日的视频资料被覆盖为由不予提供。法院依据民事诉讼证据规则，结合原告提供的其他证据，依法认定原告主张的侵权事实成立。

[①] 潘杰、姚宝华：《高空抛物致害情形下物业服务企业的责任承担》，载《人民司法》2023年第31期。

五、高空抛物侵权责任中的追偿权规则

依据《民法典》第1254条的规定，高空抛物侵权责任中存在可能加害的建筑物使用人的追偿权和物业服务企业等建筑物管理人承担补充责任后的追偿权两种情形。但从体系上讲，对于坠物情形下具体侵权人的侵权责任承担，实际上要直接适用《民法典》第1253条的规定，而该条又规定了所有人、管理人或者使用人赔偿后对其他责任人的追偿权。

（一）可能加害的建筑物使用人的追偿权

此追偿权行使有以下几个显著特点：一是适用的前提是相应的具体侵权人难以查找的情形下，该可能加害的建筑物使用人已经给予了受害人相应的补偿。换言之，如果具体侵权人能够查找到，就不能发生该补偿责任，也就相应地使得此追偿权失去存在基础。即使该具体侵权人没有赔偿能力，也不能引发上述补偿责任的发生，这和安全保障义务人承担的补充责任有根本不同。二是追偿的对象是"侵权人"。如上所述，依照该款规定的基本文义，这里的侵权人既包括高空抛物的行为人以及高空坠物的所有人、管理人或者使用人（这时他们承担的是直接责任），也包括应当承担相应补充责任的物业服务企业等建筑物管理人。三是此追偿权的行使范围应当在承担补充责任的全部范围之内，即补偿了多少就可以追偿多少。《民法典》第1254条第1款对可能加害的建筑物使用人的补偿问题，并无"相应"的限定，但理论和实务中多认为此应遵循《民法典》第1186条关于公平分担损失的规则来确定具体的补偿数额。笔者认为，这一见解较有道理，但需要注意的是此公平分担损失的规则主要强调的是对已有损失如何分配或者分担的问题，并不能影响对已经发生的损失大小的认定。而有关补偿数额的确定，确实还涉及与损害救济的"填平"原则的衔接适用问题。上述内容仅是针对具体侵权人而言的，对于物业服务企业等建筑物管理人而言，则要具体分析，特别是在其承担补

充责任的情形下，其被追偿的范围应当以不超过自身对外应当承担的责任为原则；在其自身存在过错且对损害后果具有原因力而又存在直接侵权人的情形下，被追偿范围的确定会更加复杂，但不变的基本原则就是不超过其对被侵权人应当承担的责任限额。

（二）物业服务企业等建筑物管理人承担补充责任后的追偿权

此追偿权行使的规范基础是《民法典》第1254条第2款和第1198条第2款的规定，属于典型的安全保障义务人承担补充责任后的追偿权。第1198条公共场所的管理者从文义解释的角度来看，包括了物业服务企业等建筑物管理人，因为物业服务企业所服务的办公楼、小区对于业主而言也是有限范围的"公共场所"，未尽到该条第1款规定的安全保障义务即应承担侵权责任，由此为物业服务企业设定了一般性的安全保障义务及侵权责任规则。[1]据此，因第三人的行为造成他人损害的，物业服务企业等建筑物管理人因未尽到安全保障义务承担相应的补充责任后，可以向该第三人追偿。此种情况下追偿权的行使要以安全保障义务人承担完补充责任为前提。且依据《民法典》第1198条第2款"相应的补充责任"的规定，补充赔偿责任的承担应与其安全保障能力和过错程度相匹配。[2]和第一种追偿权情形不同的是，这不仅发生在查找不到直接侵权人的情况下，而且在直接侵权人没有能力赔偿时，该安全保障义务人也要作为责任主体先承担相应的补充责任，此后才具有对直接侵权人的追偿权。而且，该追偿权也是在其已承担责任范围内行使，此较第一种情形会显得更加简单。

（三）建筑物的所有人、管理人或者使用人赔偿后对其他责任人的追偿权

此追偿权行使的规范基础是《民法典》第1253条规定。依据该条规定，高空坠物致人损害的，所有人、管理人或者使用人不能证明自己没有过错的，

---

[1] 参见王利明：《论高楼抛物致人损害责任的完善》，载《法学杂志》2020年第1期。
[2] 最高人民法院民法典贯彻实施工作领导小组主编：《中华人民共和国民法典侵权责任编理解与适用》，人民法院出版社2020年版，第292页。

应当承担侵权责任，其赔偿后，有其他责任人的，有权向其他责任人追偿。例如，房屋所有人与承揽人签订承揽合同，由承揽人为房屋安装防盗网。由于承揽人的过错，防盗网没有安装牢固，后来坠落将他人砸伤。房屋所有人不能证明自己没有过错的，应当对被侵权人承担侵权责任。另外，防盗网的坠落与承揽人的过错有关，根据《民法典》第1193条的规定，承揽人应当承担损害结果的最终责任。因此，房屋所有人对被侵权人赔偿，有权向承揽人追偿。[①] 和前面两种情况不同的是，这时的直接侵权人是明确的，因为此种情形下追偿权的行使，属于直接侵权人承担责任后基于特定法律事实而发生的追偿权，权利主体系已承担责任的直接侵权人。

[①] 参见黄薇主编：《中华人民共和国民法典侵权责任编释义》，法律出版社2020年版，第250~251页。

后　记

积累了二十年，磨砺了四五载，终于面世，内心难掩激动。五年前就有了把自己研习侵权法的一些思考记下来的想法。当时觉得，不记下来，一段时间后就忘了，有些可惜。后来觉得，有些思考可能会对解决一些侵权法上的实务问题发挥点参考作用，哪怕有的也就是个"靶子"，或许也能给需要的人有所启发。记载纪念皆有意，一枝一叶总关情，于是就有了写下去的动力。

写作的过程，像攀爬一座高山，有艰辛，有犹豫，但更多的是坚持，是追求。无数个更深人静、奋笔疾书的夜晚，感受到浩瀚壮阔的侵权法就在身边，内心充满了收获和温暖；不太堵车的周六日，细数着一个个鲜活的侵权法案例，静静地体味着世间多样的生活，更加真切地感受到了侵权法作为权利救济法的不可或缺，更加深切地感受到了《民法典》的亲切和伟大。

张军院长指出，"制度的生命在于执行，法律的生命在于适用"。随着《民法典》的颁布施行，法治建设在民事领域的重要任务就是要贯彻好、适用好《民法典》，而《民法典》的适用离不开对《民法典》新制度、新规则的研究细化。诚如王利明老师所言，这些新规则，是《民法典》针对社会主义市场经济和社会生活中出现的新情况、新问题所作出的规定，或者是《民法典》总结、反映民事立法和司法实践新的经验而作出的规定。本书之所以致力于撰写《民法典》侵权责任编的新制度、新规则的适用问题，主要是考虑这些内容相对较新、变化较大，更需要研究细化相应的法律适用规则，如此也能清晰反映侵权法规则在传承中的发展，而这又是《民法典》侵权责任编编纂研究以及贯彻实施中的重中之重。当然，这也是我个人这些年的研究兴趣所在。民法是我毕生的求学，侵权法是我热爱的研究领域。写到这里，想起了杨立新老师经常提到的，侵权法就是民法的权利保护法，民事权利的保护职责主要是由侵权法来担当的。可以说，民法的柔情与刚性，较多地体现在了侵权法领域。在此，由衷感谢王利明老师、杨立新老师为本书慷慨作序。二位大家的成果，是本书的思想源泉，更要感谢两位老师一如既往的教诲与关心。不忘初心，方得始终。

《民法典》的适用离不开规范化、体系化、场景化的思维与方法，这也是本书内容的基本遵循和主要特点。规范化的思维与方法就是科学适用《民法典》的基本要求和保障，这就要求准确把握《民法典》相应条文的基本文义、调整对象、适用范围、规范要素。体系化的思维与方法是准确把握《民法典》核心要义、立法精神的金钥匙，是法典化背景下的题中应有之义，这就要求依循《民法典》的体系化思维，准确把握"总则与分则""一般与特殊""依照与参照"之间的适用关系。场景化思维与方法则是将纸面上的法律规则灵动活现于经济社会生活中的桥梁纽带，是探讨细化法律适用规则不可或缺的方法，这就要求对相关问题的研究既要有"如我在诉"的意识，又要有"换位思考"的行动。正因如此，在本书的写作过程中，我尽量研究梳理了有关侵权法理论和实务的新近研究成果和普遍适用问题，对于一些前沿

后　记

性的问题尽量用了探索性的语言；我还搜集整理了侵权责任领域的指导性案例、公报案例、典型案例，择其要融入规则的阐述当中，以期更加直观生动、便于理解。在此，感谢领导、同事们多年的指导和帮助，让我的研究更具有实践性的优势和价值。

　　随着写作的深入，我更加感慨和折服于侵权法乃至民法学的博大精深，更加清晰地认识到自己的才疏学浅，有些研究未必到位，有些探索未必正确，错误纰漏之处定有不少，文责自负。敬请广大读者批评指正，不吝赐教！

　　时不我待，只争朝夕。写到最后，唯有感恩。同时，向《民法典》致敬。

陈龙业
二〇二三年十二月二十六日